설교 심포니
살아 있는 복음의 음성

요한 H. 실리에 지음

이 승 진 옮김

기독교문서선교회

기독교문서선교회(Christian Literature Center: 약칭 CLC)는
1941년 영국 콜체스터에서 켄 아담스에 의해 시작되었으며
국제 본부는 미국의 필라델피아에 있습니다.
국제 CLC는 59개 나라에서 180개의 본부를 두고, 약 650여 명의
선교사들이 이동도서차량 40대를 이용하여 문서 보급에 힘쓰고 있으며
이메일 주문을 통해 130여 국으로 책을 공급하고 있습니다.
한국 CLC는 청교도적 복음주의 신학과 신앙서적을 출판하는
문서선교기관으로서, 한 영혼이라도 구원되길 소망하면서
주님이 오시는 그날까지 최선을 다할 것입니다.

The living voice of the gospel
Revisiting the basic principles of preaching

Written by
Johan H. Cilliers

Translated by
Lee Seung Jin

Copyright © 2004 by Johan H. Cilliers

Originally published in English under the title as
The living voice of the gospel: Revisiting the basic principles of preaching
by SUN PRESS,
Translated and used by the permission of
SUN PRESS, a division of AFRICAN SUN MeDIA,
Administration Block A Stellenbosch University Campus
Ryneveld Street Victoria Street, Stellenbosch 7600 South Africa.

All rights reserved.

Korean Edition
Copyright © 2014, 2021 by Christian Literature Center
Seoul, Korea

THE LIVING VOICE
OF THE GOSPEL

Revisiting the basic principles of preaching

추천사 1

한국에 소개되는 남아공 설교학

정창균 박사
(합동신학대학원대학교 설교학 교수)

이 책의 저자 요한 실리에(Johan H. Cilliers)는 남아공 스텔렌보쉬 대학교(Stellenbosch University) 신학부의 설교학 교수이다. 이 책이 이승진 교수에 의하여 번역되어 한국에 소개되는 것이 나에게는 두 가지 점에서 남다른 감회를 불러일으킨다. 먼저 저자인 실리에 교수와 번역자인 이승진 교수, 그리고 추천사를 쓰고 있는 나까지 우리 모두 같은 스승인 스텔렌보쉬대학교의 베델 뮬러(Bethel Müller) 교수님 밑에서 동문수학한 사람들이기 때문이다.

실리에 교수와 나는 같은 시기인 90년대 초에 뮬러 교수님 밑에서 설교학을 공부하였다. 그곳은 처음부터 끝까지 지도 교수님과 일대일로 공부를 하는 제도였기 때문에 실리에와 내가 강의실에서 서로 만날 기회가 있었던 것은 아니지만 우리는 뮬러 교수님을 만나기 위하여 같은 방을 드나들었다. 나보다 일 년 앞서 학위를 마친 실리에는 그 후 뮬러 교수님의 자리를 이어받아 스텔렌보쉬대학교의 설교학 교수가 되었다.

그리고 나는 뮬러 교수님에게서 학위를 받고 그분을 학문적 아버지(Doctor Father)로 부르는 첫 번째 한국인 제자가 되었다. 우리는 지금도 서로를 닥터 파더(Doctor Father), 닥터럴 선(Doctoral Son)으로 부른다. 이승진 교수는 공부를 마치고 돌아온 나를 통하여 스텔렌보쉬의 설교학을 접하게 되었고, 결국 그곳으로 가서 나처럼 뮬러 교수님에게서 설교학 공부를 시작하였다. 몇 년 후 뮬러 교수님의 은퇴로 실리에 교수에게 논문을 마치고 그의 닥터럴 선(Doctoral Son)이 되었다. 그리고 이제는 나와 같은 학교에서 설교를 가르치는 나의 자랑스런 동료 교수가 되었다.

이 책이 번역되는 것이 내게 감회를 불러일으키는 두 번째 이유는 남아공, 특히 스텔렌보쉬의 설교학을 한국에 소개한다는 점 때문이다. 지난 2002년에 당시 남아공대학교(UNISA)의 피터즈 교수의 책 『청중과 소통하는 설교』(Communicative Preaching)를 내가 번역한 것이 남아공의 설교학을 한국에 처음 소개한 것이었다. 피터즈 교수도 스텔렌보쉬에서 뮬러 교수님에게 설교학을 공부하고 학위를 받은 학자였다. 이런 점에서 이승진 교수가 번역한 이 책은 남아공 설교학, 더 정확하게 말하면 스텔렌보쉬 설교학의 두 번째 한국 소개라고 할 수 있다. 더욱이 실리에 교수는 현재까지 가장 활발하게 활동하는 대표적 학자 가운데 한 사람이어서 그의 설교학이 한국의 설교학도들에게 미칠 유익에 더 큰 기대를 갖게 된다.

실리에는 다양한 영역에서 제기되는 오늘날의 전통적인 설교가 처한 위기상황에 대한 인식으로부터 이 책을 시작한다. 그러나 설교에 대한 그의 위기의식은 "설교의 무기력" 혹은 "설교에 대한 불신현상"으로 요약된다. 그리고 그가 은연중에 지적하는 설교의 위기현상을 조장하는 중요한 요인은 설교자들의 설교관이다. 설교자 자신이 세상이 설교를 대하는 것과 마찬가지로 자신이 행하는 설교에 대하여 회의적 시각을 갖고 있다는 것이다. 그러므로 그는 "나는 설교를 신뢰한다"는 확언으로부터 그의 설교론을 시작한다.

그는 "설교는 교회의 심장"이라고 단언한다. 그리고 "교회를 갱신한다면서 설교를 신중하게 검토하지 않으면, 교회는 어떤 식으로든지 아주 심각한 해를 당할 것이다"고 단호하게 경고한다. 그러나 동시에 설교에 대한 과대평가에 대하여도 그는 경계를 늦추지 않는다. 결국 그가 시종일관 견지하는 이 책의 의도는 설교자들이 설교에 대한 바른 이해와 확신을 갖게 하려는 것이다.

그는 전능자가 십자가에 매달려 죽음을 당하는 것을 핵심으로 하는 기독교 복음은 아주 어리석어 보이고, 완전히 난센스(nonsense)이고, 아이러니(irony)라는 것을 인정한다. 그러나 이 난센스가 아름다움으로 보이고, 그 처참한 죽음이 영광스러운 승리로 실감하는 데에 하나님의 복음의 신비가 있으며, 그것이 실현되는 현장이 설교라고 믿고 있다. 복음은 살아 있고, 그 생명이 구현되는 통로가 설교라고 주장한다. 설교가 이것을 선포하지 않으면 설교자는 많은 말을 하고 있지만, 사실 아무 말도 하고 있지 않는 것이며, 그렇게 되면 그들은 설교 전문가와 종교적인 연사가 될 뿐, 이들을 통해서는 더 이상 하나님의 복음의 신비가 전달되지도 않고 실현되지도 않는다고 결론짓는다.

그는 설교를 네 가지의 요소가 결합하여 이루어지는 역동성 있는 실체로 이해한다. 임재하시는 하나님의 음성과 성경 본문의 음성, 회중의 음성, 그리고 설교자의 음성이 그것이다. 각 요소를 굳이 "음성"(voice)이라는 단어로 표현하는 것은 설교의 인격성과 사람과 사람 사이에서 일어나는 소통의 역동성과 설교의 입체적인 차원을 부각시키고자 하는 그의 예술가적 감각과 상상력에서 온 수사학적 의도의 반영으로 보인다. 난센스요 아이러니인 복음이 살아있는 음성으로 실현되기 위해서는 강단에서 이 네 가지 음성의 합류와 결합 그리고 상호작용이 이루어짐으로써 가능하게 되며, 그때 설교는 복음을 살아 있는 음성으로 실현하는 현장으로 작동하게 된다는 것이 사실상 그의 설교론의 핵심이다. 그러므로 그에게는 "네 가지 요소의 신학적인 통합"이 매우 중요하게 강조되는 개념이다. 이런 점에서 그에게 있어서 설교는 기적이고, 신비일 수 밖에 없다. 그는 이 네 가지의 요소가 성령의 역사로 말미암아 서로 결합하여 성경과 설교자를 통하여 특정한 회중에게 하나님이 자신을 드러내실 때 설교의 기적이 발생한다고 한다. 여기서 우리는 루돌프 보렌(Rudolf Bohren)의 그림자를 그에게서 감지하게 된다.

그가 "하나님의 임재 음성"을 살아 있는 복음의 음성을 실현하는 설교의 중요한 요소로 제시하는 것은 설교자의 본문 해석에 대한 중요한 의미를 함축한다. 그는 설교자는 성경에서 하나님의 음성을 듣는다고 말한다. 그리고 그것은 설교자는 단순히 본문에서 주해적이거나 역사적 혹은 문법적인 정보를 얻어낸다는 것 그 이상을 의미한다고 강조한다. 그래서 성경 본문에 대한 역사적, 문법적 및 신학적인 주해 작업은 결코 그 자체가 목적이 되어서는 안되고, 성경 본문에 우리 귀를 기울여서 성경 속에 숨어 있지만 여전히 생생하게 살아 있는 하나님의 음성을 새롭게 듣고 그분을 만나는 방식이어야 한다는 주장으로 나아간다. 주해를 무시하거나 소홀히 여기지 않으면서, 그러나 설교자의 본문 접근은 거기로부터 나아가는 다음 과정으로 이어져야 한다는 주장은 깊이 음미해 볼 필요가 있다.

박사과정의 공부를 하는 동안 뮬러 교수님에게 늘 들었던 말씀 가운데 하나는 설교학이 실천분야의 학문이라고 해서 신학적 본질에 대한 고민과 해석학적 통찰, 그리고 그것을 현장과의 관련성 아래서 통합하려는 시도를 담아내지 않는 것은 논문으로 받아들일 수 없다는 것이었는데, 실리에 교수의 이 책에서 생생하게 확인하게 되는 것이 바로 그것이다. 설교의 신학적 본질에 대한 고민과 해석학적 통찰, 그리고 그것을 설교 현장과 연결하여 통합하고자 하는 진지한 노력을 이 책에서 확인하는 것이다. 더욱이 그동안 설교학 관련 서적들을 20권 가까이 번역하여 소개한 탁월한 설교학자인 동시에 번역가이기도 한 이승진 교수에 의하여 이 책이 완벽하게 번역된 것은 우리 모두를 위해서도 크게 다행스러운 일이다. 이 책을 한국의 모든 설교자들과 신학생들이 옆에 두고 읽었으면 좋겠다는 소망을 가져본다. 새삼스럽게, 그렇게 아름다웠던 스텔렌보쉬의 거리와 인도양 바다가 끝없이 펼쳐지는 스트란드(Strand)의 모래 해변, 그리고 언제나 자상하고 예리하셨던 80대 중반의 선생님이 그리워진다.

THE LIVING VOICE OF THE GOSPEL

Revisiting the basic principles of preaching

추천사 2

다니엘 로우 박사
(전, 남아공 스텔렌보쉬대학교 신학부 학장)

　설교는 공간 예술을 창조한다. 이 책을 통해서도 저자와 독자 간에 지식의 전달과 수용(받아들임) 사이의 공간 예술이 창조된다.
　설교는 의미와 난센스 사이를 연결하고, 본문과 상황 사이, 그리고 설교자와 회중 사이를 연결하는 시넵스(신경 접합부)이다. 그 사이에서 불꽃이 번득이는 하나님의 음성은 예수 그리스도를 통해서 들려지지만, 세상의 눈으로 보기에는 이 방법은 참으로 어리석고 이상한 것처럼 보인다(고전 1:25).
　고난 당하신 하나님의 상처난 얼굴을 통해서 하나님의 권능이자 하나님의 지혜인 예수 그리스도라는 참으로 통렬한 아름다움이 구현된다. 저자는 이 책에서 복음의 수치스런 십자가를 가리켜서 "통렬한 미"(terrible beauty)로 묘사한다.
　이 책에서 저자는 설교가 더 이상 회중을 웃기는 오락시간도, 수다스러운 설교자들이 말재간을 피우는 시간도, 주일 오후에 회중을 지겹게 만드는 시간도 아닌 자리로 독자들을 안내한다. 구원에 대한 해석학인 설교로 꾸며진 공간은, 회중이 하나님의 뜻을 이해하는 참으로 고통스러운 사건의 자리이다. 설교를 듣는 회중의 심령 속에서는 성령의 역사로 말미암아 말씀을 듣는 고통에서 비롯된 울부짖음이 터져 나온다.

그런데 이 울부짖음은 일종의 소망의 사건이며 교회가 고통의 심연 속에서 수면 밖으로 올려 보내는 잠망경처럼 보이지 않는 것을 바라보는 예술 행위이기도 하다.

이 책은 의미를 상실한 시대에 일종의 신선한 공기와 같다. 오늘날 기독교 예전이 일종의 인기 있는 오락시간으로 변질된 시대에, 이 책은 독자들을 지루한 예배와 설교 너머에 소망과 기대감의 세계로 인도할 것이다. 이 책은 마치 박하 향기처럼 하나님과 인간이 복음의 증언 안에서 서로가 만날 수 있다는 사실을 독자들에게 상기시켜 줄 것이다.

저자 요한 실리에는 이 책을 통해서 우리 모두를 이 땅에서 주님의 교회되는 가장 기본적인 비결, 즉 하나님의 말씀의 구현의 자리로 인도할 것이다. 인생은 설교를 통해서 비로소 행복한 사건으로 변화될 수 있다. 설교는 "사망아 너의 쏘는 것이 어디 있느냐?"라는 사도 바울의 고백을 통해서 표현되는 당당한 웃음의 예술을 우리에게 열어 보여 주는 사건이다. 그래서 독자 여러분은 이 책을 기대감을 가지고 예상하는 마음으로 읽어보기를 바란다. 독자들이 이 책에서 고난의 추함을 통해서 드러나는 하나님의 아름다움을 발견하기 위해 신앙의 상상력을 사용하기를 바란다. 이 점이 바로 이 책과 기독교 신앙이 말하고자 하는 요점이다.

역자 서문

요한 실리에 교수님은 남아공 스텔렌보쉬대학교(Stellenbosch University)에서 역자의 설교학 박사학위 논문(2002)을 지도하였던 은사이시다. 역자는 설교의 신비를 설교의 주체로서 하나님, 성경, 설교자, 회중, 그리고 상황의 다섯 가지 구성 요소들의 통합으로 이해하는데, 역자의 설교에 대한 이러한 기본적인 구상은 요한 실리에 교수님이 이 책에서 소개하고 있듯이 하나님의 음성, 성경 본문의 음성, 설교자의 음성, 그리고 회중의 음성 이 네 가지 음성들이 강단에서 신비로운 성령 하나님의 역사 가운데 "하나님의 음성"으로 통합되어 선포된다는 통찰에 빚지고 있다.

이 책을 통해서도 알 수 있듯이 요한 실리에 교수님의 설교학은 남아공 설교학을 대표하는 베델 뮬러(Bethel Müller)교수님, 독일의 저명한 설교학자인 루돌프 보렌(Rudolf Bohren)과 이러한 설교학의 거성들에게 영향을 준 칼빈과 루터, 그리고 독일과 화란개혁파 신학자들의 신학 전통의 연장선상에 위치해 있다. 특히 저자는 설교의 신비의 핵심인 하나님의 말씀과 인간의 말의 결합을 양자 사이의 무한한 질적 차별성을 강조했던 칼 바르트(Karl Barth)와 달리 양자 사이의 통합을 강조했던 아놀드 반 룰러(Arnold van Ruler)의 신율론적인 상호주의(theonomic reciprocity)를 설교학적인 관점에서 수용했던 루돌프 보렌(Rudulf Bohren)의 성령론적인 설교학(pheumatological homiletic)의 연장선상에서, 그리고 예수 그리스도께서 인간의 구원을 위하여 인간의 수용의 범위 안으로 자신을 낮추어 계시하셨음을 강조하는 칼빈의 "하나님의 적응"(God's adaptation)의 관점에서나 루터의 "수용신학"(reception theology)의 관점에서 하나님의 말씀과 인간의 말의 통합으로서의 설교에 대한 이해를 발전시키고 있다.

역자가 오늘날과 같이 하나님의 말씀을 설교하고 또 역자 나름의 설교 사역에 관한 설교학 이론들을 가르치고 예비 설교자들을 훈련하는 역할을 감당할 수 있었던 비결 중의 하나는 남아공의 스텔렌보쉬대학교에서 요한 실리에 교수님을 만난 덕분이다. 이 책에서도 알 수 있듯이 실력 있는 화가이자 탁월한 설교자로서 목회 사역도 겸하고 있는 요한 실리에 교수님의 설교학의 한 가지 특징은 신학과 예술, 또는 신학과 인문학을 통합하는 데에서 발견된다. 역자가 하나님의 말씀을 선포하는 설교에 대해서 진지하게 고민하고 또 실제 설교 사역을 감당하는 가운데 함께 이 영광스러운 사역에 동참하려는 열망을 가진 예비 설교자들을 훈련하는 입장에서, 오늘의 역자의 설교학적인 사상을 형성하는데 지대한 영향을 미친 역자의 스승인 요한 실리에 교수님의 설교학을 한국교회에 소개하는 것에 대하여 크나 큰 영광으로 여긴다.

이와 아울러 역자가 남아공 스텔렌보쉬대학교에서 베델 뮬러 교수님 밑에서 설교학을 공부할 수 있도록 남아공 설교학의 세계를 소개해 주시고 그 학문적인 동기를 부여해 주셨을 뿐만 아니라 역자의 학위 논문을 외부심사관(external examiner)의 입장에서 심사해 주시고, 역자가 학위를 취득한 이후에도 끊임없이 설교학자의 길을 걸어갈 수 있도록 격려해 주신 정창균 교수님에게도 심심한 감사의 말씀을 드린다. 하나님 나라를 향한 순례의 길에서 이러한 은사 선생님들(정창균 교수님, 베델 뮬러 교수님, 요한 실리에 교수님)을 만난 것은 참으로 크나큰 행운이고 축복이다. 그리고 이런 분들과 앞으로도 계속 동일한 하나님의 말씀과 동일한 설교학적인 관점을 가지고 함께 설교의 신비와 기적을 향한 순례의 여정을 이어갈 수 있다는 것 자체가 무한한 축복이고 영원히 하나님을 찬양할 중요한 이유이다.

마지막으로 요즘 새롭게 신학의 세계에 발을 들여 놓으면서 역자의 "신학적인 동역자"로 함께 순례의 길을 걸어가는 아내 조미나와 하나님의 선물인 세 아들, 종은, 종화, 종진이에게 역자의 힘들고도 즐거운 신학 연구 과정에서 한 가족으로서 역자와 함께 인내해 주고 그 결실을 함께 기다려 준 수고에 감사의 말을 전하고 싶다.

이제 독자들도 이 책을 통해서 동일한 설교학의 즐거움을 맛볼 수 있기를 기대한다.

목차

- 추천사 1 (정창균 박사_ 합동신학대학원대학교 설교학 교수)   5
- 추천사 2 (다니엘 로우 박사_ 전, 남아공 스텔렌보쉬대학교 신학부 학장)   11
- 역자 서문   13

- 제1장 | 오늘날의 설교가 (여전히) 미래를 기약할 수 있는가?   17

- 제2장 | 설교의 신비: 강단에서 합류하는 음성들   49

- 제3장 | 임재하시는 하나님의 음성   81

- 사례 설교문 1 오직 예수 (막 9:2-8)   173

- 제4장 | 성경 본문의 음성   183

- 사례 설교문 2 집어 들고 읽어라 (사 55:1; 6-13)   255
  내 입에서 나가는 말도 이와 같이 (사 55:11)

- 제5장 | 회중의 음성   265

- 사례 설교문 3 교회가 무릎 꿇을 수 있는가? (요 13:1-17)   351
  주여 주께서 내 발을 씻으시나이까? (요 13:6)

- 제6장 | 설교자의 음성   359

- 사례 설교문 4 하나님의 어린양이로다 (요 1:19-34)   445

- 참고 문헌   453

제1장

오늘날의 설교가 (여전히) 미래를 기약할 수 있는가?

이번 장은 기독교 설교의 미래에 대하여 회의적인 입장을 취하는 여러 비평적인 논쟁들을 살펴본다.

- 현대 사회를 지배하는 포스트모더니즘 현상의 관점에 비추어 본 사회 과학의 입장에서
- 시청각 이미지가 압도하는 현대 문화와 그 속에서의 커뮤니케이션 과학의 입장에서
- 현대 문명의 관점에서 바라본 신학 학문의 입장에서
- 평범한 교회 신자들이 오늘날의 설교에서 경험하는 것
- 오늘날의 설교자들에게 요구되는 여러 목회적인 요소들과 관련하여

1. 거룩한 난센스(nonsense)?

로마 제국 시절에 시저(caesar)가 머물렀던 대저택의 벽에 한 아이가 그렸을 것으로 추정되는 다소 도발적인 그림과 흡사한 낙서들을 오늘날에도 찾아보는 것은 그리 어렵지 않다. 이 그림은 당나귀 머리가 달린 한 인간이 십자가에 매달려 있으며, 알려지지 않은 어떤 기독교인으로 추정되는 한 사람은 십자가 앞에 서서 이 당나귀에게 경배하고 있다. 십자가 아래쪽에는 어린이들의 낙서처럼 "알렉사메노스가 그의 신을 숭배한다"라는 글귀가 씌어 있다.

하나님이 당나귀인가? 그것도 십자가에 달린 채로? 과연 누가 그러한 하나님께 경배할 수 있을까? 누가 이런 분에 관하여 설교할 수 있을까? 사실 사도 바울은 십자가가 중앙에 위치한 낯설고 이상한 복음은 어떤 이들에게는 아주 우스꽝스럽고 터무니없게 들리거나 또 다른 이들에게는 분노를 일으키거나 걸리는 장애물이 되리라는 것을 잘 알았다(고전 1:18-31).

기독교 복음은 아주 어리석어 보이고 완전히 난센스다. 하지만 그 점이 바로 기독교 설교의 핵심이다. 마음 속에 다음의 장면을 상상해 보자. 어떤 한 남자(또는 여자)가 자신과 전혀 다른 배경과 개성, 기대치, 그리고 필요감을 가진 사람들 앞에 서 있다. 그런데 이 사람이 입을 열어 하는 말은 어떤 방식으로든 즉시 하나님의 말씀으로 바뀔 것이라는 확신이나 최소한의 기대감을 가지고 입을 열어 말을 시작한다. 그 하나님의 말씀은 사람들을 고치며 구원할 것이고 위로하며 나아갈 길을 제시하며 궁극적으로는 인간 실존의 가장 심오한 의미를 제공한다. 이러한 말씀을 선포하시는 하나님은 머나먼 우주 은하 끝을 넘어서 무한대의 만유를 지탱하시며 섭리하시며 온 우주 만물과 시간과 공간의 근본이요 중심이며 시작인 동시에 끝이시다. 그분은 또한 정원에 자라는 풀잎의 가장 작은 세포 속에서 활동하는 에너지이며 아주 작은 먼지 속에 가장 작은 원자와 미립자 속에서 신비롭게 작용하시는 힘의 근원이시다. 그런데 바로 이러한 하나님께서 자신의 마음을 사람들에게 전달하기 위하여 더듬거리는 인간의 언어라는 수단을 선택하셨음을 생각해 보라.

하지만 그것이 전부가 아니다. 시간과 공간의 좌표 내에서 인간의 말을 통해서 자신을 계시하신 하나님은, 직접 사람이 되셔서 바동거리는 발과 오물거리는 입을 가진 한 아기로 태어나셨다. 그리고 이 아기는 자라나서 역사 속의 특정한 한 날에 고대의 잔혹한 형벌을 받아서 십자가 형틀의 나무에 손발이 못 박히고 아주 느리고도 잔혹한 죽음의 형벌을 감당하셨다. 그런데 이렇게 십자가에 달리신 하나님이 당나귀로 조롱을 받고 있는 것이다. 그분은 무덤에 장사된 후 3일 만에 다시 살아나셔서 제자들과 여러 사람들에게 자신이 죽음에서 다시 살아나셨음을 증명하셨고 구름 너머의 하늘로 승천하신 다음에 몇 날이 못되어 그의 제자들에게 성령을 파송하시고 마지막 날까지 그들과 항상 함께 내주하시고 동행하도록 하셨다. 그런데 이렇게 이상한 사실들과 사건들의 집합을 가리켜서 복음, 달리 말하자면 좋은 소식이라고 부른다는 점을 생각해 보자. 게다가 설교를 통해서 이 복음을 잘 선포해서 그 자리에 모인 사람들에게 빛과 생명을 잘 전달해야 한다는 점을 생각해 보자.

독자들도 생각하기에 너무 이상하지 않을까 싶어서 분명 냉소적으로 머리를 가로 저을 수 밖에 없지 않을까? 심지어 어떤 사람은 냉소적으로 비웃는 사람도 있을 것이다. 만일 여러분이 잠시 복음을 전하는 설교자가 되고 싶다는 열망을 품었다가 복음의 역설과 모순을 제대로 깨닫는다면, 지성인들에게 이런 복음을 전달하고 소통하는 것이 거의 불가능하다는 사실에 압도되어서 의자에 풀썩 주저 않고 싶을 것이다. 게다가 오늘날과 같이 문명이 발달한 21세기에 이 모든 복음의 내용을 그대로 믿고 받아들인다는 것처럼 우스꽝스러운 것이 없다고 생각되지 않을까? 참으로 기독교 복음은 아주 어리석어 보이고 완전히 난센스다!

오늘날 많은 사람들이 복음을 그렇게 생각하고 있다. 심지어 상당수의 설교자들도 설교에 대한 이전의 믿음을 포기해 버렸지만, 다른 방도가 없어서 매 주일 설교하고 있는 경우도 적지 않다. 그들은 더 이상 설교에 대해서 아무것도 믿지 않거나 믿더라도 아주 최소한의 것들만 기대하고 있는 실정이다.

그들은 더 이상 하나님의 말씀이 선포되는 사건으로부터 아무것도 기대하지 않는다. 그저 설교만 하는데, 사실 사람의 말만 쏟아내고 있다. 이들은 많은 말을 하고 있지만, 사실 아무 말도 하고 있지 않다. 그들은 설교에 전문가답고 종교적인 연사가 되었지만, 이들을 통해서는 더 이상 하나님의 복음의 신비가 전달되지도 않고 실현되지도 않고 있다.

오늘날 우리가 설교라고 부르는 것에 대한 불신 현상은 비단 최근에만 나타난 현상이 아니다. 이미 1971년에 니버갈(Niebergall 1971:295-320)은 "설교의 임무와 방법, 의미, 그리고 목적 전반에 관하여 심각한 의문"을 제기하였다.

하지만 기독교 설교에 대한 이러한 회의적인 시각은 최근 수십 년에 국한되지 않는다. 설교에 관한 다양한 기대와 경험은 마치 시계의 추처럼 절망과 희망 사이, 그리고 포기와 새로운 기대감 사이를 끊임없이 오가고 있다. 1875년에 안토니 트롤럽(Anthony Trollope, 1815-1882, 영국의 소설가)이 기독교 설교에 대한 그의 불신과 절망을 다음과 같이 피력할 때에는 설교의 시계추가 분명히 아래의 부정적인 방향으로 쇠락하고 있었다.

> 오늘날 문명화된 자유 국가에 사는 인류에게 가해지는 고통 중에 아마도 설교 청취보다 더 고통스러운 일은 없을 것이다. 이 세계에서는 청중을 억지로 가만히 앉혀 놓고 고통을 주는 권한을 가진 사람은 설교하는 목사밖에는 없다. 그렇게 진부한 말들, 당연한 이야기들, 얼토당토 않는 이야기를 늘어놓으면서도 마치 감동적인 연설이나 설득력 있는 논리가 그 입에서 나오는 것처럼 사람들에게 존경받는 특권을 누리는 사람도 설교하는 목사밖에는 없다…. 국회의원이 만일 이런 식이면 잔기침으로 신호를 주거나 시간제한으로 단상에서 끌어내림을 당할 수도 있다. 또 시의원들도 이런 식이라면 발언을 금지당할 수도 있다. 하지만 설교

하는 목사를 끌어내릴 수 있는 사람은 아무도 없다. 그 사
람은 이 시대의 지루함의 대명사이다…일요일의 휴식을 방
해하는 악몽이요, 우리의 종교를 짓누르며 하나님을 향한
예배를 염증 나게 만드는 부담스런 존재이다.
물론 우리가 억지로 예배당에 들어가는 것은 아니다! 정말
우리는 그 이상을 원한다. 우리는 어쩔 수 없이 교회를 멀
리하는 일은 결코 일어나지 않기를 원한다. 우리가 기대하
는 것은 공예배의 편안함을 즐기려는 것이다. 아니 반드시
즐겨야만 할 것이다. 정상적인 사람의 인내력의 한계를 훌
쩍 뛰어넘는 그런 지리멸렬함이 없이 예배의 편안함을 즐
기고 싶고, 보통의 설교를 듣노라면 그 자리에서 도망치고
싶은 마음이 간절해지는 것은 당연지사인데, 이런 마음이
없이 하나님의 집을 나서기를 바라는 것이다(*Barchester Towers*
1857, John stott 1982:53-54).

매 주일 도처에서 자행되고 있는 복음의 난센스로서의 설교에
대한 비판의 목소리는 이 외에도 많이 찾아볼 수 있다. 설교에 관
한 가장 대표적인 반대의 목소리에 관한 개략적인 논의는 다음과
같다.

2. 사회 과학 분야에서 제기되는 비평

20세기 들어서 과학 분야에 급격한 변화가 발생했다는 것이 널
리 알려진 정설이며, 특히 1994년에 남아공은 기존의 아파르트헤
이트가 지배하던 사회로부터 신흥 민주주의 공화국으로 기적적인

변화가 발생하였다. 그 이후 남아공 사회는 과거의 분열과 아픔의 유산을 극복하고 사회 정의나 빈곤, 토지 분배, 그리고 최근에는 에이즈의 재앙과 같은 사회적인 문제를 극복하고자 노력하고 있다. 그 결과 그동안 다른 나라와 수십 년 또는 거의 한 세기 이상 뒤쳐져 있었던 간격과 거리를 좁히면서 비약적인 발전을 이룩하고 있지만, 또 다른 영역에서는 심각한 장애물이 여전히 해결되지 못하고 있다.

이러한 정치적, 경제적 및 문화적인 변화 이외에 현대 사회를 지배하는 모더니즘(근대 주의 또는 현대 주의, modernism) 역시, 쉽게 정의내리기 어렵지만 설교에 광범위한 영향을 미치는 포스트모더니즘으로 변화하고 있다. 어떤 학자들은 남아공이나 아프리카 전반은 포스트모더니즘을 논의하기에는 아직도 시기상조라고 주장하기도 한다. 사실 우리는 이제 방금 모더니즘 사회에서 포스트모더니즘 사회로의 변화를 경험하기 시작하는 중이다. 이 점은 어느 정도 부인할 수 없는 사실이다. 하지만 또 다른 측면에서 부인할 수 없는 사실 한 가지는, 새롭게 탄생한 남아공의 민주 사회는 전 세계를 하나로 묶는 지구촌의 일부분에 속해 있으며 전 세계의 해변을 강타하는 포스트모더니즘의 파도가 점점 더 강력한 힘으로 우리나라 해변을 강타하고 있다는 점이다. 이런 현실은 우리가 당장 다뤄야 하는 중요한 논쟁점 중의 하나임이 분명하다.

사회 과학의 관점에 비추어 볼 때 기독교 설교에 대한 비판적인 질문이 하나 있다. 오늘날 설교자들은 과연 이러한 문명사적인 패러다임의 전환을 심각하게 고려하고 있는가? 아니면 그저 강단에서는 "평상시와 다를 바 없이" 무관심한가? 오늘날의 설교자들은 포스트모더니즘의 파도 앞에서 새로운 설교의 내용과 방법에 대한 가능성을 모색하는가? 그들은 과연 새로운 셋째 밀레니엄의 입구에서 자기들 앞에 모인 회중을 올바로 이해하고 있는가? (앞으로 6장에서 좀 더 자세히 살펴보기는 하겠지만) 지금 당장 필자가 포스트모더니즘에 관한 기존의 여러 입장들을 자세히 다루지 않더라도, 이에 대한 몇 가지 예비적인 정의를 소개하는 것이 오늘날 설교자들이 직면한 시대정신의 도전을 이해하는데 도움이 될 것이다.

1) 포스트모더니즘의 정의?

포스트모더니즘, 또는 포스트모더니티(postmodernity)[1] 현상을 간단히 정의하기란 결코 쉬운 일이 아니다. 전문적인 포스트모던 학자들이라면 포스트모더니즘에 대한 정의는 일종의 명사 모순(의미상 서로 모순되는 두 단어가 들어 있는 진술, *contradictio in terminis*)이라고 주장할 수도 있다. 이 단어로 한 가지 측면을 이해하는 것은 결국 그 본질을 제대로 이해하지 못하는 것이나 마찬가지이기 때문이다(Adam 1995:1 참고). 이글턴(T. Eagleton)은 포스트모더니즘을 다음과 같이 정의한다.

> 포스트모더니즘은 진리와 이성, 정체성, 그리고 객관성에 관한 전통적인 개념에 관하여, 우주적인 발전이나 해방, 단일한 체계, 거대담론, 그리고 설명을 위한 궁극적인 기초에 관하여 회의적인 입장을 취하는 사고방식이다. 포스트모더니즘은 이상의 것들에 대한 계몽주의적인 규범에 대항하여 세상을 우발적이고 근거가 없으며 다양하고 비결정적으로

---

[1] 일반적으로 포스트모더니티(postmodernity)라는 용어가 특정한 역사적인 시기를 가리킨다면, 포스트모더니즘(postmodernism)이란 개념은 일반적으로 현대 문화의 형태를 가리킨다. 이 책에서 필자는 용어일치를 위하여 포스트모더니티 대신에 포스트모더니즘이란 용어를 사용할 것이다 (Egaleton: 1996:vii 참고).

이해한다. 기존의 진리와 역사, 규범의 객관성에 대하여, 그리고 정체성의 일관성과 자연의 혜택에 대하여 회의적인 입장을 취하는 해석적 관점, 또는 통일성이 없는 문화적인 현상이다…. 또한 포스트모더니즘은 예술과 일상의 경험의 경계선 뿐만 아니라 귀족 문화와 대중 문화 사이의 경계선을 모호하게 만드는 현대의 끝이 없고 중심도 없고 기초도 없으며 자기 반영적이고 장난기 어리고 파생적이며 선별적이고 다원적인 예술 사조이다(Eagleton 1996:vii).

포스트모더니즘은 이외에도 문학이나 심미주의, 철학, 과학, 역사, 심리, 그리고 신학의 관점에서 때로는 대조적인 관점을 동원해서라도 다양하게 조명하여 서술될 수 있다(Linn 1996:xiii-xvi 참고).

하지만 포스트모더니즘에 대한 다양한 관점들의 저변을 관통하는 몇 가지 핵심적인 주제는 상대주의(relativism)와 다원주의(pluralism)이다. 포스트모더니즘에 의하면, 진리는 다면적이고 절대적이지 않고 상대적이며 불확실하다. 인생도 어떤 한 개인이 준비한 설교로 설명되거나 바뀌기에는 너무나도 복잡하다는 것이다. 그리고 한 편의 설교도 다원적인 현대 사회의 다양한 목소리들을 제대로 담아내어 표현하기에는 너무나도 단조롭다는 것이다. 실제로 오늘날에는 영성이나 교회, 세상, 그리고 종교적인 개념 등등에 대하여 점점 더 다양한 이해와 경험을 가진 회중들이 점차 늘어나고 있다. 게다가 청중의 나이에 대한 실제적인 통계치나 점점 더 격화되는 문화적인 다양성들이 이런 현실에 덧붙여지면, 기독교 설교가 그 목표를 제대로 달성하기란 전적으로 불가능해 보인다.

이러한 사회적인 변동과 더불어 교회의 역할 역시 급격하게 변화하였다. 오늘날 교회는 예전처럼 더 이상 각 마을이나 도시 중심을 대변하지도 못하고, 의회에서 더 이상 권위적인 입장을 대변할 수도 없으며 해 아래 통용되는 모든 진리의 근원지로 인정을 받지도 못한다. 그래서 기독교 설교 역시 더 이상 명확한 진리의 목소리로 간주되지도 못한다. 이 시대에 설교는 오히려 의문시되거나 비판을 받거나 최소한 무시되고 있다.

2) 포스트모더니즘의 평가?

그렇다면 오늘날 설교자들은 포스트모더니즘의 시대정신을 어떻게 평가해야 할까? 이에 대한 세 가지 간략하고도 비평적인 평가는 다음과 같다.

- 포스트모더니즘은 만병통치약이 아니라 하나의 시대 사조이다. 포스트모더니즘은 설교와 관련하여 이전의 다른 시대와 마찬가지로 설교를 더욱 풍요롭게 하거나 반대로 장애물이 될 잠재적 가능성을 갖고 있다. 포스트모더니즘은 이전의 모더니즘의 병폐를 모두 제거할 만병통치약이 아니라 또 다른 후속 반응을 초래하는 반작용에 불과하다. 그래서 설교학의 입장에서는 포스트모더니즘의 현상을 무조건 무비판적으로 받아들이지도 말아야 하지만 그렇다고 무조건 배격할 필요도 없다. 예를 들어 "우리는 교회 안팎에서 포스트모더니즘에 대항하여 전쟁을 치뤄야 한다"(Osborne 1999:112)는 식으로 결론을 내리는 것은 내가 보기에 매우 근시안적이다. 그보다는 포스트모더니즘에 대한 좀 더 세심한 신학적 평가와 그 함축적인 의미에 대하여 심도 있는 연구가 요구된다. 포스트모더니즘은 이전의 모더니즘과 마찬가지로 악마도 아니고 그렇다고 완전히 거룩한 것도 아니다.

- 포스트모더니즘은 완전히 새로운 발전이 아니라 하나의 결론점이다. 포스트모더니즘은 모더니즘에 당당히 대항하는 입장을 주장하지만, 역사적인 관점에 비추어 볼 때 이러한 대항은 아주 오래전부터 형성되어 왔다. 포스트모더니즘은 전혀 예상치 못했던 사생아가 아니라 어떤 의미에서는 모더니즘의 자연스러운 논리적인 결과이자 그 정점이다. 포스트모더니즘은 모더니즘에 대한 일종의 리뷰이거나 심지어 부검(負劍, authopsy)이랄 수 있으며, 이런 의미에서 볼 때 포스트모더니즘을 모더니즘에서 분리시키는 것은 불가능하다. 사실 대부분의 헌신적인 포스트모던주의자들은 사실상 모던주의자들의 후손에 불과하다는 사실을 알게 된다면 매우 당혹스러워할 것이다. 볼프강 벨슈(Wolfgang Welsch)가 "우리의 포스트모던적인 모던주의"라는 표현을 사용하면서 "잘못된 명칭의 마술"에 대하여 경고한 것은 매우 정확하다. 소위 전근대주의와 근대주의(또는 현대주의), 그리고 후현대주의의 시대에는 그 어떤 명확한 구분선도 존재하지 않으며 오히려 해수면 아래에서 끊임없이 결빙과 해빙을 반복하는 빙산처럼 두 시대 사조는 긴밀하게 연결되어 있다. 각 시대 사조의 핵심은 그 이전 시대나 또는 진행 중인 시대 속에 이미 깃들어 있다. 따라서 포스트모더니즘 이후에 도래할 것의 본질은 이미 오늘날 현 시대가 입고 있는 의상의 주름 속에 감추어져 있다.

- 포스트모더니즘은 혁명이 아니라 반복이다. 희미한 역사의식을 가지고 있다면 다음과 같은 고대 현자의 가르침이 참으로 진리임을 명심할 필요가 있다.

이미 있던 것이 후에 다시 있겠고 이미 한 일을 후에 다시 할지라 해 아래에는 새 것이 없나니(전 1:9).

포스트모더니즘의 여러 기본적인 윤곽들이 다른 시대에는 분명 다른 역사적인 색채를 띠고서 나타났겠지만, 그러나 그 본질에서는 동일하다.[2] 어느 경우든 현재 전 세계적으로 강력한 영향력을 행사하는 포스트모더니즘이 시간이 지나면서 어떻게 정리될 것인지는 아직 미해결의 질문이고 앞으로 두고 볼 문제이다. 어떤 이들은 우리가 이미 포스트모더니즘 시대를 통과했다고 주장하는가 하면, 또 다른 이들은 오늘날 우리는 특히 남아공에서는 포스트모더니즘의 변방에도 도달하지 않았다고 주장하기도 한다. 어떤 이들은 이미 포스트모더니즘을 넘어가고 있지만, 또 다른 이들은 아직도 모더니즘의 영향 속에 머물러 있는 사람들도 많다. 이런 현실은 우리로 하여금 최선의 선택을 내림에 있어서 시대 분별에 대한 객관성과 분별력을 요구한다(빌 1:10).

---

2 예를 들어 그리스의 철학자 헤라클레이토스(Heraclitus)는 "판타 레이"(*panta rei*, 모든 만물은 유동적이고 실체는 결코 고정될 수 없기 때문에 결국 한 가지로 규정될 수 없다)라는 용어로 상대성이라는 포스트모던 개념을 훨씬 전부터 주장하지 않았는가? 그리고 미드라쉬에 관한 유대교의 전통 역시 (포스트모더니즘보다 훨씬 탁월하게) 텍스트는 다차원적인 의미(multidimensional meaning)를 가지고 있음을 강조하지 않았는가? 유대교에서도 텍스트가 역설적이고 아이러니로 가득 차 있으며 불명예스러운 속성 때문에 그렇게 경전으로 인정받지 않았는가?(Janse van Rensburg 2000:13; also Brueggemann 1993:55 참고).

3. 커뮤니케이션 과학분야에서 제기되는 비평

오늘날 현대 사회가 포스트모던 패러다임으로 변화하는 것과 아울러, 커뮤니케이션과 과학 영역에서도 급격한 변화가 진행되고 있다. 이러한 새로운 커뮤니케이션 혁명 아래 전통적인 설교의 문제점이 백일하에 드러났다. 어떤 비평가들에 의하면, 전통적인 설교는 마치 원자력 시대에 희미하게 밤을 밝히려는 등유 램프처럼 완전히 시대착오적인 유물과 같이 지나간 시대를 대변하는 신세로 전락하고 말았다. 커뮤니케이션 매체와 정보통신 기술의 변화는 이미지와 상상(imagination)이라는 새로운 소통 방식을 활용하면서 구텐베르크의 인쇄술 시대를 완전히 몰아내버렸다(6장에서는 이 주제를 좀 더 자세히 다룰 것이다).

1) 이미지 문화

오늘날 시청각 이미지가 현대 사회를 압도하고 있다. 우리가 (포스트모던 시민으로서) 아침에 눈을 뜨는 순간부터 밤에 취침을 위하여 소등하기까지 수많은 이미지들이 때로는 동시적으로 때로는 순차적으로 우리의 관심과 주의를 잡아끌려고 경쟁적으로 물밀듯이 쇄도한다. 조간신문을 펼치면 케이프플랫츠(남아공 Cape 반도와 본토를 연결하는 저지대[低地帶])의 흑인 집단 거주지에 발생한 홍수에 대한 보도 사진이나 충성스런 지지자들에게 답례하는 대통령의 모습, 또는 근육질을 자랑하는 럭비 선수가 세 명의 다른 선수들을 제치고 득점을 올리는 장면들이 우리의 시선을 잡아끌려고 한다.

또 출근 도중에는 현란한 상품 광고 이미지들이나 선거 홍보 포스터, 그리고 도로의 교통 표지판들과 마주하기 마련이다. 또 저녁에는 수많은 네온사인 불빛이 반짝거리며 우리에게 수많은 메시지를 뿌려댄다. 사무실에서도 컴퓨터 스크린 위의 아이콘은 우리를 사이버 공간 속으로의 여행을 인도하며 그 속에서 수많은 이미지들과 소리, 그리고 색상과 움직임이 우리 눈 앞에서 새로운 세상의 모습으로 펼쳐진다. 과연 이 모든 가상현실은 어디에서 그 끝을 멈출 것인가?

저녁에 우리는 커다란 바보상자 앞에 모여서 마치 이미지 중독자들처럼 불빛이 번쩍거리는 스크린을 바라보면서 먼 나라에서 고통당하는 사람들에 관한 이미지들과 중동 지역에서 진행되는 지역 분쟁에 관한 이미지들, 그리고 중동 바그다드에 투하되는 미국제 폭탄 투하 장면들, 또는 뼈만 남은 앙상한 손으로 빈 접시를 움켜쥐고 있는 굶주린 아이들에 관한 이미지들을 아무런 생각이 없이 바라본다. 그러다 이런 불편한 이미지들은 금방 지나가고 우리는 안락의자에 앉아서 눈 앞에 펼쳐지는 또 다른 장면들, 아마도 우리 지구 바깥에서 푸른 행성을 바라보는 인공위성의 시각으로 전송되는 기상 예보 장면에 주의를 기울일 것이다.

오늘날 이미지는 사실상 우리 실존의 모든 영역을 장악했다. 소위 청정지역이라 불리는 모든 곳이 이미지로 완전히 오염되었다. 오늘날 우리는 마치 우리의 흔적을 집요하게 추적하는 블러드하운드(사람을 찾거나 추적할 때 이용하는 후각이 발달한 큰 개)처럼 소비자들을 집요하게 공략하는 광고 산업의 아이콘으로부터 결코 벗어날 수 없다. 바닷가 해변을 가더라도 멋있게 그을린 몸매를 자랑하면서 선텐 크림을 홍보하는 광고물로부터 결코 자유로울 수 없으며, 농장의 조그만 가게를 들르더라도 각종 음료수를 홍보하는 광고물이 넘쳐나는 지경이다. 병원의 분만실도 새로 태어난 아이들과 가족들에게 번지 점프를 홍보하는 홍보대로 활용될 지경이고, 망자가 묻히는 묘지는 인생의 시간이 다 가기 전에 미리 생명 보험에 가입할 것을 상기시켜 주는 장식품 기능을 하고 있다. 오늘날 우리는 요람에서 무덤까지, 아침부터 밤까지, 인생의 처음 순간부터 마지막까지 그리고 그 다음 세대에게 계속해서 이미지들이 우리를 집요하게 따라다니면서 우리의 유익을 위해서가 아니라 자신들의 유익을 위해서 우리더러 관심을 기울이라고 요구하며 집요하게 유혹한다.

거슬러 올라가면 이미 1969년에 하비 콕스(Harvey Cox 1969:109)는 현대의 네온 문화(neon culture)를 분석하면서 이미지의 집요한 유혹에 대하여 다음과 같이 경고하였다.

> 네온 문화는 감각 과부하(sensory overload)에 의존한다. 말하자면 사람의 감각 기관에 일반적인 종류의 기계장치라면 도저히 감당할 수 없이 빠른 속도로 수많은 자극들과 입력들을 쏟아 부어서 전혀 다른 차원의 인식을 유도한다…그 효과는 "황홀하다"(mind-blowing)는 표현이 아주 정확하다.

이 점이 참으로 이 시대의 아이러니(irony)이다. 오늘날 우리가 수많은 이미지들에 둘러싸여 있다 보니 인간의 상상력(즉, 창조력)이 가장 심원한 본질의 차원에서부터 위협당하고 있다(Kearny 1988:3).

이미지들은 기본적으로 현실 세계로부터 가져온 것들이다. 하지만 이미지들은 마땅히 반영해야 하는 현실 세계보다 더 앞서 나가는 경향이 강하다. 사실 오늘날 현실 세계는 점점 모호한 이미지들을 반영하는 그림자가 되고 말았다. 이 점은 현대 사회의 다양한 차원을 세심하게 들여다보면 분명하게 나타난다. 예를 들어 정치계에서는 미디어를 통한 홍보활동을 통하여 새로운 리더들이 만들어지곤 한다. 정치가들도 때로는 미디어에 의하여 가공된 이미지에 근거하여 (지독히도 과대평가를 받거나 전혀 현실과 비례하지 않는 상태에서) 리더로 선출되기도 한다. 미디어는 마치 개 꼬리로 현실 세계의 몸통을 조종할 정도로 비현실적인 이미지들을 조작한다.

뉴스 속보들도 조그만 두더지 굴을 때로는 작은 산봉우리나 거대한 에베레스트 산처럼 조작하고 편집하기도 한다. 오늘날 경제계에서는 다음과 같은 일반적인 원칙이 널리 통용된다. 광고로 소개된 근사한 제품을 사용함으로써 스스로를 행복하고 성공적인 사람들이라고 생각하게 만드는 이미지를 더 많이 홍보하여 대중의 필요를 창출하라! 오늘날 광고 예술은 매우 전문화된 과학으로 발전하였고 대중의 홍보를 위하여 (일반 대중은 쉽게 알아챌 수 없겠지만) 전략적으로 기획한 코드를 활용하거나 어떤 방식으로든 사람들이 제품을 구입하도록 설득하는 엄청난 홍보 캠페인을 통해서 고객들의 마음 속에 필요 심리를 창조하고자 애쓴다.

그 결과 참으로 아이러니한 현상이 나타났다. 오늘날 우리는 마땅히 관심을 기울여야 하는 이미지들에 대해서는 점차 무감각해지고 말았다. 그러다 보니 어느 한 가지 이미지가 아주 가끔 우리 시야를 관통하여 들어와서 아이콘이 세계에 취한 우리의 감기 기간을 일깨우는 경우가 있다.

예를 들어 "2001년 9월 11일"이란 단순한 구절이 그렇게 강력한 이미지를 연상시킨다. 현대인이라면 그 누가 그날에 미국 뉴욕의 세계무역센터 빌딩을 향하여 마치 미사일처럼 달려들어 폭발한 항공기 테러 사건을 잊을 수 있겠는가? 그 어떤 말로도 이 사건을 제대로 묘사할 수는 없을 것이다. 말로 표현하기에는 너무나도 끔찍하다. 항공기 테러 사건을 반복적으로 보도하는 연속적인 이미지들이 텔레비전 스크린을 통해서 우리 눈앞에 그 참담한 장면을 반복적으로 쏟아내면서 이를 바라보는 모든 현대인들의 전 지구적이고 집단적인 의식세계에 강렬한 충격을 각인시켜 놓았다.

우리 아이들도 이 사건 보도 장면을 시청한 다음에 즉시로 그림을 그렸다. 그들이 보기에 비행기가 고층 건물로 돌진하여 폭발하는 장면은, 현대의 도시에서 무자비하게 진행되는 국제 테러리즘을 상징하는 전형적인 장면으로 각인된 것이 분명하다.[3]

---

3 물론 이 사건에 대한 다른 관점의 해석도 있다. 예를 들어 빌리 그레함은 국제무역센터 건물의 붕괴를 성경에 등장하는 바벨탑의 붕괴(창 11장)와 비교하였다. 그래서 신문과 텔레비전을 통해서 쏟아지는 이미지들이 성경의 이미지들을 비신화화하는(demythologize)데 사용된 셈이다.

오늘날 전 세계는 너무나도 작아졌다. 전 세계에서 진행되는 모든 사건들을 보여주는 장면들이 실시간으로 우리 집 안방에 등장한다. 하지만 이는 빙산의 일각에 불과하다. 앞으로 5년 내지 10년 후에는 정보 통신 기술 문명이 상상을 초월하는 수준으로 발전할 것이다. 인터넷 기술은 연결망을 통해서 사람들을 더욱 넓고도 깊은 정보의 바다 속으로 끌어들이고 있다. 컴퓨터 역시 점점 더 작고 빠르며 더 효율적이고 강력해지고 있다. 휴대폰도 사실상 모든 형태의 커뮤니케이션을 가능하게 하는 정보 소통의 센터가 되었다. 이러다간 미래에 우리는 이 모든 기술 문명을 그저 삶을 위하여 소비하다가 죽을 때에는 그저 자기 몸 속에 내장된 개인용 마이크로칩의 스위치 버튼을 끄면서 그렇게 안락하게 죽게 되지 않을까?

오늘날 수많은 사람들에게는 예전의 구텐베르크 인쇄술 시대가 그저 희미한 기억으로만 남아 있다. 이미지 문명 시대가 인쇄술과 책 문화를 빠른 속도로 잠식하고 있다. 사실 어떤 사람들은 현대인에게 독서 행위는 시대착오적이며 단지 옛날의 향수를 자극하는 정도에 불과한 시대로 진입했다고 주장하기도 한다(Kearny 1988:2 참고). 원고 출판의 시대가 이제 상상의 시대로 바뀌어가고 있다. 아이콘이 개념을 대체하고 이미지들이 단어들을 대체하고 있다. 또 달리 표현하자면 개념적인 언어들이 사라지고, 사람들이 선호하는 상징적인 언어들이 그 빈자리를 차지하고 있다. 피에르 바벵은 이러한 변화를 설명하기 위하여 다음과 같은 도표를 제시한다(Pierre Babin 1991:150-151).

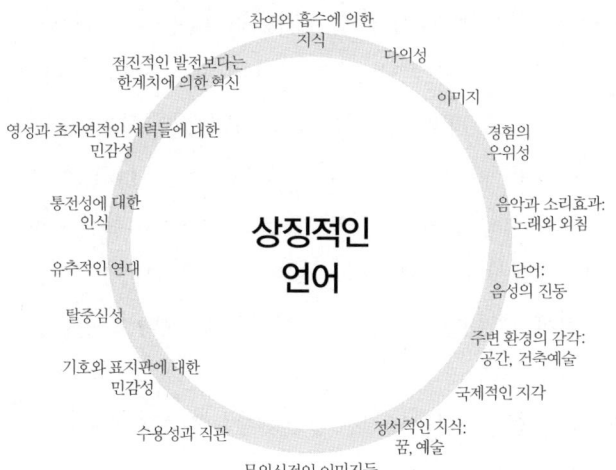

결론적으로 "따뜻한" 커뮤니케이션(warm communication)이 "차가운" 커뮤니케이션(cool communication)에게 자리를 양보하고 뒤로 물러나고 있다(Marshall McLuhan). 달리 말하자면 본질적으로 논리적이며 선형적이고 연속적인 설교가 영적인 지식의 소통을 위하여 인간의 직관을 자극하고 참여를 이끌어내는 방식을 활용하는 설교로 대체되고 있다는(대체되어야 한다는) 것이다.

앞에서 살펴본 비판적인 견해에 의하면, 전통적인 설교는 가장 최악의 소통 형태인 독백이나 다름없다는 것이다. 하지만 필자는 기독교 설교를 가리켜서 "바보가 벙어리들에게 전하는 말도 안 되는 독백"으로 규정하는 화이트(R. White)의 주장에 결코 동의할 수 없다. 다만 오늘날 기독교 설교에 필요한 것은 일치를 이루는 교회와 회중의 모임에 의하여 형성된 공간에서 진행되는 대화이다(좀 더 자세한 논의는 5장 참고).

하지만 충분한 분석과 연구에 의하면 전통적인 설교는 분명 그 효과를 전혀 얻지 못하고 있다는 사실이다. 설교의 기본적인 메시지를 기억하거나 자세히 진술할 수 있는 신자들도 얼마 되지 않으며 설교를 통해서 변화된 사람들의 숫자도 미미해 보인다. 오늘날 커뮤니케이션 과학의 관점에서 제기되는 비평적인 견해에 따르면, 설교의 전반적인 틀이 극적으로 뒤바뀌어야 하며 특히 상상력을 활용하는 방식으로 바뀌어야 할 때가 되었다는 것이다.

하지만 이것은 결코 쉽지 않아 보인다. 커뮤니케이션 학자인 존 블럭(John Bluck 1989:33)에 의하면 오늘날 설교가 나름대로 애를 쓰고 있지만, 사실상 다음과 같이 효과적인 커뮤니케이션을 위한 핵심적인 요점에 비추어 볼 때 점차 쇠락하고 있다고 한다.

- 대중적인 연설로서의(설교는 일반 대중을 향한 의미와 대중적인 호소력을 잃어가고 있다).

- 한 가지 이상의 형식을 채택하는 예술로서의(설교는 점점 획일적이고 지루한 연설이 되어가고 있다).
- 회중을 위하여, 그리고 어떤 의미로는 회중과의 소속감 안에서 발생하는 하나의 사건으로서의(설교는 점점 개인주의적인 현상이 되어가고 있으며, 설교자 개인의 사유재산처럼 변질되고 있다).
- 설교는 설교자의 고유한 신앙과 확신이 선포되는 신앙의 행위임에도 불구하고(오늘날 설교자는 목회적인 기능의 일환으로 전해야 할 메시지를 객관적인 입장에서 공지하는 "전문적인 연사"로 바뀌고 있다).

4. 신학적인 관점의 비평

일부 신학자들은 오늘날 설교가 여전히 칼 바르트가 소개한 말씀 신학(Word theology)의 영향권 아래 있다고 주장한다. 이러한 비평에 의하면 오늘날 설교자들은 설교의 인간적이고 소통적인 요소를 등한시하며, 설교하는 순간에 자신들이 직면해야 하는 실제 사람들과 실제 상황에 대하여 전혀 관심을 기울이지 않는다는 것이다. 의심의 여지가 없이 이러한 비판은 매우 정당하다. 이러한 실제 상황에 적절한 관심을 기울이지 않는 설교는 참다운 설교라 불릴 자격이 없다(5장 참고).

또 다른 이들은 오늘날 우리의 설교에 여전히 해로운 영향력을 행사하는 도덕주의 현상에 대해서도 언급한다. 도덕과 윤리를 앞세우는 명분론은 여전히 기독교 설교 속으로 들어와서 지속적으로 영향력을 행사하면서 설교에서 과연 복음을 제대로 들을 수 있는지의 여부에 대해서만 편파적인 관심을 쏟게 만들고 있다. 이러한 문제점 이외에 전통적인 설교는 대체로 그 본질에 있어서 내부 지향적이란 점도 지적할 만하다. 달리 말하자면 전통적인 설교는 주로 신자 개개인 내면의 심리세계에서 느끼는 종교적인 필요만을 주로 다루면서, 좀 더 폭넓은 일상의 윤리적이고 사회적인 필요나 쟁점들에 대해서는 등한시한다. 이러한 현상은 도덕주의를 내세우는 현상과 밀접한 관련이 있다. 사실을 말하자면 도덕주의 설교는 다분히 비사회적이고 비윤리적이다. 참으로 안타까운 점은 이 점이 바로 대부분의 설교가 언어의 제도적인 의미의 범주 안에서 전달되는 방식이기도 하다. 그리고 만일에 독자 여러분이 설교를 주의 깊게 들어보려는 신자라면, 특히 이 점이 여러분의 설교 청취에 피로감을 가중시키는 원인이기도 하다.

1959년에 이미 에벨링(G. Ebeling Runia 1981:9에서 인용)은 그가 "제도적으로 보장된 진부함"이라고 부르는 현상에 대하여 다음과 같이 탄식한다.

> 만일 우리가 최소한 지루하거나 고통스럽거나 빈정거리거나 우울해지는 것을 결코 원치 않는다면, 오늘날 전해지는 평범한 설교들에 대하여 좀 더 긍정적인 호의를 가질 필요가 있다는 객관적인 결론으로 이끈 그간의 설교 경험들을 세심하게 고려해 보아야 한다. 문제가 되는 것은 전 세계에 걸쳐서 설교에 기독교적인 신앙을 주입하는 것이 아니다. 진정 문제가 되는 것은 물론 약간의 예외도 있겠지만 우리가 지금 듣고 있는 것이 "제도적으로 보장받은 진부함"이라는 것이 아닌가?

오늘날의 설교에 대한 신학적인 비평은 여기에서 멈춰지지 않는다. 남아공의 기독교 신학계와 교계에서는 현재 성경의 권위에 대한 논쟁이 격렬하게 비등하고 있다(4장 참고). 그리고 이러한 논쟁은 다음과 같은 설교에 대한 비판적인 질문들로 이어진다. 과연 성경을 여전히 설교할 수 있을까? 그 성경 본문 안에서 과연 무엇이 진리이고 무엇이 진리가 아닌가? 성경은 과연 오류가 없는가? 사람들은 이런 질문 이외에 다음과 같은 질문도 던진다. 이 시대에 과연 복음에 대한 신뢰가 남아 있는가? 설교자에 대한 신뢰는? 그리고 교회에 대한 신뢰가 남아 있는가? 널리 퍼진 예배 갱신에 대한 요청은 이러한 불확실성을 더욱 악화시키고 있다. 이런 고민들은 잘못된 것은 아니지만, 문제는 요즈음 설교가 예배 순서의 마지막에 짤막한 꼬리말처럼 천대받고 있다는 것이다. 그래서 많은 사람들이 묻는 질문은 과연 오늘날에도 설교는 여전히 그 정당성을 인정받을 수 있는가 하는 것이다.

아마도 기독교 설교에 대한 가장 강력한 비판의 목소리는 복음 그 자체로부터 제기될 수 있다. 왜냐하면 이 책의 서론에서도 언급한 바와 같이 복음은 세상의 눈으로 보기에 추문(*skandalon*)이나 다름없으며 하나님과 사람 사이에 가장 심각할 정도로 실패한 소통의 전형이기 때문이다(R.Bohren). 복음은 세상의 눈으로 보기에 결코 성공적이지 않다. 복음이 그러한데, 그런 복음을 전하는 설교가 어떻게 성공적이기를 바랠 수 있는가?

5. 회중석에서의 비판

회중석에서의 비판이야말로 설교자들이 가장 듣고 싶지 않은 것이다. 수많은 회중들과 특히 신실하고 믿음직한 회중들이 설교로 인하여 침묵 속에서 고통당하면서, 오늘날 설교가 지루하고 자신들의 삶과 무관하며 실망스럽다는 불평을 쏟아내면서 그런 교회에서 점차 발길을 돌리고 있다. 이런 현상은 당연하기도 하고 때로는 좀 더 미심쩍은 다른 이유로 나타날 수도 있겠지만, 분명한 사실은 현재 이런 일이 벌어지고 있다는 점이다. 오늘날 사람들은 수많은 말들에 지쳤고 오늘날과 같이 속전속결과 즉각적인 소통의 시대에 어울리는 속전속결의 복음을 원하거나 현재 교회가 제공하는 것 이외의 다른 어떤 것을 원하는 것 같다.

솔직히 인정해야 할 것은, 오늘날 상당수의 신자들이 교회에 대한 환상에서 벗어나고 있다는 점이다. 그러므로 우리 목회자들과 교회는 하나님의 말씀을 "목소리로 선포하던 시대의 역사"에 대하여 더 이상 자랑할 수 없음을 인정해야 한다. 그동안 우리는 알게 모르게 하나님의 복음을 우리의 관심과 신념에 적합하도록 조정하곤 했다. 예를 들어 남아공의 일부 교회는 최근까지도 아파르트헤이트에 결부된 이념을 신학적으로 지원했던 것을 어떻게 부정할 수 있겠는가? 이런 전례 때문에 사람들은 이렇게 질문한다. 지금 목회자가 진정 진리를 말하고 있음을 과연 누가 알리요?

과연 이런 평가들은 오늘날의 설교의 영향력이나 당위성에 대하여 부정확하거나 과장된 평가일까? 아니면 교회 회중의 삶과 예배라는 좀 더 폭넓은 틀 안에서 설교가 차지하는 역할이나 위상과 관련하여 오해에서 비롯된 것일까? 어떤 관점에서 접근하든, 설교에 대한 자각과 환멸이 점차 증가하고 있는 것 같다. 교회 신자들은 오늘날 예배가 자신들의 일상생활과 아무런 관련이 없으며, 주일과 평일 사이에 아무런 연속성도 없다는 사실을 애통해 한다. 또 목회자는 청중을 완전히 과소평가하면서 마치 영적인 어린아이 취급을 하거나 때로는 과대평가하여 비현실적인 종교적인 용어나 그럴싸한 예화로 화나게 만들기도 한다. 이런 이유로 회중석에서 제기되는 설교에 대한 불만은 끊임없이 흘러나오고 있다. 화란의 가

수인 스테프 보스(Stef Bos)의 노래는 편견일는지 모르지만 현대인의 마음 속에서 설교에 대한 안타까움을 떠올리기에 충분하다.

프리슬란드에서 만들었고 유명한 이름도 얻었네
다른 곳에서도 만들지만 이것이 가장 유명해

오랫동안 빨아 먹을 수 있다네. 입안에 이가 부딪힐 때까지.
교회 의자에 앉아 지루할 때면 이것 덕분에 나는 평안해
페퍼민트 페퍼민트
설교가 또 지루해지고 귀가 멍멍해질 때면
페퍼민트 페퍼민트
개혁파의 쓰레기를 위한 개신교도들의 코카인이 여기 있다네.

목사는 전쟁과 모든 고난에 대해서 말하기 시작하고
나는 납빛의 창문 유리창의 갯수를 모두 세고 나면
엄마는 핸드백에서는 이 약을 꺼내주시지
믿을 수 없는 흰색 알약
먹어도 고통은 그대로 남아 있네

개신교도들의 성만찬이 여기 있네
개혁파의 마약과 같은 것
교회가 없었더라면 이 약도 없었으리
페페페페페페 페퍼민트

설교가 시작되고 5분도 채 되지 않았는데 어떤 소녀가 주변의 모든 사람들의 귀에도 또렷히 들릴 정도로 엄마에게 속삭이는 다

음의 간청은 아마도 오늘날 사람들이 느끼는 설교에 대한 분개를 잘 표현한 것이리라.

"엄마! 이제 저 남자에게 돈을 쥐어주고 빨리 나가자!"

6. 목회적인 요소들

앞서 언급한 설교에 대한 비판의 목소리들도 충분히 다 소개하지는 않았지만, 이 외에 다른 목소리들, 또는 오히려 탄식에 가까운 평가들이 목회자 자신들에게서도 쏟아져 나온다. 그 중에 가장 빈번하게 반복되는 평가는 다음과 같다. 주중에 목회자로서 감당해야 할 수많은 업무와 과제들이 있음에도 불구하고 어떻게 주일을 위한 설교를 온전히 준비할 수 있는가? 현재의 목회 구조상으로 목회자가 오직 설교 준비에만 집중하는 것이 과연 육체적으로나 정서적으로 가능한 일인가? 전해오는 이야기에 따르면 어거스틴을 지도하던 감독이 그에게 부활절에 설교하도록 요청했다고 한다. 그런데 새해 1월에 부탁을 받은 즉시로 어거스틴(St. Augustine)은 부활절 설교 준비를 위하여 교회를 떠나게 해줄 것을 요구했다고 한다. 위대한 설교자였던 성 어거스틴도 그러했지만 대부분의 목회자들은 느긋하게 휴가를 즐길 여유가 없다. 다만 어김없이 다가오는 매 주일날 그들은 신자들에게 하나님의 말씀을 준비하여 정확하게 전달해주어야 한다.

아주 가끔은 일부 설교자들이 자신을 천사로 생각하는 경우도 없지는 않지만, 그러나 대부분의 설교자들은 천사가 아니라 보통의 사람들이다. 그러다보니 설교자의 개성뿐만 아니라 독특한 자아상이나 제한된 시야 같은 개인적인 요소들이 설교에 영향을 주기 마련이다. 때로 설교자들은 성경 본문에서나 주님으로부터 아무런 음성을 듣지 못해서 괴로워하기도 한다. 하지만 그에 상관없이 주일날이면 어김없이 설교해야 한다. 도대체 어떻게 매 주일날 새로운 소식을 선포한다는 것이 가능할 수 있을까?

설교자가 살아가는 인생의 현 단계에서 겪는 사건들이 그 설교의 수준과 형편을 결정하는 것이 일반적인데, 그것과 관계없이 어떻게 설교자가 항상 복음의 부요함을 설교할 수 있을까? 짐짓 탁월해 보이는 다른 설교자들과는 어떻게 경쟁하여 그들보다 더 나은 메시지를 전할 수 있을까? (몇 가지 예를 들자면 시청각 스크린이나 파워포인트와 같이) 셋째 밀레니엄 시대를 지배하고 있는 정보 통신 기술과 성령 하나님의 역사 사이의 긴장과 균형은 어떻게 해결할 것인가? 도대체 양극단 사이에서 어디를 붙잡아야 하는가?(설교 준비 과정에서 설교자의 역할에 관한 좀 더 자세한 논의는 6장 참고).

설교에 대한 비판과 질문은 이 정도로 충분하다. 이제는 설교에 관한 기본적인 정의와 설교 사역을 위한 출발점에 대하여 다시 점검해 볼 차례이다. 설교 말씀을 전한다고 할 때 도대체 우리는 과연 무엇을 하고 있는가? 설교자로서 나는 설교에서 무엇을 기대하는가? 설교와 관련하여 나는 무엇을 믿는가? 도대체 설교라는 것이 과연 무엇일까? 그 비밀은 어디에 있을까? 다음 장에서는 곧바로 이런 질문들이나 유사한 질문들에 대한 해답을 모색할 것이다.

하지만 이러한 논의의 출발점으로 필자는 설교에 관한 필자 자신의 몇 가지 확신을 제시하고자 한다.

7. 교회의 심장과 소망인 설교

1) 교회의 심장인 설교

필자가 확신하는 바는 설교는 아직도 여전히 회중 안에서 그리고 회중을 통하여 목회 사역을 성취하는 데 중요한 기능을 감당한다는 사실이다. 그래서 만일 설교가 평가절하되거나 무시되거나 또는 교회를 갱신한다면서 설교를 신중하게 검토하지 않으면, 교회는 어떤 식으로든 아주 심각한 해를 당할 것이다. 사실 다양한 각도로 연구해보면 설교는 교회 회중의 훈육(edification)을 위해서 가장 기본적이면서도 중심적이며, 설교 없이는 회중의 훈육은 불가능하다(Nel 2001:5). 물론 설교를 과소평가해서도 안되지만 과대평가도 금물이다. 교회 회중은 예배 그 이상이며, 예배는 한 편의 설교 이상이다. 설교는 그저 평범해 보이는 텍스트이지만 하나님께서 이미 행하신 것에 대한 성경적인 증언과 오늘날 하나님이 우리 가운데 행하고 계시는 구원을 선건하는 선설고리다(Den Dulk 1999:28).

설교는 교회의 안녕(welfare)에 필수적이다. 그럼에도 불구하고 설교에 대한 평가가 점점 악화되고 있는 것 같다. 이는 참으로 슬픈 현실이지만, 필자는 여전히 설교를 가리켜서 교회의 심장(루터의 말대로, *cor ecclesiae*)이라고 표현하고 싶다. 설교는 우리가 인식하든 못하든 관계없이 교회의 건강 상태를 보여주는 일종의 진열창과 같다. 그래서 "설교한 대로 교회가 세워지고, 교회의 모습 그대로 설교가 전해진다"고도 말할 수 있다. 특정한 설교 한 편 속에는 설교자의 교리적인 관점, 윤리, 성경관, 역사적인 안목, 목회적이고 주해적인 기술, 해석 능력, 심리적이고 정서적이며 영적인 성숙의 정도 등의 수많은 요소들이 결합되어 있다. 구체적인 설교 한 편은 신학적이고 교회적인 활동(그래서 인간의 활동)을, 때로는 다채롭고 흥미롭게나 또는 지루하고 칙칙하게 있는 그대로 묘사한다. 결국 설교는 현재 교회의 갱신과 침체를 적나라하게 증언한다.

2) 소망의 행위인 설교

 필자는 설교에 대한 논의의 기본적인 출발점으로서 설교에 대한 믿음을 먼저 고백하고자 한다. 앞서 소개한 수많은 비판의 목소리에도 불구하고, 나는 설교는 여전히 우리가 참여하는 교회 활동들 중에서 가장 희망찬 행위라고 믿는다. 사실 설교하는 것은 소망하는 것이다. 설교는 기독교적인 소망과 관련하여 가장 집중된 형태의 행동이다. 설교는 분명 눈앞에 당장 아무런 결과가 없는 현실 속에서도 선포되며, 그 무기력함에도 불구하고 가장 강력해 보이는 권세에 대항하여 선포되며 불굴의 희망에 대한 인내로서 선포된다. 그래서 설교에 대한 다음과 같은 수많은 기대감들이 설교를 더욱 힘차게 만들어준다.
 첫째, 설교는 분명 사람을 바꿀 수 있다. 이와 관련하여 잘 알려진 루터의 통찰이 있다. 하나님의 말씀은 우리를 바꾸고자 들려온다는 것이다. 이러한 증언은 성경 속에서도 발견된다. 물론 성경은 설교를 말씀에 대한 교회 역사의 전통의 관점에서 언급하지는 않지만 말이다. 성경에서 말씀의 선포 행위는 짤막한 증언의 행위나 다수의 청중 앞에서 좀 더 긴 시간 동안 진행되는 강해, 혹은 나사렛 예수의 주권과 관련한 사도들의 기본적인 신앙고백 등등의 다양한 형태를 취한다. 게다가 이러한 설교 형태의 기초는 우리가 현재 아는 바와 같이 완전한 표준이 아니라 주로 예수 그리스도의 생애와 죽음, 그리고 부활에 관한 구약성경의 구술적인 증언이며, 아마도 신약성경의 일부분들이다. 어쨌든 분명한 사실은 설교가 복음으로 사람들을 변화시키는 역할을 충분히 감당한다는 점이다. 사도 베드로가 오순절 날에 설교하자, 그곳에 모인 사람들의 심령이 감동되어서 다음과 같이 물었다.

우리가 어찌할꼬?(행 2:37)

빌립도 사마리아 성에 내려가서 복음을 전하자, 온 도시 사람들이 소란에 휩싸였다가 결국은 큰 기쁨을 맛보았다(행 8:4-8). 사도 바울이 빌립보에서 그리스도에 관하여 설교하자, 주께서 루디아라 하는 한 여인의 심령을 일깨워 주셨다(행 16:14). 그래서 우리도 이런 역사를 계속 이어갈 수 있다. 이런 사실은 교회의 역사를 살펴볼 때 분명히 나타난다. 누가 뭐래도 설교는 여전히 하나님께서 사람을 변화시키는 결정적인 도구이다.

둘째, 설교는 결코 사람의 공허한 말이 아니라 하나님께서 임재하시고 말씀하시는 말씀 사건이다. 설교를 통해서 우리의 가장 심원한 소망은 설교 안에서 즉 하나님의 말씀 사건 속에서 비로소 그 해답을 발견할 수 있다. 하나님은 어떤 방식으로든 (또는 불가해한 방식으로) 설교를 통하여 사람들에게 찾아오시고 말씀하신다. 사도 베드로가 회중 가운데 발휘되는 하나님의 여러 은사들에 관하여 설명할 때, 특히 설교에 대해서는 이렇게 말씀한다.

만일 누가 말하려면 하나님의 말씀을 하는 것 같이 하라
(벧전 4:11).

그런데 설교에 관한 이런 말씀들을 기계적으로나 또는 자동적인 의미로 이해하지 않도록 주의해야 한다. 그보다는 우리 인간의 말이 설교에서 하나님의 말씀으로 승화되기를 기대하는 일종의 신앙고백이자 그렇게 간구하는 기도이며 그렇지 못한 설교에 대한 책망과 권면으로 이해해야 한다. 그런 의미에서 모든 희망찬 설교의 가장 기본적인 구조 속에는 반드시 기도가 깔려 있어야 한다. 이 점은 이 책에서 앞으로도 반복적으로 강조될 것이다.

셋째, 설교는 그리스도의 (계시된) 신비의 계시에 기여할 수 있다(골 4:3). 하나님이 말씀하시는 통로인 설교는 본질적으로 항상 삼위일체적이지만, 그렇다고 설교가 또한 본질적으로 그리스도 중심적이라는 사실을 배제하는 것은 아니다. 이는 모순이 아니라 설교에 내재된 신학적인 연관성의 문제이다. 예를 들어 신약성경에서 발견되는 사도들의 설교는 항상 그리스도와 관련된 사건들에 집중되고 있다. 예수 그리스도 안에서 일하고 계시는 이는 그의 심장을 계시하시는 성부 하나님이시며, 이 진리를 확증하시는 이는 또한 성령 하나님이시다. 그래서 사도 바울은 조금도 주저함이 없이 고린도교회에게 예수 그리스도와 그가 십자가에 못 박히신 것만을 선포하고 가르치는 것이 그의 가장 중요한 의도라고 말한다(고전 2:2).

마틴 루터도 우리는 오직 예수 그리스도만을 설교한다고 말할 때, 그 역시 설교자의 모든 관심사가 그리스도에게로 집중되며 그로부터 모든 진리의 빛이 흘러나옴을 암시한다.

바로 여기에 즉 그리스도의 임재와 선포에 모든 희망찬 설교의 본질이 담겨 있다. 참으로 예수 그리스도만이 우리의 소망이다(딤전 1:1, 3장 참고).

결론적으로 필자는 기독교 설교야말로 이 세상에서 일어날 수 있는 가장 결정적인 사건 중의 하나라고 믿는다. 이와 관련하여 로이드 존스(Lloyd-Jones 1976:9) 목사는 다음과 같이 요점을 지적한다.

> 설교야말로 사람의 소명 중에 가장 고귀하고 위대하며 영광스러운 소명입니다…참된 설교야말로 오늘날 교회에 가장 긴급하게 필요한 일입니다. 설교는 교회의 가장 크고 긴급한 필요일 뿐만 아니라 세상의 가장 큰 필요임이 분명합니다.

우리 설교자들은 지상의 모든 교회들과 함께 세상이 간절히 원하고 의식적으로나 무의식적으로나 간절히 열망하는 하나님의 말씀을 위탁받았다. 때로는 사람들이 우리 설교자들을 조롱하고 비웃으며 배척하기도 한다. 하지만 우리는 이 세상을 뒤바꿀 말씀을 위임받았다. 필자는 바로 이런 확신을 가지고 이 책을 저술하고 있다.

십자가 위에 달린 당나귀가 없이는 세상은 버림받을 뿐이다.

제2장

설교의 신비:
강단에서 합류하는 음성들

이번 장에서는 설교의 네 가지 핵심 요소들을 살펴보고, 음성(voice)과 놀이(또는 연극, play)의 관점에서 네 가지 핵심 요소들의 상호관계를 살펴보면서 설교에 대한 예비적인 정의를 제시하고자 한다.

■ ■ ■

1. 미술관 방문

설교는 과연 무엇이며 여러분은 설교를 어떻게 정의하겠는가? 이 질문에 답하기 위하여 먼저 예술 작품이 전시되어 있는 미술관을 방문해 보자. 살펴보려는 작품은 루카스 크라나흐(Lucas Cranach)가 1565년에 독일 비텐베르크에 위치한 시립교회(Stadkirche) 제단 앞에 그린 매혹적인 제단화이다. 이 그림 중에서 우리의 시선을 잡아당기는 주제는 설교를 하고 있는 마틴 루터(Martin Luther)의 모습이다.

이 작품은 참으로 주목할 만하다. 이 작품 속에는 설교의 가장 기본적인 주제들이 심미적인 방식으로 결합되어 참다운 설교가 무엇인지를 감동적으로 보여준다. 그런 핵심적인 주제들 중에서 만일에 하나라도 빠진다면, 아무리 시대가 바뀌어서 오늘날과 같이 셋째 밀레니엄 시대에 굳이 하나님의 말씀에 관한 고전적인 기독교의 기준이 아니더라도 그것은 결코 기독교 설교라 할 수 없다.

- 이 그림에서 우리의 시선을 끄는 첫째 요소는 그림의 중앙에 위치한 십자가에 달리신 예수 그리스도이다. 그리스도를 감싸고 있는 옷감이 마치 바람에 펄럭거리듯이 휘날리는 모습은 부활의 경이로움을 암시한다. 부활의 능력은 이미 십자가에 달리신 그분에게서 나타나고 있다. 왜냐하면 부활하신 이가 곧 십자가에 달리신 분이듯이 십자가에 달리신 이가 곧 부활하신 이이기 때문이다. 내가 보기에 이 그림의 중심 초점은 다음과 같이 설교의 두 가지 필수적인 요소를 나타내 보여주고 있는 것 같다.
  첫째, 복음의 설교는 항상 십자가에 달려 죽으시고 부활하신 그리

스도 안에 나타난 하나님의 구원 행위이다(3장 참고).

둘째, 설교를 통해서 그 이름이 불리워지는 분은, 설교 현장에 그대로 임재하신다. 그래서 설교는 빈 말이 아니라 하나님의 말씀과 함께 채워지고 성취되는 말씀이다.

- 이 그림에서 발견되는 설교의 둘째 요소는 설교자인 루터 앞에 펼쳐진 성경이다. 이 점은 셋째 밀레니엄의 초기인 이 시대에도 여전히 유효하다. 어느 시대건 막론하고 성경을 성령의 감동으로 기록된 하나님의 말씀으로 믿고 해석하여 선포하는 가운데 살아 계신 하나님의 임재를 증언하는 설교자들이 나타날 것이다. 그래서 이 그림에서 성경이 제거된다면 그것은 더 이상 설교가 아니다. 이 점은 그림에서 뿐만 아니라 실제 설교에서도 그러하다. 설교를 통해서 증언되는 분은 곧 성경이 증언하고 있는 그분이시다. 그래서 성경이 증언하는 주제와 설교를 통해서 증언되는 주제 사이에는 차이점이 없다. 오히려 양자 사이에는 설교의 신비와 능력으로서 긴밀한 연결 고리가 놓여 있다. 어쨌든 우리가 분명히 말할 수 있는 것은, 설교는 성경의 기록된 증언을 지키는 한도 안에서 이 증언의 주제가 사람들에게 더욱 분명히 드러나고 알려질 것이다. 당연히 성령이 없이는 그 문자는 죽은 것이다. 오직 성령 하나님만이 우리가 성경이라고 부르는 이 특별한 문자에 생명을 불어넣으실 수 있다(고후 3:6). 성령 하나님은 이 문자를 통하여 역사하시는데 이 문자 없이는, 설교는 이해될 수도 없고 불가능해질 것이다(4장 참고).

- 이 그림에서 발견되는 설교의 셋째 요소는 회중이다. 그들의 눈은 (주로) 설교자가 아니라 십자가에 못 박혀 죽으시고 부활하신 그리스도에게 고정되어 있다. 여기에 묘사된 특정한 회중은 허구적인 존재도 아니고 이상적인 사람들도 아니라 특정한 시기와 특정한 장소, 그리고 문화에 속한 사람들이다. 이들은 이

그림에서도 설교를 위한 특정한 환경을 제시한다. 설교자는 그들이 이해하는 인지 능력과 관용 어구, 그리고 상징적인 세계 안에서 사용하는 그들의 언어와 이해의 범주 안에서 그들과 소통한다. 이런 소통을 통해서 그들은 설교자가 말한 내용을 이해한다. 이렇게 설교자는 십자가에 달려 죽으시고 부활하신 그리스도에 관한 말씀들이 그분에 관한 비전으로 바뀔 수 있도록 그리스도와 청중 사이를 중재한다. 그 결과 그리스도에 관한 청취가 청중 자신들의 삶 속에서 이해되는 그리스도에 관한 목격으로 바뀌고 그들의 필요와 위기의 상황이라는 특정한 상황 속에서 영향을 미치게 된다(5장 참고).

- 이 그림에서 주목할 설교의 넷째 요소는 설교자 자신이다. 설교자가 없는 설교는 상상할 수 없다. 설교자의 역할은 이 그림에서 루터가 그러하듯이 그리스도를 향하는 것이다. 설교단으로 올라간 설교자는 천사가 아니라 사람이다. 그들도 청중들처럼 특정한 시대와 문화에 속하여 특정한 과거와 현재, 그리고 미래를 가지고 있으며 특정한 언어로 말하는 사람이다. 또 각각의 설교자마다 고유한 개성과 영성을 가지고 있으며, 설교의 초점인 그리스도를 바라보는 회중의 일부분으로 속해 있지만, 그와 동시에 또 다른 의미로는 공식적으로는 설교자로 부름 받아서 회중으로부터 구분되어 있다. 어떤 이들은 이 그림에서 설교자와 회중이 분리되어 있는 모습이 일종의 교회 내의 계급 구조나 소위 종교 전문가와 평신도 사이의 분리를 암시한다고 주장할 수도 있다. 하지만 그 점은 분명 이 그림이 말하려는 의도가 아니다. 설교자는 분명 회중에게 속한 회중의 일부분이지만, 그가 맡은 직분의 목표는 그리스도와 회중 사이를 가로막거나 그 중간에 서서 그리스도에 대한 시야를 가리는 것이 아니라 회중

앞에서 그리스도를 가리키는 지시자요 중재자로서의 역할을 감당하는 것이다(이번 장의 마지막에서 세례 요한의 설교와 6장 참고).

결론적으로 이 그림에서 우리는 십자가에 달려 죽으시고 부활하신 그리스도, 즉 성경 본문이 증언하며 회중과 설교자 모두를 구원하신 하나님을 만날 수 있다. 이상의 네 가지 요소들 사이의 상호작용가 설교를 결정한다. 설교의 기적은 이 네 가지 요소가 성령의 역사로 말미암아 서로 결합하여 성경과 설교자를 통하여 특정한 회중에게 하나님이 자신을 드러내실 때 발생한다. 바로 이러한 네 목소리의 합류와 상호작용 속에 우리가 설교라고 부르는 것의 약속과 도전이 자리하고 있다. 바로 이 네 가지 상호작용 속에 설교자의 언어가 하나님의 말씀이 되는 신비로운 기적이 발생한다.

2. 인간의 말과 하나님의 말씀

그렇다면 우리 인간의 말과 하나님의 말씀의 관계는 도대체 어떻게 이해할 수 있을까? 들려오는 이야기에 의하면 유명한 유머 작가였던 마크 트웨인(Mark Twain)이 어느 주일날 교회 예배에 참석한 다음에 목회자에게 이렇게 이야기했다고 한다.

저는 이전에도 목사님의 설교를 들어보았습니다. 사실을 말씀드리자면 이 메시지는 벌써 여러 번 들어보았습니다.

그러자 그 목회자는 즉시로 자기를 변호하고자 이렇게 말했다.

"그것은 불가능한 말씀입니다. 저의 모든 설교는 저만의 독창적인 것입니다. 지난 한 주간 저는 힘들게 이 설교를 준비했고 오늘에야 비로소 처음 전하는 것입니다. 그래서 선생님은 이전에 결코 들어보지 못하셨을 것입니다."

"글쎄요 두고 봅시다."

마크 트웨인은 그만의 반짝이는 눈빛으로 대답하고서는 교회를 떠났다.

그 다음날 깔끔하게 포장된 소포가 그 교회 목회자에게 배달되었다. 소포를 열어보니 그 속에는 두꺼운 사전 한 권이 들어 있었다. 그 사전 속에는 마크 트웨인이 다음과 같이 적어 보낸 쪽지 하나가 끼워져 있었다.

말, 그저 말 뿐인 말.

사전을 손에 들고 있던 목회자는 말문이 막혔지만 마크 트웨인의 말이 옳다는 것을 깨달았다. 설교는 수많은 말 속에 존재한다. 대부분 말로는 훌륭하고 중요하고 잘 선별된 말들이다.

어떤 점에서 볼 때, 설교는 말과 담론의 홍수에 불과하다. 설교는 설교자의 입에서 흘러나와서 청중의 귀와 머릿속으로 흘러들어가는 언어의 시냇물과 같다. 이렇게 말로 이루어진 설교는 그래서 그 이상 아무것도 아니다. 설교단에 오른 설교자는 달리 할 것이 없이 말로 청중에게 연설하는 것이다.

하지만 과연 그것이 전부인가? 설교는 단지 수많은 말만 쏟아내는가? 아니면 말의 피상성 너머에 좀 더 깊은 신비의 차원이 존재하는가? 확인할 질문은 말의 시냇물이 어떻게 흘러가야 하는가? 설교자의 말이 참다운 설교의 형태를 취하려면 말이 어떻게 배열되어야 하는가? 인간 설교자의 말 속에 진정 하나님의 말씀이 풍성하게 거하도록 하는 것은 과연 무엇인가?[1]

3. 설교의 정의: 강단에서 합류하는 음성들

과연 설교란 무엇인가? 오늘날에도 설교는 여전히 효력을 발휘할 수 있을까? 설교의 신비는 과연 무엇일까? 손쉬운 조리법(recipe)이란 있을 수 없다. 2장의 제목에서 언급된 설교의 신비를 일종의 간편한 설교 조립법과 같은 것으로 이해하는 사람은 신비라는 단어를 잘못 이해한 것이다. 마술 지팡이처럼 초보 설교자들을 (하룻밤 사이에, 아마도 대부분이 토요일 밤에) 갑자기 설교의 대가로 바꾸어 놓을 만한 10가지 수사학의 비결과 같은 것은 없다. 그래서 필자는 설교에 대한 어거스틴의 통찰이 여기에도 적용될 수 있다는 생각을 가지고 아주 기초적이고 예비적인 차원에서 필자의 견해를 조심스럽게 제시하고자 한다.

---

1 이 질문은 결코 새로운 질문이 아니다. 그동안 설교에서 하나님의 말씀과 인간의 말들의 상호작용를 다루는 책들이 많이 출판되었다. 여기에서 다루는 심각한 질문은 다음과 같다. 계시와 존재의 상호관계는 무엇이며 그 관계에 대한 설교학적인 함의는 무엇인가? 이에 관한 고전적인 사례는, "말씀 신학"(Word theology)을 지나치게 강조하여 인간적인 차원에 대해서는 충분한 여지를 남기지 않았다고 평가를 받는 칼 바르트의 설교학과 그에 대한 비평에서 찾아볼 수 있다. 그런데 필자가 보기에 이런 평가는 결코 정당하지 못하다(also 2.3l also Daiber 1983:93 and Josuttis 1973:22-43 참고).

여러분에게 말씀드리려고 스스로 책임을 자청한 나는 내가 누구이고 내가 자청하여 맡은 책임이 무엇인지를 잘 압니다. 거룩한 것들을 선포하고자 스스로 책임을 맡았고 또 그런 책임감 속에서 영적인 것들을 선포하지만 나도 여러분과 같은 한 사람입니다. 또 영원한 것들을 말하지만 나도 육신을 입은 사람으로서 죽을 수 밖에 없는 존재입니다…. 내가 판단하기에 나는 여러분에게 봉사하는 책임을 위임받았습니다. 문이 열리면 나도 여러분과 함께 누릴 것이고, 문이 닫히면 또 여러분과 함께 문을 두드립니다(Van Oort 1991:8; also 1989:85 참고).

앞서 언급한 바와 같이 설교에서는 다양한 활동들이 선포의 깔때기를 통과하며 발생한다. 어떤 이들은 설교에서 의식적으로든 무의식적으로든 최소한 네 가지 유형의 언어나 문법의 혼합이 발생한다고 본다. 그것은 설교자의 음성과 성경 본문, 회중(상황) 그리고 하나님의 음성, 이 네 가지 음성들이 언어의 시냇물을 이루어 흘러가는 것이다. 실증적이고 언어적인 차원에서 살펴보면 이렇게 혼합된 음성들은 마크 트웨인의 말에도 적용될 수 있을 것이다.

먼저 설교자 자신의 목소리가 강단에서 흘러나오는데, 이 음성은 의식적으로든 무의식적으로든 설교자의 인품을 그대로 드러낸다. 게다가 그 설교자는 강단에서 성경 본문을 다루거나 이를 통해서 신학적인 관점으로 성경을 회중에게 해석해 주어서 본문의 음성을 회중의 귀에 들리게 한다. 그리고 다행히도 설교자와 회중 사이에 상호작용이 일어난다. 이러한 상호작용은 설교자가 설교를 준비하는 동안에 이미 회중의 음성을 들었음을 전제한다.

사실 설교자들은 하나님께서 친히 어떤 방식으로든 설교에 관여하시며 그분의 음성은 충분히 들을 수 있다는 전제나 믿음을 가지고 설교를 준비한다. 필자가 보기에 설교의 신비는 이러한 네 가지 목소리가 서로 연결되어 있으며 신학적으로 통합되어 서로가 일치와 통일을 이루는 방식에서 발견된다. 하지만 대부분의 경험이 많은 설교자들은 이 신비가 그렇게 쉽게 성취되지 않는다는 것을 잘 안다.

이 네 가지 요소가 설교를 준비하는 과정에서 필수적으로 관여한다는 사실을 인정한 설교학자들은 많이 있다. 반데르 기스트(Van der Geest 1981:62)와 와들로우(Wardlaw 1983:64)는 설교자와 성경 본문, 그리고 회중의 세 가지 외부적인 요소에 좀 더 집중하였지만, 이들도 하나님이 그의 성령을 통해서거나 어떤 방식으로든 설교에 관여한다는 점을 인정한다. 그리고 팻(Patte 1984:21ff)과 크래독(1985:22ff), 베일리(Bailley 1991:60), 그리고 보렌(Bohren 1971:547ff)은 자신들의 설교학적인 논의에 네 가지 요소를 분명히 포함시켰다(특히 보렌은 설교에 대한 분석틀을 소개할 때에도 마찬가지다).

흥미로운 점은 이미 1961년에 정리된 칼 바르트(Karl Barth)의 설교에 대한 정의에서도 이러한 네 가지 요소의 일부분을 다루고 있는데, 종종 주장되는 것처럼 설교의 계시적인 차원을 지나치게 강조하는 가운데 설교의 인간적인 요소에 대해서는 충분한 여지를 남겨두지 않았다. 그래서 세심한 독자라면 설교에 대한 칼 바르트의 설명 속에서 앞서 언급한 설교의 네 가지 기둥들이 어떻게 표현되고 있는지를 찾아낼 수 있을 것이다.

> 설교는 그분이 직접 말씀하시는 하나님의 말씀이다. 하지만 하나님은 그분의 선한 뜻대로 설교자가 하나님의 이름으로 선택한 성경 구절을 수단으로 그 동료들에게 말씀을

전하는 사람의 직분을 사용하신다. 그런 사람은 자신의 설교 사역을 통해서 교회가 그를 불러 세운 소명을 완수하며 교회는 그에게 위임된 사명에 순종한다.
설교는 하나님의 말씀을 수종드는 임무를 위하여 부름 받은 사람의 수단을 통하여 하나님의 말씀을 수종들도록 교회로부터 위임된 명령에 근거한다. 이 사람의 의무는 자기 동료 사람들에게 이들에게 인격적으로 이들과 관련된 성경 구절을 그 자신의 언어로 자세히 설명해줌으로써 하나님께서 그들에게 말씀하기를 원하시는 것을 선포하는 것이다 (Barth 1964:65).

기독교 설교에서는 이상의 네 가지 구성 요소들이 서로 의미 있고 신학적으로 정당한 방식으로 통일성을 이뤄야 한다. 하지만 어떻게 그것이 가능한가? 우리 설교자들은 그러한 통일성이 언제 실현되는지를 과연 어떻게 알 수 있는가? 그러한 일치와 조화의 순간이나 계기를 결정하는 것은 무엇인가? 이 점과 관련하여 세 가지를 언급하고자 한다.

1) 성령의 은사에 의한 네 음성들의 일치

네 가지 음성들의 일치와 연합에 관한 분석은 과연 설교자가 자기 힘으로 감당할 수 있다거나 반드시 그래야만 하는 것인가? 아니면 설교자가 단지 일종의 은사로 경험하는 것이고, 그래서 그런 차원에서 기대해야 하는 것은 아닌가? 이런 질문과 관련하여 복음주의권에서 로이드 존스(Lloyd-Jones 1976:324-325)는 설교에서의 성령의 역사를 이런 맥락에서 설명한다.

그렇다면 성령이 임하신 것을 어떻게 알 수 있을까요? 다음과 같이 대답할 수 있습니다. 첫 번째 표시는 설교자 자신의 인식에 나타납니다…. 설교자가 성령으로 충만해졌는데 본인이 그것을 모를 수는 없습니다…우리는 그것을 어떻게 알 수 있을까요? 설교하는 가운데 생각이 명료해지고 언어가 명료해지며 말하기가 수월해지고 권위와 자신감이 크게 느껴질 때, 내 의사와 상관없는 능력이 온 존재를 흔들며 터져 나오는 것이 인식될 때, 말할 수 없는 기쁨이 넘쳐날 때 알 수 있습니다…. 회중은 어떨까요? 회중도 즉각 감지합니다. 그 차이를 바로 분별한다는 것입니다. 그들은 압도되며 진지해지고 죄를 깨달으며 감동받고 겸손해집니다…. 그렇다면 이런 일을 경험하기 위해 우리는 무엇을 해야 할까요? 단 한 가지 분명한 결론은 이것입니다. 그를 구하십시오. 성령을 구하십시오…. 아니 그를 구하는 데서 더 나아가 그분이 하실 일을 기대하십시오.

의심의 여지가 없이 설교의 신비는 성령 하나님의 역사에 달렸다. 설교에서 네 가지 음성이 서로 합류하여 한 목소리가 될 수 있는 설교의 비밀은 그래서 성령론적인 신비(pneumatological mystery)라고 할 수 있다. 설교에서 성령 하나님은 설교자의 음성과 본문의 음성, 그리고 회중의 음성을 하나로 통합하여 하나님의 음성이 되도록 역사하신다. 그런데 설교의 신비와 믿음에 관한 이러한 고백이 분명 사실이고 그렇게 확증될 수 있지만, 그렇다고 이 고백이 한 걸음 더 나아가 설교의 방법론 문제까지 해결해 주지는 못한다. 설교의 신비를 단순히 추구하거나 기대하는 것 이상으로 우리가 할 수 있는 것이 무엇인가? 좀 더 적극적으로 말하자면, 설교의 신비를 추구하거나 기대하는 것에서 한 걸음 더 나아가서 실제로 이를 방법론적으로 실현할 능력과 자유를 우리와 같은 설교자들에게 허락해 주는 것은 성령론이지 않은가? 성령과 방법은 결코 서로 반대되는 입장을 취하지 않는다(Bohren 1971:76ff).

2) 신학적인 분열로서의 대조적인 음성들

설교를 구성하는 구성 요소들의 극단적인 대척점을 주목해본다면, 우리는 설교의 네 가지 음성이 하나로 통합되는 설교의 신비를 좀 더 잘 이해할 수 있을 것이다. 사실 우리가 네 음성의 분열 현상을 신학적인 현미경 아래서 자세히 관찰해보면 반대로 네 음성의 통합도 더 잘 이해될 수 있을 것이다. 네 음성들 간의 상호관계와 통합이 뒤틀리거나 어느 한 쪽으로 치우칠 때 설교 전체가 뒤틀려 망가질 것이다. 그럴 때 설교는 그 중심에서부터 부정적인 영향을 받을 것이다. 실제로 설교를 분석해 보면 이 점이 잘 드리난다.[2] 설교에서의 네 음성의 분열이 발생하는 경우는 다음과 같다.

- 첫째, 설교자가 자기 자신의 목소리(또는 특정한 신학적인 주제)에 애착을 가질 때다. 그럴 때 설교자의 음성은 설교에서 다른 음성을 질식시키면서 독백으로 변질되고 만다.
- 둘째, 설교가 단순히 성경 본문에 대한 정확한 주해에 집착할 경

---

2 설교에 관한 필자의 저서들 중에는 다음과 같이 실제 설교에 관한 분석을 다루었다. *God vir ons*(God is for us,1994); *Die uitwissing van God op die kansel*(The elimination of God from the pulpit,1996); *Die uitwysing van God op die kansel*(The citing of God in the pulpit,1998); and *Die genade van gehoorsaamheid*(The grace of obedience, 2000).

우다. 이럴 때 설교는 설교자의 현실적이고 생생한 증언과 회중의 실제 삶의 정황과 관계없는 비인간적인 담론이 되고 만다. 이러한 실수는 "오직 성경"만 선포되어야 한다는 환상 때문에 종종 발생한다.
- 셋째, 설교에 회중의 상황이나 음성이 제외되는 경우다. 그런 설교는 얼핏 그럴듯하게 들리지만, 복음을 그렇게 전하는 설교는 망각의 시대를 향하여 선포하는 독백에 불과하다.
- 넷째, 설교자가 하나님의 음성을 인간적인 상황이나 배경을 전혀 고려하지 않고 마치 하늘에서 직통으로 떨어지듯이 제시하는 경우이다. 그런 설교자들은 현실 세계의 모순이나 대립을 감당하지 못하며 이를 올바로 가르치지도 못하고 경건을 핑계 삼아 자신의 목회적인 무능력을 감추려고만 한다.

3) 역동적인 현상으로서의 음성

따라서 우리는 설교에서 네 음성의 분열 현상을 세심하게 분석해볼 필요가 있다. 설교의 불협화음 현상은 몇 가지 특징으로 확인될 수 있다. 그렇다면 여러 음성들이 조화를 이루는 설교를 준비하는 방법과 관련하여 좀 더 적극적인 결론을 얻을 수 없을까? 흔히 설교학을 다루는 책들은 설교를 구성하는 네 음성들을 순차적으로 다루는 경우가 많다. 필자도 다음 장에서부터 각각의 음성들을 좀 더 자세히 순차적으로 다루고자 한다.

- **3장** 임재하시는 하나님의 음성
- **4장** 성경 본문의 음성
- **5장** 회중의 음성

- **6장** 살아있는 복음의 음성: 설교자의 음성

설교에서 이상의 네 가지 음성이 감당하는 여러 역할과 기능을 더 잘 이해하면 설교에서의 네 음성의 신학적인 조화와 통일을 더 효과적으로 달성할 수 있다. 또한 필자는 독자들에게 네 음성의 신학적인 부조화를 직접 보여주고자 각 장의 말미에 실제 설교에 대한 분석의 사례를 제시할 것이다.

그렇게 해서 각 장은 사례 설교문으로 결론을 맺으면서 하나님과 성경 본문, 회중, 그리고 설교자의 네 음성의 바람직한 기능과 그 조화를 추구하도록 안내할 것이다.

그렇다면 우리는 이 네 음성의 상호관계를 어떻게 이해해야 할까? 이 책의 나머지 부분에서는 이 질문에 대한 해답을 제시하여 독자들의 관심에 부응하고자 한다.

그런데 필자가 "네 음성의 신학적인 통합"이란 표현을 사용할 때 그 의미는 네 음성이 균등해야 한다거나, 동일한 분량의 균형을 이루어야 한다는 의미가 아니다. 네 음성의 통합은 마치 화학약품이 정확하게 동일한 치수나 무게만큼 보태지는 화학적인 혼합과는 전혀 다르다.

설교에서 통합되는 네 음성은 무생물의 물질이 아니라 상호간의 역동적인 관계를 암시하는 살아있는 현상(living phenomena)이다.

필자는 아직 설교학의 영역에서 충분히 발전되지 않은 용어로 음성(voice)이란 단어를 의도적으로 선택하여 설교학을 설명하고자 한다.[3] 음성에는 한 개인의 인격적인 요소들이 들어 있으며, 말하

---

3 광범위한 의미론에 관한 광범위한 논의의 장이 음성(또는 목소리, voice)을 의미하는 아프리칸스 단어 stem을 중심으로 다음과 같이 펼쳐지고 있다. *instemming*(동의나 의견일치),

는 사람은 음성으로 자기 정체성을 표현한다(Moller 1996:33-36 참고). 사실 우리가 다른 사람의 음성을 듣지 못한다면 사람과의 진정한 소통은 일반적으로 불가능하다고 말할 수 있다.[4] 예를 들어 편지문을 읽는 것은 편지를 쓴 사람을 직접 만나서 그의 음성을 들어보는 인격적인 만남과는 차원이 다르다.

이 점을 설교와 관련지어 본다면, 설교자의 음성은 그의 인격의 일부분을 전달하는 통로이며, 그가 이전에 경험했던 하나님과의 만남을 전달하는 통로이다. 설교자는 설교 이전에 먼저 하나님의 인격의 일부분을 경험했기 때문에, 그 경험에 근거하여 설교자는 자신이 들었던 하나님의 음성을 자기 목소리로 사람들에게 다시 전달할 수 있다. 그렇다면 설교자는 어디에서 하나님의 음성을 들을 수 있을까? 그곳은 성경 본문이다.

설교자가 성경 본문에서 하나님의 음성을 듣는다는 말의 의미는, 단순히 본문에서 주해적이거나 역사적 혹은 문법적인 정보를 얻어낸다는 것 그 이상이다. 성경 본문의 원래 의도는 독자들에게 살아 있는 하나님의 음성을 전달하려는 것이며, 그래서 본문은 독자들이 하나님을 인격적인 분으로 만나고 경험하도록 안내한다. 루터는 성경 본문에서 듣는 하나님의 음성을 가리켜서 살아 있는 복음의 소리(*viva vox evangelii*)라고 불렀다(Meuser 1983:55 참고). 본문

---

eenstemmigheid(만장일치), *stemreg*(선거권), *stemloos*(무성음), *buite stemming bly*(투표 거부), *om stemming te skep*(분위기 만들기), *stemmingsvol*(분위기 충만), *stemming*(진압) 등. 이러한 모든 개념들은 음성이 단순히 단어나 종이 위에 적힌 개념 이상으로 살아 있는 현상이라는 사실을 강조한다.

4 이 말은 그렇다고 청각 장애인들이 참다운 소통을 하지 못한다는 의미는 아니다. 여기에서 강조하려는 것은 사람들 사이의 평범한 소통에서 청각적인 요소가 소통을 위한 기본적인 출발점을 제공한다는 것이다.

에서 하나님의 음성을 들은 설교자는 자신의 인격을 담은 자기 목소리로 청중들에게 하나님과의 살아 생생한 만남을 전달해서 청중들 역시 설교자의 설교로 말씀하시는 하나님의 음성을 듣고 마음에 새길 수 있어야 한다. 성경 본문은 단순한 문자가 아니라 성경에 기록된 하나님의 살아 있는 음성이며, 이 음성은 하나님과 자기 백성들 간의 대화에서 들려온 음성이다. 그래서 우리 설교자들은 성경으로부터 정기적으로 하나님의 살아 있는 음성을 청취해야 하고, 또 정기적으로 우리 귀를 이 음성에 맞추어야 한다(Van der Velden 1989:126 참고). 그래서 성경 본문에 대한 역사적, 문법적 및 신학적인 주해 작업은 결코 그 자체가 목적이 되어서는 안되고, 성경 본문에 우리 귀를 기울여서 성경 속에 숨어 있지만 여전히 생생하게 살아 있는 하나님의 음성을 새롭게 듣고 그분을 만나는 방식이어야 한다.

말하자면 설교는 마치 광고에 등장하는 개가 아래로 젖혀진 귀로 축음기에서 흘러나오는 주인의 음성을 듣는 것과 같다. 역사적으로는 멀리 떨어져 있지만 이 과정을 통해서 주인의 살아 있는 음성을 들을 수 있다. 그래서 간단히 말하자면, 그 어떤 설교자도 성경 본문에서 하나님과의 만남의 경험을 갖지 않고서는 설교할 수 없다(Iwand 1964:19). 그 어떤 설교자도 하나님의 입에서 흘러나오는 생명을 주는 말씀을 듣지 않고서는 이 시대 앞에 나타날 수 없다.

설교에서 설교자의 음성만큼이나 간과할 수 없는 음성이 회중의 음성이다. 설교자는 성경 본문의 음성뿐만 아니라 회중의 음성에도 관심과 주의를 기울여 경청해야 한다. 청중이 처한 특정한 상황에서 울려나는 그들의 살아있는 음성을 듣는다는 의미는, 단순히 어느 청중에 관한 통계 자료를 수집하는 것과는 차원이 다르다.

사실 의외로 많은 설교자들이 청중의 생생한 음성을 전혀 듣지 않아서, 청중과 무관한 설교자 자신의 이야기나 그럴듯한 해답만 쏟아내곤 한다. 하지만 이런 설교자는 청중과의 진정한 만남을 경험하지 않았기 때문에 그 독백 같은 연설로는 결코 여러 음성들의 조화나 공명이 발생하지 않는다.

설교 전에 설교자와 회중 사이의 인격적인 만남이 일어나지 않으면, 설교 시간에 쏟아내는 설교자의 독백은 더욱 장애를 만나게 되고 그런 연설로 설교자는 결코 성경 본문을 통해서 말씀하시는 하나님의 음성을 전달할 수 없다. 그런데 설교에서 이 모든 음성을 통합하는 목적은 오직 하나님의 음성이 선포되기 위함이다. 이 마지막 음성은 결코 최소한의 음성이 아니라 다른 세 음성들을 통합하여 전달하는 원동력이요 구심점이다. 이 하나님의 음성은 설교자와 성경 본문, 그리고 회중 각자에게 설교에서 말할 수 있는 권리(아프리칸스어로 선거권)를 부여한다. 그러므로 이 음성이 없이는 설교는 소리가 없거나, 아마도 그저 구경할만한 연극에 불과하다.

최근에 아돌 후가드(Athol Fugard, 남아공의 대표적인 백인 희곡작가)는 달리 탐보(Dali Tambo, 아파르트헤이트에 항거한 남아공 예술가)와의 인터뷰에서[5], 연극이 만일 대본의 메시지와, 배우의 열정, 그리고 연극에 몰입하려는 관객의 의지의 세 요소가 조화를 이룬다면, 그리고 그 가운데 행복한 시나리오가 있다면 그 연극은 삶을 바꾸는 경험이 될 수 있다고 했다.

연극 분야에서는 정말로 그렇다. 하지만 설교는 그 이상이다. 바로 네 번째 음성인 하나님의 음성의 신비가 보태져야 한다. 설교를 진정 설교답게 만드는 것은 바로 이 하나님의 음성이다.

설교는 단순히 하나님에 관한 정보를 다른 사람들에게 소통하는 것이 아니라, 하나님과 사람 사이의 역사적인 간격을 극복하고 이해하지 못하고 듣지 못하는 귀 가운데 살아 있는 하나님의 음성을 선포하여 하나님의 임재를 실행하는 것이다. 그렇다.

귀 있는 자는 들을지어다(눅 8:8).

설교는 종교적인 집회나 원고에 적힌 단어들을 전달하는 것 이상이며, 설교는 오히려 반복될 수 없이 독특한 목소리로 전달되는 언어 사건이고 말씀 사건이다. 엄밀히 말하자면 하나님의 목소리는 시간과 공간에 고정된 정적인 것이 아니라 역사적이며 살아 생생하게 구원을 일으키는 능력이기 때문에 설교는 반복될 수도 없고 다시 들려질 수도 없다. 설교는 원고 내용이 얼마나 주해적으로나 교의적으로 올바른지에 관계없이, 원고에 적힌 개념이나 진술문 그 이상이다. 설교자의 설교는 오히려 하나님 나라의 말씀을 해

---

5 2001년 9월 30일자 *"People of the South"* 인터뷰 방송 프로그램에서.

설하기를 열망하는 음성이다.

따라서 설교의 음성이라는 개념에 동반되는 또 다른 개념은 듣기(hearing) 혹은 청취(listening)이다. 설교자들은 하나님의 음성을 들을 수 있는 사람이며, 수많은 불협화음 속에서 설교의 올바른 원천을 분별하고 참으로 중요한 것을 구분하여 여기에 귀를 기울일 줄 아는 사람이다. 또한 그들은 성경 본문에 귀를 기울임과 동시에 청중의 심장에서 울려나는 고동소리를 들을 줄 아는 사람들이며, 이 세상에서 소외당한 자들과 고아와 과부, 가난한 사람들, 환자들, 굶주린 자들, 목마른 자들처럼 청중과 당장 관계없는 세상의 목소리에도 귀를 기울이는 사람이다. 왜냐하면 이런 사람들은 아주 특별한 방식으로 하나님의 심장소리를 듣는 사람들이기 때문이다(마 25:31-46; 3장 참고).

설교자의 귀가 이 세상 땅바닥을 향하는 동안에 그의 심장은 이 세상 사람들 속에서 울리는 하나님의 심장의 고동치는 소리의 리듬을 듣고 이해할 수 있어야 한다. 그래서 설교자는 항상 땅에서(본문, 회중, 세상과 설교자의 심장) 울려오는 음성들을 듣고 분간할 수 있어야 하며, 또 다른 귀는 위를 향하여 성령께서 말씀하시는 음성을 듣고 복음의 메시지를 분간할 줄 알아야 한다.

이런 여러 음성들을 고려하여 필자는 설교에 대하여 다음과 같이 조심스럽게 정의를 내리고자 한다.

> 설교는 하나님의 음성이 성경 본문의 음성을 통해서 시대의 음성 (회중의 상황) 속에서 설교자의 (독특한) 음성으로 들려올 때 발생한다. 이 네 음성이 하나의 음성으로 합류할 때야말로, 설교는 진정 살아있는 복음의 음성(*viva vox evangelii*)이다.

필자는 설교에 대한 위의 정의를 더 쉽게 이해하도록 다음의 도표를 제시하고자 한다. 이 도표는 설교에서 합류하는 네 가지 음성의 역동적인 관계와 아울러 그 우선순위를 나타낸다. 이 네 가지 음성들 간의 대화를 주도하는 것은 바로 하나님의 음성이다. 하나님은 살아 계신 분으로서 성경 본문을 통하여 말씀하시면서 이 주도권을 행사하신다. 그런데 설교자와 본문, 그리고 회중 상호간의 대화가 없이는, 그리고 궁극적으로는 그분과의 대화가 없이는 회중은 그분의 음성을 들을 수 없다.

하나님의 음성

성경 본문의 음성

설교자의 음성   회중의 음성

4. 놀이로서의 설교

이제 필자는 설교에서 네 가지 음성의 상호관계를 "놀이"(play)라는 개념을 사용하여 좀 다른 각도에서 설명해보고자 한다(6장 참고). 필자의 견해로 설교는 대체로 창조성(creativity)과 놀이(play), 그리고 상상력과 예술에 관한 것이다. 실천신학의 한 분과에 해당하는 설교는 심미적인 예술 행위이다(Bohren 1975:90; Louw 2001:90; Cilliers 1998: 31-50, 1994a:583-588 참고).

필자는 설교를 설명하는데 놀이(또는 연극, play)라는 개념을 사용하고자 한다. 물론 신학계에서 이런 접근은 결코 새로운 것이 아니다. 또 성경에서도 하나님의 백성들이 창조의 전야(the eve of creation)에 마치 아이가 그 아빠 앞에서 즐거워함과 같은 놀이의 지혜에 관하여 언급하고 있다(잠 8:30). 히에로니무스(또는 제롬, Hieronymus)나 오리겐(Origen), 니사의 그레고리(Gregory of Nyssa), 그리고 막시무스(Maximus)나 그 밖의 다른 신비주의 신학자들은 그 당시의 공식적이고 존재론적인 신학 전통과 반대되는 입장의 신학 사상을 전개하였다. 그동안 종종 과소평가를 받았던 이들의 신학 운동 속에는, 하나님 나라에서 즐겁고 기쁘게 놀이하시는 하나님(deus ludens)과 그분 자신과의 일체 속에서 함께 동역하는 즐겁고 기쁘게 놀이하는 인간으로서의 "호모 루덴스"(놀이하는 인간, homo ludens)를 재발견하려는 열망이 담겨 있다.

사실 설교를 놀이로 설명하려는 은유에 대한 가장 심원한 동기는 하나님 그분 자신이 노니시는 분이기 때문이다. 이런 점은 그분의 창조와 재창조 행위 속에서 분명히 알 수 있다. 하나님은 오직 그분 자신의 기쁨을 위하여 만물을 창조하셨고, 그래서 그의 피조물인 우리의 최고 소명은 그분을 영원토록 즐거워하며 그분께 영광 돌리는 것이다(웨스트민스터 대소요리문답, 1647). 우리의 삶은 성공을 위한 것보다는 창조주 하나님의 무한한 기쁨에 동참하도록 부름을 받은 무한한 자유와 기쁨을 누리는 것이며, 당연히 설교의 기쁨 속에서도 그분께 감사하는 것이다.

그리스도의 성육신 사건은 이렇게 놀이하시는 하나님의 이미지를 강조한다. 그분의 구원 사역은 예전의 창조 질서를 회복하려는 다급한 방편 보다는 새창조 안에서 새로운 놀이를 창조하려는 움직임으로 이해할 수 있다. 그런 맥락 속에서 예수께서 고난 당하심으로 우리가 다시 웃을 수 있게 되었다. 물론 그리스도께서 짊어지신 십자가는 결코 농담이 아니지만 그 십자가로 인하여 하나님과 함께 새로운 차원의 기쁨 가득한 놀이가 가능해졌다. 십자가만을 바라본다면 마치 모든 기쁨이 사라진 것 같다. 하지만,

> 그리스도의 부활은 전혀 다른 차원이다. 여기에서부터 비로소 구속받은 자들의 웃음소리가 터져 나오기 시작하며, 자유를 얻은 자들이 춤추기 시작하며, 자유라는 새롭고 구체적인 부산물로 인한 창조적인 놀이가 시작되었다. 그 자유 안에서는 비록 우리가 여전히 즐거워할 이유가 전혀 없는 상황 속에서 살더라도 우리를 위하여 새롭게 열린 자유 안에서 새로운 창조의 놀이가 시작되었다(Moltmann 1971:50).

우리는 놀이를 통하여 삶의 부조화를 다루는 법을 배운다(Theron 1996:212, *Theology of humor*에 관한 그의 저서를 참고하라). 사실 기독교적인 놀이는 이 세상에서 가장 심대한 부조화, 즉 십자가에 달리신 그리스도께서 온 우주의 왕이시라는 진리에 대한 믿음에 기초한다. 이 점을 도외시한다면 우리는 인생

에 진리와 의미를 찾는 노력 속에서 마땅한 기쁨을 잃어버리고 너무나 절망할 수밖에 없을 것이다. 인생을 즐기고 누리지 못하는 무능력은 결국 이 세상 속에서 일하시는 성령의 역사에 대한 불신을 드러내는 것이다. 우리는 우리에게 아직 알려지지 않아서 새로운 신비의 문을 열어 주시는 하나님을 신뢰하려 하지 않는다. 우리는 참으로 기쁨 충만하신 하나님이 우리를 향한 의도와 달리 하나님의 흥을 깨기를 좋아한다. 우리의 설교가 너무나 지루한 이유도 아마도 이런 이유 때문일 것이다.

1) 놀이터의 경계

설교 하는 것은 노는 것이다. 저명한 설교학자 루돌프 보렌(Rudolf Bohren)도 설교를 가리켜서 거룩한 놀이라고 말했다. 즉 설교는 미래의 가능성과 놀이하는 것이며, 인간의 말과 하나님의 말씀과 놀이하는 것이며, 회중과 인생, 경험, 그리고 기회와 놀이하는 것이며, 사실 설교자가 걸어가는 길에서 만나는 모든 것들과 놀이하는 것이다. 이러한 놀이에서 자신을 멀찍이 떨어뜨린 사람이 있다면 그는 설교학적으로 볼 때 시골뜨기 광대나 다름없다.

놀이를 위해서는 놀이터가 필요하다. 내 생각으로 설교자가 뛰놀만한 놀이터는, 지금까지 살펴보았던 설교의 네 가지 구성 요소[6], 즉 성경 본문과 설교자, 회중, 그리고 우리 가운데 살아 역사하

---

[6] 필자는 그 어떤 설교학이나 신학 사상도 특정한 규범이나 원리가 없이는 제대로 기능할 수 없다고 확신한다. 신학이나 설교학에는 최소한의 범위 안에서 신앙을 그 나름대로 설명하려는 내러티브 같은 것이 존재하며, 이를 설명하는 사람의 세계관을 구성하는 믿음체계에 관한 최소한도의 교의적인 진술문 같은 것이 존재한다(Anderson 1995:204). 하지만 필자는 이러한 믿음체계를 최소 한도의 의미에서 이해하지 않고 기회와 풍성함의 관점에서, 즉 최대한의 창조성(maximum creativity)이 증진될 수 있는 관점에서 이해하려고 한다.

시며 놀이를 좋아하시고 설교를 통해서 선포되시는 하나님이 만나는 자리이다. 이 설교의 놀이터는 결코 어느 한 장소에 국한되지도 않으며, 우리의 설교학적인 방법론에서 엄격하게 경직되고 분리된 실체도 아니다. 숨이 멎을 정도로 놀라운 복음의 풍성함은 설교의 놀이터에서 비로소 그 모습이 드러나기 시작하며, 성령 하나님의 역사로 인하여 다양하면서도 조화로운 하나님의 음성이 비로소 이상의 네 가지 "신호등" 또는 "깃대" 사이의 상호작용하는 놀이를 통해서 비로소 들려지기 시작한다(Bohren 1971:79 참고).

- 놀이에서 우리가 목격하는 첫째 깃발은 하나님 그분의 신비이다. 이 말의 의미는 앞서 이미 암시한 바와 같이, 설교에서 하나님이 여러 다른 요소들 중의 하나에 불과하다는 의미가 아니라, 그분이야말로 설교 놀이의 기초이며 이 모든 요소들을 포괄하는 근원이시다. 하나님은 모든 것을 초월할 정도로 탁월한 창조주이시며, 우리를 그분과 함께 창조성을 발휘하도록 초대하시는 "놀이하시는 하나님"(*deus ludens*)이시며, 다양한 관점을 시험하는 놀이터에서 그분과 함께 놀이하도록 초대하시는 분이시다. 그래서 우리는 설교에 그분의 성령이 임하시도록, "성령이여 임하소서"(*veni creator spiritus*)라고 기도해야 하며, 설교에 임하신 성령께서 성경 본문과 회중, 그리고 설교자 안에서 그리고 이를 통하여 역사하시도록 해야 한다.[7] 성령 하나님은 놀이를

---

[7] Rudolf Bohren은 『신학적인 심미학으로서의 실천신학』(*Praktische Theologie als theologische Ästhetik*)이란 그의 저서에서 명백히 성령론의 지평 안에서 실천신학의 틀거리를 전개시키고 있다. 보렌에 의하면, 성령 하나님은 방법론에 자유를 허락하시는 분이며, 하나님과 인간 사이의 신율론적인 상호성(the theonomic reciprocity)안에서 인간적인 요소에 신적인 위엄을 덧입히는

시작하시고 그 흐름을 주도하시는 분이시며, 뒤틀리고 경련이 일어난 우리의 설교학적인 궁지로부터 우리가 숨어 들어간 은둔지로부터 우리를 꺼내어 자유롭게 뛰놀게 하시는 분이시다. 또한 그분은 놀이가 정체되고 활력을 잃어가도록 방치하려는 우리의 습성과 경향을 변화시키는 분이시며, 놀이터가 우리 앞에 열려 있고 게임이 막 시작되는 신호가 울렸는데도 여전히 우리는 여러 깃대들 중에서 오직 하나만을 목숨을 걸고 집착하려고 할 때 우리를 불러서 놀이의 참 즐거움을 맛보도록 인도하시는 분이시다. 이 설교의 놀이터 속에는 놀이의 흥을 깨는 것들이 많이 있다. 그것이 성경 본문이나 기독교 진리에 관한 고정관념을 가진 근본주의이든, 아니면 미궁에 빠져서 목표를 잃고 방황하는 극단적인 포스트모더니즘의 맥락주의(contextualism)든 관계없이, 성령 하나님은 여전히 우리 가운데 놀이를 계속 만들어 내시고 우리의 상상력에 불을 붙여서 더 이상 새로울 것이 없다고 생각했던 우리의 마음 속에서 다시금 새로운 관점을 바라보며 상상할 수 있도록 계속 우리를 초청하시는 분이시다. 그래서 성령 하나님은 계속해서 우리 가운데 새로운 공간과 새로운 영감, 그리고 새로운 관점을 창조하셔서, 근본주의의 스킬라(Scylla, 그리스 신화에 등장하는 머리가 6개 달린 불멸의 공포스런 바다 괴물)와 맥락주의의 카리브디스(스킬라와 함께 그리스 신화에 등장하는 공포스런 바다 괴물) 사이에서 나아갈 방향을 상실하는 설교학적인 밀폐 공포증을 무사히 통과하도록 인도하시는 분이시다. 또한 그분은 하나님께서 이런 목적을 위하여 우리에게 제

분이시다. 성령 하나님을 정의하자면 통합하시는 분이시며, 이 분으로 말미암아 신학을 통전적인 (삼위일체의) 관점에서 접근할 수 있다(Bohren 1975:67, Cilliers 1994b:251-255, 6장 참고).

공하시는, 뱃길을 안내하는 수로 표지판과 등대들 그리고 깃발들 사이에서 항상 우리를 안전하게 인도하시는 분이시다(설교에서 하나님의 음성의 역할에 관한 자세한 논의는 3장 참고).

- 설교의 놀이터에서 우리가 목격하는 둘째 깃발은 성경 본문이다. 이 본문은 모더니즘이 오랜 세월 동안 우리더러 믿도록 요구했던 것처럼 한 가지 영원한 진리를 제공하는 것이 아니라, 다차원적인 가능성의 파노라마를 제공한다. 성경 본문은 또한 우리를 하나님의 얼굴의 일부분을 다양한 관점에서 바라볼 수 있도록 안내한다. 그런데 그 일부분은 말 그대로 그분의 수많은 모습의 일부분에 불과하다.

성경 본문은 마치 물건을 집어 올리는 집게 같은 것으로 역사적이고 문법적인 주해 방법으로[8] 본문을 이리 저리 헤집고서 끄집어 낼 수 있는 한 가지 본질적인 진리 같은 것을 담고 있는 것이 아니라, 우리가 생각하거나 간구하는 것을 훨씬 초월하여 숨이 막힐 정도로 감동적이며 흥미진진한 다양성을 제공한다(엡 3:20). 성경 본문은 우리 앞에 새로운 세상을 열어 보이며, 모든 시대와 장소에서 성경을 읽는 모든 독자들을 그 세상 속으로 초대하며, 하나님의 구원 행동의 놀라운 다양성을 함께 경축하고 기쁨으로 감동받은 변화의 경험을 함께 경험하도록 초대

---

[8] 성경 본문의 다차원성은 성경을 해석하는 우리가 사용하는 주해와 해석 방법론에 대하여 쉽게 만족하지 않고 끊임없이 의심스런 입장을 취해야 한다는 것을 암시한다. 물론 그렇다고 우리가 성경 해석에 특정한 방법론 자체를 사용하지 말아야 한다는 의미는 아니다. 당연히 주해 방법이 없이는 본문을 해석할 수 없으므로, 의식적으로 특정한 방법론을 사용해야 한다. 다만 각각의 방법론은 특정한 편견과 한계 안에서 작동한다는 점을 잘 알고서 사용해야 한다. 여기에서 말하려는 요점은, 우리가 사용하는 주해 방법이 본문을 해석하는 시작단계에서부터 본문의 다차원성을 외면하거나 무시하지 않도록 주의해야 한다는 것이다(Deist 1988:53 참고).

한다. 그래서 성경 본문은 우리가 가진 (전근대적인, 현대적인, 또는 포스트모던적인) 세계관에 결코 휘둘릴 수 없다. 성경 본문을 이런 방식으로 사용하는 사람들은(Brueggemann 1989:7, 부르그만은 이런 사람들을 가리켜서 성경 본문을 자기 입맛에 맞게 길들이고 축소시키며 왜곡시키는 사람들이라고 부른다) 성경 본문의 본질을 제대로 이해하지 못하여, 결국 성경 본문을 자신이 가진 이전의 관념론을 지지하도록 오용하는 함정에 빠질 것이다.[9] 신학이 성경 본문의 발자국을 따라가는 동안에 어떤 신학체계든 결코 완벽한 하나의 사상체계로 정리될 수 없고 다만 제한적인 체계에 불과할 뿐이다. 그래서 반 룰러(Van Ruler 1969:16)는 신학자가 신학 작업을 진행하는 것은 일종의 춤을 추는 것이라고 했다. 신학은 가장 깊은 본질의 차원에서 볼 때 항상 이질적이며, 다른 대안들과 조우하고 합류하는 가운데 그 생명력을 지속시킬 수 있다. 반면에 모순을 무시하고 획일적으로 통합하려는 통합주의 속에서는 항상 말씀의 자유가 질식당할 수밖에 없다. 만일 우리에게 서로 모순되는 신선한 공기가 유입되면 우리는 다만 그 공기를 자유롭게 흡입하면서 하나님과 함께 그리고 하나님 앞에서 다만 놀이할 뿐이다. 성경 본문과 신학 속에서 발견되는 이 모든 변칙들을 획일적으로 제거하기를 원하는 사람은 결코 하나님과 함께 춤출 수 없다. 이 모든 잡다한 부조화와 모

---

[9] 이에 대한 좋은(혹은 나쁜) 사례는 남아공의 화란개혁교회(the Dutch Reformed Church)가 아파르트헤이트 동안에 성경을 오용한 경우에서 발견된다. 당시 성경 본문은 국수주의의 이데올로기를 상투적으로 지지하는 방향으로 해석되었다. 이 시기의 화란개혁교회 설교에서는 어떤 본문을 다루든 관계없이 한결같이 동일한 도덕주의와 유비, 그리고 죄책을 제시하는 구조가 깔려 있었다(Cilliers 1994c 참고). 특히 도덕주의(moralism)는 당시 화란개혁교회에 속한 모든 교회들의 설교에서 폭 넓게 발견되는 가장 전형적이고 일반적인 형태이다(Cilliers 1996:16 참고).

순들을 획일적으로 정리하려는 사람은 결코 하나님과 함께 웃을 수 없다. 인생의 모든 신비를 명약관화하게 풀어 밝히려 하고 모든 모순들을 합리적으로 해명하려 하고, 궁극적으로 복음의 스캔들을 논리적으로 설명해보려는 사람은 결코 하나님이 주도하시는 놀이를 이해할 수 없다. 이런 모든 (근대적이고) 합리적인 노력 속에 이단의 영이 활개치고 있다(Van Ruler 1969:39, 설교에서 성경 본문의 기능에 관하여 4장 참고).

- 그렇다면 이러한 관점의 다양성에 관한 강조점을 오늘날 세속적인 상대주의 속에서 그 절정에 도달한 것으로 이해할 수 있지 않을까? 꼭 그렇게 볼 필요는 없다. 왜 그럴까? 설교의 놀이터의 또 다른 코너에서는 또 다른 깃발이 바람에 나부끼고 있는데 그것은 바로 회중, 특히 세계 보편적인 교회가 설교에 함께 참여하고 있기 때문이다. 설교 사역은 목회자 개인에게 속한 것이 아니라 "성도의 교제"(communio sanctorum)에 속한 것이다. 이 말의 의미는 회중이 전 세계적으로 널리 퍼졌다는 넓이만을 의미하는 것이 아니라, 그 깊이의 차원에서 보는 시간과 공간, 교파의 벽을 초월하는 하나님 나라 백성으로서의 회중을 의미한다. 성부 하나님은 교회에게 성령 하나님을 파송하셨기 때문에, 이제 우리는 에큐메니칼 교회와 대화함으로써 바로 여기 이곳에 (특정한 각도에서) 적합한 진리를 발견할 수 있다. 교회 내에서 진행되는 대화(ecclesial discourse)를 통해서 우리는 특정한 시대에 특정한 상황을 바라보시는 하나님의 특정한 얼굴을 분간할 수 있다(Cilliers 1992:383-390 참고). 여기에서 말하려는 요점은 설교자는 회중의 음성을 듣는 예술적인 감각을 다시 습득해야 하며, 특히 오직 한 가지 배타적인 음성이 팽배할 때에는 매우 조심해야 한다. 설교자는 청중들의 여러 목소리들을 세심하게 경청

하고 점검할 뿐만 아니라 좀 더 커다란 하나님의 놀이터 안에서 여러 청중이 함께 뛰놀 수 있는 자신들의 자리를 발견할 수 있도록 안내하며, 청중들이 자신들의 여러 음성들 속에서 참된 하나님의 음성을 올바로 듣고 순종하기를 간구하며 소망해야 한다. 성 어거스틴에 의하면, 우리가 하나님을 (급할 때 비상용으로 사용하는 종교적인 방비책으로) 이용하기를 멈추고 그분을 기뻐하며 즐거워하기 시작하면, 그때 비로소 우리도 하나님 안에서 서로 즐거워하는 자유를 얻을 수 있다고 한다. 그래서 설교의 놀이가 포함된 하나님의 놀이는 항상 회중과 함께 뛰노는 놀이이다(5장 참고).

- 설교의 놀이터에서 발견되는 또 다른 깃발은 설교자 그 자신이다. 설교자는 초월적인 진리를 일체의 가감이 없이 액면 그대로 회중에게 전달해주는 핏기 없는 채널이나 파이프가 아니다. 그들은 또한 설교에서 하나님의 모든 신비의 문을 열어주는 만능 열쇠도 아니다. 오히려 설교자는 창조적인 신앙 공동체가 위치한 특정한 자리에서 창조적인 성경 본문의 빛 아래 창조하시는 하나님에 관하여 목격한 것을 증언하는 창조적인 사람들이다. 그래서 설교자들은 계속적으로 성령의 감화를 받아야 하며, 신앙 공동체의 네트워크 안에서 각자 머물러 있는 위치를 지속적으로 확인받아야 한다. 그리고 이런 이유 때문에 설교자들은 또한 자신이 가진 관점과 충돌하려는 모순을 제대로 이해하는 방법을 배워야 하며, 타협할 수 없는 관점들을 포용하는 방법을 배우고 아무것도 수긍할 수 없는 상황에서라도 웃을 수 있는 여유를 익혀야 한다. 그들은 또한 설령 자신들이 그동안 가장 애착을 가졌던 고정 관념들이나 심지어 해석적인 능력마저도 박탈당하고, 자신들이 자랑할 만한 설교학적인 자긍심이 놀이 중

에 손상되고 타격을 받더라도 여전히 하나님과 함께 놀이를 지속해야 한다. 그래서 설교하는 것은 시인이 되는 것이며, 포이에시스(*poiesis*)의 경기에 참여하는 것이며, (인식론적인) 우월감에 대한 열정을 극복하는 것이다. 설교하는 것은 또한 궁극적인 의미를 찾는 것일 뿐만 아니라, 그 의미를 하나님과 함께 기뻐하고 경축하는 것이다. 설교는 무엇보다도 시(poetry)를 통해서 상상력을 발휘하여 다른 세상과 대안을 모색해보는 일종의 가능성의 축제 시간이다. 또한 설교는 섣부른 비난이나 불신이 없이 지금과 전혀 다르게 변화한 세상에 대한 꿈과 희망으로 뛰노는 놀이이고, 좀 더 나은 가능성을 가지고 새로운 방향을 모색하는 대안적 세상을 꿈꾸고 상상하는 놀이이다. 이렇게 미래의 상상이 가득한 시적인 설교는 역사가 아직 끝나지 않았음을 상기시켜 주며, 현재 암울한 상황이 곧 바뀔 수 있음을 계속 상기시켜 준다. 그러한 설교야말로 지금 당장에는 불가능해 보이지만 결국 하나님을 위하여 가능한 세상을 만드는 설교이다(설교에서 설교자의 역할에 관하여 6장 참고).

다음 3장에서는 설교에서 어떻게 하나님의 음성이 들려올 수 있는지, 그리고 이 경청이 우리의 귀 뿐만 아니라 우리의 눈에도 영향을 줌으로써 우리의 귀가 참으로 하나님을 새롭게 보고 만나는 눈이 될 수 있는지에 관하여 좀 더 자세히 다룸으로써 이 책의 근간을 이루는, 창조적이고 유쾌한 청취 과정에 집중할 것이다.

제3장
임재하시는 하나님의 음성

이번 장에서는 다음 내용을 살펴볼 것이다.

- 설교와 예배에서 하나님의 필연적인 임재에 대해서, 그리고 하나님의 임재가 우리를 어떻게 감동하는지에 대해서
- 하나님의 임재와 그분이 우리에게 말씀하시는 기적에 대해서
- 하나님의 말씀은 항상 그분의 구원하시는 행위에 관한 복음이라는 좋은 소식에 관하여
- 모든 설교의 목표에 관하여, 청취가 곧 목격이 되는 사건, 달리

말하자면 믿음으로 하나님의 임재를 지각할 수 있는 설교학적
인 가능성에 관하여
- 임재하시고 말씀하시는 하나님에 관한 복음이 어떻게 도덕주의
로 변질될 수 있는지를 다루는 사례 설교문

■ ■ ■

1. 서론 : 교회 출석 이유

우리는 왜 교회에 출석하는가? 교회에서 우리가 체험하려거나 받으려고 기대하는 것은 무엇인가? 표도르 도스토예프스키(Fjodor Dostoevsky)는 어린 시절 예배 시간에 처음으로 감동적인 사건을 경험한다.

> 나는 글을 배우기도 전 여덟 살도 되지 않았을 무렵에 영적인 경험을 갖게 되었다. 고난주간의 월요일에 엄마는 오직 나만을(그때 다른 형들은 어디에 있었는지 기억이 없다) 데리고 성찬식에 참석하셨다. 그날 날씨는 아주 화창했고 예배당에 향로에서 부드럽게 흘러나오는 향기는 마치 지금도 코끝을 감돌 정도로 생생하다. 비록 교회당 둥근 지붕으로 열린 창문은 아주 좁기는 했지만 그곳으로 하나님의 밝은 빛이 내리비취고 위로 피어오르는 향기와 신비롭게 뒤섞이는 것 같았다.
> 거룩한 체험이 내 속으로 들어왔고 나는 생애 처음으로 하나님의 말씀을 적극적으로 흡수하였다. 커다란 성경책을

든 소년이 예배당 가운데로 걸어 나가는데, 그 소년이 들고 있는 성경책이 너무나도 커서 내 생각에 그 소년이 제대로 들고 가기 어려워 보였다. 하지만 그 소년은 성경책을 주교좌(cathedra) 위에 올려놓은 다음에 펼쳐서 읽기 시작했다. 그런데 갑자기 나는 그 소년이 읽고 있는 성경 구절 일부분을 이해할 수 있었고 생애 처음으로 나는 교회 안에서 성경 낭독이 진행되고 있음을 이해할 수 있었다(Die Bruder Karamasoff 1959:584).

우리는 왜 교회에 출석하는가? 사람들은 이 질문에 다양하게 대답할 것이다. 예를 들어 반 룰러(A. A van Ruler)는 사람들이 여전히 교회에 출석할 만 하다고 생각하는 21가지 이상의 이유와 아울러 사람들이 교회 출석을 거부하는 여러 이유들이 나열된 책『내가 교회에 출석하는 이유?』(*Waarom zou ik naar de kerk gaan?*)를 저술하였다. 반 룰러는 말하기를, 교회에 출석하지 않은 사람들은 아마도 그의 책 제목을 "내가 교회에 출석하지 않는 이유"로 바꾸는 것을 더 좋아할 것이라고 한다. 그 이유는 아마도 다음과 같다.

교회에 출석한다고 해서 내가 더 나은 사람이 되리라는 보장이 있는가? 그렇다고 내가 더 현명해질 수 있는가? 교회에서 뭔가를 얻을 수 있을까? 교회 출석에 무슨 의미가 있는가? 교회에서 하는 말이란 것은 그저 감상적인 난센스에 불과하다. 사실 그것은 나에게 아무런 의미가 없다…. 솔직히 말하자면 교회 예배는 너무 지루하다…. 교회는 사람들을 그저 바보로 만든다. 당신은 설마 교회에서 들을 수 있는 그 모든 동화나 신화를 내가 믿을 수 있다거나 믿고 싶어한다고 생각하는가?…게다가 교회에 앉아 있는 모든 사람들은 지나치게 위선적인 것 같다.

사실 아직도 그렇게 많은 사람들이 매 주일 교회에 나타난다는 것이 참으로 기적이다. 이를 방해하며 유혹하는 대체물들이 너무나도 많다. 사실 한 주간 동안 바쁘게 살거나 토요일 밤을 늦게까지 지내다보면 일요일 아침에는 잠을 푹 자고 싶거나 골프장에서 골프를 즐기면서 일요일의 화창한 날씨를 즐기거나 또는 몇 시간 동안 정원을 가꾸거나 그저 커피를 마시고 일요신문을 보면서 느긋하게 시간을 보내는 것은 결코 환상이 아니다. 이런 신나는 일과 교회에서 늘상 똑같은 방식으로 시간을 보내는 것 중에 당신은 어떤 것을 선택하겠는가?

하지만 만일 사람들이 일단 한 번 교회를 출석하기 시작하면 그들은 다소 의심스러운 동기로 그렇게 한다. 예를 들어 습관(과 미신) 때문이거나, 아니면 죄책감이나 부모의 압력 때문이거나 아니면 아이들을 올바로 양육해야 한다는 다소 보호한 부담감 때문에 교회를 출석하기도 한다. 또한 사람들은 그 밖에 다른 동기들, 예를 들어 감사의 마음 때문이거나 충성, 신앙, 주님에 대한 헌신의 동기로 교회에 출석하기도 한다.

왜 사람들은 교회에 출석하는가? 혹은 왜 사람들은 꼭 교회에 출석해야만 하는가? 맞든 틀리든 모든 가능한 대답을 모색해본다면, 예배의 본질에 부응할 뿐만 아니라 우리 실존의 본질에도 부합하는 좀 더 심오한 대답이 있다. 그것은 바로 여타의 모든 구조 배후에 있는 구조, 즉 핵심적인 구조(the core structure)이자 기독교 예배의 근본적인 특성이 자리하고 있다. 기독교 예배라는 핵심적인 요소야말로 하나님과의 만남의 순간을 구성하는 모든 구성 요소들이나 구조들에 관한 가장 심원한 신학적인 관점을 형성한다. 그러므로 여러분은 기독교 예전의 여러 요소들이나 순서들을 채택하기 전에 이 핵심적인 구조를 먼저 이해해야 한다. 그렇지 않으면 그러한 외면적인 채택이나 적용은, 정말로 중요한 본질과 급소를 놓치면서도 그저 표면적으로 새롭게 갱신했다는 착각에 빠져서, 침몰하는 배 안에서 무의미하게 의자를 이리 저리 옮기는 피상적인 재배치에 불과하다.

필자가 지금 무슨 말을 하는가? 필자가 설명하려는 것에 관하여 많은 말을 할 수 있을 것이다. 하지만 개혁주의 전통에서는 이 핵심적인 요소를 가리켜서 하나님과의 만남의 사건이라고 부른다. 이 만남은 우리의 향기가 위로부터 내려 비취는 하나님의 빛과 합류할 때 발생하며, 성경 본문이 이 만남을 해석할 때 발생한다. 또한 여러분의 안식을 찾지 못한 마음이 하나님 안에서 안식처를 발견할 때 발생한다(Augustine). 그때가 바로 여러분이 자기 존재의 가장 심대한 목적과 의미를 발견할 때, 다시 말해서 우리가 하나님이라고 부르는 그분의 신비와 맞설 때이다. 필자가 이 책을 저술하는 목적도 바로 이것이다. 그것은 바로 하나님의 임재하시는 신비를 올바로 인식하고 "두렵고도 황홀한 신비"(*mysterium tremendum et fascinosum*) 앞에 무릎 꿇는 것이다.

이것이 바로 우리가 교회에 가는, 또는 반드시 출석해야만 하는 이유이다. 우리가 의식적으로든 무의식적으로든 열망해야 하는 것도 바로 이것이다. 그리고 예배의 모든 요소들 중에서 설교가 반드시 다뤄서 밝혀내야 하는 것도 바로 이것이다. 즉 하나님의 신비로운 임재 앞으로 새롭게 인도를 받아서 두렵고 떨리면서도 황홀함으로 그분을 하나님으로 경배하는 것이다. 물론 예배 시간에는 이 밖의 다른 중요한 요소들도 있다. 예를 들어, 우리가 신앙 공동체를 이루며 우리의 구원을 경축하거나 세상 속에서의 우리의 임무 수행을 위하여 준비를 갖추는 것이다. 하지만 이 모든 것들도 결국 하나님과의 신비롭고 놀라운 만남의 사건에 근거하지 않는다면, 그것은 기독교 예배가 아니다. 사실 이보다 더 끔찍한 것은 하나님이 우리의 예배로부터 떠나가시는 것으로, 그분이 예전에 이스라엘 백성들에게 (황금 송아지 우상 사건 직후에) 경고하셨던 말씀이기도 하다.

> 나는 너희와 함께 올라가지 아니하리니 너희는 목이 곧은 백성인즉 내가 길에서 너희를 진멸할까 염려함이니라(출 33:5b).

2. 우리를 감동하는 하나님의 임재

예배와 설교에서 가장 중요한 것은 하나님의 임재이다. 하지만 문제는 하나님은 예배와 설교에 어떻게 임재하시며 우리는 그분을 어떻게 인지할 수 있을까? 그분의 임재를 나타내는 표지는 무엇일까? 필자는 이 질문에 대한 해답으로 다음 세 가지 사항을 조심스럽게 제시하고자 한다. 이 세 가지 사항은 세 가지 움직임과 서로 관련이 있으며, 내 생각으로 하나님이 임재하시는 곳이라면 반드시 나타나야 한다고 생각한다.

1) 익숙함으로부터 하나님에 대한 경외감으로

하나님의 임재 앞에서 익숙함은 사라진다. 왜냐하면 하나님은 우리 인간의 손짓이나 요청에 종속되어 움직이는 분이 아니기 때문이다. 내 생각으로는 사람들이 예배 시간에 하나님의 신비에 대한 기대감을 잃어버리면, 오늘날 교회에서 종종 발견되듯이 곧바로 예전적인 익숙함이 자동적으로 뒤따른다. 그럴 때 예배 순서가 쉽게 한 가지 순서로부터 그 다음 순서로 물 흐르듯이 흘러가면서, 마치 기독교 예배라는 것이 한 주간의 일정표 속에서 그 우선순위를 우리 다음으로 놓을 수 있는 여러 일정들 중의 하나로 전락되고 말 것이다. 이런 상황에서 우리는 결코 침묵 가운데 충격 받거나 혹은 (진정한) 겸손이나 경외감으로 인도받을 일도 없이, 그저 하나님에 관한 이야기나 하나님에 관한 조작으로 분주한 혼란에 빠질 것이다.

그래서 기독교 예배는 그 독특성을 잃어버리고 교회 바깥에서 일어나는 사건들과 같아지고, 세상의 유행에 물들어서 교회 예배와 세상의 콘서트 사이에 그 어떤 차이점이 있는지, 예배 참석과 텔레비전 시청 사이에, 예배와 쇼핑 사이에 그 어떤 차별성이 있는지조차 아무도 모르는 상황에 빠지고 말 것이다. 그러면 우리는 더 이상 예배에서 만나려는 분이 누구인지조차 알 수 없으며, 사람은 하나님을 대면하고서도 더 이상 살 수 없음도 망각하고 말 것이다(출 33:20). 오직 그분만이 영생을 주시며, 오직 그분만이 감히 다가갈 수 없는 빛이시다(딤전 6:16). 하나님은 자신을 드러내어 계시하실 때조차도 자신을 어둠 속에 숨기신다(시 18:11, 12). 우리 하나님은 소멸하는 불이시다(히 12:29). 그렇다! 우리가 예배에 참여할 때 우리는 사실 불과 함께 놀이하는 것이다. 애니 딜러드(Annie Dillard)의 다음과 같은 고전적인 이미지가 생각난다.

나는 카타콤 바깥에서는 여러 상황을 충분히 이해할 줄 아는 기독교인을 찾아볼 수가 없다. 우리가 과연 어떤 종류의 힘을 그렇게도 간절히 염원하는지 희미하게나마 이해하는 사람이 과연 있는가? 아니면 내가 늘 의심하듯이, 교회가 하는 말을 제대로 믿는 사람이 아무도 없는 것인가? 오늘날 교회는 마룻바닥에 화학약품 세트를 가지고 놀면서 일요일 아침을 파괴할 정도로 강력한 폭약 다발을 만들고 있는 아이들 같다….

숙녀들의 밀짚 모자와 벨벳 모자를 쓰고서 교회에 가는 것은 미친 짓이다. 그보다 교회에 갈 때 우리는 안전 헬멧을 써야 한다. 안내원들은 생명 보호대와 비상 신호용 횃불을 제공해야 한다. 또한 그들은 우리를 회중석에 꽉 붙들어 매놓아야 한다. 왜냐하면 잠자고 계시는 하나님이 어느 날 갑자기 깨어나서 화를 낼 수도 있고, 아니면 깨어 있는 하나님이 우리를 결코 돌아올 수 없는 곳으로 끌고 갈 수도 있기 때문이다(1982:40-41, *Teaching a stone to talk*: Expeditions and encounters, New York: Harper and Row).

사실 "하나님"이란 단어의 의미를 이해하기 시작한 사람이라면 천사들이 발걸음을 옮기기를 두려워했던 곳으로 돌진하여 달려들려고 하지 않을 것이다. 하나님에 대한 친밀함이 있을 때 비로소 사람에 대한 두려움과 전혀 다르게 그분을 두려워하는 하나님에 대한 경외감의 여지가 만들어진다.

그 경외심은 부정적인 두려움이 아니라 하나님이 진정 하나님이시라는 긍정적이고 존경의 마음이 담긴 경외감이다. 또한 그 경외심은 우리가 이 세상에서 나그네로 살아가는 동안에 하나님 앞에서 하나님을 향하여 존경의 마음으로 살아가는 삶이다(벧전 1:17). 그리고 그 경외감은 하나님이 이곳에 계시기에 우리가 기도하며 그분께 나아가자고 초청하는 우리의 예배를 통해서 반드시 터득해야 하는 예전적인 삶의 방식이자 삶의 태도이다.

이어서 하나님의 임재로 말미암은 두 번째 움직임에 대하여 살펴보자.

2) 형식주의로부터 자유로

하지만 익숙함으로의 교정은 결코 형식주의가 아니다. 사실 친밀함과 형식주의의 두 가지 현상 중에서 어느 것이 더 나쁜지는 잘 알 수 없다. 지나치게 엄격한 정확성으로는 하나님의 임재를 보증할 수 없다. 엄격하게 전통을 지키는 것만으로 하나님의 임재를 보증하는 구체적인 표시라고 단정할 수도 없다. 이와 달리 하나님은 전통보다 더 위대하시고 역사적인 발전이나 수 세기 동안 이어져 내려온 예전 형식보다 더 위대하시다.

과거의 예전이나 교의적인 보배를 단순히 반복하는 것만으로 자동적으로 경건한 능력을 보장받을 수 없다. 그렇다고 예배에서 전통을 무시하자는 의미도 아니고, 반대로 예배의 역사적인 근원을 잘 이해하고 종종 그 과거로 돌아가야 한다는 의미도 아니다. 다만 여기에서 강조하려는 것은 전통은 결코 하나님을 자동으로 제공하는 자동판매기가 아니라는 것이다. 사실 목회 현장에서 형식주의는 하나님의 역동적인 임재의 위험을 외면하는 예전적인 피난처나 유용한 은신처가 될 수 있다. 하지만 하나님은 우리와 아울러 우리의 종교성(religiosity)을 살펴보신다(시 139:1).

하나님의 임재에 관한 역설은, 우리가 형식의 관점에서는 올바를 수 있지만 그 형식 안에서는 결코 자유롭지 못하다는 것이다. 하지만 주의 영이 있는 곳에는 자유함이 있다(고후 3:17). 그렇다면 여기에서 자유란 무엇인가? 그것은 익숙함이 아니다. 여기에서 자유란 경외감을 가지고 하나님께 나아갈 자유를 말한다. 하나님은 우리가 그분께 나아오는 것을 허용하시기 때문이다. 자유는 또한 그분을 전심으로 찬양하는 것이며 함께 시편으로나 그 밖의 다른 영적인 노래로 그분을 노래하는 것이다. 자유는 또한 전심을 다하여 노래함으로 하나님을 영화롭게 하는 것이다(엡 5:19). 주의 성령이 임재하는 곳에는 자유함이 있으며, 자유가 있는 곳에서 하나님은 전심으로 찬송받으시기에 합당하다. 이러한 상호연관성은 필연적이다.

이제 하나님의 임재로 말미암은 셋째 움직임에 대하여 살펴보자.

3) 소비자 사고방식에서 기대감으로

기독교 예배는 하나님의 일인 동시에 사람의 일이기도 하다. 항상 이 순서를 지켜야 한다. 예배는 항상 인간을 향한 하나님의 봉사가 먼저이고, 우리가 그분을 섬기기 이전에 먼저 그분의 우리를 향한 자비로운 접근이 먼저이다(예배를 의미하는 독일어 Gottensdienst의 이중적인 의미 참고). 예배에서 하나님이 항상 주도권을 쥐고 계시다. 그분이 우리를 가까이 부르시며 우리에게 찾아오셔서 우리를 변화시키신다.

앞서 살펴본 바와 같이, 하나님의 임재는 사람의 힘으로 만들 수도 없고 조작할 수도 없고 예배로 보장할 수도 없으며, 예배 인도자들이 구호로 외치듯이 "네 스스로 해보라"는 심리적인 기법으로 만들어 낼 수도 없다. 무엇보다도 하나님이 임재하시는 "불타는 떨기나무"(출 3장)는, 불타는 떨기나무 흉내를 내는 예배를 좀 더 "모세 친화적인" 예배로 바꾸려고 사람이나 천사가 계획을 세우고 진행하는 예배 안무 구성법의 결과물이 아니다. 하나님은 다만 스스로 나타나시며 스스로 자신을 계시하실 뿐이다. 그분이 직접 우리 가운데 강림하시고 은혜로 거기에 임재하신다.

그래서 기독교 예배는 인간 자신에 집중하고 인간 자신에게 의미가 충족되어야 하는 소비자 사고방식(consumer mentality)에 맞지 않다. 예배는 사람의 손에 달린 것이 아니라 하나님 손에 달렸다. 하지만 참으로 놀라운 점은 이 예배가 또 다른 한편으로 사람의 손에 달렸다는 사실이다. 천사가 아니라 우리 같은 사람이 예배를 계획하고 준비하며 인도한다. 예배는 갑자기 하늘에서 떨어지지 않는다. 예배는 우리 같은 사람의 책임이기도 하다. 그러므로 예배 인도를 맡은 우리는 올바른 예배를 위하여 최선을 다해야 한다. 그리고 그렇게 최선의 노력을 경주하는 중에 예배에서 하나님의 임재를 경험하는 것을 방해하는 모든 방해요소를 제거하려고 노력해야 한다. 왜냐하면 하나님의 임재에 대한 경험과 그분의 임재를 나타내는 분위기는 너무 쉽게 방해받기 때문이다.

필자는 혹독한 경험에 근거하여 말하는 것이다. 예전에 필자는 이전과 달리 뭐라 형용할 수 없는 신비, 즉 진정 하나님의 임재가 느껴지는 예배를 인도한 적이 있었다. 예배 순서가 종반의 클라이막스를 향하여 진행되면서 마지막에 회중의 폐회 찬송으로 예배가 끝나가는 중이었다. 이제 곧 나는 마지막으로 적당한 음성으로 축도를 선포하면 예배가 끝나고 회중이 곧 해산될 것을 기대했다. 그런데 회중이 폐회 찬송을 곧 끝낼 무렵에 어떤 집사 한 분이 설교단 위로 급히 뛰어와서는 메모지 하나를 건네주어서, 잊고 있었던 사항을 다시 회중들에게 광고해야만 했었다.

그 광고 내용은 청소년부에서 전교인 대상 모금활동을 위하여 초등학교 학생들을 대상으로 교회 강당에서 영화를 상영하는데, 입장료는 아주 저렴하고 휴식시간에는 팝콘이랑 토피 애플(꼬챙이에 꽂아 토피가루를 친 사과)도 제공한다는 내용이었다. 그 영화가 무슨 영화였는지 잘 생각나지는 않지만 아마도 아놀드 슈왈제네거나 아니면 실베스터 스탤론이 등장하고 폭력과 유혈이 난무하는 무슨 터미네이터II 였던가?

필자는 당시 그 내용을 광고하는 것을 거절하였다. 그 결과 청소년부의 모금계획이 심각하게 좌절되고 말았고, 그래서 그들은 지금까지도 나를 용서해주지 않고 있다.

사람의 힘으로 하나님의 임재를 만들어낼 수 없지만, 역으로 그 임재 체험은 무질서하고 비신앙적이거나 영적으로 민감하지 못한 예배 인도자 때문에 방해를 받거나 침해 받을 수 있다. 우리가 인도하는 예배 형식을 통해서 하나님의 임재에 대한 회중의 기대감을 이끌어낼 수도 있고 반대로 부산시킬 수도 있다. 예를 들어서 두 곳에서 동시에 예배가 아주 정확하게 동일한 순서와 동일한 내용, 동일한 설교, 그리고 동일한 찬송으로 진행될 수 있다. 하지만 한 쪽 예배는 영적으로 침체되어 있는 반면에 또 다른 쪽 예배에서는 주님의 임재에 대한 기대감이 충만하다. 이런 차이는 왜 발생할까? 이 질문에 필자가 대답하는 것이 주저되는 이유는, 그 차이를 너무 쉽게 예배 형식의 옳고 그름에 관한 도덕주의적인 평가로 몰고 갈까 싶기 때문이다. 하지만 그 차이는 또한 예배 인도자의 양식(style)에서도 찾아볼 수 있다. 두 예배의 내용과 형식이 거의 동일하더라도 예배 인도자가 예배를 인도하는 방식(manner)이 회중의 마음 속에 주님에 대한 영적인 민감성을 드러낸다.

그 인도 방식이 인도자의 목소리와 몸짓 언어, 강단에서의 틀에 박힌 습관들, 서 있는 자세, 겸손에 관한 찬송이든 아니면 경배에 관한 찬송이든 찬양을 부르는 방식 등등 예배를 인도하는 모든 것들의 차별성을 만들어낸다. 예배 시간에 예배 인도자는 지금 참으로 위대하신 분과 동행하고 있음을 알기 때문에 모든 것이 달라질 수밖에 없다.

필자의 스위스 멘토이신 루돌프 보렌 교수님이 어느 날 아침에 사모님과 나누었던 대화의 차이에 관하여 말씀하신 적이 있었다. 식탁에 앉아서 조반을 먹는 중에 사모님이 창밖을 바라보면서 "여보, 곧 비가 오겠네요"라고 말했다. 하지만 당시 교수님은 곧 연구 작업에 몰두할 것이기 때문에 비가 올 가능성이나 개연성에 아무런 관심도 두지 않고 그 말을 무시했다.

몇 시간 후 연구 작업이 끝나고 하늘이 맑게 개이자 보렌 교수님과 사모님은 습관적으로 오덴발트에 산책을 하러 나갔다. 두 분이서 집을 떠난지 한 시간 가량 지나자 점차 날씨가 흐려지고 비를 머금은 먹구름이 몰려오기 시작했다. 이때 사모님(프라우 보렌)이 근심 어린 눈으로 하늘을 바라보며 그날 아침에 하셨던 말씀 그대로 다시 말씀하셨다. "여보, 곧 비가 오겠네요." 그 말은 아침에 했던 말과 정확하게 동일한 단어와 구문, 그리고 문법을 갖춘 말이었다. 하지만 두 말은 전혀 달랐다. 오후의 말 속에는 곧 쏟아질 비에 대한 심각한 기대감이 가득 들어 있었고, 두 사람 모두를 염려하는 마음이 담겨 있었다.

예배 시간에 우리는 "주님이 이 자리에 함께 계십니다"라고 말할 수도 있고, 그냥 평범하게 "주님이 이 자리에 함께 계십니다"라고 말할 수도 있다. 하지만 두 진술문 사이에는 문자적으로 말하자면 전혀 다른 세상이 들어 있다. 한쪽 말 속에는 임재하신다고 선포되는 분에 대한 그 어떤 기대감도 전하지 못하고 무미건조한 반면에, 또 다른 말 속에는 증언되는 분이 참으로 그 자리에 임재하여 계시리라는 소망과 간구가 가득 실려 있다. 그래서 한 쪽 말은 단순한 광고라면, 또 다른 말은 간청이다.

주님의 임재에 대한 기대감이 담긴 예배 양식(liturgical style)에서는 예배 인도자와 회중 모두가 주님의 좀 더 분명한 임재가 임박한 순간을 향하여 활짝 열려 있으며, 그분이 특별한 방식으로 찾아오셔서 인도자와 회중 모두가 성령의 속삭이는 음성을 분명히 들을 수 있는 공간을 향하여 활짝 열려 있다. 그 순간에 엠마오로 가는 두 사람처럼 비로소 우리의 눈이 열려서 우리와 동행하고 계시는 그분을 알아보며 그분의 임재로 인하여 우리 마음이 뜨거워질 것이다(눅 24:31, 32). 그 순간이 바로 예배 중에 우리의 마음이 따뜻해지는 순간인데, 이런 사건은 찬송을 부르는 도중이나 목사의 설교 도중에 또는 다른 신자들과 함께 성만찬에 참여하여 빵 조각을 함께 나누는 도중에 일어나기도 한다. 바로 그때 여러분은 우리가 결코 혼자가 아님을 깨달을 수 있을 것이며, 이방인들이라도 "하나님이 정녕 너희 가운데 계시도다"라고 인정할 것이다(고전 14:25).

3. 신나는 예배

필자가 지금까지 설명한 바에 따르면, 우리가 드리는 예배는 본질적으로 역설적(또는 변증적)일 수 밖에 없음이 분명하다. 우리는 하나님에게 결코 익숙하지 않겠지만, 우리 모두는 그 나라의 한 가족이고 그의 자녀로, 서로가 한 형제 자매로 그분의 집으로 들어간다. 한편으로 우리는 그분을 하나님으로 두려워하며 경외해야 하지만, 또 다른 한편으로는 그분이 우리 가운데 찾아오시면 우리 또한 그분께 나아갈 수 있다는 기대감을 가지고 산다. 우리는 기계적인 예배 공식으로 그분을 찾아내고 그분의 임재를 만들어낼 수는 없다. 하지만 우리는 예배를 계획하고 인도하여 하나님에 관한 언어와 음악, 그리고 그분의 임재에 대한 우리의 반응을 표현하는 신앙고백을 진술하도록 소명을 받았다.

한편으로는 (이전의 모든 종교적인 명화에서 종종 발견되듯이) 만물을 살펴보시는 그분의 눈빛이 우리에게 집중되고, 하나님의 눈빛이 내 폐부를 꿰뚫어 살펴보시므로 그분 앞에서 우리는 두려울 수밖에 없다. 하지만 또 다른 한편으로 그분은 자비와 은혜로 우리에게 찾아오심을 잘 알기 때문에 그분 앞에서 우리는 기뻐할 수밖에 없다. (어떤 교회에서는 예배 공간에 빈 의자를 통해서 또는 특히 성만찬 테이블을 통해서 상징하듯이) 하나님은 예배 도중에 우리와 함께 앉아 계신다. 이렇게 거룩하시고 자비로우신 하나님이 예배에 임재 하신다는 사실이 우리 예배의 가장 심대한 기적 속에 자리하고 있다.

그분의 성경 말씀이 가르치는 대로 주님의 은혜의 빛이 위로부터 임하여 우리가 드리는 기도의 향기와 서로 합류한다.

하지만 이 놀라운 기적보다 더 한 것이 있다. 그것은 바로 임재하시는 분, 하나님께서 또한 우리에게 말씀하신다는 사실이다.

4. 설교의 비밀: 임재하시는 동안에 우리에게 말씀하시는 하나님

1) 말씀을 전하는 목회자의 실제적인 근심

지금까지 살펴본 내용을 좀 다른 방식으로 요약하자면, 신학적으로 말해서 우리 설교자들은 성경 본문이 아니라 하나님 한 분을 선포한다. 설교는 단순히 수많은 진리가 담긴 성경 본문에 대한 주해가 아니라 하나님의 이름을 부르는 사건이다(보렌은 이를 가리켜서 Namenrede, "이름 부르기"라고 한다. 1971:110). 좀 더 적극적으로 말하자면, 설교에서 이름이 불리워지는 그분이 직접 설교에 임재하신다. 처음부터 끝까지 설교의 가장 심원한 비밀은 이 하나님의 임재에 달렸다. 설교에서는 참으로 모든 것이 모든 것 위에 위대하신 삼위일체 하나님께 달렸다.

한편으로 설교자의 소명은 역사하시는 하나님의 실체, 즉 말씀 속에 교회 안에, 성만찬과 이 세상 속에 임재하시는 "하나님의 실제적인 임재"(praesentia realis dei)를 가리켜 지시하는 것이다. 하지만 또 다른 한편으로 설교는 회중에게 선포하여 그들에게 받아들여지고 섭취되는 분에 대한 신앙적인 관찰과 경험, 그리고 이 신앙의 실체를 다루는 것이다(Cilliers 1998:31-56; also 3장 6. 참고). 설교자는 다른 것에 대하여 용서를 받을 수 있더라도, 이러한 신학적인 통찰의 핵심인 하나님의 임재를 중재하지 못한다면 결코 용서받을 수 없다. 설교자가 아니라면 과연 우리 가운데 누가 이를 중재할 수 있을까?

성경에 대한 설교자의 관점은 그가 설교하는 방식에 상당한 영향을 준다(4장 참고). 하지만 성경에 대한 시야가 하나님에 대한 통전적인 관점으로 구축되지 못하고 지나치게 폐쇄적일 때에는 광신적인 성서 숭배자(bibliolatry)가 될 수 있다. 우리는 성경책을 숭배하는 것이 아니라 그 성경책이 증언하는 살아 계신 하나님을 경배한다. 성경 본문의 음성이 우리에게 유익한 이유는, 그 본문이 "살아 있는 복음의 음성"(viva vox evangelii)으로서의 하나님의 음성을 중재하기 때문이다. 우리는 죽은 문자에게 속한 목회자가 아니라 살아 있는 성령의 목회자이다. 문자는 죽이지만 성령은 생명을 주신다(고후 3:6). 그런 의미에서 "성경이 말씀할 때, 하나님이 말씀하신다"는 어거스틴의 주장이 납득된다. 또는 칼빈의 설명을 빌리자면, 성경 속에서 우리는 말씀하시는 하나님의 음성을 듣는다(Dei loquentis persona).

그래서 설교에 관하여 우리가 던질 수 있는 가장 근본적인 질문은 이것이다. 설교에서 과연 하나님 그분이 가장 중요한가? 설교에서 하나님이 직접 그분의 말씀을 하시는가? 설교의 핵심은 이 질문에 대한 해답 속에 들어 있다. 즉 하나님에 관하여 말함으로써 그분이 직접 말씀하시도록 하는 것이다. 그렇다면 우리는 어떻게 하나님에 관하여 말할 수 있을까? 그리고 하나님은 어떻게 우리의 말을 통해서 말씀하시는가? 한 번은 칼 바르트(1924:158)가 목회자들을 위한 일련의 강연에서 다음과 같이 말했다.

> 우리는 신학자들입니다. 그래서 우리는 하나님에 관하여 말해야 합니다. 하지만 우리는 또한 인간이며 그래서 우리는 하나님에 관하여 결코 말할 수 없습니다. 우리는 하나님에 관하여 말해야 하지만 또 그럴 수 없다는 사실을 알아야만 하고, 정확히 바로 이 이유 때문에 오직 하나님을 경배합니다. 이것이 바로 말씀을 맡은 목회자들의 실제적인 근심입니다. 그 밖의 모든 다른 것들은 애들 장난일 뿐입니다.

그렇다면 어떻게 사람이 하나님에 관하여 말해서 그 사람의 말 속에서 하나님이 직접 말씀하시도록 할 수 있을까? 여러분은 "하나님"을 말할 때 무슨 말을 하는가? 이 질문에 대한 논리적인 대답은 불가능하고 다만 신학적인 대답만 가능하다. 설교는 앞서 계시되셨기 때문에 이에 근거하여 다시 드러나는 분의 신비에 관한 것이다(엡 3:3; 6:19). 이는 오직 하나님께 빵과 물고기를 간청하는 기도를 통해서만이 가능하다.

이런 관점에서 볼 때, 다음에 이어지는 다섯 가지 설명은 설교의 신비를 상세하게 파헤치는 해결책보다는 오히려 그 신비의 놀라움에 대한 경탄에 가깝다. 다음 내용을 읽는 중에 독자들은 아래의 다섯 항목들이 서로 분리되지 않고 어떤 의미에서는 동일한 쟁점을 약간씩 다른 각도에서 다루고 있음을 이해할 수 있을 것이다.

2) 하나님의 과거와 현재, 그리고 미래를 선포하는 설교

하나님은 과거에 이미 자신을 계시하셨고(초림, epiphany), 또 마지막 날에 자신을 계시하실 것이다(파루시아-종말, parousie). 그런데 하나님은 과거에도 계셨고 장차 오실 뿐만 아니라 세상의 마지막 날까지 지금도 늘 우리와 함께 하신다(마 28:20). 설교자는 이 놀라운 축복의 실체를 창조할 수조차도 없고 그럴 필요도 없고, 다만 그분 자신이 과거에도 계셨고 현재에도 계시며 미래에도 오실 것임을 확증하는 설교를 사용하여 주시리라는 소망과 기대 속에서 그 임재를 지시하고 증언할 뿐이다. 그래서 설교는 하나님의 축복 가득한 사건 속에서 그리고 초림과 재림 사이에서 일하시는 하나님의 현실 속에서 진행되는 것이며, 그 속에서 그분의 임재를 진리로 선포하는 것이다(Barth 1964:67-73 참고).

정확히 바로 이런 이유로, 우리는 성경 본문을 그저 본문의 기원이나 역사의 관점에서만 읽고 해석할 수는 없다. 설교자로 하여금 본문이 지시하는 미래를 발견하도록 돕지 못하는 단순한 역사적인 해석이나 문학적인 해석은 복음을 선포하는데 장애물이 될 수 있다. 베델 뮬러(Bethel Müller 1973:126)는 이렇게 적고 있다.

> 그러므로 주해 작업은 본문의 역사적이고 문법적인 맥락 속에서만 진행돼서는 안되고, 본문이 포함된 성경 전체의 역사적인 지평 안에서 궁극적인 약속을 발견할 수 있는 종말론적인 관점에서 진행되어야 한다. 본문에는 미래가 들어 있으므로, 주해 작업은 본문이 담고 있는 미래와 본문이 지시하는 약속에 관한 빛을 비춰줄 수 있어야 하며, 역사적인 위기에 처한 사람들에게 그 미래의 희망과 약속을 제시해야 한다.

본문 해석 작업은 우리 독자들이 본문에 담긴 하나님의 의미(혹은 의도, God-sense)에 도달하도록 안내해야 하며(Wilson 1995:82ff), 과거에도 계셨던 분의 현재와 미래 실체를 발견하도록 도와야 한다. 성경 본문에 기록된 하나님의 의미와 하나님의 실체와 하나님의 역사에 관한 설교는, 하나님을 단순히 일종의 은유나 비유, 또는 진리나 사랑과 같은 추상적인 용어로 설명하는 것도 아니고, 청중의 심리를 조종하려는 수사적인 기술도 아니며, 회중이 논리적으로 이해해야 하는 사상도 아니고 인간의 언어의 집에서만 존재하는 언어학적인 하나님을 제시하는 것과는 차원이 다르다. 하나님은 분명 살아계신 하나님이시며, 예수 그리스도 안에서 자신을 계시하신 분이시며, 어제나 오늘이나 영원토록 동일하신 분이시다(히 13:8).

3) 신발을 벗기는 설교

우리 설교자들은 강단에서 H_2O와 같은 화학 공식을 제시하는 것이 아니라 살아 계신 하나님을 선포한다. 그 메시지는 어떤 계획을 위한 처방전이나 이론이 아니라 앞서 언급한 바와 같이 말씀하시는 하나님의 인격을 그대로 구현하는 것이다. 그래서 처방전 신학의 관점에서 설교하려는 사람은, 하나님의 신비의 위대함과 불가해성을 적극적으로 수용하여 받아들이는 수용신학(reception theology)을 이해하기 어려울 것이다. 우리의 신학과 설교는 하나님을 끌어내거나 똑바로 세우는 독창적인 지지대 조각이 아니다. 그분은 하나님으로 나타나는데 우리의 지지대나 비결책이 필요한 분이 아니시다. 하나님은 하나님이실 뿐이다. 그분은 참으로 불가해하다. 비록 자신을 계시하셨지만, 그분은 여전히 어둠에 뒤덮여 계신 분이시다(시 18:12). 하나님은 또한 영원하신 분이시다. 바로 이 점 때문에 우리가 그토록 하나님 때문에 당황하거나 절망하기도 한다. 우리는 그분이 자신의 시간 속에서 그분의 계획대로 그분의 뜻을 이루심을 제대로 이해하려 하지 않는다. 또 하나님이 자신의 길고도 은혜로운 구원의 역사 속에서 자신을 단계적으로 계시하신다는 사실을 잘 이해하려고도 하지 않는다.

앞에서 칼 바르트가 말한 대로 설교자들의 실제적인 근심을 경험한 사람들은, 다시 말해서 하나님의 신비를 말해야 한다는 부담을 느끼지만 인간 설교자로서 그 임무를 제대로 감당할 수 없음을 인정할 수밖에 없는 사람들은, 천사도 접근하기를 두려워했던 곳으로 무턱대고 질주해서는 안된다는 사실을 잘 안다. 설교하는 것은 어느 날 갑자기 불타는 떨기나무 곁에 서 있는 자신을 발견하는 것이다(출 3장). 그때 우리는 우리 발에서 신발을 벗어야 하며 자신이 지금 거룩한 자리에 서 있음을 깨달아야 한다. 전해오는 이야기에 의하면, 어거스틴은 가끔 하나님의 신비에 관하여 대략 두 시간가량 설교했다고 한다. 그 설교의 결론부에서 그는 이렇게 외쳤다.

> 만일 그분을 더 알고 싶으시면 여러분 스스로 그분께 직접 요청하십시오!

우리는 하나님에 관한 이야기를 결코 끝낼 수도 없고 또 그분을 제대로 설명할 수도 없다. 우리는 다만 손을 모으고 눈을 감고 기도 가운데 그분에 관하여 이야기할 수 있을 뿐이다. 우리는 진정 거지들이다(임종 때 Luther가 남긴 말).

하나님은 어떤 문제 이상이시며, 우리가 해결해야 할 질문 이상이시다. 하나님은 진정 하나님이시다. 그분은 하나님으로서 경배 받기에 합당하시며, 그렇게 경배 받으시는 분으로서 질문을 받는 것이다. 내가 "하나님"이라고 말할 때 이 말 속에는 다음과 같이 내 인생의 가장 심오한 질문이 들어 있다!

> 오 하나님! 당신은 누구이시며 당신의 이름은 무엇이며, 내가 당신을 어디에서 만날 수 있나이까?

미스코테(Miskotte 1976:200)는 이렇게 가장 심오한 질문에 대하여 다음과 같이 감동적인 글을 남겼다.

> 설교자가 강단 위에 섰고, 사람들이 그의 말을 기다리고 있다. 참으로 경이로운 순간이다. 마룻바닥이 가라앉을 것 같다. 왜냐하면 설교자는 일반적인 연설이나 강연을 할 것도

아니고 이야기를 들려줄 것도 아니기 때문이다. 사람들은 설교자를 향하여 얼굴을 들고 고요하게 집중하면서 마음 속에 질문을 던진다. 이는 당연히 이해할 만하다. 왜냐하면 이 시간은 단순히 사람들끼리의 모임이 아니라 우리와 함께 하시는 하나님과의 만남의 시간이기 때문이다. 이제 여러분은 하나님이 말씀하시는 것을 듣고 싶어할 것이고 여러분은 마음에 기대감을 갖고 있으며, 인생에 가장 심오한 질문, 다른 곳이라면 그저 조용히 침묵 속에 간직했을 질문을 마음 속으로 떠올린다. 그 질문은 하나님에 관한, 살아계신 하나님에 관한 질문이다. 이 한 가지 질문을 묻는 설교자에게 화가 있으리로다. 하지만 그에게 또한 복이 있으리로다. 왜냐하면 그는 마음 속에 불가능한 분에 대한 두렵고도 경이로운 부담을 느끼기 때문이다. 이 순간 그는 달리 방도가 없음을 느낀다. 이 순간 그는 윙윙거리면서도 위로가 되는 오르간으로서 하나님에 의하여 연주되고 있다.

그렇다. 설교자로서 우리는 청중과 함께 우리 인생의 가장 심오하고도 중차대한 질문을 마음에 품고 하나님의 신비 앞에 무릎을 꿇을 수밖에 없다. 이때 우리는 그분이 그의 계시에 근거하여 다시금 자신을 우리에게 알려 주시고 예배를 통해서 우리가 새롭게 감동을 받도록 해 주실 것이라는 기대감을 가지고 그 앞에 나아간다. 그래서 "하나님"을 말하는 사람은 그분을 예배하는 것이다.

4) 손을 들어 올리는 설교

예배 시간에 "하나님"을 말하기 위해서는 절대적인 확실성과 불굴의 견고함과는 전혀 다른 차원의 차별성이 요구된다. 우리 인간은 하나님에 관한 수많은 언어로 그분을 통제할 수 없다. 하나님은 우리의 설교보다 더 위대하시다. 설교는 그분에 관한 진리를 통제하는 것이 아니다. 설교자들이 본능적으로 설교에서 원하는 것은 하나님의 신비를 제거하여 그분을 통제할 수 있고 조종 가능하게 하는 것이다. 할버(Halver 1970:13)는 이러한 무모한 경향을 잘 묘사한 감동적인 시와 함께 자기 설교를 시작하고 있다.

> 사랑하는 성도 여러분
> 매 주일 아침에 여러분은
> 제가 조그맣고 귀여운 하나님을 만들어서
> 여러분의 무릎 위에 올려놔 주기를 원합니다
> 그리고 그분이랑 잠깐 깡총 뛰며 놀고 싶어합니다.
> 하지만 놀이가 끝나고 나면
> 다음 주 주일까지 그분을 다시 제 팔에 맡겨 둡니다.
> 만일 주중이라도 제가 그분과 함께
> 여러분의 가정이나 공동체를 찾아가서
> 그분이 지겨워할 때까지
> 여러분의 잘못된 점을 그분께 보여드리면
> 여러분은 곧장 제게 다가와서 이렇게 말씀합니다.
> 당신은 그분을 주일날에만 소개하셨어야지요.

그렇지 않다. 하나님은 결코 설교 시간에 사람들의 무릎에 올려 놓을 만한 작은 인형 같은 분이 아니다. 이 신비는 그분이랑 잠깐 말춤을 추며 놀기에는 너무나도 위대하고 심오하다. 설교는 오히려 이 신비 가운데 삼위일체에 대한 깊은 경외감이 더욱 깊어지는 사건이며, 통제 바깥에서 일어나는 사건이다. 하나님이 어떻게 일하시는지를 과연 누가 알리요? 누가 감히 그분에게 명령할 수 있으리요?(롬 11:33-36 참고). 하나님에 대해서는 모든 것이 결정되지 않고 열려 있을 뿐이다. 여러분의 모든 설교 준비와 신학 연구 방식은 주님의 제단에 올려져야 하고, 여러분이 준비한 설교도 마치 번제단 위에 누인 이삭처럼 우리가 사랑하는 그분께 드려져야 한다.

이런 이유로 필자가 다시금 반복하여 강조하는 것은, 설교의 표층 구조와 심층 구조는 기도에 달렸다는 것이다. 에피클레시스(*epiclesis*, 성령의 임재를 청원하는 기도)가 없는 설교는 더 이상 설교가 아니다. 키리에 엘레이손(*kyrie eleison*, 주여, 자비를 베푸소서)이라고 말할 줄 모르는 사람은 더 이상 설교할 수 없다. 설교란 불확실성과 상한 심령뿐만 아니라 하나님께서 이 시간에 자신을 계시하셔서 그분의 신비가 더욱 깊어지리라는 기대감을 가지고 하나님을 향하여 팔을 펴는 것이다. 설교란, "오소서! 창조주 성령 하나님이여"(*Veni, Creator Spiritus*)라는 외침에서 클라이막스에 도달하는 질문과 기대감, 그리고 가장 가득한 믿음으로 주님 앞에 서는 것이다.

5) 커튼을 걷어내는 설교

하나님은 분명 설교에서 자신을 나타내시며, 그분의 음성도 설교를 통하여 들을 수 있다. 설교는 바로 이런 기대감(희망) 속에서 살아나며, 만물의 회복을 기다리며 참는 인내와 희망 속에서 보존된다(롬 8:22-26). 설교에서 일어나는 것은 단순한 종교적인 담화 그 이상으로 하나님의 은혜가 분배되는 사건이다. 회중과 세상에게는 바로 이런 일이 설교에서 발생할 것을 기대할 수 있는 권리가 있다. 바로 여기에서 즉 인간의 음성을 통해서 하나님의 음성을 들을 수 있음을 기대할 수 있다. 프레드릭 뷰크너(Frederick Buechner 1977:22-23)는 『진실을 말하기』(Telling the truth)라는 책에서 이러한 (대체로 암묵적인) 기대감을 적절하게 설명하고 있다.

설교 찬송(혹은 설교 전 찬송, sermon hymn)을 끝맺는 "아멘"의 후렴이 다소 불안정하게 이어지면서, 설교자가 설교 원고를 손에 들고서 설교단으로 올라간다. 그의 입은 긴장하여 약간 마른 것 같다. 턱수염은 자기 손으로 직접 면도하였다. 그는 마치 목구멍에 앵커를 삼킨 것 같은 느낌이 들었다.
회중석 앞줄에는 한 나이 많은 남자가 보청기 볼륨 스위치를 올렸다. 그 옆의 젊은 엄마는 마치 자신의 구세주라도 될 것 같은 여섯 살 된 아이를 돌보러 빠져나갔다. 방학을 맞이하여 고향을 찾은 대학생은 그간의 피로가 누적되어 몸을 앞으로 기울고 턱을 손으로 괘고 앉아 있다. 지난주에 두 번이나 자살을 심각하게 생각했던 한 은행의 부행장은 찬송가책을 자기 앞자리 선반 위에 올려놓았다. 임신한 십대 소녀는 자기 몸 안에 작은 생명이 요동치고 있음을 느끼고 있다. 동성애 비밀을 은밀히 숨기고 있는 고등학교 수학 교사는 엄지손톱으로 주보를 절반으로 접어서 앉은 자리 아래에 밀어 넣었다.
긴장이 이렇게 고조된 적은 없었다. 방금 2분 전까지 설교자는 앞에 앉은 사람들에 대해서 완전히 잊어버리고 있었는지도 모른다. 하지만 지금 이 순간만큼은 침묵이 귀를 멀게 할 정도로 무겁게 짓누르고 있다. 모든 사람들은 그 설교자가 이전에 무슨 말을 했는지 잘 알고 있다. 하지만 지금 이 순간부터는 그가 침묵을 깨고 그들에게 무엇을 말할 것인지 과연 누가 알겠는가.

설교는 하나님 앞에서 침묵을 깨고 말하는 것이며 그분의 말씀이 태어나는 자리에서부터 침묵을 깨고 말하는 것이다. 왜냐하면 그분은 침묵의 빈자리를 자신이 직접 채우시는 분이시기 때문이다. 설교는 가장 거룩하신 분인 하나님의 계시로부터 주어지는 것이며, 사람들을 방주의 언약 앞으로 인도하는 것이고, 지극히 거룩하신 분에게서 커튼 장막을 걷어내는 것이고, 사람들에게 이전에 보지 못했던 것을 보게 하는 것이다. 미스코테(Miskotte 1976:206-207)에 의하면, 좋은 설교는 "방주를 가린 커튼을 걷어내는 것"이다. 그렇다고 이 말은 우리가 설교로 그리스도의 대속사역을 대신할 수 있다는 의미는 아니다. 커튼은 이미 그리스도의 대속사역 덕분에 그 중간부분이 위에서부터 아래로 찢겨지고 벗겨졌다(마 15:38). 하나님이 이미 장막을 제거해 주셨다(고후 3:14-18). 그래서 하나님에게는 이미 장막이 벗겨졌지만, 우리에게는 아직도 무지와 불신의 장막이 덮여 있어서 설교를 통해서 이를 반복적으로 제거하여 지극히 거룩하신 분을 꾸준히 바라볼 수 있어야 한다. 이렇게 하나님의 커튼이 제거되었고 걷어졌기 때문에, 설교는 그런 믿음의 결단과 기도 가운데 남아 있는 우리의 커튼을 걷어내는 것이다. 하나님의 커튼이 제거되었기 때문에 이제 우리는 이렇게 회중에게 질문할 수 있다. 여러분은 걷혀진 커튼이 보입니까? 여러분은 이제 지극히 거룩하신 분 안에 있음을 알겠습니까? 이제 그분은 우리와 함께 계시고 우리 안에 계시며, 우리 모두를 둘러 감싸고 계시다 (시 139:5).

6) 말씀을 신뢰하는 설교

설교자들에게는 이 복음만이 의지할 수 있는 유일한 위로이다. 우리는 이 말씀에 그 어떤 것도 더하지 말고 전심으로 신뢰해야 한다(Barth 1964:89). 우리 사람의 입술을 떠난 것은 우리 사람의 말이겠지만, 그 말이 청중의 귀로 들어가는 과정에서 성령께서 역사하심으로 우리의 말을 그리스도의 말씀으로, 살아 있는 하나님의 말씀 그 자체로 바꾸어 주신다. 그래서 마치 성만찬에서처럼 일종의 거룩한 변화가 발생한다(Miskotte 19976:200). 이 과정에서 우리 사람의 말이 그리스도께서 직접 구속 사역의 결실을 건네주시는 하나님의 말씀으로, 구원의 말씀으로 변화한다. 하나님은 그분의 말씀 가운데 임재하신다. 미스코테(Miskotte)에 의하면 그분은 진리의 말씀 가운데 내주하신다. 그분은 우리 인생의 가장 마지막에 가장 깊은 질문에 대하여 최후의 해답을 제시하신다. 사실 설교에서 모든 것, 그리고 전체 예배 시간의 모든 것은 우리 가운데 찾아오시고 내주하시는 하나님에게 달렸다. 그리스도 그분이 친히 우리에게 말씀하시며 그 말씀 속에서 친히 우리를 구원하신다.

> 여기에서 여러분은 큰 비밀을 목격하게 됩니다. 우리 인간의 말소리가 여러분의 귀에 도달하지만, 사실 참된 교사는 여러분 안에 계십니다. 그러므로 단순히 사람에게서 어떤 지식을 배우는 것이라고 생각하지 마십시오. 우리는 우리 음성으로 여러분을 훈계할 수 있습니다. 하지만 진정 여러분을 가르치는 그분이 만일 여러분 안에 계시지 않다면 우리의 목소리는 헛될 뿐입니다…. 외면적인 교육은 내면의 교육을 돕는 보조 장비와 자극에 불과합니다. 하지만 마음

으로 가르치는 그분의 강단은 저 하늘에 있습니다. 그분이 친히 복음 안에서 말씀하십니다. 그러므로 이 땅에서 여러분이 감히 교사라고 부름 받지 않도록 하십시오. 여러분의 참된 스승은 바로 그리스도이시기 때문입니다(Augustine; Van Oort 1991:26, 1989:84 참고).

우리의 말 속에 하나님의 말씀이 함께 하신다. 여기에 바로 설교의 본질이 있다. 설교는 인간의 말로 존재한다. 하지만 설교는 그 이상이며, 사전에 있는 여러 단어들이 연설이라는 그럴듯하게 성공적인 방식으로 조합되어서 사람 입으로 쏟아져 나오는 것 이상이다. 설교는 하나님께서 그분의 말씀을 우리 인간 설교자들의 언어와 혼합하여 우리가 전하는 여러 말들이 이런 저런 방식으로 하나님의 말씀으로 선포되고 이를 통해서 하나님이 친히 말씀하시리라는 믿음과 소망 속에서 발생한다.

그래서 설교는 하나님에 관하여 말씀함으로써 그분이 친히 말씀하시는 사건이다.

5. 구원의 복음이 들리는 하나님의 말씀

설교의 기적은 하나님의 임재에 달렸다. 그분 하나님이 설교에서 말씀하시지만 그 말씀은 아주 특별한 방식으로 전달된다. 설교의 기적이 단순하지 않는 이유가 바로 여기에 있다. 하나님이 말씀하실 때는 항상 그분의 은혜가 최우선이다. 하나님께서 아주 놀랍고도 경이로운 방식으로 죄악으로 얼룩진 자기 백성들을 찾아오신다는 사실, 아주 새롭고도 이상한 방식으로 찾아오셔서 그들을 구원하신다는 사실이 곧 복음이다. 하나님의 모든 공의와 사람들의 죄악에도 불구하고 그분은 구원의 주도권을 쥐고서 찾아오셔서 그분 자신의 영광만을 위하여 자기 백성을 다시 창조하신다. 성경은 이런 복음으로 가득 차 있다. 하나님의 백성들이 그분의 진노를 경험하며 하나님의 불꽃이 이미 자신들을 집어삼킬 기세로 불타오르고 있다고 생각할 때면, 그들의 귀에는 다음과 같은 복음의 음성이 들려온다.

> 너는 두려워하지 말라 내가 너를 구속하였고 내가 너를 지명하여 불렀나니 너는 내 것이라 네가 물 가운데로 지날 때에 내가 너와 함께 할 것이라 강을 건널 때에 물이 너를 침몰하지 못할 것이며 네가 불 가운데로 지날 때에 타지도 아니할 것이요 불꽃이 너를 사르지도 못하리니 대저 나는 여호와 네 하나님이요 이스라엘의 거룩한 이요 네 구원자임이라(사 43:1-3).

하나님은 심판을 선포하실 때조차도 여전히 자비로우시다. 그분의 상처받은 사랑 때문에 분노할지라도 동시에 자비를 함께 품고 계시다(Luther). 그러므로 우리는 그분에게서 그 어떤 것도 받아누릴만한 자격이 하나도 없지만 직접 하늘로부터 구원을 받아 누린다. 하나님은 우리에게서 그분의 진노를 거두셔서 그분의 독생자에게 쏟아부으셨다. 여러분은 하나님이 그 마음 중심에서부터 이렇게 자비와 진노 사이에서 통렬히 신음하시는 모습을 성경 도처에서 발견할 수 있다.

에브라임이여 내가 어찌 너를 놓겠느냐 이스라엘이여 내가 어찌 너를 버리겠느냐 내가 어찌 너를 아드마 같이 놓겠느냐 어찌 너를 스보임 같이 두겠느냐 내 마음이 내 속에서 돌이키어 나의 긍휼이 온전히 불붙듯 하도다 내가 나의 맹렬한 진노를 나타내지 아니하며 내가 다시는 에브라임을 멸하지 아니하리니 이는 내가 하나님이요 사람이 아니라 네 가운데 있는 거룩한 이니 진노함으로 네게 임하지 아니하리라 (호 11:8-9).

설교자들은 그 어디에도 비할 데 없는 하나님의 은혜의 복음을 가장 우선적으로 그리고 끊임없이 증언하며 지시하여 가르치도록 부름 받았다. 우리의 소명은 하나님은 진노가 아니라 사랑이심을 증언하는 것이다(요일 4:8). 하나님께 감사하라! 우리가 계속 선포할 것은 하나님의 사랑이 여기에 있나니, 이 사랑은 현실이고 진리이며 바로 여러분을 위한 것이다. 여러분은 이것을 막을 수도 없고 조종할 수도 없다. 이 복음의 말씀은 마치 비처럼 하늘로부터 내리며 그 누구라도 예측할 수도 없고 막을 수도 없는 하나님의 권능이다. 위로부터 떨어지는 것을 누가 감히 막으리요? 그 비가 다시 하늘로 올라가는 것을 누가 뒤쫓아갈 수 있으리요? 오직 하나님께서 그 비가 악인과 선인 모두에게 내리도록 하실 뿐이다(마 5:45).

하나님의 말씀은 토마스 머튼(Thomas Merton 1977:42)이 이와 다른 맥락에서 묘사한 비에 관한 설명을 떠올린다.

지금 들리는 빗소리는 도시에서 들리는 빗소리와 전혀 다르다. 지금 이 빗소리가 장엄하고도 광대한 소리로 온 숲을 가득 채우고 있다. 이 빗소리는 지속적이면서도 균일한 리듬으로 평평한 지붕과 베란다를 뒤덮고 있다. 나는 이 빗소리에 귀를 기울인다. 왜냐하면 이 빗소리들은, 이 세상이 내가 미처 깨닫지 못했던 리듬대로, 인간 기술자들이 만들어낼 수 없는 리듬대로 운행한다는 사실을 상기시켜 준다…. 사람은 비를 주관할 수도 없고 그 누구라도 비를 멈출 수 없다. 비는 자기 마음대로 지붕 위에서 계속 말할 뿐이다. 내리는 비가 계속 말을 걸어오는 한 나는 계속 그 소리를 들을 것이다…(Raids on the unspeakable에서 의역함).

이런 것이 바로 은혜이다. 우리 주변에 있는 모든 자유롭고 막을 수 없는 것들. 그리고 우리는 이것을 설교할 수 있다. 이 은혜를 설교한다는 것은, 달리 말하자면 그리스도를 설교하는 것이다. 더도 말고 덜도 말고 오직 그리스도뿐이다. 하지만…우리가 그리스도를 설교한다는 것은 어찌 보면 이치에 맞지 않는다. 철저한 본문 주해와 올바른 설교가 꼭 그리스도가 임재하는 설교를 보증해 주지는 못한다. 설교자가 복음을 설교할 것이라고 단순히 확신하는 것이 때로는 오히려 장애물이 될 수도 있다. 철저함과 올바름이라는 것이 항상 옳은 것도 아니다. 정확함이라는 것이 올바른 음표가 적힌 올바른 낱장 악보에는 꼭 필요하지만 그렇다고 그것이 곧 음악은 아니다. 악보 위에 적힌 검은 음표가 귀에 들리는 음악으로 바뀌어야지, 그 자체만으로는 음악이 아니다.

복음을 선포하는 설교에서도 우리가 감당할 수 있는 것 이상의 사건이 일어난다. 인간의 힘으로는 도저히 달성할 수 없는 기적이 일어난다. 이 기적이 설교를 잘 준비하려고 최선의 노력을 경주해야 하는 책임을 덜어주지는 않더라도 말이다.

1) 구원 설교의 특징들

그렇다면 지금까지 논의한 구원 설교(a sermon of salvation)를 어떻게 설명할 수 있을까? 여러분은 구원 설교를 어떻게 알아볼 수 있을까? 우선 우리가 인정해야 하는 것은, 구원 설교는 성령의 은사이며, 우리가 반복적으로 교육받아야 하는 예술이다. 그러므로 만일에 구원 설교를 위하여 어떤 구조나 형식을 채택하고자 노력한다면 다음 사실을 꼭 기억해야 한다. 그것은 구원 설교를 보증하는 그 어떤 처방전이나 비법은 없고, 다만 구원 설교를 미리 결정하기보다는 설교 이후에 돌이켜 보면서 그 특징을 분간할 수 있을 뿐이라는 사실이다. 그런 설교에는 복음의 기쁜 소식을 알려주었던 언어의 표지들(signs of language)이 발견된다. 내 생각으로는 그러한 언어의 표지들은 필연적으로 구원 설교에 적용되는 다음 여섯 가지 특징들을 동반한다.

(1) 구원 설교의 핵심인 오직 그리스도

하나님은 자신을 삼위일체로 계시하셨다. 그러므로 설교 역시 구약을 다루든 신약을 다루든 관계없이 항상 삼위일체적이어야 한다. 설교학의 가장 기본적인 규칙은 다음과 같다. 설교는 항상 지금도 살아 역사하시는 성부와 성자, 그리고 성령 하나님의 실체를 선포하는 것이다. 이는 간단한 기본이라기보다는 오히려 설교의 알파와 오메가이다.

우리는 삼위일체 하나님의 구원 사역을 선포하며, 그리스도를 선포하도록 부름받았다(내가 너희 중에서 예수 그리스도와 그가 십자가에 못 박히신 것 외에는 아무 것도 알지 아니하기로 작정하였음이라[고전 2:2].). 마틴 루터도 설교에 대한 자신의 견해로 "오직 그리스도만을 선포하리라"(*nihil nisi cristus praedicandus*)고 강하게 주장한다(Meuser 1983:38).

요점은 이것이다. 설교에서 모든 흐름은 결국 그리스도에게로 집약되고 모든 빛이 그에게서 흘러나온다. 그렇다면 우리는 어떻게 설교에서 오직 그리스도만을 선포하면서 삼위일체적인 설교를 할 수 있을까? 이 질문은 구약과 신약의 연관성에 관한 매우 까다로운 질문이지만 여기에서는 자세히 다루지 않겠다.[1] 다음 내용은 다만 일반적인 지침으로 제시하고자 한다.

우리는 삼위일체의 구속 사역에 관한 통전적인 신학의 관점을 구비하고 있을 때 비로소 기독론적인 설교를 감당할 수 있다. 만일 설교에서 삼위일체의 존재나 사역이 어느 정도 왜곡된다면 그것이 가현설(docetism)이거나, 심령주의(spiritualism), 또는 그 밖의 다른 사이비든 당연히 신학적인 변형이 뒤따를 것이다. 설교는 오직 복음과 구원에 관한 것이고 옛 언약과 새 언약을 통해서 우리를 구원하여 그분께 순종하도록 인도하시는 하나님의 복된 소식에 관한 것이다. 율법이 단순히 구약에만 종속되지 않는 것처럼 복음도 신약에만 국한되지 않는다. 하나님의 구원 사역의 가장 심오한 지점은 그리스도 안에서 발견되며, 성경을 통해서 계시된 바와 같이 구원 설교는 어떤 식으로든 그리스도에게서 그 정점에 도달해야 한다고 말할 수 있다.

구약 설교와 관련해서 이 점은 더더욱 중요하다. 구약의 특정한 본문에서 성급하게 기독론적인 교리에 빠지지 않으면서 기독론적으로 올바로 설교하려면 통전적인 신학이 요구된다. 자칫 잘못하

---

[1] 좀 더 자세한 논의를 위해서는 다음을 참고하라. Holmgren, FC 1997. *The Old Testament and the significance of Jesus: Maintaining Christian Identity*; and Seitz, CR 1998. *Word without end: the Old Testament as abiding theological witness*.

면 기독론이 쉽사리, 그리스도로 말미암은 구원의 모든 능력과 영광을 빼앗아버리는, 불명료한 예수 찬사(Jesulogy)로 변질될 수 있다. 이런 문제점과 관련하여 레인 보스(Rein Bos 1992:267-272)는 구약성경 본문의 독특성을 제대로 부각시키지 않고 그리스도 뒤로 사라져버리는 통과 불가능한 여러 깊은 구멍들을 소개한다.

- 구약 본문에 대한 기독론적인 편협성. 이런 해석 방식은 구약의 전체 본문을 신약의 그리스도에게서 실현되는 예언으로 간주한다. 이런 설교는 구약 본문을 그저 그리스도라는 실제 메시지에 대한 서론으로 다루면서 본문 자체의 핵심에 대해서는 전혀 언급할 기회가 없다. 이때 발생하는 아이러니는, 구원에 관한 메시지에 담긴 신학적인 깊이가 사라지고 예수 찬사(Jesulogy)가 본문에 담긴 적법한 기독론적인 가능성을 짓눌러버린다는 것이다.
- 구약 본문에 대한 기독론적인 확대. 이런 설교 모델은 늘상 예수를 구약 본문이 암시하는 도덕을 성취한 분으로 선포한다. 그리고 성경 인물들에게서 발견되는 도덕적인 요구사항들과 관련해서는 예수는 항상 이런 모든 인물들을 탁월할 정도로 능가한 분으로 소개된다. 여기에서도 발견되는 아이러니는 도덕주의적인 예수 찬사 때문에 구약 본문에 담긴 적법한 기독론적인 가능성이 질식당한다는 것이다.
- 구약 본문에 대한 기독론적인 분리. 어떤 설교자들은 한 편의 설교 안에서 전반부는 구약을 다루고 또 나머지 후반부에서는 신약을 다루어서 두 편의 미니 설교를 전하고 싶어하는 것 같다. 이런 경우에 두 본문을 제대로 깊이 있게 다루지도 못하여, 두 미니 설교의 연관성도 불분명해지고, 구약에서 신약으로의

전환이 비논리적으로 급작스럽게 이뤄진다. 그 결과 심지어 구약과 신약이 서로 분리되는 일마저 발생한다.
- 구약 본문에 대한 획일적인 기독론적 끝마무리. 이런 설교에서는 모든 구약 본문에 대한 해설을 일종의 동일한 결론처럼 한결같이 동일하게 정형화된 방식의 기독론으로 마무리한다. 그러한 결론은 마치 모든 구약 본문이 결국 동일한 진리를 말한다는 암시를 던져준다. 이런 시도는 겉으로 볼 때에는 구약 본문에 대한 일종의 신학적인 검증을 부여하는 것 같지만, 아이러니한 문제는 충분히 예상되는 결론의 기독론적인 마무리 때문에 본문에 담긴 풍성한 기독론적인 가능성이 오히려 제약을 받는다는 점이다.

잘못된 기독론 편중의 설교에서 발견되는 이런 약점들은 결코 사소한 문제가 아니다. 어떤 의미에서 볼 때 오직 그리스도만을 선포하는 설교는 설교를 통해서 얻을 수 있는 가장 심오한 비밀이요 가장 탁월한 예술이요 과학이다. 하지만 이런 설교의 비밀은 성경 본문의 풍부함과 통전적인 삼위일체 신학의 바탕 위에서 가능하다. 우리의 소명은 그리스도를 선포하는 것이고, 겉표지에 크라나흐(Cranach)의 명화를 통해서도 상징적으로 암시하듯이, 이 점이 바로 이 책에서 필자가 모든 논의를 전개하는 출발점이다. 무엇보다도 십자가 상의 그리스도의 죽음과 부활이 모든 복음의 메시지가 따라 움직이는 가장 중요한 경첩(hinge)이다(고전 15:3-8).

(2) 하나님에 관한 말씀인 구원 설교

구원 설교는 앞서 언급한 바와 같이 항상 놀랍고도 복된 하나님의 구원 소식을 강조한다. 그래서 우리는 설교에서 쏟아내는 우리 그렇게 한다. 하지만 이런 경우에 우리는 우리의 신학이나 또는 그 신학의 부족을 은연중에 드러낸다. 때로는 우리가 하나님에 관하여 말하고 있는 것처럼 들리지만, 실상은 우리 자신에 대해서 말하는 것에 불과하다(이에 관한 자세한 논의는 3장 7. 참고). 그럴 수 없다. 하나님의 은혜가 모든 것에 우선한다. 예정론에 관한 교리는 복음의 집약이며(Barth), 그래서 복음 설교를 위한 가장 중요한 신학적인 기초이다. 다음의 내용은 이런 사실을 잘 강조한다.

> 하나님의 은혜는 내 신앙과 불신앙보다 우선하고, 나의 간절한 기도와 기도하지 않는 것보다 앞서고, 나의 경건과 불경건, 그리고 나의 회개나 회개하지 않는 강퍅함보다 우선한다.
> 사람의 인생이란 무엇인가? 우리 모두는 출생 시점부터 죽는 날까지 이어지는 시간표를 채우는 시간의 조각들을 선물로 받았다. 보통은 70이요 강건하더라도 80년 세월이다(시 90:10). 출생한 때부터 사망할 때까지 우리 모두는 즐거움과 고통, 기쁨과 슬픔, 그리고 희망과 절망의 정해진 몫을 경험한다. 그런데 하나님의 은혜로 말미암아 영생의 빛이 우리 인생의 시간표 속을 꿰뚫고 들어올 때 우리는 주님 앞에서 중요한 결단을 감행한다. 이 사건의 의미는 오직 영원 속에서만 분명히 이해할 수 있다. 왜냐하면 하나님께 온전히 감사하기에는 영원은 너무나도 짧기 때문이다. 그런데 만일 우리의 구원이 오직 우리의 결단과 우리의 결정에서 비롯된 것이라고 생각하기 시작한다면 이는 치명적인 실수다. 예수께서도 제자들에게 거듭 말씀하시기를 너희가 나를 택한 것이 아니요 내가 너희를 택하였다고 하셨다(요

(3) 그리고 하나님의 말씀

항상 구원 설교는 하나님에 관한 단순한 말놀이 이상이다. 구원 설교는 항상 하나님으로부터 임하는 말씀이다. 구원 설교는 단순히 구원에 관한 정보가 아니라 구원이 발생하는 사건 그 자체이며, 단순한 선언이 아니라 구속 그 자체이다. 복음은 항상 말하는 것을 실행하며, 언어로 표현된 것을 성취한다. 성경 본문도 단순한 정보가 아니라 하나님의 말씀으로서의 실행력을 발휘한다. 그 말씀은 공허하게 하나님께로 되돌아가지 않고 말씀을 보낼 때 기대하고 의도했던 것을 그대로 성취한다(사 55:11). "말씀"(word)을 의미하는 히브리어, 다바르(dabar)는 단순히 어떤 말이 아니라 그 자체로 구원을 발생시키는 사건을 의미한다. 하나님은 말씀 안에서 직접 우리를 찾아오셨다. 그래서 그분은 곧 말씀이시고, 지은 것이 하나도 그가 없이는 된 것이 없으며, 죽은 자를 살리시는 창조와 재창조의 말씀이시다(요 1:1-3; 롬 4:17). 이 말씀의 설교가 교회를 세우며, 이 말씀 안에서 우리는 새로운 백성으로 변화된다.

그러므로 앞에서 강조한 바와 같이 우리는 단순히 말이나 메시지, 또는 본문을 설교하는 것이 아니라 인격이신 예수 그리스도 그분을 설교한다. 그분이 선포되는 곳에서는 그 운명적인 시각이 하나님의 말씀이 주관하는 주권 아래 굴복한다. 설교는 그 시간 고유의 필요와 고난을 동반하는 운명적인 시각이 하나님의 얼굴 앞에서 사건으로 발생한 것을 확증하는 것이다. 설교를 통해서 하나님은 그 운명적인 시각을 붙잡고 그분의 영원한 미래 속으로 품으신다. 그래서 복음 설교는 단순한 일반적인 진리나 교훈적인 교리, 역사적인 사건에 대한 선언, 심리적인 철학, 혹은 사회 프로그램이 아니라 온 우주 만물을 다스리는 그리스도의 주권적인 통치를 확증하여 선포하는 것이다.

우리가 설교에서 하나님의 말씀을 다루고 이와 씨름할 때, 우리가 받을 위로와 도전은 그분의 말씀은 효력이 있다는 점이다(루터의 표현으로 verbum efficax). 복음에는 하나님의 약속이 가득 차 있으므로, 설교에서도 그분의 약속이 전부이고 마침표여야 한다.

설교에서 하나님은 자신이 하신 약속의 말씀을 실현하신다는 이 사실은, 우리가 설교 시간에 구원에 관하여 말하는 방식이나 하나님의 구원이 우리의 언어를 통해서 전달되는 방식에 상당한 의미를 갖는다.

구원 설교는 항상 현재 시간을 지향한다. 구원 설교는 하나님의 은혜에 관하여 압축된 역사의 이야기를 말하는 것도 아니고 구원에 관한 형이상학적인 정보나 인간의 문제에 대한 심리적인 해석을 나열하는 것이 아니다. 또 그 구원 설교는 구원에 관한 증언 이상으로, 설교를 듣는 회중들이 하나님의 은혜로운 구원을 현재 사건으로 경험하는 것이다. 그래서 하나님의 말씀과 그 설교는 역사를 만들고 구원 시간을 재칭조한다.

> 보라 지금은 은혜 받을 만한 때요 보라 지금은 구원의 날이로다(고후 6:2b).

그러므로 구원 설교는 항상 그 설교를 듣는 특정한 청중을 지향한다. 구원 설교는 아무에게나 전달될만한 일반적인 진리에 관한 연설도 아니고, 기독교적인 세계관이나 성경적인 문화인류학처럼 그것이 얼마나 중요하거나 교육적인가에 관계없이 그저 막연한 신학적인 교의를 담은 것 이상의 사건이다. 구원 설교는 특정한 시간에 특정한 사람들에게 하나님의 은혜로운 구원을 선포해서 죄악으로부터 자유를 얻는 사건이다. 이를 위하여 구원 설교는 특정한 회중들로 하여금 그 설교 메시지 속에서 자신들의 모습을 발견하도록 특정한 상황과 형편들을 언급해야 한다. 예를 들어 여러분은 2014년의 설교에서 예전의 2차 대전 당시와 정확하게 동일한 방식으로 복음을 설교할 수 없다. 복음은 예전에 예수의 메시지가 그러하듯이 바로 지금 여기를 위한 복된 소식으로서 특정한 시간과 장소와 상황에 적합해야 한다(좀 더 자세한 논의는 5장 참고).

사실 설교에 임재하시는 하나님은 사람에게서 자유로운 분이시기 때문에, 설교에서 무슨 일이 발생할 것인지를 미리 알 수 있는 사람은 한 사람도 없다. 그분은 원하시는 시간과 장소에 자유롭게 임재하시고 역사하신다. 그래서 설교자들은 예배 중에 역사하시는 말씀의 역사에 늘 민감하게 깨어 있어야 한다. 이 점은 A부터 Z까지 완벽하게 진행되도록 깔끔하게 준비한 프로그램 이상으로 중요하다.

우리 설교자들은 당연히 우리 능력에 최선을 다하여 준비해야 하지만, 이와 동시에 명심할 점은 주님은 우리가 준비한 설교나 프로그램에 속박당하는 분이 아니시라는 사실이다. 때로는 예배 도중에 깜짝 놀랄 정도로 우리의 사고와 경험을 능가하는 전혀 예상치 못했던 차원이 새롭게 나타날 수 있다. 그럴 때 목회자는 그 순간에 주의를 기울이는 것이 중요하며, 즉흥성을 요구하는 새로운 분위기에 민감하게 대처하는 것이 중요하다. 그러나 이런 즉흥성은 예배와 설교 준비의 미흡함이나 게으름에 대한 변명거리가 될 수 없고, 오히려 예배와 설교의 희망을 향하여 새롭게 열리는 창문과 같다.

설교에서 우리는 일종의 게임이나 여흥에 치중해서는 안되고, 오히려 생명과 사망의 문제를 다뤄야 한다. 그래서 우리 설교자들은 우리를 사망에서 불러내어 생명으로 인도하신 하나님이 설교의 순간에 이 일을 또 다시 감행하신다는 기대감을 가지고 설교에 귀를 기울여야 한다. 우리는 설교 시간에 그분의 말씀 가운데 살아계신 그분 하나님을 만나리라는 기대감과 소망을 가지고 강단에 오른다. 그리고 회중도 지금 바로 이 특정한 상황에서 우리에게 어떤 사건이 발생할 것이라는 기대감과 불꽃, 그리고 소망 같은 것들을 느낄 수 있어야 한다. 그럴 때 회중 가운데 꺼져가는 생명의 불꽃을 다시금 되살리고 마비되어 주저앉은 자들을 다시 일으켜 세우는 성령의 능력이 설교자의 언어를 뛰어 넘어 역사할 것이다.

"바알 셈 토브"(Baal Shem Tov, 12~13세기 독일에서 일어난 유대교 종교운동인 하시디즘, Hasidism의 창시자)라는 유대인 랍비의 행적에 관하여 자랑스럽게 묘사했던 어떤 반신불수 장애인의 이야기가 생각난다. 이 장애인은 자기가 간절히 기도할 때면 자기 영웅인 그 랍비도 자기 주변에서 열정적으로 뛰며 춤추더라는 이야기를 아주 열정적으로 쏟아낸다.

그러다가 이 장애인은 갑자기 자기 영웅에 관한 그 말 그대로 휠체어에서 일어나 뛰며 춤추기 시작한다. 그의 말이 자신에게 그대로 실현된 것이다. 바로 그 말을 하는 순간에 그의 마비가 치유된 것이다. 필자는 여기에서 예배 시간에 춤이나 댄스를 추천하려는 것이 아니라, 일종의 예배자의 태도로서 하나님의 임재의 신비에 대한 기대감을 강조하려는 것이다. 우리 가운데 있는 말씀은 살아있는 하나님의 말씀이며 그분이 실제로 역사하신다. 우리가 그분에 관하여 설교하고 그분의 말씀을 듣는데, 어찌 우리 자신의 휠체어에 그대로 가만히 앉아 있겠는가?

(4) 구원 이야기를 재진술하는 구원 설교

하나님의 구원은 역사 속에 실현됐고, 이제 그 구원 역사에 관한 설교를 통해서 다시 실현된다. 하나님의 구원 내러티브에는 복음의 차원이 있다(Josuttis). 하지만 사람들은 종종 "내러티브 설교"에 관하여 이와 조금 다른 개념을 갖고 있다.²

- 내러티브 설교의 첫 번째 차원은 이야기가 듣기에 좋다거나 또는 효과적이란 이유로 설교 시간에 여러 이야기들을 들려준다. 그런 경우에 설교의 목적은 그 이야기에 집중되고, 성경 본문도 이야기에 담긴 진리의 가치를 주해적인 차원에서 확증해 주는 일종의 보조적인 장신구(액세서리)로 활용된다. 이야기에는 의미를 전달하고 실행하는 능력이 있다. 설교나 성경 본문에서는 이야기를 통하여 부정적인 감정을 효과적으로 전달된다(3장 7. 참고).
- 내러티브 설교의 두 번째 차원은 성경의 이야기를 현대적으로 재진술하여 역사적인 자료와 상황의 차이에도 불구하고 이야기에 담긴 일반적인 흐름이 그대로 전달될 수 있다.

성경의 이야기를 오늘날의 상황으로 확장시켜서 재진술하는 경우는 쉽게 발견된다.

예를 들어 미국의 저명한 작가이자 신학자인 필립 얀시(Philip

---

2 예를 들어 존 맥클루어(John McClure 1991:25-27)는, (설교에서 다루는 성경 본문의 자료와 관련된 내러티브로서의) 내러티브 해석학(narrative hermeneutics)과, (설교의 형태와 관련된) 내러티브 의미론(narrative semantics), (내러티브를 문화나 인간 경험과 연결시키는) 내러티브 문화화(narrative enculturation), 그리고 (내러티브를 신앙에 관한 특정한 신학적인 세계관이나 이야기와 연결시키는) 내러티브 세계관(narrative world view)에 관하여 언급한다. 루시 로우즈(Lucy Rose 1997:1-11)도 다음 네 가지를 구분하여, 설교의 목적과 관련된 내러티브와, 성경 해석학과 관련된 내러티브, 설교의 언어로서의 내러티브, 그리고 설교 자료의 배열로서의 내러티브에 관하여 언급한다. 유진 로우리(Eugene Lowry 1995:342)는 내러티브를 내러티브 설교학과 내러티브 해석학, 그리고 내러티브 신학의 세 차원으로 설명한다.

Yancey)는 『참으로 놀라운 은혜』(What's so amazing about grace?)에서 예수의 비유를 매우 현대적인 방식으로 각색하여 장엄한 결혼식에 관한 비유를 새롭게 현대적인 방식으로 설교할 수 있도록 안내하고 있다.

곧 결혼할 어떤 예비부부가 결혼식 장소 예약을 위하여 보스턴의 유일한 하얏트 호텔을 방문했다. 그리고는 최고의 연회장과 최고의 만찬 메뉴, 가장 비싼 식탁용 은식기류, 가장 비싼 화환을 주문했다. 그 비용이 무려 5천만원이나 나왔다. 그들은 비용의 절반을 미리 예약금으로 지불하고는 결혼식에 참석할 손님들을 초대하러 나갔다.

그런데 참석 가능한 사람들에게 초청장을 발송하려는 날에 신랑이 갑자기 계획을 변경하여 결혼식을 취소하기를 원했다. 화가 머리끝까지 치밀어 오르고 마음이 찢어지는 예비신부는 예약을 취소하러 호텔로 갔다. 그런데 그 예비신부는 안타깝게도 예약을 취소하면 예약금은 겨우 10만원 정도만 돌려받을 수 있다는 말을 들었다. 이런 상황에서 그 신부는 예약금을 포기하든지 아니면 결혼식을 예정대로 진행하든 두 가지 중에 하나를 선택해야 하는 상황에 직면하였다.

그런데 이도 저도 선택할 수 없는 상황에서 갑자기 이 신부의 머리에 이 호텔에서 결혼식 연회가 아니라 엄청나게 호화스러운 파티를 열어야겠다는 무모한 생각이 스쳐지나갔다. 왜 그랬을까? 아마도 그 신부는 아마도 오랫동안 무주택자들을 위한 쉼터에서 지내왔기 때문인 것 같다. 하지만 그 여자는 점차 자신감을 회복하고 적당한 시점에 직업도 구하고 상당한 재산도 모을 수 있었다. 이제 그 여자는 보스턴의 쉼터에 사는 모든 무주택자들에게 꿈만 같은 파티에 초대하는 초대장을 발송하기로 결심했다.

1990년 6월의 어느 따사로운 저녁 시간에 결코 경험할 수 없는 꿈만 같은 대연회가 하얏트 호텔에서 열렸다. 도시 전역에서 많은 사람들이 연회장에 도착했다. 그런데 연회에 참석한 사람들은 한결같이, 목발이나 보행기에 몸을 의지하고 초라한 행색을 한 사람들과, 소유한 물건들은 전부다 슈퍼마켓의 트롤리에 다 담을 정도인 거지들, 그리고 길거리의 마분지 위에서 잠을 자는 데 익숙한 노숙자들, 삶이 녹록치 않은 것이 얼굴에 분명히 나타나는 마약 중독자들과 알콜 중독자들이었다. 이들은 깔끔하고 푹신푹신한 의자와 아름다운 은식기들이 진열된 식탁에 앉았고, 깔끔하게 차려입은 웨이터들이 맛있는 음식을 날라다 주었고, 세계 최고의 요리사가 준비한 다섯 단계 만찬을 즐기기 시작했다. 만찬이 점점 진행되면서 이들은 샴페인도 취할 정도로 마셔댔고 웨딩 케익을 맛보며 교향악단이 연주하는 감미로운 오케스트라 음악을 즐겼다. 한편으로는 전혀 상상조차 할 만한 자격이 없는 사람들이 대조적으로 또 다른 한편으로는 전례 없이 최고로 화려한 만찬을 즐기는 것이다.

그런데 복음 안에서는 예외가 있다.

조심스럽게 관찰해보라. 만찬의 주인이 테이블 사이를 걷고 있다.

그의 미소가 모든 것을 말해준다.

이런 방식으로 사람들은 복음의 좋은 소식을 새로운 방식으로 듣지 않겠는가?

- 내러티브 설교의 세 번째 차원은 현대적인 이야기를 들려주는 것으로서, 성경의 이야기의 흐름을 그대로 따라가는 것이 아니

라 특정한 본문이나 본문의 일반적인 메시지에 담긴 신학적인 핵심을 새로운 방식으로 각색하여 전달하는 방식을 말한다. 만일에 독자 여러분이 이런 방식을 예민하게 포착하는 감각을 갖고 있다면, 사실상 도처에서 이런 유형의 이야기를 발견할 수 있다. 예를 들어 도스토예프스키의 작품이나 빅토르 휴고의 작품 속에는 이런 보화들이 가득 들어 있다.

빅토르 휴고(Victor Hugo)의 작품인 『레미제라블』(Les Miserables)은 빵 한 조각을 훔친 것 때문에 19년 동안 수감을 선고받은 장발장의 감동적인 이야기를 들려준다. 장발장은 감옥에서 점차 잔혹한 범인으로 바뀌어간다. 다른 죄수들과의 난장판 주먹싸움에서도 한 번도 진적이 없다. 아무도 그의 의지를 꺾을 수 없다. 마침내 감옥에서 석방되지만, 당시 죄수들은 특별한 신분증을 소지하고 있어서 어떤 여관 주인이라도 이 위험해 보이는 사람에게 방을 빌려주려고 하지 않았다. 그래서 그는 쉴만한 거처를 찾아서 나흘 동안이나 도시 거리를 방황하다가, 마침내 그를 측은히 여기는 동정심 많은 신부를 만나서 하루 밤 신세를 지게 되었다.

그날 밤 장발장은 신부와 그의 여동생이 잠자리에 들 때까지 조용히 침대에 누워 있었다. 그러다가 이들이 잠든 다음에 일어나서 그 집에서 아끼는 부엌의 은접시를 훔쳐서 달아났다.

다음 날 아침에 세 명의 경찰관이 신부의 문을 두드렸다. 그들 뒤에는 수갑이 채워진 장발장이 서 있었다. 경찰관들은 이 집의 소중한 은접시들을 훔쳐 도망하는 장발장을 현장에서 채포했다. 그리고는 이 죄수를 다시 평생 동안 감옥에 수감하기 전에 그 죄를 확인하려고 신부를 방문했다. 하지만 신부의 반응은 경찰관들의 계획을, 특히 장발장에 대한 이들의 계획을 산산이 무너뜨리는 것이었다.
그 신부는 장발장을 바라보며 이렇게 말했다.

"나머지도 여기 있습니다."
"당신을 다시 만나서 너무 반갑습니다. 제가 당신에게 은촛대도 함께 주었던 것을 잊었습니까? 이것도 은으로 제작되어서 아마도 200프랑 정도 될 것입니다. 이것도 함께 가져가시는 것을 잊으셨군요."

범인의 동그란 눈이 신부를 바라보면서 그의 얼굴에 형용할 수 없는 감동이 밀려 왔다.

"이 분은 도둑이 아닙니다."

신부가 경찰관들에게 말했다.

"이 은그릇들은 제가 이 분께 드린 선물입니다."

경찰관들이 떠나가자, 신부는 아무 말이 없이 그 앞에서 떨고 있는 그 남자에게 은촛대를 건네주면서 이렇게 말했다.

"당신의 약속을 절대로 잊지 마십시오. 당신은 이제 자신을 정직한 사람으로 만드는데 이 돈을 사용하겠다고 나에게 한 약속을 절대 잊지 마십시오."

이는 감당할 수 없는 은혜에 관한 참으로 감동적인 고전 이야기가 아닌가? 이 이야기에서 가장 끔찍한 흉악범이 그 죄를 사면 받을 뿐만 아니라 심지어 전혀 받을 만한 자격도 없는데 공짜로 엄청난 재물까지 선물 받았다. 사실 이런 은혜는 그가 책임져야 할 죄악과 정반대로 주어졌고, 심지어 그가 후회하기도 전에 베풀어졌다.

받을 자격이 없는 은혜에 대한 감동적인 이야기는 복음 안에서도 발견되는데, 그 이야기는 이와는 비교조차 할 수 없을 정도로 놀랍다. 왜냐하면 복음의 이야기는 이와 비교할 수 없을 정도의 큰 죄악과 사면을 다루고 있기 때문이다. 이런 내용은 복음의 핵심이라고 불리는 다음과 같은 구절에서 선명하게 묘사되고 있다.

우리가 아직 연약할 때에 기약대로 그리스도께서 경건하지 않은 자를 위하여 죽으셨도다…우리가 아직 죄인 되었을 때에 그리스도께서 우리를 위하여 죽으심으로 하나님께서 우리에 대한 자기의 사랑을 확증하셨느니라(롬 5:6, 8).

- 내러티브 설교의 네 번째 차원은 설교가 예수에 관한 마스터 내러티브(최우선 내러티브, master narrative)를 재진술하는 설교를 위한 독특한 출발점을 제공한다. 마스터 내러티브는 설교에서 그 밖의 다른 모든 내러티브 요소들을 평가하는 규범 역할을 한다. 하지만 내러티브는 여타의 다른 내러티브들이나 이야기들과만 관계하는 것이 아니다. 예수님에 관한 마스터 내러티브는 그리스도의 성육신과 고난, 죽음, 부활, 그리고 최후 승리라는 그리스도의 구원 사건에 관한 내러티브로 지지를 받는 조건의 한도 안에서는, 교리적인 설교나 교육적인 설교를 통해서도 다뤄질 수도 있다. 이런 의미에서 예를 들어 마틴 루터의 설교는 사실상 전적으로 내러티브의 흐름을 따라서 진행되며, 그의 설교의

저변에는 오직 그리스도만을 선포하려는 그의 열정이 깔려 있음을 알 수 있다(Josuttis).

여러분의 설교의 출발점이 무엇이든, 내러티브는 단순히 심리적인 효과를 얻으려거나 메시지를 역동적으로 전달하려는 수사적인 의도로만 다뤄질 수는 없다.

예수의 마스터 내러티브의 목표는 청중을 예수 안에 있는 생명과 만나도록 초청하는 것이라는 점에서 볼 때, 예수의 마스터 내러티브와 연결되는 복음 설교는 형식에 얽매이는 규범이나 윤리적인 교화를 목적으로 두기 보다는 오히려 청중 안에서 되살아나는 복음의 역동적인 활력을 의도해야 한다. 복음을 재진술(retell)하는 것은 청중을 그들 자신과 다른 사람들의 악한 역사로부터 해방시키는 것이고, 복음의 선한 역사 속으로 이들을 인도하는 것이다. 따라서 설교자들은 설교에서 구원하는 이미지(salvific images)와 내러티브들을 상상이 풍부한 방식으로 사용할 줄 아는 언어의 수사적인 예술을 터득해야 한다. 이러한 이미지들과 내러티브들은 성경 본문에 담긴 신학적인 핵심을 지지하면서도 오늘날의 청중의 상황에 부합하는 방식으로 전달하는데 효과적이다(상상이 풍부한 설교에 대한 자세한 논의는 6장 참고).

(5) 사람의 입에서

설교자들이 설교에서 예수의 마스터 내러티브를 전달하기 전에 먼저 이 내러티브가 자신들의 심장을 관통하도록 해야 한다. 이런 의미에서 설교는 하나님의 구원을 먼저 경험한 설교자의 간증이다. 또한 설교자는 단순히 회중의 죄 용서와 사면을 일으키는 비인격적인 통로가 아니라, 구속에 관한 복음으로 감동을 받고서 그 구속을 그대로 믿고 또 그 구속이 자신에게서 다시 역사하기를 기대하는 사람이다. 그래서 설교자는 신뢰할 만한 증인(credible witness)이

되어야 한다(설교에서 설교자의 역할에 관한 자세한 논의는 6장 참고).

여기에서 강조하려는 요점은 설교단에 오르는 사람은 생명이 없는 존재가 아니라 하나님의 은혜로 구속의 역사를 체험하고 그 속을 살아가기 때문에 어떤 식으로든 설교에서 그 구원을 반영해야 하는 사람이다. 우리 설교자들은 자신이 말하는 것을 정녕 믿어야 한다. 우리 설교자들은 잉크가 아니라 피로 설교 원고를 작성해야 한다. 하지만 그렇다고 이 말은 설교가 단순히 설교자 개인의 견해나 신학적인 관심사로 가득차야 한다는 의미는 아니다. 우선 설교는 인간 존재의 바깥에(extra nos) 하나님의 차원에서 발생한 객관적인 구원의 진리에 관한 복된 소식이어야 한다. 하지만 이 구속의 진리는 먼저 나를 겨냥하고 그 다음에 설교에서는 그렇게 축복을 받은 사람이 이를 선포하는 것이다.

(6) 그리고 성령 하나님

이제 구원 설교의 여섯째 특징을 살펴볼 차례다. 그것은 우리가 설교하는 하나님의 말씀은 성령 하나님의 감화 감동으로 생명력을 얻는다는 것이다. 과연 우리는 이 점에 대하여 충분히 반복적으로 강조하고 있는가? 설교의 기적은 여기에 달렸다. 즉 성령께서는 우리 입술을 통해서 하나님의 말씀을 언어로 표현하는데 우리의 더듬거리는 말을 사용하신다. 성령 하나님은 "주여! 우리에게 당신의 말씀을 허락해 주소서"라는 기도 속에서 우리 안에 계속 그분의 말씀을 창조하신다.

그래서 인간 설교자의 입술을 떠나는 것은 분명 설교자의 말이겠지만, 성령의 역사로 말미암아 청중의 귀에 도달하는 것은 결국 하나님의 말씀이다. 미스코테(Miskotte 1976:201)는 이 점을 다음과 같이 예리하게 설명한다.

설교는 일종의 맹렬한 열정이며 그 속에 불길이 치솟는 질문이고, 결국 하나님이 그 궤적을 인도하여 목표를 명중하려고 날아가는 화살이다. 설교는 하나님께서 그 안에 흐르는 생수를 부어주시기를 고대하며 떨리는 긴장감으로 손을 펼치는 것이고, 같은 손으로 전혀 움츠러듦이 없이 하나님의 생수를 목마른 사람들에게 전달해주는 것이다. 또한 설교는 수많은 연단만큼이나 많은 말씀을 맡아서 하나님의 사랑에 관한 성령의 영원한 노래를 흘러 보내는 것이다.

그렇다 설교를 통해서 죽은 악보를 생명을 살리는 음악으로 연주해야 한다.

그래서 설교자는 신앙고백과 기도가 없이는 설교를 정의할 수 없다. 설교는 성령이 우리에게 강림하시는 다리이고 길이며, 열린 문이자 창문이고 채널이고 터널이다(Luther). 설교에서 사람은 신비로운 모험을 감행하며 이를 통해서 하나님을 기쁘시게 한다(Barth). 또한 설교는 경이로움 속에서 하나님의 은혜를 소환하여 구현하는 것이며, 세상의 권세에 대항하여 벌이는 캠페인이다(Bingren). 하지만 과연 우리 중에 누가 이런 설교를 감당할 수 있을까?

설교의 황태자 스펄전(Charles H. Spurgeon)은 설교단에 오르기 전에 항상 이렇게 기도했다.

> 오 성령 하나님이시여! 저를 받아 주시고 복음의 진리를 저에게 적용시켜 주시고 그 복음의 진리가 우리 안에 다시금 소성케 하소서.

그러면 사람들은 이제 그 신비를 이해하기 시작한다.

설교를 해 본 사람이라면 기도 없이는 설교단에 오를 수 없음을 잘 이해할 것이다. 감히 설교하도록 허락을 받은 경이로움을 경험한 사람이라면 그 영광스러운 직분을 제대로 감당한 적이 한 번도 없음을 필연적으로 느낄 것이다. 하지만 그들은 계속해서 언젠가는 하나님의 은혜로 참된 설교를 감당할 날이 올 것을 계속 소망하면서 꾸준히 노력할 것이다.

무엇보다도 성령은 바로 이런 목적을 위하여, 즉 우리가 설교 사역을 제대로 감당하도록 주어졌다. 그분이 임재하시면 모든 것이 달라진다. 그분은 무기력한 설교가 희망찬 사건이 되게 하시며, 복음의 희망찬 약속이 실제로 실현되도록 역사하신다. 바로 여기에 우리 설교자들의 희망이 있다. 즉 하나님이 직접 우리 설교자들을 다루시며 앞으로도 그리하실 것이다. 하나님은 우리와 같은 설교자들을 결코 무시하지 않으신다. 복음은 모든 믿는 자들을 구원하시는 하나님의 능력이며(롬 1:16), 우리가 참여하는 신앙 공동체를 모든 비인간화와 혼란으로부터 구원할 수 있고, 우리가 살아가는 사회의 도덕을 변화시킬 수 있는 혁신적이고도 복된 메시지이다.

그러므로 우리는 1장에서 언급한 수많은 비판에도 불구하고 구원의 복음을 설교할 수 있다.

6. 설교단에서 하나님을 발견하기

1) 세심한 관찰

설교자들은 복음을 잘 설교하여 복음에 대한 청취가 궁극적으로 복음에 대한 목격이 되게 해야 한다. 하나님은 우리 가운데 임재하시고 또 우리에게 말씀하셔서, 우리가 그분의 임재와 동행을 알아볼 수 있기를 원하신다. 그러므로 복음을 듣는 귀는 동시에 하나님의 임재를 분간하는 눈이 되어야 한다. 우리 설교자들은 또한 반대로 우리의 눈을 귀로 바꿀 줄 알아야 한다(Luther). 이 말은 무슨 의미인가? 어떻게 이런 일이 일어날 수 있는가? 이런 질문에 대한 해답을 찾기 전에 먼저 다음의 예술 작품을 감상해보자. 예술의 세계를 통해서 설교에 관한 몇 가지 교훈을 소개하고자 한다.

한스 홀바인(Hans Holbein)의 1533년 작품인 "대사들"(*The ambassadors*)이 벽에 걸려 있다. 이 작품은 두 명의 부유하고 수준 높은 교육을 받은 프랑스 외교관, 장 드 딩트빌(Jean de Dinteville)과 조르주 드 셀브(Georges de Selve)를 그리고 있다. 이 두 사람 주변에는 계몽주의 시대를 대변하는 소품들로 지구본이나 플룻, 책, 망원경,

그리고 다른 과학 장비들이 배열되어 있다. 이들의 발밑에는 쉽게 알아볼 수 없는 기다란 흰색 물체가 놓여 있다. 이 사물은 그림 전체를 특정한 각도로 비틀거나 왜곡시켜 바라볼 때 비로소 알아볼 수 있는데, 그것은 바로 사람의 두개골이다.

이 물체의 정체를 깨닫고 나면, 부유해 보이고 수준 높은 교육을 받은 이 두 젊은이와 이들이 속한 주변 세상인 계몽주의나 인간의 과학 능력이 이전과 전혀 다른 관점으로 보이기 시작한다. 이 해골이 무언으로 웅변하는 것은 젊고 유능하며 지성적인 사람이지만 그 발 밑에는 해골이 놓여 있다. 아무리 이들이 탁월한들 아래에서 당기는 죽음의 무덤으로부터 벗어날 수 없다.

역사적으로 명화에 등장하는 두 젊은이가 매우 탁월한 인물이었고 그림을 그리는 동안에 앞에서 포즈를 취하고 있지만 실은 심한 중병을 앓고 있었다는 사실은 이 명화에 담긴 역설을 더욱 선명하게 부각시킨다. 이들은 젊은 나이에 사망하였다.

어느 것이든 탁월한 예술 작품은 바로 이런 기능을 수행한다. 즉 작품을 대하는 우리로 하여금 사물을 새로운 각도로 바라보게 하여 우리를 올바른 좌표로 인도하고 그래서 인생을 이전과 다른, 놀라운, 또는 새롭게 각성된 관점으로 바라보도록 안내한다. 그런 관점은 단순히 명확하고 분명한 것만을 찾는다면 그렇게 쉽게 분간할 수 있는 것이 아니다. 우리는 좀 더 깊은 차원을 살펴봐야 하고 좀 더 자세히 주의를 기울여서 눈에 보이는 외면이나 일상적인 표면의 배후에 주의를 기울여야 한다. (훌륭한) 예술 작품을 제대로 감상하려면 항상 새로운 관찰 위치가 필요할 뿐만 아니라, 새로운 눈과 새롭게 탄생한 감각, 그리고 관점의 전환이 필요하다.

바라보는 관점이 피조물에 우선하고 그로부터 피조물이 파생된다. 무언가를 창조하려면 먼저 볼 줄 알아야 한다. 우리가 먼저 보지 않고서는 다른 사람들에게 보여줄 수 없다. 바로 이러한 "바라봄의 창조"(seeing creating)에 창조적인 과정의 알파와 오메가가 들어 있다. 예술가들은 볼 줄 아는 감각이 없이는 창작할 수 없다. 굳이 언급하자면 미술과 약간 다른 예술인 좋은 문학 작품에도 이런 바라봄과 창조의 비결이 가득 차 있다. 예를 들어 하퍼 리(Harper Lee)의 『앵무새 죽이기』(To Kill a mockingbird)는 매우 감동적인 방식으로 독자들로 하여금 세상을 작은 주인공인 스카웃 핀치라는 똑똑한 아이의 시각으로 세상을 바라보도록 안내한다. 이 소설의 마지막 장면에서 스카웃은 자신이 자라온 주변의 익숙한 마을을 새로운 관점으로 바라본다. 그녀는 갑자기 이 마을을 마치 자기 마음 속에 펼쳐진 화면 속에서 여름에서 가을과 겨울, 그리고 봄의 모습으로 계절이 바뀌어가는 것을 바라본다. 이 소설의 핵심적인 문장을 빌려서 이 소녀는 이렇게 말한다.

> 나는 집으로 돌아가려고 몸을 돌렸다. 가로등이 언제나처럼 읍내까지 길을 환히 비춰주고 있었다. 나는 여태껏 이 방향에서 우리 이웃들을 바라본 적이 없었다.

2) 실눈·활짝 뜬 눈으로 바라보는 인생

훌륭한 예술 작품의 역할은, 이전에 잘 알려진 익숙한 것을 새로운 관점에서 다시 진술하여 들려줘서 다른 이들로 하여금 이전 것을 새로운 각도에서 바라보고 혁신하고 재창조할 수 있도록 돕는 것이다. 이런 예술 작품은 또한 영화 "죽은 시인의 사회"(Dead poet's society)에 등장하는 혁신적인 교사인 존 키팅(로빈 윌리엄스 역)처럼 영향을 미친다. 새로 부임한 교사는 교탁에 올라가서는 깜짝 놀란 학생들에게 이렇게 외친다.

"내가 이 위에 올라선 이유를 아는 사람?"

학생들 중에 누군가가 선생님이 지금보다 키가 더 커 보이고 싶어서 그러는 것이라고 대답하자, 그는 이렇게 대답한다.

"내가 이 위에 선 이유는 사물을 다른 각도에서 보려는 거야. 이렇게 올라가면 모든 것들이 다르게 보인다구."

이어서 그는 이 교훈을 학생들이 깊이 각인하도록 하려고 학생들을 모두 자기 교탁 위로 올라와 보도록 한다. 그리고 그동안 학교가 고집해 온 엄격하고 케케묵은 전통들을 과감하게 허물어뜨리면서 이전에 들어보지 못한 혁신을 감행한다.
그래서 새로운 것을 창조하려는 사람은 사물을 이전과 다르게 위로부터나 아래로부터 바라봐야 하고, 인생에 좀 더 작은 것들을 최소한 반쯤 감긴 눈으로나 또는 좀 더 크게 뜬 눈으로 관찰하고, 마치 사물을 처음 대하는 어린이들처럼 최대한 반짝이는 눈으로 바라볼 줄 알아야 한다. 훌륭한 예술가들은 일반적으로 그렇게 실눈·활짝 열린 눈을 가지고 태어났다. 작가들에 관하여 몰리 캘러한(Morley Callaghan)이 다음과 같이 말한 것은 그대로 다른 예술에도 적용된다.

작가의 특징을 보여주는 한 가지 속성이 있다. 그는 항상 관찰한다. 이런 재능은 일종의 마음의 기술인데, 작가들은 이것을 날 때부터 가지고 태어났다.

여기에서 관찰한다는 것은 필자가 이해하기로는 단순히 육신의 눈으로 바라보는 것 이상이다. 사실 내가 알기로 가장 탁월한 관찰은 육신의 눈을 감는 것이다. 필자가 "바라봄"이란 단어에서 강조하고 싶은 것은 우리가 가진 모든 감각을 동원해서 인생 전체를 관조하는 것이다. 여기에서 관찰은 또한 다른 사람들이 바라보지 못한 것(또는 바라보려고 하지 않은 것)을 바라보는 것이고, 그것이 아름답거나 추한 것이든 또는 추한 것 속에 감추어진 아름다움이든, 인생 그 자체에 대한 예민한 감수성을 가지고 기존과 다른 대안을 모색하는 것이며, 우리 신체의 모든 신경과 우리 실존의 모든 감수성으로 진리를 빨아들이려는 개방성을 의미한다.

> 모든 사고는 관찰로부터 시작된다. 그 관찰은 반드시 눈이어야 할 필요는 없고, 바라봄이나 청취, 또는 접촉과 같은 특정한 단어들이 암시하듯이 보통은 우리가 가진 모든 기본적인 감각기관들을 통해서도 가능하다(Langer 1980:216).

필자는 더 말할 필요가 없어서 다음의 인용구를 소개한다.

> 숭고한 것이든 아니면 식탁 위의 작은 우유잔이든, 우리 주변의 사물은 막연히 보이는 것보다 훨씬 복잡한 것의 작은 일부분을 보여주는 이미지이다(Sheila Cussons가 1979년 8월 21일에 Voklsbladd와의 인터뷰에서).

> 제발 좀 더 자세히 말씀해 주세요. 우리가 생각해봐야 할 것은, 당신의 왼쪽 신발끈이 떨어졌다거나, 점심식사 시간

에 당신의 물 컵 가장자리에 파리 한 마리가 앉았다거나, 혹은 당신이 함께 이야기를 나누는 남자의 앞니가 부러졌 다거나 하는 작고 사소한 세부사항들입니다(Paivo 1971:442).

3) 주의 깊게 관찰하기

우리가 물어야 할 질문은, 설교도 포함되는 기독교 예술은 일반적인 예술과 달리 어떤 기능을 하는가? 모든 예술 작품은 관찰의 과정이요 그 결과이다. 그렇다면 기독교 예술가들과 설교자들은 무엇을 관찰해야 하는가? 간단히 대답하자면 관찰의 대상은 바로 하나님이다. 설교에서 우리가 처음부터 끝까지 바라봐야 할 대상은 (보이지 않는) 하나님을 믿음으로 관찰하는 것이다. 그렇다고 이 말은 하나님을 육신의 시각으로 바라본다는 뜻이 아니다. 우리 중에 과연 누가 하나님을 보고도 살아남을 자가 있겠는가? 하나님도 우리가 자신을 함부로 바라보는 것을 허락하지 않으신다(출 33:20). 여기에서 말하려는 바라봄은 신앙의 전망(a vision of faith)이며, 신앙의 전망으로 바라보지 않는 자는 결국 목격한 것이 없으므로 할 말도 없고 확증할 만한 아무 것도 없고 설교할 것도 없다.

성경에서는 바라봄이란 단어를 매우 다양한 의미를 담아서 사용하며, 교회 역사에서도 다양한 방식으로 해석되어 왔다. 성경에서 보는 것과 관련하여, 특히 구약에서는 황홀 상태에 동반하여 발생하는 비전을 목격하는 한 가지 형태로 적용하여 이해하기도 한다(사 1장; 겔 12장 등 참고). 또 신약에서 바라보는 것은 (들을 수 없는 말씀을 듣는 것을 강조하여) 진리에 대한 새로운 계시와 연결되거나, 하나님의 임재에 대한 새로운 인식과 연결된다(행 9장; 16장). 이러한 전망은 일반적인 꿈과 분명히 구분되며, 임박한 상황 뿐만 아니라 가까운 장래에 긴박하게 발생할 것에 대한 전망을 의미하기도 한다 (특히 다니엘서와 요한계시록).

복음서에서는 보는 것과 관련된 단어들은 주로 제자들이 예수께서 공생애 동안에 행하신 지상 사역들과 부활 사건에 대하여 시각적으로 목격한 것을 의미한다. 그래서 예수의 등장과 활동을 보도하는 복음서의 여러 이야기들은 "내가 주님을 보았다"는 구절로 보도한다(요 20:18). 특히 사도 요한은 요한복음에서 "보다"(see)는 단어를 빈번히 사용하는데, 떡과 음료나 빛과 같이 모든 사물에는 처음 얼핏 볼 수 있는 것보다는 좀 더 깊은 차원과 의미가 들어 있음을 암시한다. 사실상 요한복음의 모든 장에서 사도 요한은 눈으로 보는 것이 항상 제대로 보는 것은 아님을 증명한다. 우리가 보는 방식은 구원이나 심판을 의미한다(요 9:35-41). 왜냐하면 우리가 보는 것은 결국 예수를 바라보는 방식을 결정하기 때문이다. 겉으로 볼 때 나사렛 예수는 다른 사람들을 닮았다. 하지만 다시 바라보라.

제자들도 그분을 육신의 눈으로 바라보았지만 그분을 제대로 보지 못했고 알지 못했다. 하지만 하나님의 은혜로 그분의 영광을 비로소 보고나서 그분 안에 하나님 아버지의 독생자의 영광이 은혜와 진리로 충만함을 알게 되었다(요 1:14; 요일 1:1-4). 그들은 예수 안에서 수치스러워 보이는 참 영광(inglorious glory)을 목격하였다.

그래서 필자는 이 책에서 "바라봄"을 표면적으로 보이는 것과 전혀 대조적인 것을 바라보는 의미로, 육신의 눈으로는 제대로 볼 수 없는 사물의 이면을 모순과 역설을 통해서 제대로 간파하는 의미로 이해하고자 한다(히 11:1). 이러한 바라봄은 신비주의에서 종종 주장하듯 하나님과의 신비로운 합일과는 전혀 다르다. 필자가 염두에 두고 있는 바라봄은, 그리스도 안에서 자신을 우리에게 계시하신 하나님에 대한 바라봄이며, 하나님의 계시를 통해서 하나님 앞에서 그리고 우리 동료들 가운데 우리의 삶과 인생에 대하여 새로운 전망을 얻는 것을 말한다.

달리 말하자면, 기독교 예술과 설교는 일상생활 속에 모든 함축적인 의미로 스며들어 있는 하나님의 실재를 증언하여 지시하고 표현하는 것이다. 설교는 신자들이 보이지 않는 하나님을 잘 볼 수 있도록 도와주어야 한다(히 11:27). 그런 의미에서 설교는 보이지 않는 하나님을 설교단에서 지시하는 한 사람 바로 그 자체이다.

독일의 유명한 목회자인 크리스토프 블룸하르트(Christoph Blumhardt)는 사망하기 2년 전에 전한 산상수훈에 관한 감동적인 설교에서 이 점에 관하여 다음과 같이 아주 통렬하게 설명한다.

> 우리는 이 세상에서 하나님을 볼 수 있습니다. 나는 매일 내 주변 세상을 바라봅니다. 그 속에서 잔혹성을 보기 위해서가 아니라 사랑하는 하나님의 흔적을 보기 위해서 입니다. 그리고 진정 여러분이 바라보는 것은 하늘이건 이 땅위 정원의 잔디에서나 과일나무에서나 어디든 그리고 슬플 때나 두려울 때를 막론하고 빛이 있는 곳이면 어디서건, 여러분은 하나님을 바라보실 수 있습니다…여러분의 운명이 때로는 슬퍼 보일 때도 좀 더 예리하게 바라보십시오. 그러면 그 속에서 여러분은 하나님의 영광의 일부분, 그리고 영원의 일부분도 보일 것입니다.

빛은 도처에 있다. 빛이 어둠에 비치되 어둠이 깨닫지 못하더라 (요 1:5). 하나님께는 심지어 어둠도 전혀 어둡지 않으시며, 밤도 낮과 같이 밝고 어둠도 빛처럼 좋으시다(시 139:12). 그래서 누구든지 성경 내러티브의 핵심을 간단한 몇 마디 말로 요약해 보고자 한다면, 그 문장 속에는 하나님이 우리와 함께 계시다는 것을 반드시 포함해야 할 것이다. 한 마디로 말하자면 하나님과 인간 사이에 진행되는 우주적인 드라마의 핵심은 임마누엘로 집약된다(마 1:23). 성경에서 회심으로 인도하는 모든 요청은 주로 이 점을 가장 크게 염두에 두고 있다. 여러분의 눈을 열어 하나님을 바라보라. 여러분 앞에 견고하게 서 계시는 하나님이 보이는가?

4) 제거 또는 지시

설교에서의 도덕주의보다 더 심각하게 하나님에 대한 전망이 사라지는 원인은 무엇인가?(3장 7. 참고). 설교에서 하나님을 제거하는 것은 도대체 어떤 언어 구사 방식 때문일까? 설교를 통해서 청중의 영안이 열려서 과거와 현재 그리고 미래에 일하시는 하나님의 위대한 구원을 바라봐야 하는데, 하나님에 관한 이야기가 마치 하나님은 현실 세계에 전혀 존재하지 않는 분인 것처럼 설교한다. 도덕주의 설교는 사람들의 시야가 하나님 보다는 자신들에게 집중하도록 만들어서, 하나님이 사라지고 하나님의 구원도 겨우 사람들의 행동으로 활력을 얻어야 하는 정도이다. 하지만 과연 우리가 그렇게 만들 수 있는가? 설교자는 결코 하나님을 창조할 수 없다. 오히려 하나님이 우리를 창조하신다. 우리는 그분을 바라봄으로써 그분에게 생명을 주입할 능력이 없다. 다만 하나님이 살아계시기에 그분을 바라볼 뿐이다. 그래서 우리가 그분을 바라봐야 하는데 종종 이 점을 간과한다.

이 세상은 천국으로 가득 차 있다. 모든 평범한 덤불이 하나님과 함께 불타오른다. 그것을 볼 줄 아는 사람들은 그 앞에 신발을 벗지만 나머지 사람들은 그 앞에 둘러서서 산딸기를 딸 뿐이다(Elizabeth Barrett Browning, *Aurora Leigh*에서).

앞서 언급한 바와 같이 바라봄은 창조에 꼭 필요한 감각이다. 설교와 관련해서는 이렇게 말할 수 있다. 하나님을 바라보는 것은 설교의 핵심적인 의미이고, 설교를 통해서 청중은 하나님에 관한 일부분을 새롭게 바라볼 수 있다. 설교는 또한 그분을 지시하는 것이고 이를 통해서 청중도 그분의 일부분을 새롭게 이해할 수 있다. 설교 시간에 청중의 귀에 들려온 것은 그 마음 속에서부터 그들의 영안을 새롭게 열어준다. 들을 줄 아는 귀와 새롭게 바라보는 눈은 모두 다 하나님이 만드셨다(시 20:12). 루돌프 보렌(Rudolf Bohren 1981:71-73)은 그의 설교에서 이 점을 다음과 같이 묘사한다.

> 여러분이 듣고 보는 것의 무한한 가치는, 이런 능력이 영원하신 하나님에게서 주어졌다는 사실에 있습니다. 우리는 대륙과 대양을 만드신 창조주 하나님에 의하여 만들어진 귀로 듣습니다. 우리는 하늘의 은하수를 창조하신 하나님께서 만드신 눈으로 사물을 봅니다…. 시와 음악의 역사, 명화와 조각 작품의 역사는 우리 눈과 귀에 허락된 무한한 가능성의 메아리입니다…. 이런 눈과 귀를 통해서 성령 하나님은 새롭게 볼 수 있는 새 능력을 주십니다. 전에는 우리 눈과 귀로는 결코 볼 수 없는 것들을 다시 볼 수 있는 능력을 주십니다.

이런 능력 덕분에 우리는 특히 설교를 통해서 영안으로 매일 다음과 같이 질문하고 관찰해보는 모험을 감행할 수 있다. 지금 하나님이 어디에서 일하고 계시는가? 하나님이 우리에게 남겨 두신 그분의 발자국을 발견하여 따라가는 신나는 항해는, 거룩한 예배당 안에서 뿐만 아니라 우리 가정과 사무실에서 부엌과 일터에서 그리고 겉으로 볼 때는 지루해 보이는 길에서 그리고 매일 겪는 깊은 어둠 속에서 계속된다.

이것이 바로 설교이다. 우리의 실눈·활짝 뜬 눈으로 하나님의 발자국을 따라서 현실 세계를 살아가면서 다른 이들도 우리처럼 영안이 열리고 새로운 통찰을 얻고 이 순례에 동참하도록 인도하는 것이 설교이다. 이런 설교는 우리가 보이지 않는 하나님에 의하여 완전히 둘러싸여 있음을 말해주고 보여주는 것이다(시 139:5). 사실 설교가 이것 이외에 달리 할 말이 있을까?

5) 보지 못하는 설교자

설교는 사물의 표면 배후를 좀 더 깊이 들여다보고 그 속에서 하나님을 보고서 그분을 지시하는 것이고, 우리가 사는 현실 세계 속에 임재하여 계신 하나님의 임재를 분간하도록 안내하는 것이다. 하지만 만일 설교자가 아무리 살펴보더라도 아무것도 목격하지 못한다면 어떻게 될까? 이렇게 하나님을 제대로 보지 못하여 그분의 침묵과 부재 때문에 투쟁하는 모습은 사실 성경 도처에서 지적하는 불신앙이기도 하다.

> 내 하나님이여 내 하나님이여 어찌하여 나를 버리셨나이까
> (시 22:2; 합 1:13; 시 42:2; 막 15:34 등).

신자들도 때로는 자기 주변과 내면의 모든 것들이 우리와 함께 하시는 하나님의 임마누엘과 완전히 상반될 때, 혹독한 사막과 추운 겨울을 경험한다. 그런 경험은 개인 신자의 삶 속에서도 일어날 뿐만 아니라, 교회의 역사 속에서나 특정한 교회 안에서 하나님이 멀리 떠나 계시고 그분이 자기 백성들을 완전히 잊어버리신 것 같은 사건으로도 일어난다(시 13:1-3). 심지어 하나님이 직접 이런 비극의 원인인 사건을 경험하기도 한다(시편 88편, "주의 진노가 내게 넘치고" 구절 참고).

그럴 때 여러분은 현실을 좀 더 깊게 그리고 더 멀리 하나님의 미래까지 바라보아야 한다. 그럴 때 비로소 여러분은 하나님의 임재하시는 현실뿐만 아니라 도래하시는 그분의 미래를 통해서 살아날 수 있다. 그때는 아직 약속이 성취되지 않았지만 하나님의 약속만으로도 충분하다. 그러면 여러분은 쇠렌 키에르케고르(Sören kierkegaard)와 함께 이렇게 기도할 것이다.

> 하늘에 계신 아버지! 주님은 사람들에게 여러 방법으로 말씀하십니다. 모든 지혜와 지성은 주님의 것입니다. 주님은 우리가 주님을 늘 새롭게 이해하기를 원하십니다.
> 오! 주님은 침묵하시는 것처럼 보일 때에도 늘 우리에게 말씀하십니다. 말씀하시는 분은 학생들에게 말할 기회를 주시려고 가끔 침묵하십니다. 때로는 사랑하는 이들을 연단하시고자 침묵하실 때도 있습니다. 말씀하시는 분께서는 좀 더 심오한 것을 이해할 기회를 만들어 주시고자 침묵하실 때도 있습니다.
> 하늘에 계신 아버지! 그렇지 않습니까? 침묵의 시간에 사람이 버림받아 홀로 서 있을 때, 주님의 음성을 듣지 못해서 우리는 주님과의 이

별이 영원하다고 생각합니다. 침묵의 시간에 사람이 사막에서 목말라 지쳐 있을 때 주님의 음성을 듣지 못해서 주님이 우리를 완전히 잊어버리신 것 같습니다.

하늘에 계신 아버지! 하지만 그때는 주님과 우리 사이의 끈끈한 대화가 잠시 멈춘 것 뿐입니다. 그래서 주님이 우리에게 하신 모든 말씀처럼 이 침묵 시간도 복되게 하소서. 주님이 침묵하실 때 주께서 다시 말씀하실 것을 우리가 잊지 않게 하소서. 우리에게 이런 위로를 베푸소서. 주님은 사랑으로 우리에게 말씀하시듯이 같은 사랑으로 침묵하신다는 것을 알게 하소서. 그리하여 이제는 주님이 침묵하건 말씀하시건 여전히 한결같은 아버지의 사랑으로 일하시는 분이시며, 주님의 음성으로 우리를 인도하실 때나 주님의 침묵으로 우리를 가르치실 때나 주님은 항상 동일하시나이다.

히브리서 11장에 열거되는 믿음의 선진들의 사례에서처럼, 우리는 고난을 다른 각도에서 바라봄으로 위로를 얻으며 그 안에서 기쁨을 발견할 수 있다. 왜냐하면 이때 우리는 최소한 미래를 볼 수 있기 때문이다. 반대로 아무것도 보지 못한다면 이미 본 것으로는 더 이상 희망이 없다. 이미 본 것에서 소망을 발견할 수 있는 사람이 어디에 있겠는가? 만일 우리가 보지 못하는 것을 소망한다면, 인내로 이를 기다려야 한다(롬 8:24-25). 이때 우리는 현재 속에서 미래로 이어지는 우회도로를 바라봐야 한다(Okke Jager). 그럴 수 있다면 이것으로도 이미 충분하다.

6) 누구를 보는가?

현재 우리가 잘못된 지점에 서 있다면 하나님을 잘 볼 수 없다.

우리가 계속 잘못된 지점을 고집하기 때문이다. 하나님을 올바로 바라보는 사람은 새로운 빛으로 자기 동료들도 제대로 바라본다. 이 점은 역으로도 사실이다. 자기 동료들을 제대로 바라보는 사람은 새로운 빛으로 하나님도 제대로 본다.

2차 대전 중 프랑스 어느 시골에 예배에 참석하여 하나님의 은혜를 맛보기를 열망했던 한 남자가 있었다. 그가 교회 예배당을 찾아서 안으로 들어가 보았더니 내부 장식이 모두 병원으로 바뀌어 있었다. 예전의 성찬상은 수술대로, 세례반은 주사기 보관함으로 바뀌었고 신도들이 앉았던 의자들은 모두 수술을 기다리거나 회복을 기다리는 환자들의 병상으로 바뀌었다…그런데 갑자기 번뜩이는 영감으로 그는 환자들 틈에서 십자가에 달려 죽으신 분의 일부 흔적을 새롭게 볼 수 있었고, 그들 덕분에 다른 사람들을 위하여 십자가에 달려 죽으신 분에게 조금 더 다가가는 경험을 했다.

그래서 설교의 능력은 설교자가 사람들을 새롭게 바라보고 해석하는 곳에서도 나타나며, 사람들을 기쁨과 번영에서부터 불확실성과 죄책감, 그리고 죽음에 이르기까지 인간 존재의 모든 범주를 임마누엘의 지평에서 그리고 장차 도래하실 하나님의 지평에서 새롭게 바라보는 곳에서 나타난다. 설교는 실제 살아 있는 사람들을 참으로 살아 계신 하나님과의 관계 안에서 새롭게 바라보는 것이며, 심지어 그들이 이 관계를 이해하지도 못하고 그런 관계를 허용하지 않는 상황에서라도 그분과의 관계를 새롭게 바라보는 가운데 하나님의 말씀이 들려오는 것이다(Bohren 1981:88-89 참고). 마틴 루터는 우리가 종종 잘못 바라보는 시야에 관하여 다음과 같이 감동적인 설교를 전했다.

세상은 하나님으로 가득 차 있습니다. 여러분은 어느 골목
길에서나, 여러분의 문 앞에서도 그리스도를 만날 수 있습
니다. 나중에 천국에 가서 이렇게 말씀하지 마십시오.
"제가 세상에 있을 때 우리 주님을 만나볼 수 있었더라면,
제가 왜 그분을 섬기지 않았겠습니까?"
주님이 말씀하십니다.
"나를 섬기려거든, 천사들 속에서 나를 찾지 말라. 나는 곧
장 네 집으로 갈 것이고 너는 내가 헐벗고 굶주린 것을 볼
것이다. 네 눈을 열어라. 그래서 네가 나를 사랑하기를 원
한다면 너희 이웃을 사랑하라."
그렇습니다. 우리는 그분이 전혀 계실 것 같지 않은 곳에서
그분을 찾아야 합니다. 그분은 하늘에서 내려오셨는데…우
리는 그분을 찾아서 하늘로 올라가려고 합니다.

설교는 또한 훌륭한 예술작품처럼 일반 사회의 부정을 비판해야
한다. 야전병원에서 피를 흘리는 사람들과 골목에 굶주린 사람들,
그리고 부유한 사람들로부터 문전박대를 당하는 사람들을 그냥 지
나쳐서는 안 되며, 이런 사람들을 주목하려고 하지 않는 사회에 대
하여 비판의 목소리를 내야 한다. 정녕 하나님을 만나보려는 사람
은 이렇게 고통당하고 상처는 사람들도 돌봐야 한다(5장 참고).
 그저 아름다워 보이는 모습만을 그리는 그림 같은 설교는 아직
도 인생을 제대로 깊게 보지 못하는 설교이다. 하나님의 복음에 관
한 설교는 듣기에도 아름다울 뿐만 아니라, 자신을 부정하며 십자
가를 짊어지는 것에 대해서, 굶주림과 전쟁, 철조망과 방독면, AK-
47 자동소총과 유아살해가 난무하는 이 세상 한가운데에서 이웃
사랑과 헌신에 대해서 말해야 하며 그 가운데 버림받은 자들의 발

을 씻어줄 수 있어야 한다.

그렇다! 2001년 9월 11일의 끔찍한 테러가 일어나는 이 세상에서 하나님을 바라본다는 것은, 이런 암담한 현실 너머로부터 도래하는 어떤 환상이나 선정적인 사건과 같은 것이 아니다. 이런 환상을 기대하다보면 승리지상주의(triumphalism) 이단의 가장자리로 내몰리기 쉽다. 사실 승리지상주의는 복음처럼 현세적이지도 않고 그리스도께서 십자가를 짊어지고 온갖 요청과 사망이 지배하는 우리 현실 세계와 씨름하던 자리를 외면하기 때문에 기독교 이단이다. 그래서 비전을 열어주는 설교를 준비하려면, 그리스도의 십자가 발밑에 머물러야 하고 그 사망의 자리에서 오직 그리스도만을 선포해야 한다.

그래서 하나님을 보여줄 것처럼 흉내 내는 설교는 실상은 예전에 볼 수 없었던 전망을 제대로 보여주지 못한다. 다만 이전에 보아왔던 익숙한 전망 속에서 사람들은 이전의 자신의 모습을 그대로 발견하면서 편안함을 느낄 뿐이다. 비전을 열어주는 설교는 얼토당토 않는 미래를 강요하는 것이 아니라, 가당치 않아 보이고 너무 멀리 떨어져 보이지만 그곳에서부터 자라났음을 알기 때문에 분명 도달할 확신이 생기도록 하는 새로운 지평을 열어주는 설교이다.

설교자가 설교에서 하나님을 바라보고 지시해야 한다는 의미는, 눈이 강철처럼 빛나야 한다는 의미가 아니라 기존의 질서를 부정하고 사물을 새로운 각도에서 바라봐야 한다는 의미이다. 그래서 사물을 새로운 각도로 바라보는 사람들이나, 하나님 나라의 신비를 훨씬 더 쉽게 바라볼 줄 아는 사람들, 그리고 겸손한 자세로 더 쉽게 경외감을 가지고 자신과 타인을 바라볼 줄 아는 사람들이 비로소 설교를 시작할 수 있다.

게다가 자신의 입장을 부정하고 사팔뜨기처럼 사물을 새롭게 바라보려는 사람들은, 기도 중에도 하나님 앞에 더 쉽게 무릎을 꿇을 수 있다. 설교와 예배 속에는 그리고 삶의 전 영역에는 처음부터 끝까지 이렇게 겸손한 기도가 깊이 스며들어야 한다. 왜냐하면 하나님을 바라보는 것은 당연한 일도 아니고 계속 유지되는 조건도 아니기 때문이다. 우리는 하나님 앞에 경외감으로 서서 하나님을 새롭게 발견하고 그분을 바라보는 기쁨을 누리기 위하여 그리고 강단에서 그분을 올바로 직시하기 위하여 매일 아침 은혜의 행위로서 새로운 눈을 받아야 한다.

지금까지 바라봄에 관하여 필자가 언급한 것을 좀 더 정리하여 설명한다면, 우리가 하나님을 바라보고 설교하기 전에 우리는 먼저 사도 바울이 말한 바와 같이, 우리의 영안이 열리도록 기도해야 한다(엡 1:18; 6장 참고).

달리 말하자면, 비전을 열어주는 설교를 준비하려면 먼저 십자가 밑에 무릎 꿇어야 한다. 이와 관련하여 다시금 화랑을 방문해서 안토넬로 다 메시나(Antonello Da Messina)의 십자가에 못박힌 예수(Crucifixion)를 감상해보자. 이 그림 중앙에는 예수께서 십자가에 달려 있으며, 이전의 한스 홀바인(Hans Holbein)의 작품처럼 자세히 살펴보면 십자가 상의 예수 발 밑에는 해골이 있는데 여기에는 사실 여러 해골들이 널려 있다. 많은 해골 때문에 언뜻 보면 예수도 죽음의 권세로부터 피하지 못하는 것처럼 보인다. 하지만 다시 세심하게 관찰해보자. 이번에는 눈을 감았다가 다시 크게 떠보라. 뭔가 새로운 것이 보이는가? 십자가가 어떻게 보이는가? 이 작품에서 십자가는 사망의 상징이기도 하지만, 생명의 상징이기도 하다. 십자가 아래 놓인 해골은 무덤 속에서는 절대로 이렇게 하얗게 표백될 수 없음을 상기시켜 준다. 해골들은 십자가 위의 예수와 함께 죽었고 예수와 함께 다시 부활하였다. 왜냐하면 예수께서 십자가 위에서 사망을 정복하셨기 때문이다.

　이 작품에서 십자가 밑에 놓여 있는 해골의 변화를 이해하기 전에 먼저 관찰자의 관점의 변화가 선행되어야 한다. 달리 말하자면, 이 작품에서 눈에 보이는 표면적인 해골 배후의 깊은 의미를 이해하려면 그 전에 먼저 해골 표면만을 바라보는 관점을 바꾸어서 말 그대로 보이는 사망 배후에 살아 역사하시는 하나님의 관점을 가져야 한다. 그럴 때라야만 인생을 제대로 바라볼 줄 아는 올바른 좌표, 즉 부활의 시각을 얻을 수 있다. 그 부활의 자리에 설 때라야 비로소 십자가 위에서도 더 이상 죽음도 없고 해골도 없는 사망 너머의 영생을 바라볼 수 있다(계 21:4).

7. 강단에서 하나님 제거하기[3]

안타깝게도 오늘날 많은 설교자들이 복음의 구원을 설교한다고 생각하지만 실상은 복음의 구원을 전혀 설교하지 않고 있다. 이들은 복음을 도덕으로 바꾸어서 사람들 스스로의 힘으로 자신을 개선하도록 호소하는 도덕적인 접근을 취하고 있다. 도덕주의(혹은 도

---

3 필자는 앞으로 율법과 복음의 관계와 죄와 구원, 그리고 순종의 상호관계에 관한 개혁주의의 관점에서 몇 편의 설교 분석을 시도할 것이다. 독자들이 필자의 설교 분석에 관한 내용을 읽고 이해하는데 도움을 주고자 분석에 관한 다음 몇 가지 열쇠를 제시하고자 한다. 우리를 향한 하나님의 말씀은, 그분 자신에 관한 보이지 않는 하나님의 계시이고 처음부터 끝까지 일관성을 이루면서 그 안에서 하나님이 스스로 영광을 거두신다. 이 일관된 하나님의 말씀의 목표는 우리를 변화시켜서 우리를 향한 하나님의 계획이 성취되는 것이다. 그래서 그리스도인이 된다는 것은 참다운 사람인 하나님의 백성이 되는 것이다. 단 하나의 계시된 하나님의 말씀 안에는 다양한 형식이 있어서 우리는 이런 다양한 형식을 통해서 하나님의 다양한 모습을 볼 수 있다. 하지만 그런 모든 다양한 형식은 결국 우리가 만나는 동일한 하나님을 지향하여 우리를 새로운 백성들이 되게 한다. 동일한 하나님을 지시하는 원 안에는 항상 우리를 향한 하나님의 단일하게 계시된 말씀이 머물러 있다. 이 말씀은 참으로 동시적이다. 즉 이 말씀은 성령의 역사로 우리에게 역동적으로 임하지만, 그와 동시에 매우 다양한 방식으로도 들려온다. 계시된 말씀은 우리에게는 주로 구원의 말씀(a word of salvation)으로 임하여 하나님이 율법을 통하여 우리에게 드러내시고 책망하시는 죄로 부터 자유케 하신다. 또한 그 말씀은 (소위 율법의 첫째 용도로서) 우리의 죄를 책망하는 율법으로 임하여 우리가 그리스도께로 나아가도록 재촉한다(이는 소위 정죄의 용도 usus elenchticus나 교육적 용도 usus paedagogicus로서 율법의 둘째 기능을 가리키며 단지 개인적인 죄 뿐만 아니라 사회적인 죄를 교정하는 정치적 용도 usus politicus까지 포함한다). 그분의 말씀은 또한 하나님의 말씀에 대한 순종의 삶으로 우리를 인도하며 (소위 usus tertius라고 불리는 율법의 셋째 용도인) 이 순종의 삶은 주님이 은혜로 말미암아 우리 안에서 만들어내시는 것이다.

덕적인 훈화, moralization)란 무엇인가? 간단히 말하자면, 지금까지 논의한 대로 설교의 출발점을 하나님이 아니라 사람의 의지와 능력에서 찾는 것을 말한다. 도덕적인 훈화에서는 우리에게 말씀하시는 하나님의 임재나 그분의 구원하시는 말씀이 (앞서 3장 6. 4)에서도 언급한 바와 같이) 모두 역전되어서 우리 사람이 하나님을 재촉하고 그분의 말씀에 능력을 공급하여 우리 스스로 구원을 만들어내야 할 것을 강조한다. 이런 평가는 다소 가혹하게 들리겠지만 앞으로 살펴보는 여러 사례들은 이런 실상을 잘 보여준다.

일반적으로 도덕주의 훈화를 암시하는 언어적인 논리 구조는 조건문(conditional syntax)으로 나타난다. 언어학적으로 볼 때, 그러한 조건문 문장들은 확정적인 진리보다는 가변적인 사실들을 전달하는 수사적인 전략으로 사용된다. 이런 비유적인 표현은 현실 세계를 일종의 가능성으로 묘사하며, 그런 가능성들도 현실을 대신하는 비현실적인 형태에 담겨서 청중에게 부과된다. (하나님의 임재와 구원하는 말씀과 같은) 구원의 실재가 만일 이런 방식으로 제시된다면, 하나님은 일종의 가정법으로 뒤바뀌고, 확정된 하나님의 진리도 비현실적이고 조건적인 용어에 담아서 인간의 행동을 자극하려고 애써보지만 결국 가능성의 안개 속으로 사라지고 말 것이다.

예를 들어서 요한복음의 감동적인 서문(요 1:1-18)에 관한 어떤 설교가 이러한 비신앙적인 문법을 동원하여 하나님을 극적으로 제거해버리고 있다. 전체 설교 내용은 왜 예수께서 특별한 존재인지에 관한 질문을 다루면서 그 해답을 제시하려고 한다. 하지만 먼저 실수는 성경 본문을 (본래의 문맥과 무관하게 무차별적으로 인용하면서) 잘게 조각내는 것이고, 다음으로 본문에서 예수님이 특별해 보이는 열 가지 이유를 추출하여 도덕적인 교훈을 나열하고 있다. 그 과정에서 설교자는 분명 예수님에 관한 참되고 훌륭한 교훈들을 제시하지만, 그런 예수님은 청중에게 아무런 힘도 쓰지 못하고 그저 경건한 신자들의 결단과 행동에 수동적으로 굴복하는 존재로 전락하고 만다. 그래서 설교 전체가 암시하는 지향점은 사람들이 훌륭한 예수를 용납할 때 비로소 그분의 빛이 어둠을 비칠 수 있다는 것이다.

이 설교는 훌륭한 결론으로 끝맺고 있지만, 예수를 밤에 오랫동안 주인이 열어 주지 않은 문 밖에서 등불을 들고서 하염없이 서 있는 분으로 묘사하고 있어서 신학적으로 볼 때 이 설교는 예수님을 지나치게 유혹적인 이미지로 나타내고 있다. 요한계시록 3:20에서 예수님은 문 밖에 서서 문을 두드리지만 아무도 그 문을 열어 주지 않고 있다. 그 문의 손잡이는 오직 집 안쪽에만 달려 있어서 예수님이 집 바깥쪽에서는 문을 열 수 없다는 것이다.

여러분이 명심하셔야 할 것이 있습니다. 손잡이가 안쪽에 달렸다는 사실입니다. 이 문의 손잡이는 여러분이 잡고 있습니다. 예수님은 점잖은 신사이십니다. 그분은 결코 강제로 문을 부수고 들어오시지 않습니다. 그분은 여러분이 먼저 그분이 꼭 필요하다는 것을 인정할 때까지 기다리십니다. 그분은 여러분이 먼저 손잡이를 잡고 문을 열고서 "주 예수님! 내 삶 속으로 들어오소서!"라고 초청할 때까지 기다리십니다. 저는 오늘 아침에 우리가 들었던 말씀의 빛으로 여러분께 요청합니다. 지금 주님을 여러분의 인생 속으로 초청하지 않으시겠습니까?

예수님은 참으로 훌륭하고 특별하시지만 아무런 해를 주지 않는다. 손에 등잔불을 들고서 어떻게 해야 할지도 모르고 무기력한 모습으로 문 밖에 서 계시다. 그분은 어둠 속에서 자기 빛을 밝게 비춰주고 싶지만 그렇게 할 수는 없다. 요한복음 서문에서 말씀으로 세상을 창조하시는 하나님이 세상을 구원하고 싶어 하실 뿐만 아니라 그의 빛이 세상을 실제로 비춰도록 하고 싶어 하시지만, 이제는 그저 움직이지 못하고 가만히 서 있는 하나님으로 무기력한 하나의 가능성으로 전락하고 말았다.

설교자는 계속해서 "그분은 여러분을 기다리고 계십니다…. 여러분의 처분을 기다리고 계십니다"라고 말한다. 그 설교에서 다뤄야 할 본문은 "빛이 어둠에 비치되 어둠이 깨닫지 못하더라"(요 1:5)이다. 그런데 이 설교에서 경건한 설교자와 경건한 신자들이 그만 이 본문이 책망하는 실수를 그대로 범하고 말았다. 그들은 이 빛을 꺼버리거나 최소한 예수님을 희미한 불빛을 가지고 어둠 속에서 무능하게 서 있는 존재로 만들어버렸다.

그런 선례는 기독교 교리의 역사에서 빈번하게 발견되지만, 설교에 기독론적인 제목이나 공식적인 문구들이 맹목적으로 포함된다고 해서 설교자가 본문의 내용을 제대로 이해했다는 뜻은 아니다. 사실 그런 기독론적인 공식문구들은 역사적인 기원의 관점에서 제대로 다뤄져야 하지만, 그런 공식문구들은 실제 설교에서는 제대로 조화를 이루지 못하고 전혀 딴판의 모습을 보여준다. 이렇게 표면적으로만 기독론적인 공식문구들은 설교의 전체 구조 안에서는 일종의 상투적인 표현으로나 또는 이상한 모습을 취하여, 종종 본래의 내용과 영향력을 제대로 발휘하지 못한다.

이런 현상은 설교자들이 본문 안에서 그리스도로 말미암은 구원의 경이를 새롭고도 시의적절하게 표현하지 못하는 한계를 적나라하게 보여주는 것으로서, 설교자들이 본문의 의미를 제대로 이해하지 못하면서도 자기 스스로 선한 양심을 가진 설교자로서 그럴 듯한 의미를 제공한다고 생각하여 그만 경건해 보이는 과거의 교리로 숨어버리는 편을 선호한다. 교리적이고 역사적인 정확성이 반드시 복음적인 진리를 보장해 주지는 못한다. 복음은 그러한 공식문구로 임하는 것이 아니라 권능으로 임한다.

1) 하나님을 대신하기?

상당수의 설교에서 설교자들이 기독론적인 구절이나 공식문구들을 인용하면서도 그 속에 담긴 복음적인 특징은 제대로 드러내지 못하고 있다. 이런 비판은 이들의 설교에 소개되는 하나님의 이미지나 이름, 그리고 속성에도 해당된다. 이런 설교들이 얼핏 보기에 별 문제가 없는 것처럼 보이지만, 그 설교의 핵심적인 문장들 몇 개를 세심하게 분석해보면, 하나님이 방법론적으로나 구문론적으로 완전히 배제되고 있음을 알 수 있다. 게다가 앞서 언급한 바와 같이 하나님을 조건문으로 서술하는 설교들은 하나님의 입에 재갈을 물리거나 엉뚱하게 재배치하고 있다. 가장 일반적인 도치 현상은 종교적인 인간(*homo religiosus*)이다. 예를 들어 신자가 감당해야 하는 영적 전투에서 하나님이 아니라 사람이 중앙을 차지하고 가장 바쁘게 투쟁하는 존재로 묘사되고, 또 하나님은 이 전투에서 보장된 승리자가 아닌 것처럼 악과 투쟁한다.

다음과 같은 "전투기도"(battle prayer)의 내용은 과연 이 전투에서 진정한 승리자는 그리스도와 탄원자 중에 누구인가 하는 의구심이 들게 만든다.

> 어떤 사람이나 장소를 공격하는 악한 마귀의 권세에 대한 그리스도의 종료된 사역을 (계속해서) 집행하기 위하여, 승리를 쟁취할 때까지….

이 기도에서 "집행하기 위하여"라는 말은 무슨 뜻인가? 그 함의는 그리스도의 사역은 종료됐지만 그 사역이 아직 충분히 펼쳐지지 않았다는 뜻이다. 그래서 기도하는 나는 승리를 쟁취할 때까지 아직 실현되지 않은 그리스도의 사역을 악에 대항하도록 강제하고 활성화시켜야 한다는 것이다. 물론 어떤 의미에서 우리에게는 감당해야 할 전투가 있다는 것은 사실이다(엡 6장 참고). 하지만 우리가 싸워야 할 전투(*militia Christiana*)는 그리스도께서 이미 거두신 승리 안에 있다. 사실 투쟁은 이미 발생했다. 그리고 악의 세력은 이미 정복되었다. 하지만 우리는 아직도 악의 세력과 투쟁하는 중이다(*militia*). 그런데 그 싸움은 승리가 불확실한 싸움이 아니라 이미 승리를 거둔 승리자들의 싸움이다(*Christiana*).

그래서 다음과 같은 문장들은 하나님에게서 영광을 박탈한다는 의미에서 볼 때, 그 의도가 아무리 선하다 한들 전혀 신학적이지도 않고 또 하나님을 모독하는 것이다. "먼저 기도하지 않고서는 하나님 나라에서는 아무 일도 일어나지 않습니다." 정말로 그러한가? 그렇다면 우리가 믿는 하나님은 무슨 일이 일어나도록 그분을 감동시키기 전까지는 아무 일도 못하는 무기력하고 수동적인 존재인가? 전혀 그렇지 않다. 하나님은 항상 그분의 선행하시는 은혜 안에서 주도권을 행사하신다.

> 나는 나를 구하지 아니하던 자에게 물음을 받았으며 나를 찾지 아니하던 자에게 찾아냄이 되었으며 내 이름을 부르지 아니하던 나라에 내가 여기 있노라 내가 여기 있노라 하였노라(사 65:1).

이것이 바로 복음이다.

하지만 우리가 다음과 같은 질문과 이에 대한 해답을 생각하다 보면 복음을 제대로 듣기 어렵다. "우리는 왜 기도하는가? 그것은 하나님의 능력이 비로소 발휘되도록 하기 위함이다." 그렇지 않다. 우리가 기도로 하나님의 능력이 역사하도록 할 수는 없다. 하나님은 졸지도 않고 주무시지도 않는다. 실상을 말하자면 기도는 하나님의 은혜로운 역사로 말미암아 우리를 활력 있게 만들 뿐이다.

앞서 살펴본 설교 메시지는 신학적으로 신자들을 잘못 인도한다는 사실 이외에, 언뜻 보기에 활기찰 뿐이지 실상은 전혀 활력을 주지 못한다(우리는 우리가 어떤 일을 할 수 있다고 생각하지만 사실은 그렇지 않다). 이런 설교 메시지는 결국 사람들을 낙담에 빠지게 하거나 지루하게 만든다. 놀랍도록 감동적인 은혜의 복음, 오직 하나님 그분만이 은혜로 그분의 말씀을 그대로 실현시킨다는 이 복음을 대신할 수 있는 것은 아무것도 없다.

그래서 상당수의 설교들이 "우리 힘으로 성공을 쟁취하자"는 식의 메시지를 강조하면서 하나님의 손에서 그분의 권능을 빼앗아오고 있다. 또 (성경 본문이 진술하는 대로) 그분의 행동을 자세히 강론하지 않아서 신자들이 하나님보다는 자신의 힘을 의지하도록 만든다. 그래서 인본주의적인 역전이 발생하는 것이다. 이런 설교에서는 새로운 상황을 창조하는 주체는 더 이상 하나님이 아니라, 사람들이 나서서 하나님이 행동하시도록 재촉하는 상황을 만들어야 한다. 예를 들어 다음과 같은 설교에서 우리는 이런 역전 과정을 분명하게 찾아볼 수 있다.

> 무엇보다도 예수님은 우리가 어떤 상황에서든 서로 사랑해야 한다고 말씀하셨습니다. 그럴 때 비로소 그분은 우리를 자신의 제자로 받아주실 것입니다.

하지만 이 세상에 예수의 제자로 인정받을만한 자질을 갖춘 사람이 누가 있겠는가?

2) 율법주의의 기본 구조

율법주의는 대체로 옳아 보이지만 그 속에는 참다운 내용이 없다. 그런 메시지는 종교적인 것처럼 보이지만 수사적으로 볼 때 참 진리를 빼앗으며 공허한 말에 불과하다. 왜냐하면 이런 메시지는 지금 당장 이 땅에서 통하는 하나님의 현실을 그대로 표현하지 않기 때문이다. 율법적인 설교는 하나님께서 전에 행하셨던 것과 아마도 다시 행하실 수도 있는 것을 선포하는데, 문제는 전에 행하셨던 것을 하나님이 또 다시 행하도록 사람들이 어떤 계기를 마련해야 한다는 점을 강조하는 데 있다. 그래서 모든 율법적인 설교의 기본 구조는 다음과 같이 간략하게 요약될 수 있다.

- (과거에) 하나님이 역사하셨다.
- (장래에) 하나님이 역사하기를 원하시거나 역사하실 것이다.
- (현재에) 이를 위하여 우리가 어떤 것을 해야 한다.

모든 율법적인 설교의 출발점은 현재에 하나님이 부재하시고, 이 빈 자리는 (부서지지 않은) 사람(*homo intactus*)의 경건한 열심으로 채워야 한다는 것이다. 이런 설교에서는 참된 하나님의 임재(*praesentia realis dei*)의 기적은 가정법적인 비현실(*subjunctivus irrealis*) 양식에 의하여 그 효력을 잃어버리고 제거되고 만다.

앞서 비판한 율법적인 설교의 기본 구조에 대한 전형적인 사례는, 이스라엘 백성들이 요단강을 건너기 직전의 상황을 묘사하는 여호수아 3:1-17에 대한 한 편의 설교에서도 찾아볼 수 있다. 이 설교에서 설교자는 본문에서의 이스라엘 백성들의 상황이, 재산과 정치적인 권력, 고용 기회의 보장이나 장래 사업의 가능성이 심각하게 위협을 받는 불확실한 미래에 직면한 남아공의 상황과 평행을 이루고 있다고 생각한다. 설교자는 이런 불확실한 상황을 배경으로 정하고 청중들이 정녕 자기네들 인생에 대한 하나님의 간섭과 개입이 필요하다면 이스라엘이 요단강을 건넜던 당시의 상황처럼 하나님을 신뢰하고 그분을 인정하여 받아들이라고 도전한다.

설교자는 이어서 여호수아에서 뿐만 아니라 히브리서에서 몇몇 구절들을 인용하면서 "이스라엘 백성들 가운데 드러난 하나님의

"신비로운 능력과 역사"를 강조하고, 수사적으로 아주 탁월하게 "하나님께서 그들을 돌보시고 새로운 길로 구원하여 인도하실 것"을 계속 강조한다. 계속해서 설교자는 하나님의 기적적인 인도하심에 대한 또 다른 사례로 하나님이 최근 몇해 전에 남아공에서 일하셨던 사례들(1994년 4월의 최초의 대통령 선거)을 언급한다.

이런 내용들은 전부 하나님의 과거에 관한 것이다. 하지만 설교자가 현재에 관하여 말하기 시작하면서 지금 현재를 살고 있는 청중들에게 직접 말하면서부터는 설교의 톤이 완전히 달라졌다. 이 점은 다음과 같은 핵심 문장에서 분명하게 드러난다.

> 하나님은 우리의 신앙을 격려해 주기를 원하시며 이를 통해서 우리가 그분을 더욱 신뢰하기를 원하십니다. 그분은 우리가 그분의 주권을 인정하여 받아들이기를 원하십니다.

설교자는 현재와 관련해서는 오직 하나님의 의도에 관한 언급만 하거나, 앞으로 발생할 수도 있는 것에 대한 단순한 가능성만을 언급한다. 왜 이렇게 문장의 시제가 갑자기 바뀌는가? 이는 아마도 설교자는 청중이 설교 후반부를 경청하면서 잘 따라올 수 있도록 준비하려는 의도 때문일 것이다. 즉 설교자는 지금까지 말한 내용을 불확실한 시대를 살아가면서 앞으로 불확실한 미래에 대처해야 할 사람들에게 잘 적용시키고 싶기 때문일 것이다. 그래서 이러한 대조적인 전환은 "그러나"라는 단어에서 잘 드러난다. "그러나 요단강의 이야기가 오늘 아침에 우리에게 말씀하고자 하는 것은 무엇일까요?" "그러나"라는 단어는 본문에 나타난 과거 하나님의 역사적인 개입과 회중의 미래 의도 사이의 교량을 형성하며, 하나님이 예전에 남아공에서 행하셨던 것과 앞으로의 변화기 동안에 또 하나님이 행하실 것 사이의 긴장을 표현한다. 그래서 설교 후반부는 주로 하나님의 미래 쪽으로 강하게 기울어지면서 막연한 가능성만을 계속 강조한다.

다음 문장은 율법적인 설교에서 발견되는 과거의 구원 역사와 미래의 구원 가능성 사이의 긴장을 잘 표현해 준다. 이 설교에서 설교자는 먼저 성경 본문을 해설하면서 다음과 같이 말한다.

> 성도 여러분, 하나님은 여호수아 앞서 나가셨기 때문에 여호수아는 전혀 두렵지 않았습니다.

이 설교자는 이어서 회중에게 본문을 적용시키면서 이렇게 선포한다.

> 오늘 여러분은 여러분의 요단강을 어떻게 건너고 있습니까? 혼자입니까? 여러분 혼자만의 힘으로 건넙니까? 하나님은 여러분 앞서 나가기 원하십니다. 하나님은 여러분을 인도하길 원하십니다. 하나님은 여러분을 돕고 싶어 하십니다.

당연한 말이지만, 이런 설교에서 하나님은 옛날에 어떻게 일하셨고 앞으로 어떻게 일하실지는 잘 모르겠지만, 현재는 그저 청중의 처분만을 기다리면서 조용히 서 계신다. 그분은 간절히 일하고 싶어 하시지만 실제로는 그렇게 일하시지 않는다. 왜 그런가? 이런 설교에 의하면 그 전에 뭔가가 먼저 일어나야 하기 때문이고 어떤 조건이 먼저 충족되어야 하기 때문이다. 그 조건은 무엇일까?

첫째, 청중이 먼저 움직여야 한다는 것이다. 하나님의 과거 행동과 미래 행동 사이에 청중의 현재 행동이 자리하고 있다. 그래서 설교자는 처음부터 끝까지 일관되게 이렇게 외친다.

> 요단강의 이야기는 오늘 우리가 무엇을 해야 할 것인지를 말씀합니다.

이런 메시지에서 요단강의 내러티브에 의하면 강조점은, 더 이상 하나님이 행하셨던 것이 아니라 청중이 오늘 행해야 할 것에 집중된다. 그래서 설교 전반부는 조건절의 현재 시제 문장들이 지배한다면, 그 다음 둘째 부분은 비현실적인 미래에 관한 묘사가 지배적이고, 마지막 셋째 부분은 주로 조건절과 명령문이 압도적인 비중을 차지한다. 이런 설교에서는 우리는 "여러분은 … 을 해야 하고, …을 해야 하고, …을 해야 합니다"라는 메시지를 반복적으로 듣는다.

 이런 설교에서 설교자는 오늘 현재를 마치 하나님의 과거 행동과 그분의 미래의 가능성 사이에 들어 있는 진공으로 해석한다. 그래서 깨어지지 않는 종교적인 인간이 이 진공의 빈 자리를 채워야 한다는 것이다. 신자들의 선택에 의하여 하나님이 인허시는 미래가 예전에 하나님이 행하셨던 과거와 비슷해진다는 것이다. 미래가 과거와 같아지도록 하는 것은 바로 사람이다. 결국 이런 설교는 오늘 현재 속에서 하나님의 행동을 박탈해버린다.

 설교자가 이렇게 율법주의와 인본주의의 함정에 빠지는 방식은 매우 극적이지만, 여호수아 3:5 전반부 "너희는 자신을 성결하게 하라"는 본문을 풀이하는 여러 문장들 속에서 반복된다. 이 본문에 대한 설교자의 진짜 출발점은 다음과 같은 해석과 보충 해설을 통해서도 잘 드러난다.

여러분이 자신을 하나님께 성결하게 할 때 무슨 일이 일어날까요? 그때 하나님은 여러분 가운데 참으로 놀라운 일을 행하실 것입니다. 두고 보십시오. 자신의 인생을 하나님께 헌신하는 바로 그때 여러분은 놀라운 일을 목격하게 될 것입니다.

하지만 여호수아 3:5은 그런 의미가 아니라 내일 주께서 이스라엘 백성들 가운데 기적을 시행하실 것이기 때문에 미리 자신을 성결하게 하라는 것이다. 성경 본문이 강조하는 이유(because)가 이 설교에서는 때(when)로 바뀌었고, 본문의 순서가 설교에서는 완전히 역전되고 말았다. 이 설교는 본문이 성결을 호소하는 이유나 근거를 성결에 따른 결과나 성과로 바꿔버렸다. 당연히 이 둘 사이에는 엄청난 신학적인 차이가 있다. 이 설교에서 설교자는 과거와 현재 사이의 진공을 채우고 연결시키고픈 열망에 성경 본문에서는 하나님의 위대한 행동을 선포하기 위한 조건으로 소개되는 이스라엘 백성들의 상황과 행동들을 바꿔버렸다. 그래서 이스라엘 백성들의 상황과 행동이 현재 청중들이 장래에 하나님의 위대한 기적을 다시 실현하기 위하여 반드시 충족해야 하는 조건이 되고 말았다. 성경 본문에 소개되는 하나님의 구원에 대한 이스라엘의 반응이 설교에서는 결과를 선택하는 행동이 되고 말았다. (성경 본문이라는) 컵과 (설교라는) 입술 사이에 (도덕주의라는) 누락이 발생하고 있다. 이런 오류는 치명적인 결과를 가져온다. 왜냐하면 이런 설교에서는 하나님의 행동이 사람의 행동에 종속되고 우리가 어느 정도 우리 스스로를 성결케 하느냐에 달렸다. 하지만 하나님께서 행동하시기 전에 과연 우리가 자신을 완전히 성결하게 할 수 있는가? 이것이 과연 복음이 의미하는 것인가?

3) 도덕주의와 하나님의 이미지

설교자들은 설교에서 하나님을 묘사하거나 설명하기 위하여 사용하는 이미지를 선택할 때 특히 주의해야 한다. 그렇지 않으면 설교자가 설교 저변에 깔린 이미지로 결국 하나님을 배반할 수 있다. 그런 오류를 보여주는 한 가지 사례를 소개하려고 한다. 이 설교는 이사야 1:16-18을 다루는데, 이 설교에서 설교자는 믿거나 말거나 하나님을 엉뚱한 것들과 비교하고 있다.

> 여러 분노와 미움 때문에, 혹시 여러분은 이 아침에 세상의 아름다움을 놓쳐버리지는 않으셨습니까? 이 본문을 보면 한 줄 끝에 서로가 각각 묶여 있는 두 마리의 당나귀에 관한 이야기가 생각납니다. 양 끝에 당근 두 더미가 쌓여 있지만 줄이 짧아서 서로가 당근 더미에 닿지 않습니다. 두 당나귀는 당근을 먹고자 참으로 어리석게도 서로 줄다리기를 합니다. 그렇게 해 본들 당근은 전혀 얻지 못하고 피로만 가중될 뿐입니다. 두 당나귀가 완전히 지쳤을 무렵 그들은 함께 모여서 결정합니다. 함께 한 쪽 당근더미로 가서 같이 먹고 그 다음도 같이 먹습니다. 오늘 우리도 이 당나귀처럼 서로 묶인 줄 끝에는 우리가 있고 반대편 끝에는 하나님이 계십니다. 그러면 내가 원하는 방향으로 이 줄을 힘껏 당겨서 나아가려고 합니다. 그렇게 줄을 계속 당겨보지만 결국 나는 피곤에 지쳐서 무릎을 꿇을 수 밖에 없습니다. 바로 이때 줄의 반대편 끝에 계신 하나님께서 여러분을 찾아오셔서 도와주십니다. 바로 그때 우리는 하나님과 함께 첫째 문제로 가서 해결하고 그 다음 문제로 나갈 수 있습니다.

하나님과 인간이 과연 서로 잡아당기면서 평행선을 이루는 줄에 묶여 있는가? 하나님이 그렇게 피곤에 지친 당나귀처럼 무능력하신 분인가? 사실 이사야에는 사람들이 무릎을 꿇던 그렇지 않던 관계없이 자기 백성을 반복적으로 구원하시는 하나님의 자비로운 주도권에 관한 묘사가 가득하다.

오라 우리가 서로 변론하자(사 1:18).

4) 사람의 소리에 굴복당하는 하나님

이렇게 인본주의적인 설교를 통해서 무슨 일이 일어날까? 앞서 말했듯이 이 질문에 대한 해답은 지나치게 가혹한 심판처럼 들리겠지만, 인위적으로 조작하거나 가볍게 만들어낸 평가가 아니다. 분명히 말할 수 있는 것은 이런 설교로는 하나님이 변방으로 밀려난다는 것이다. 안타깝게도 이런 현상은 거의 모든 설교단에서 심각한 파장을 가져올 수 있는 아주 보편적인 설교학적인 현상이다. 예를 들어 루돌프 란다우(Rudolf Landau)는 섭리에 관한 독일 목회자들의 설교에 관한 광범위한 연구 조사 끝에, 하나님이 사람의 기준에 억압당하고 사람의 소리에 굴복당하는 현상(*anthroponymic subordination*)이 만연해 있는 것을 발견하였다. 이런 설교에서는 하나님과 사람의 협동(*cooperatio Dei et hominum*)이란 교의적인 주제를 내세우지만 결국 하나님의 행동은 주로 인간의 도덕적인 행동에 종속될 뿐이다.

필자의 견해로는 이런 진단에서 우리가 주의를 기울여야 할 것은 몇몇 피상적인 설교문의 주변부에 자리하고 있는 신학적인 오해가 아니라 모든 참된 신학의 심장에 파격적인 영향을 주는 모든 오해의 근원이다. 지금까지 필자는 몇 가지 사례를 통해서 빙산의 일각만을 다뤘을 뿐이다. 이 모든 오해의 근원에 자리하고 있는 비극이 깊을수록, 율법적인 설교로 말미암은 논리적인 파장 역시 더욱 깊어진다. 이렇게 율법주의적인 설교가 이를 계속 듣는 회중에게 어떤 파장을 미칠 것인지에 대해서는 충분히 추론해 볼 수 있다. 이런 설교는 근본적으로 하나님의 실제를 계속 부정한다.

루터는 이렇게 하나님의 현실을 부정하는 것을 가리켜서 "하나님 제거하기"(*annihilatio Dei*)라는 말로 표현했다. 율법적인 설교는 비현실적인 하나님을 선포하며 마치 하나님이 존재하지 않다거나 또는 존재하더라도 우리 인생의 변방에서 조용히 침묵하거나 움직이기를 주저하는 분의 모습으로 이 세상의 구원을 설교한다. 또 이런 설교는 십자가와 부활, 그리스도의 영광, 그리고 성령 하나님의 기름 부으심을 철저하게 무시한다. 율법적인 설교가 더욱 악화시키는 문제점으로는, 성경 본문을 침묵시킬 뿐만 아니라(4장 참고) 청중으로 하여금 허황된 망상에 사로잡혀 살게 만들며(5장 참고), 설교자는 점차 고립되고(6장 참고) 강단에서 하나님이 제거되고 만다. 이 중에 마지막 문제점이 필자가 이 책에서 다루고자 하는 율법적인 설교의 가장 심각한 문제점이다. 모든 형태의 율법주의는 이렇게 하나님을 없애고 사람을 높이는 실제적이고도 궁극적인 목적지를 지향한다.

하지만 과연 하나님이 제거될 수 있을까? 한편으로는 그럴 수 있으며 또 다른 한편으로는 그럴 수 없다. 먼저 그럴 수 없는 이유는, 하나님을 제거하는 말을 한다는 것은 다만 가설에 불과하다. 우리 사람이 어떻게 하든 하나님은 여전히 하나님으로 남아 계시다는 사실이야말로 놀라운 일이다. 사람은 무슨 수를 통해서라도 절대로 복음의 능력에 재갈을 물릴 수 없다. 하나님의 말씀은 그 어떤 사슬로도 얽매일 수 없다. 그분의 말씀은 절대로 헛되이 발송자이신 하나님께로 다시 돌아가지 않는다. 하지만 또 다른 한편으로 사람의 말에서 하나님이 제거될 수도 있다.

하나님의 말씀은 척박하고 메마른 땅 같은 심령 안에서나 죄책감에 사로잡힌 사고방식 속에서, 또는 씨 뿌리는 자의 비유에서 묘사되는 가시와 엉겅퀴와 같은 거부감 때문에 배척을 받을 수도 있다(눅 8:4-15). 하나님의 말씀을 듣기 싫다면 그 말씀을 물리칠 수도 있다. 이렇게 표면적으로 볼 때 모순된 변증법 속에 하나님의 말씀의 신비로운 능력이 자리하고 있다. 우리는 논리적으로나 이성적으로 이 모순된 변증법을 이해할 수 없다. 하나님은 그분의 거역할 수 없는 은혜로 우리에게 다가 오시고 그분의 말씀을 듣는 자들을 창조하신다. 그럼에도 불구하고 이 청중들은 때로는 아주 귀가 먹은 상태로 머물러 있을 수도 있다. 하지만 어쨌든 하나님은 여전히 하나님이시다.

그러므로 우리는 설교에서 하나님을 늘 역동적으로 일하시는 분으로 묘사해야 한다. 그분은 계속 활동하시는 분이시며 그분의 나라와 그분의 세상을 향하여 늘 새롭고도 놀랍도록 일하시는 분이시다. 이런 이유로 우리 설교의 신학은 항상 열린 신학이어야 하며, 하나님의 간섭하심이 사람들을 반복적으로 늘 경외감을 가지고 바르게 서도록 붙잡는 목적지를 향하여 나아가는 도상의 신학(an en-route theology)이어야 한다. 또 우리의 설교가 하나님을 조작하거나 굴복시키지도 말아야 하며, 사람들이 어떻게 처신할 때 비로소 하나님이 하나님답게 움직이는지를 설교자가 정확하게 알고 있는 메마르고 익숙한 신학적인 모퉁이로 하나님을 몰아넣지 말아야 한다.

5) 율법주의적인 묵시

율법적인 설교라는 빙산의 좀 더 아래 부분을 자세히 살펴보면, 이 설교가 하나님의 과거와 하나님의 미래 사이에서 하나님의 현재 현실 세계를 지워버릴 뿐만 아니라 실상 하나님의 미래 세계마저도 지워버리는 문제가 도사리고 있음을 발견할 수 있다. 율법적인 설교에서 하나님은 현재 세계에서도 사라질 뿐만 아니라 미래 세계에서도 사라진다. 그리고 부서지지 않아서 강퍅한 종교적인 사람들이 그분의 빈 자리를 차지한다. 우리는 이런 설교에서 종종 미래에 하나님이 "행하실 것"이란 말을 듣지만 이런 미래적인 의지는 종말론적 의지도 아니고 그분의 자유로운 은혜를 통한 하나님의 도래도 아니고, 다만 사람들의 헌신과 그들의 강력한 실행의 정도에 의하여 결정되는 인본주의적인 의지이다. 그래서 율법적인 설교는 원리적으로는 철저하게 비종말론적이다.

하나님의 약속에 대한 미래 전망으로서의 희망이 종교적인 사람들의 강렬한 경건으로 뒤바뀐다. 하나님의 약속(*promissio Dei*)의 자리는 인간의 잠재력(*potential populi*)으로 대체된다. 어떤 의미에서는 그 자체로 하나의 완벽한 논리가 성립된다. 즉 이런 율법적인 설교에서는 건전한 창조 교리도 무산될 뿐만 아니라 종말론도 무산된다. 이런 설교에서는 또한 알파와 오메가이신 분에 대한 탐구, 즉 이제도 있고 전에도 있었고 장차 오실 분에 대한 탐구는 헛된 일이다(계 1:8).

율법적인 설교에서는 하나님의 자녀들이 마땅히 누릴 영광의 자유에 이르고자 피조물과 함께 탄식하며 허무한데 굴복한 것에 대하여 함께 탄식하며 고대할 일도 없다(롬 8:21). 율법적인 설교에서 우리는 오히려 세상을 바로잡으려고 하거나, 최소한 우리 인간이 그렇게 세상을 바로잡을 수 있다는 환상 아래 살아간다.

만일에 설교에서 종말론적인 지평이 무너져 사라진다면 어떻게 될까? 이 질문에 대한 도덕주의의 전형적인 입장은, 대안을 제시하는 것이다. 도덕주의 설교에서는 사라진 종말론 대신에 왜곡된 형태의 묵시록이 빈자리를 차지한다. 묵시록적인 메시지는 강력한 긴급성으로 청중에게 강제할 수 있는 틀거리를 제공하거나 설교자의 요구를 이행하도록 공개적으로나 반대로 은밀한 위협을 동원하기도 한다. 또 이런 설교는 상당한 긴장감이 담긴 명령법을 쏟아내면서 청중을 우주적이고 대파멸적인 쟁점이 내포된 자리로 압박하여 몰고 간다. 극단적인 경우에 이런 설교는 마지막 심판에 관한 설교나 변태적인 지옥 설교로 전락한다.

이 모든 극단적인 설교는 사람들을 설교자가 원하는 태도나 행동으로 몰아가기 위하여 휘두르는 강력한 수사적 도구이다. 하지만 이런 설교의 아이러니는 이런 메시지가 가져온 공포나 위협으로 만들어진 변화는 결코 오래 지속되지 못한다는 것이다. 그리고 이런 메시지를 통해서 형성된 삶의 패턴은 대체로 그렇게 심오한 본성을 만들어내지 못한다. 사실 공포는 더 큰 공포나 조성할 뿐이다. 위협은 사람을 격동하게 만들뿐 위로하지 못한다. 그런데 참된 성경적인 묵시록의 목표는 전능하신 하나님의 심판을 선포하는 때라도 사람을 위협하고 공포심을 조성하려는 것이 아니라 위로하는 것이다.

요한일서 2:18 이하의 본문을 다룬 설교 한 편을 살펴보자. 이 설교문을 자세히 살펴보면 설교의 기본 구조에서부터 재치 있는 수사적인 표현에 이르기까지 설교의 모든 것들이 매우 부정적인 분위기를 만들어내고 있다. 물론 설교자가 임의로 원하는 본문을 선택할 수 있으므로 묵시록적인 본문(요일 2:18ff)을 선택한 문제는 제외하더라도, 설교 저변에 깔려 있는 부정적인 사람 이미지가 점점 고조되어 가면서 청중들로 하여금 자신들은 도저히 원하는 표준에 미치지 못한다는 자괴감이 들게 만든다. 그들은 실패한 인생들이고 자신감 없이 주저하는 병약자들이다. 그런데 이 설교에서 설교자가 묵시록적인 본문을 오늘날 청중이 경험하는 새로운 남아공의 현실 속으로 연결시키는 연결고리는 청중에게 강력한 호소력을 발휘한다.

성경 본문은 적그리스도가 활동하는 마지막 시대에 관하여 다룬다. 그런데 이 설교 메시지는 청중들에게 적그리스도와 마귀의 권세가 예전처럼 수많은 위험이 도사리고 있는 새로운 남아공 땅에서 강하게 활동하고 있는 마지막 시대를 살고 있다는 인상을 안겨 주고 있다. 이 설교의 저변에 깔려 있는 이러한 부정적인 인상을 누가 부정하겠는가? 이 설교에서 말하려는 요점은 지금 청중은 여러 속박을 짊어진 채로 혼자 떨어져 있다는 것이다.

물론 이 설교도 앞부분에서는 객관적인 구원(*extra nos*)을 강조하면서 시작하지만, 하나님께서 우리에게 몇 가지를 베풀어 주실 가능성에 대해서는 거의 강조하지 않고 이후 연속적인 명령법 문장들을 통해서 우리 신자들이 원하는 대로 행동해야 한다는 것을 강조하고 있다. 그리고 청중이 마음에 강한 결심을 한 상태 그러나 수심에 잠긴 상태로 설교를 끝내면서 청중을 수심에 잠긴 상태로 집으로 보내고 있다.

> 이것이 바로 그분(하나님)이 원하시는 것이고, 이것이 바로 우리가 행해야 할 것입니다 아멘.

이런 내용이 신학적인 음성이 서로 분열된 설교 광산을 조사하여 살펴본 첫 번째 설교 분석 여행이다. 그 다음에 하나님의 말씀을 전하는 설교자라면 결코 회피할 수 없는 핵심적인 질문은 다음과 같다. 그렇다면 나는 복음을 어떻게 설교해야만 하는가? 다음 장에서 이 문제에 대한 해답을 자세히 찾아보자.

사례 설교문 1

오직 예수(막 9:2-8)

■ ■ ■

　이탈리아 플로렌스의 산마르코 대성당 미술관에는 15세기의 화가 프라 안젤리코(Fra Angelico)가 그린 주목할 만한 작품이 걸려 있습니다. 이 작품은 변화산에서의 그리스도의 변화 사건을 묘사하고 있는데, 그리스도의 형상을 그림 중앙에 배치하여 전체 작품을 꽉 채우고 있습니다. 그분은 두 팔을 편 채로 서 계시고 거룩하게 밝은 빛이 주변을 둘러 감싸고 있습니다. 문자적으로든 상징적인 의미로든 작품의 변두리에는 베드로와 야고보, 그리고 요한과 같은 제자들이 깜짝 놀란 표정으로 주저앉아 있습니다. 그 중에 특히 양 옆에는 모세와 엘리야가 안쪽을 바라보면서 영광스럽게 변화된 그리스도께 경배하고 있습니다.

　이 그림을 계속 바라보면 볼수록 훌륭한 작품에서 그러하듯이 더 많은 것을 발견할 수 있습니다. 먼저 첫째 차원에서 바라볼 때 그림의 맨 앞부분에는 당연히 영광스럽게 변화한 그리스도, 이 역사와 온 세상의 주인이시고 교회의 왕이신 그리스도께서 서 계십니다. 그런데 이 작품을 둘째 차원에서 좀 더 자세히 살펴보면 그리스도의 팔이 십자가에 달려 돌아가셨을 때의 모습과 정확하게 일치하게 활짝 펴져 있고 손바닥도 마치 십자가에 못박혔을 때 처럼 앞쪽으로 펴져 있음을 알 수 있습니다. 그래서 이 작품은 이렇게 선포하고 싶어합니다. 지금 영광을 받으시는 분은 십자가에 달려 돌아가셨던 바로 그분이고 십자가에 달려 죽으신 바로 그분이 지금 이렇게 영광스럽게 변화된 분이십니다.
　여러분에게 예수님은 과연 누구입니까? 그리스도라는 이름을 들을 때 여러분의 마음에 어떤 모습이 떠오릅니까? 솔직하게 말씀해

보시기 바랍니다. 우리는 혹시 두 번째 이미지보다는 첫 번째 이미지를 더 좋아하지는 않습니까? 십자가에 달리신 그리스도보다는 혹시 영광스럽게 변화한 그리스도를 더 좋아하지는 않습니까?

어쨌든 오늘 본문에 사도 베드로는 이 질문 앞에서 변화산상에 있던 세 명의 제자 뿐만 아니라 이후에 동일한 질문 앞에서 고민할 많은 사람들을 대신하여 이렇게 더듬거리며 대답했습니다.

> 베드로가 예수께 고하되 랍비여 우리가 여기 있는 것이 좋사오니 우리가 초막 셋을 짓되 하나는 주를 위하여, 하나는 모세를 위하여, 하나는 엘리야를 위하여 하사이다(막 9:5).

베드로는 당시 하나님의 영광에 압도되었음에도 불구하고 영광을 얻으신 그리스도와 함께 있는 것이 인간 실존의 극치임을 잘 알고 있었습니다. 사실 우리 인생의 모든 것이 바로 이것에 관한 것입니다. 바로 여기에서 하늘이 땅에 접촉하고 하늘과 땅이 만나서 연합하는 것입니다. 우리가 도달한 곳이 바로 여기 그리스도의 밝은 광채 안입니다. 우리가 가능한 오랫동안 아니 영원토록 머물고 싶은 곳이 바로 이곳입니다. 아! 우리 주 예수께서 다시는 떠나지 마시고 우리를 내버려두지 마옵소서. 과연 우리는 그분께 영원히 거할 숙소나 오두막 같은 영원한 숙소를 만들어드릴 수 없을까요?

우리는 분명 베드로를 비난할 수 없습니다. 사실 이 이야기의 모든 내용들은 그리스도의 영광 앞에서 느끼는 경외감을 가리키려는 것입니다. 이 이야기에는 상징적인 표현들로 가득 차 있습니다. 먼저 2절의 "엿새"는 계시가 임박한 순간이나 그 기대감이 충만한 순간을 암시하려는 문학적인 테크닉으로 이해할 수 있습니다. 그리고 높은 산은 성경에서 하나님과 사람이 만나고, 우리가 천국 가까이 다가간 장소를 의미하는 전형적인 표현입니다. 세상에서 빨래하는 자가 그렇게 희게 할 수 없을 정도로 밝게 빛나는 옷을 입은 예수님의 모습은, 초월적인 하나님의 영광의 일부분이 이제 이 세상에 나타났음을 암시합니다. 무엇보다도 모세와 엘리야는 구약시대 자기 백성들에게 주어진 하나님의 계시를 나타내며, 구름 속에서 들려오는 음성은 구약시대 예를 들어 시내산에서 이 백성들에게 주어진 하나님의 여러 계시의 말씀을 생각나게 합니다. 간단히 말해서 지금 여기에 발생한 것은 참으로 놀랍고 장엄하고 거룩하며 영광스러운 것입니다. 이 가운데 서 계신 분은 바로 구름 속에서 들려온 음성이 말씀하듯이, 그리고 마가복음이 한결같이 강조하고 있듯이 성부 하나님께서 사랑하시는 독생자 예수 그리스도이십니다.

이 높은 산에서 발생한 사건은 미래 사건의 전주곡이고 미리 걷힌 커튼이요 미리 벗겨진 베일로서 장차 예수께서 무덤에서 부활하실 것을 말씀합니다. 왜냐하면 변화산에서의 예수님의 변화 사건과 나중의 부활 사건은 분명히 서로 닮았기 때문입니다. 뿐만 아니라 이 변화사건은 우리의 영원한 미래의 모습, 즉 영광스러운 예수 그리스도를 영원히 경배할 것도 미리 보여줍니다. 지금부터라도 누가 이런 영광을 경험하고 싶어하지 않겠습니까? 우리가 기대하기에는 너무나도 거리가 멀다는 이유로 사도 바울처럼 그리스도와 함께 머물고 싶어하지 않을 사람이 우리 중에 과연 누가 있을까요?(빌 1:23) 왜 우리는 그저 이 사건을 그렇게 오랫동안 기다리기만 해야 합니까? 왜 우리는 이 영원한 목적지에 지금 당장 도달할 수 없나요? 왜 우리는 이 사망의 세상에서 지금 당장 저 생명의 세상으로 건너갈 수 없습니까?

오늘 본문은 말씀하기를 우리는 아직 그럴 수 없다고 합니다. 우리는 이 종착역에 아직 도달하지 않았습니다. 목적지로 건너갈 새벽이 아직 동트지 않았습니다. 우리는 아직도 이 세상에 머물러 있으며, 아직은 산 아래로 내려가고, 깊은 골짜기로 일상의 생활로 돌아가야 하고, 여러분 각자의 십자가를 지고서 십자가에 달려 죽으신 그리스도의 뒤를 따라가야 합니다.

그래서 우리는 주님을 위하여 오두막을 지을 수도 없고 어떤 식으로든 그분을 붙잡아서 우리와 함께 머무시게 할 수도 없습니다. 우리에게는 심지어 우리가 이 땅에서 영원히 살만한 오두막조차도 없습니다. 우리는 오히려 이 세상에서 이방인과 나그네일 뿐입니다(벧전 2:11). 그래서 마가복음 9:8은 문득 둘러보니 아무도 보이지 아니하고 오직 예수와 자기들뿐이었더라고 말씀합니다. 예수님을 영광스럽게 감쌌던 밝은 빛도 더 이상 보이지 않고 구름 속에서 들려온 음성도 더 이상 들리지 않고 오직 예수님만 남았습니다. 그래서 제자들은 오직 홀로 남아계신 예수님만을 알아야 하고, 오직 홀로 남아계신 예수님의 말씀만 듣고 순종해야 합니다(7b).

그렇습니다. 주께서는 우리 발가락으로는 감히 올라갈 수조차 없는, 하나님의 영광이 가득한 "정상 체험"(mountain top experience)을 허락하실 때가 있습니다. 지금 서 있는 땅에서 우리 발이 약간 위로 들려져서 미래를 바라보고 우리 인생의 목적을 이전보다 더 분명히 바라볼 수 있는 순간이 찾아올 때가 있습니다. 이런 사건은 예배 도중이나 성경을 읽다가 일어날 수도 있습니다. 그때 우리는 말로 다 할 수 없는 하나님의 은혜에 깊이 감동될 것입니다. 그때 명심하시기 바랍니다. 내가 드디어 집으로 돌아왔구나. 그리고 그것을 알고 나면 여러분은 깜짝 놀랄 것입니다.

하지만 그 순간도 지나갑니다. 그러면 여러분은 새롭게 깨달을 것입니다. 이런 경험은 보너스일 뿐이고 결코 오래가지 않는다는 사실입니다. 그러면 결국 남는 것은 여러분과 예수님 뿐입니다. 그때 여러분이 붙잡고 순종해야 할 것은 오직 예수님의 말씀 뿐입니다. 그때 십자가에 못박힌 분의 두 번째 모습이 전면으로 이동할 것이고 그때 여러분은 다음의 음성을 듣게 될 것입니다.

> 누구든지 나를 따라오려거든 자기를 부인하고 자기 십자가
> 를 지고 나를 따를 것이니라(막 8:34).

마가복음에 들어 있는 이 이야기는 다음과 같은 교훈을 주고 있습니다. 우리는 이 시대동안에는 영광의 신학으로는 살 수 없고, 십자가의 신학으로 살아가야 한다는 것입니다. 그리스도라는 이름을 맨 처음 들었을 때 우리 마음에 떠오른 첫째 장면, 즉 십자가에 달린 그분이 보여주는 삶을 살아가야 한다는 것입니다. 우리는 변화산을 떠나서 주님께 순종하고 따르면서 그분을 섬기러 다시 산 아래로 내려가야 합니다. 무엇보다도 우리는 주님을 눈으로 보면서 살지 않고 다만 소망으로 사는 것입니다(롬 8:24-25). 전에 키에르케고르가 했던 말이 생각납니다.

> 예전에 나는 마치 어린애처럼 하나님이 행복이나 풍족한 재산처럼 이 세상의 훌륭한 선물을 많이 보내주시는 것이 하나님의 사랑이라고 생각했습니다. 이런 것들을 소원하고 갈망하는 내 영혼이 참으로 오만합니다…나는 모든 것을 위하여 기도했고 심지어 가장 뻔뻔스러운 것까지도 하나님께 달라고 기도했습니다…그리고 이런 기도가 응답되었을 때 내 마음은 참으로 기쁘고 감사해서 하나님께 고맙다고 말할 정도였습니다. 왜냐하면 나는 당시 하나님의 사랑은

그분이 나에게 보내주시는 이 세상의 훌륭한 선물들로 표현된다고 확신했기 때문입니다.

하지만 이제 달라졌습니다. 어떻게 이런 변화가 일어났습니까? 아주 간단하면서 점점 나는 하나님이 진정으로 사랑하는 사람들과 먼 옛날부터 모든 본받을 만한 신자들은 항상 이 세상에서 고난을 당해야 한다는 사실을 점차 깨달았습니다. 그리고 기독교의 메시지는 고난을 당하는 것이 바로 하나님으로부터 사랑을 받는 것임을 깨달았습니다.

가장 심오하게 표현하자면, 이것이 바로 그리스도의 변화사건이 주는 교훈입니다. 이 분이 바로 그리스도시요 이분이 바로 하나님의 영원한 아들이십니다. 하지만 그분은 아직 우리에게 영광의 주로 임재하시지 않습니다. 그분의 왕국은 아직도 많이 감추어져 있습니다. 그분이 우리에게 오시지만 환하게 빛나는 도깨비로 오시는 것이 아니라 굶주리고 목마른 사람들 속에서 오십니다. 헐벗고 몸이 아프고 옥에 갇힌 사람들 속에서 우리에게 찾아오십니다(마 25:31-46). 그분은 우리 중에 가장 미천한 자 중에 한 사람으로 오십니다. 그래서 여러분은 그분을 못 알아보고 쉽게 놓칠 수 있고 실수할 수 있습니다. 그렇습니다. 그분은 영광을 받으신 하나님이시지만, 우리 가운데는 아직 십자가에 못 박히신 분으로 오고 계십니다. 이것이 바로 오늘 그분의 나라가 우리 가운데 임하는 방식이고 그 나라를 보기를 원하는 사람들 눈에 보이는 방식입니다. 하나님 나라는 이렇게 은밀히 오고 있습니다. 하지만 그 나라는 분명 여기 우리 가운데 있습니다.

헬무트 틸리케는 우리 아버지에 관하여 설명하는 책에서 이 점을 아주 예리하게 지적하고 있습니다. 이 책은 2차 세계대전 중에 교회가 서로 모여서 대적하여 상대방에게 폭탄을 투하하던 당시 저술되었습니다. 그는 말하기를 바로 지금 오고 있는 하나님 나라의 도래는 모든 것이 다 좋을 때보다 더 분명하게 볼 수 있다고 했습니다. 왜냐하면 바로 이때 하나님을 더욱 철저히 의지할 수 있기 때문입니다. 그들은 이 사실을 새롭게 깨달았습니다. 하나님의 나라는 파멸 중에 참으로 오고 있다는 것입니다. 우리 인생의 실패와 파멸 중에도 마찬가지입니다. 그는 이렇게 적고 있습니다.

> 하나님의 가장 위대한 비밀은 항상 이런 밑바닥에서 움직입니다…. 하나님은 자신의 나라를 은밀히 세우십니다. 그 나라는 마치 너무나도 많은 발판과 판자 아래 세워지기 때문에 사람들이 공사하는 것을 미처 알아볼 수 없는 다리를 건설하는 것 같습니다. 사람들은 그저 여기저기에서 망치로 내리치는 소리만 시끄럽게 들을 뿐입니다. 어느 날 그 많던 발판과 판자가 다 걷히고 일꾼들의 작품이 드디어 우리의 놀라고 부끄러워하는 눈 앞에 분명하게 드러날 것입니다. 우리가 그분의 발자국과 그분의 작품의 표지를 찾아 헛되이 헤맬 때에도 하나님은 결코 빈둥거리며 놀지 않으셨습니다.

그렇습니다. 지금 우리는 공사가 진행되는 시대를 살고 있습니다. 지금은 아직 누리지 못하고 봉사하며 직접 볼 수는 없고 다만 소망하는 시대입니다. 하지만 우리는 결코 혼자가 아닙니다. 좀 더 자세히 살펴보면 앞서 프라 안젤리코(Fra Angelico)의 작품에서 보듯이, 셋째 장면이 우리 앞에 나타납니다. 영광스럽게 변화한 십자가에 달리시고 영광스럽게 변화한 그리스도의 일부분입니다. 그분이 여러분에게 팔을 펴서 여러분과 그의 교회를 팔로 감싸 안으십니다. 그리고 말씀하십니다.

> 볼지어다 내가 세상 끝날까지 너희와 항상 함께 있으리라 하시니라(마 28:20).

이 그림이 분명히 확증합니다. 우리는 더 이상 (또는 아직은) 변화산에 머무를 수 없습니다. 우리는 산골짜기에 있고 저 바닥에 있습니다. 하지만 우리에게는 예수님이 함께 하십니다. 오직 예수님만 우리와 함께 하십니다. 그것이면 충분합니다.

성경 본문의 음성

이번 장에서 우리는 설교에서 성경 본문의 역할을 다음의 관점에서 살펴볼 것이다.

- 다차원적이고 인성적이며 신성적인 문서이자 독특한 메시지로서의 성경의 본질
- 올바른 해석 방법으로 성경에서 경청해야 하는 설교자의 책임
- 성경을 도덕주의 방식으로 경청함으로 말미암은 잘못된 설교 사례들

1. 다차원적인 성경

하나님은 설교에 임재하시지만 설교자가 그분을 증언하기 전에 먼저 하나님께서 복음의 말씀으로 우리 설교자들에게 먼저 말씀하셔야 한다. 설교자가 성경을 통해서 먼저 하나님을 만나는 사건은 그분의 임재에 대한 우리의 시야를 열어 주고 우리가 활동하시고 구원하시는 하나님의 임재를 바라볼 수 있는 안경(Calvin)을 제공하는 강력한 사건이다. 그러므로 우리 설교자들이 이 안경으로서의 성경의 본질과 기능, 그리고 특히 성경의 기적과 충만함과 다차원성을 올바로 이해하는 것이 매우 중요하다.

우리는 성경에서 하나님을 목격했고 그 목격담을 다시 들려주는 사람들의 이야기를 들을 수 있다. 바로 이것이야말로 우리가 설교에서 그대로 실행하기를 원하는 것이다. 그래서 성경은 하나님을 관찰하여 목격하기에 적합한 양식을 제시한다. 성경은 하나님에 관한 있는 그대로의 객관적인 사항이나 처방적인 조언을 담고 있지 않고, 오히려 세례 요한이 "보라 세상 죄를 지고 가는 하나님의 어린양이로다"(요 1:29)라고 그분을 가리키며 외쳤던 것처럼, 그 성경 본문 속에서 하나님을 볼 때 우리도 어떻게 외쳐야 하는지에 대한 사례를 제시한다.

성경은 다양한 방식으로 하나님에 대한 목격담을 외치고 자세히 설명하여 성경을 펼쳐든 우리를 경탄하게 만들고 우리가 우리 자신과 다른 사람들, 그리고 하나님에 대하여 새로운 것들을 발견하도록 이끈다. 짧게 말하자면 성경은 우리가 이전에 보지 못했던 것들을 보여준다. 성경은 웅변술을 발휘하는 학교라기보다는 우리의 영안을 훈련하고 단련하는 학교에 가깝다. 그래서 성경은 내러티브를 동원하여 이전에 꿈꿔보지 못한 새로운 지평과 새로운 관점을 열어준다. 그리고 우리가 현재 살고 있는 세상을 새롭게 바라보며 그 속에서 새롭게 살아가면서 새롭게 만들 수 있는 대안을 제시한다.

　성경의 풍성함을 과연 어느 설교 한편으로나 한 가지 방법으로 완전히 소진시킬 수 있을까? 당연히 불가능하다. 우리는 마치 시장에서 팔려나간 마지막 물건처럼 설교 한편으로 성경을 전부 다 설교할 수 있는 것처럼 생각해서는 안된다. 그보다는 성경을 다루는 설교는 마치 수도 없이 많은 접촉점이 있고, 열린 팔로 모든 것을 품어내는 문서이자 과정으로 이해해야 한다. 그래서 어떤 설교라도 완전히 100% 옳은 최종적인 작품도 아니고 완벽한 연설도 아니다. 사실 우리 설교자들은 설교를 완전히 끝낼 수 없고 그저 시시때때로 우리가 성경 안에서 경험한 하나님과의 만남에 관하여 외쳐서 증언할 뿐이다. 설교에는 우리가 완전히 이해할 수도 없고 다만 임재하시는 하나님의 휘파람 소리를 들을 수 있는 "언어적인 간격"(linguistic gaps, Umberto Eco)이 있을 수 밖에 없다.

　우리 설교자들은 결점이 하나도 없이 완벽한 설교 작품을 보증하는 일종의 완벽한 요리법으로서의 본문 주해 방법이나 설교 형태를 지나치게 신뢰해서는 안된다는 의미에서, 우리의 설교 방법론에 대하여 열린 입장을 취해야 한다.

　이런 의미에서 설교의 목표는 논쟁의 여지가 없는 진리의 확실성을 청중에게 전달할 뿐만 아니라, 그런 확실성에 관한 새로운 통찰을 열어주며, 지배적이고 관례적이며 점검받지 않은 익숙한 렌즈로 바라볼 때 드러나는 것과는 전혀 다른 세상을 그리고 묘사하며 받아서 실행하는 새로운 상상력을 열어주는 것이다(Brueggemann 1993:13). 이런 이유로 성경 본문과의 소통은 필수적이다. 성경 본문은 우리의 관례에 의하여 결코 줄어들거나 은폐되거나 제거되거나 약해질 수 없는 하나님 나라의 원천을 제공한다. 그래서 성경 본문에 몰두한 사람들은, 이전의 고정관념과 지루함으로부터 벗어나고 하나님의 임재 앞에서 겸손과 경외로 반응할 줄 아는 자신을 발견할 것이다.

오늘날 성경 해석학계에서는 전에 성경으로부터 교권적인 절대 진리를 추출하던 주해 방식에 관하여 의문을 제기하고 있다. 왜냐하면 (아는 것이 힘인가? 하는 질문에서 표현되듯이) 이런 진리나 지식들은 때로는 성경의 권위를 오용하도록 만들었다.

(1장에서 논의한 바와 같이) 우리의 설교에서 발견되는 가부장적이고 계급구조적이고 권위적이며 획일적인 스타일은 이제 지양하고, 회중의 다양한 필요에 좀 더 민감하게 대응할 수 있는 여지를 확보해야 하며, 예전에 선호했던 본문 해석의 우월적인 특권을 여전히 고집하는 것뿐만 아니라 오직 한 가지 올바른 해답이나 메시지만을 고집하는 것을 버리고, 다양한 가능성을 담고 있는 성경 본문 자체의 다차원적인 속성에 대해서도 열린 태도를 가져야 한다.

예전에 우리 설교자들은 어느 한 가지 본문 주해 방법을 동원하여 너무나도 쉽게 절대적으로 확실한 진리의 핵심을 너무나도 쉽게 결정할 수 있다는 자만심에 빠져 있었다. 이런 과도한 맹신에 담긴 심각한 문제점은, (무의식적으로?) 하나님의 이미지를 정형화시켜서 우리의 조그만 구상 속으로 밀어 넣어 응고시키고, 그분을 우리의 고정관념에 맞게 무능력한 존재로 길들일 수 있다고 생각한다는 것이다.

이런 고정관념 현상은 특히 남아공 화란개혁교회(the Dutch Reformed Church)내의 소위 "국가 설교"(national preaching)의 영역에서 특히나 심각하게 나타났다. 이 설교 운동에서는 하나님의 존재와 행위가 전적으로 "유비적인 조직체계"(analogic schematism) 형태에 따라 결정된다. 이 방식의 설교 안에서는 인간과 하나님의 고정된 이미지가 반복적으로 전개되며, 결코 반복될 수 없는 과거 성경의 상황과 사건들이 전혀 바뀌지 않고 오늘의 상황과 사건으로 전이되면서, 결코 비교할 수 없는 하나님의 역동성과 놀라운 구원 행위가 청중의 현재 상황 속에서는 위험할 정도로 축소되고 만다. 그렇게 되면 현대의 청중들은 인본주의적인 도덕주의의 울타리 안에서 정확하게 과거와 동일한 방식으로 하나님이 활동하실 것으로 확신할 수 밖에 없다. 그래서 이런 전통에 속한 설교자들은, 아프리카너들(the Aprikaners)의 민족적인 정체성을 예전에 이스라엘 백성들이 경험했던 것과 정확하게 일치시킬 목적으로, 계속해서 반복하여 "오늘 이것은 정확히 과거와 같습니다"라거나 "오늘 하나님은 정확히 예전의 이스라엘 시대처럼 일하십니다"라고 말한다. 이렇게 하여 이들 설교자들은 예전의 하나님은 또한 우리를 위한 하나님이라고 청중들에게 확신시키려고 한다(Cillers 1994 참고).

하지만 하나님은 어떤 고정관념이나 절대적이고 변함없는 확실성에 얽메일 수 없다. 그래서 철저하게 다른 하나님에 관하여 증언하는 성경 본문은 전혀 거리낌이 없이 우리의 상식과 완전히 배치되거나 심지어 비논리적으로 하나님에 관하여 증언한다. 사실 유대교 전통에서는 (특히 소위 "미드라쉬 학파") 성경 본문에서 의도적으로 한 가지 의미만 확정하는 것을 피하고 참 진리를 찾아서 다양한 해석을 추구한다. 예를 들어 브루그만(Brueggemann 1995:316)은 이런 해석 전통이 아마도 한 가지 꿈에 대하여 다양한 의미의 해석을 시도하는 프로이드의 꿈치료(dream therapy)에 영향을 주었을 것이라고 지적한다. 성경 본문을 읽고 해석하는 것과 꿈을 해석하는 것 사이에는 상당한 유사성이 있는 것 같다.

하지만 성경 본문은 강제로 우리의 고정관념을 허물지 않고 오히려 유쾌하고 매력적인 방식으로 새로운 가능성을 제안하여 현재 상태에 대하여 질문하게 만든다. 이런 방식은 틀에 박힌 공식이나 무기력하고 지루한 관습들, 더 이상 청중에게 위협이나 도전을 주지 못하고 죽어버린 진리를 관통한다. 성경 본문은 그 속에 들어있는 풍성한 부요함을 축소시키는 것에 대항하며, 그 진리를 종교인들의 국수적인 도덕에 끼워 맞추고 적응시키는 것에 대항하며, 경건한 사람들이 쉽게 다룰만한 어떤 것으로 축소시키는 것에 대항한다. 그래서 설교하는 것은 본문의 수많은 음성을 경청하는 것이고 본문의 가락에 맞추어 춤추는 것이다. 하지만 우리는 너무나도 자주 우리 자신의 단조로운 악기에 맞추어 놀기를 원한다.

1) 새로운 세상을 향하여 문을 열기

이상의 논의는 설교에 어떤 함의를 제시하는가? 일반적인 원리로 말하자면 이렇게 말할 수 있다. 성경의 본질을 새롭게 발견하고 성경의 다차원성을 새롭게 이해한 사람이라면 (좀 더) 상상력을 발휘하여 설교할 것이다(Cilliers 1994:585ff; 자세한 내용은 6장 참고). 성경은 낯설지만 구원하는 세상을 제시하며, 우리가 익숙하게 살아온 일차원적인 세상을 관통하여 놀랍게 만들고 자극하여 새로운 전망을 드러내서 새 세상으로 인도하며 복음적인 대안을 받아들여 살아내도록 이전 것을 벗겨내어 새로운 세상을 제시한다(Brueggemann 1989:7).

설교한다는 것은 성경 본문을 제시하고 성경 본문이 회중에게 확증하는 분을 지시하여 그들로 하여금 본문을 통하여 하나님이 다스리는 새 세상을 보도록 하는 것이다. 설교한다는 것은 본문이 지시하는 새로운 상상을 얻는 것이고, 그 세상이 우리의 세상이 되도록 하는 것이며, 본문의 장엄한 안경을 통해서 청중이 이전에 놓쳤거나 별로 중요하게 여기지 않았던 것들을 새롭게 바라보도록 안내하는 것이다.

그래서 설교는 하나님의 나라는 이와 같다고 말하는 것이다.

"이와 같음"은 일종의 상상력을 발휘하여 "창조하는 같음"(creative like)이며, 우리가 살고 있는 이 세상을 천에 물들인 그림처럼 비교하여 기존 세상을 전복하는 것이고, 우리를 속박하고 구속하는 모든 관념론이나 사상에 대항하여, 새로운 가능성을 지시하고 하나님의 말씀을 통해서 유비하는 새로운 세상의 가능성을 창조하는 행위이다. 설교에서 "이와 같음"을 말하는 것은 하나님의 파노라마로 이어지는 관문을 여는 행위이고 감추고 있는 베일을 걷어내서 사람들로 하여금 새롭게 바라보도록 하는 것이다.

이런 결과는 꼭 회중에게 위대하고도 독특하며 보편적인 진리를 제시함으로써만이 얻어지는 것은 아니고, 특정한 정황에 속한 회중들에게 매 번의 설교에서 특정한 본문을 잘게 쪼개어 제시하는 방법을 통해서도 충분히 가능하다. 짧은 본문일지라도 하나님의 위대한 파노라마에 대한 조그만 관점을 제시하여 결국 회중으로 하여금 하나님 나라의 거대한 유비에 눈뜨게 할 수 있다.

그래서 각각의 설교는 마치 여러 렌즈가 있는 꿀벌의 눈에 달린 작은 창문과 같다. 각각의 창문은 다른 창문의 도움이 없이는 완전하지 않지만 결국 서로가 연합하여 온전한 전망을 제공한다. 이와 같이 설교도 여러 본문의 창문을 도움 받아서 청중에게 하나님 나라에 대한 완전한 전망을 제시하면, 매 주일에 기쁨과 경외감이 가득하고 때로는 슬픔과 낙심 가득한 어린이들처럼 빛나는 눈을 가진 우리 신자들에게 새롭고도 놀라운 장면들이 눈 앞에 펼쳐진다.

하나의 창문이나 그림을 고집하는 설교는 자기 나름대로 절대적인 진리를 고집하지만, 하나님의 광대한 파노라마에서 고립되어 편파적이고 전혀 상상력을 찾아볼 수 없다. 반면에 상상력을 발휘하는 설교(imaginative preaching)는 폭넓은 전망을 제공하여, 우리의 일상적인 교훈이나 교리, 또는 도덕주의적인 설교와 대비시킨다(그런데 도덕주의 설교처럼 상상과 무관한 설교도 없다. 이런 설교는 그저 우리 자신의 모습만을 계속 투영할 뿐이다. 이 얼마나 지루한가?). 상상이 가득한 설교는 마치 치유와 같이 청중을 이전의 일차원적인 세상으로부터 하나님 나라에 관한 다채롭고도 깜짝 놀랄만한 장면 속으로 인도한다.

우리 설교자들은 성경 본문에 대하여 철저하면서도 신실한 소통과 해석 작업이 없이는 상상이 풍부한 설교를 전할 수 없다. (신학적이고 학문적이며 기도와 신실한 노력이 동반된) 본문 주해 작업은 청중에게 제시하는 장면을 더욱 선명하게 만들어주는데, 이런 선명성이 없이는 설교자가 보여주는 성경의 장면이 흐려질 수밖에 없다. 여기에서 필자가 강조하려는 것은 설교자가 자기 주도적으로 본문의 의미를 파악해야 한다는 의미보다는 본문 속의 하나님이 독자를 붙들어야 한다는 의미이다. 그래서 성경 본문은 독자가 이성적으로 분해하고 분석하여 연구하는 객관적인 목표라기보다는, 독자가 그 세계 속으로 인도받아서 자신의 인생을 조사받고 평가받는 새로운 세상이어야 한다. 성경 본문과 관계를 맺는다는 것은 그저 성경이란 유리창을 멀리서 바라보는 것이 아니라 그 유리창을 통과하여 궁극적으로는 유리창 건너편에 펼쳐진 새로운 세상을 바라보는 것이다(Ricoeur). 또 설교는 그 내용이 단순히 정확하고 옳다는 의미에서만 아름다워서는 안되고, 하나님을 우리가 마음 속으로 생각하거나 기도하는 것 이상의 놀라운 방식으로 우리에게 제시해야 한다.

다시 반복하거니와 성경 본문을 철저하고도 깊게 들여다본 사람만이, 그 안에서 상상 가득한 방법으로 본문과 관계를 맺을 수 있는 자유를 얻는다. 이런 노력이 없이는 자신도 기존 세상에서 자유롭지 못하고 또 남도 자유롭게 할 수 없다. 파데레프스키(Paderewski)가 친절에 관하여 이렇게 말한 적이 있다.

천재이기 전에 먼저 나는 민달팽이였다.

이와 마찬가지로 설교자도 설교로 청중 앞에 놀라운 드라마를 연출하기 전에 먼저 본문을 경청할 줄 알아야 한다.

칼 바르트가 학생들에게 마지막 수업을 진행해야 했을 때의 일이다. 칼 바르트는 히틀러 총통에 대한 충성을 맹세하기를 거부했다. 그리스도에 대한 기존의 충성을 배신하는 것이라는 자신의 신념 때문이다. 그래서 히틀러는 그를 독일에서 추방하려고 했다. 이제 칼 바르트는 24시간 이내에 독일을 떠나야만 했고 학생들에게 마지막으로 부탁할 시간도 얼마 남지 않았다. 그때 그가 학생들에게 전한 마지막 말은 이랬다.

> 여러분이 이행해야 할 가장 중요한 것은 첫째도 성경 주해(exegesis)이고 둘째도 주해이고 셋째도 또 다시 주해하는 것입니다.

이 부탁은 우리에게도 해당된다.

2. 성경의 인성

성경은 전적으로 인간의 말이다. 달리 말하자면 성경은 여타의 다른 책과 같은 책이고, 여타의 다른 문학작품과 같은 문학작품(literature)이다. 성경은 하늘에서 직접 떨어지지도 않았고 천사들이 기록한 것도 아니다. 이와 달리 성경은 사람에 의하여 기록되었고, 역사적으로 그 존재가 증명된 인물들에 의하여 그들의 고유한 개성과 문법적인 자질과 저술의 독특성, 그리고 단어와 개념의 선택의 독특성이 가미된 상태로 기록되어서 우리에게 66권의 책으로 남아 있다. 이 66권의 책 안에서 우리는 다양한 장르와 문학 전략, 그리고 내러티브의 발전의 흐름을 풍성하게 발견할 수 있다. 그래서 성경 안에는 진정한 인간성과 저자의 참다운 창조성으로 가득하다.

이런 특성 때문에, 그리고 개념과 해석 과정에서의 인간적인 요소들 때문에, 성경에는 분명한 한 가지 사실에 대하여 서로 충돌하는 것처럼 보이는 사례들이 많다(예를 들어 공관복음서가 예수의 생애와 죽음, 그리고 부활에 관하여 다양한 방식으로 보도한다). 얼핏 보기에는 어떤 본문의 내용은 동일한 사건을 전혀 다른 내러티브로 보도하는 것처럼 보인다. 이런 사례들은 성경 본문이 가리키는 역사적인 사건들을 실제 사건으로 이해하는데 의심해봐야 한다는 것을 의미하는가? 예를 들어 예수에 관한 내러티브를 지탱하는 하부구조를 사실에 입각한 실제로 인정해야 하는가? 당연히 그렇다. 하지만 분명한 점은 그런 사건들과 사실들에 대한 해석 과정은 분명 사람에 의하여 이뤄졌다는 사실이다.

이런 의미에서, 우리가 만일 성경을 책임 있게 읽기를 원한다면, 성경은 역사 과학과 언어 과학의 도움을 받아서 연구해야 한다. 본문에 대한 연구와 해석의 역사 뿐만 아니라(본문 앞에 있는 세계, 이에 대한 간략한 논의를 위해서는 Smit 1987:26ff 참고), 그 중에 특히 (소위 본문의 배후 세계인) 성경의 사회적인 배경을 연구하는 역사 과학과, 본문 자체의 세계에 관한 문학적인 속성을 올바로 이해해야 한다.

성경의 언어 속에는 그 어떤 마술적인 힘이 들어있지 않다. 성경의 단어들이 어둠 속에서 저절로 빛나는 것은 아니다. 성경의 단어들은 보통의 종이 위에 적혔고 일반적인 인쇄 과정을 거쳐서 일반적인 잉크로 인쇄된 문자들이다. 좀 더 교의적으로 설명하자면, 하나님의 계시는 성경책보다 더 위대하며, 성경보다 우선한다. 다만 성경은 그분의 계시를 기록한 기록물이며, 사람들이 그 계시 내용을 기록하였다. 간단히 말하자면, 성경책 자체가 하나님도 아니고 그분의 계시도 아니다. 그래서 (소위 성서숭배자들처럼) 예배 시간에 경배할 대상으로 하나님의 자리를 대신할 수 있는 것도 아니다 (성경을 이미 이런 방식으로 판단하고 해석한 선례들에 대한 광범위한 논의는 Vaessen 1997:36ff 참고).

성경의 인간적인 속성으로 인하여 우리 마음이 매우 자유롭고 위로가 되는 것은, 성경은 분명 하나님이 사람의 언어로 말씀하신다는 사실을 그대로 강조한다는 것이다. 즉 하나님은 온 세상을 향하여 하늘에서 거대한 확성기로 포효하지 않으시고, 말 그대로 사람의 말을 통해서 우리에게 찾아오시고 사람의 말로 우리 안으로 들어오신다는 사실이다. 이것이야말로 기적이다. 하나님이 히브리어와 헬라어로 말씀하셨고 이제 궁극적으로는 영어와 아프리칸스 그리고 한국말로 말씀하신다. 하나님의 음성은 우리가 이해할 수 있는 소리로 표현되고 전달된다. 그래서 우리는, 성경으로 기록된 하나님의 말씀이야말로 성육신하신 말씀(예수 그리스도)만큼이나 위대한 기적이라고 말할 수 있다. 성육신(인간화)하신 하나님의 동기는 우리가 성경이라고 부르는 책에 대한 하나님의 의도와도 일치한다. 이런 사실을 잘 이해하는 사람이라면 하나님의 계시의 겸손한 속성에 관하여 경외감을 가질 수 밖에 없을 것이다.

칼빈은 인간을 향한 하나님의 적응(God's adaptation)에 관하여 자주 언급했다. 하나님의 적응은 하나님의 은혜로운 경륜을 사람들에게 교훈하려는 동기를 담고 있다. 즉 우리 인간은 만일 하나님이 아래로 내려오셔서 우리에게 인간적인 방법으로 말씀하지 않으셨다면 우리는 그분을 이해할 수도 없고 그분이 우리에게 가까이 오셨음을 알 수도 없었을 것이다. 그분의 말씀이 하늘에서 비밀스런 방식으로 떨어진 것이 아니라 우리가 이해할 수 있는 개념이나 문법, 그리고 언어를 통해서 주어졌다(Berkouwer 1975:176 참고). 우리 인간의 무능력 때문에 하나님은 우리 인간의 수용능력의 범위 안에서 말씀하신다.

> 우리는 연약하여 숭고하신 하나님에게까지 도달할 수 없어서, 우리가 그분에 대한 묘사를 제대로 이해하려면 그 묘사가 우리의 수용능력까지 낮아져야 한다. 그런데 하나님이 그 묘사를 낮추시는 방식은 자신의 존재하는 그대로가 아니라 우리가 그분을 지각할 수 있는 형식으로 자신을 표현하신다(Calvin, Inst. 1/17/13, 1/11/3. 2/11/13, 2/16/2).

이는 참으로 놀라운 생각이다. 왜냐하면 이는 예수 시대의 전형적인 어떤 유대 남자처럼 예수님을 바라보면서 그분 안에서 하나님을 볼 수 없다면, 우리도 성경을 읽으면서 그 속에서 풍성한 문학 작품 이상의 것을 보지 못한다는 것을 의미하기 때문이다. 이 비유를 좀 더 확장해보자. 성탄절 카드에서 묘사하는 것과는 달리 실제로 아기 예수의 머리 주변에는 아무런 광채도 없었다. 또 그 아기 예수가 누웠던 마구간에는 지저분한 지푸라기를 황금실로 바꾸고 먼지를 번쩍이는 빛으로 바꿀만한 그 어떤 신성한 광채도 없었다. 다만 말 구유 안에는 방금 태어난 한 아이가 작게 구푸린 다리와 손톱과 발톱이 달린 손발을 오므리고서 작은 눈을 감고서 누워 있었다. 그 마굿간에서는 그 어떤 하프 음악 연주도 들려오지도 않았고 그저 우물거리는 한 아이의 소리만 가축들의 소리와 뒤섞여 들려올 뿐이었다(Cilliers 1991:37-38 참고). 루터는 이 장면을 다음과 같이 감동적으로 묘사한다.

예수는 결코 유령이 아니라 우리 같은 사람들 가운데 사셨다. 그분은 여러분과 저처럼 눈과 귀, 입, 코, 가슴, 몸, 손, 발을 가졌고 그 엄마의 모유를 먹고 자랐으며 우리처럼 먹고 마셨고, 때로는 분노하며 기도하고 때로는 슬퍼하고 우셨다.

그래서 우리는 성경을 황금빛이 빛나지만 전혀 비인간적이고 비현실적인 말만 가득한 반짝 빛나는 성탄절 카드로 바꾸지 말아야 하고, 설교도 그렇다. 왜냐하면 우리에게 찾아오신 하나님의 성육신과 우리의 수용능력에 맞추신 하나님의 적응은 참으로 위대하기 때문이다. 무엇보다도 우리에게 자신을 적응하신 분이 바로 하나님이시기 때문이다.

3. 성경의 신성

성경은 그 어떤 책이나 문학작품과 전혀 다르게 참으로 광범위하고도 거룩한 말씀이다. 이런 표현은 앞에서 언급한 성경에 대한 설명과 완전히 상반되게 들린다. 하지만 그보다는 성경을 기적이라고 불러야 마땅할 것이다. 우리는 하나님의 말씀을 인간이 사용하는 언어의 범위 안에서 들을 수 있다. 하나님의 성육신의 동기로 되돌아가 본다면, 교회 교부들은 그리스도를 가리켜서 "참 하나님과 참 사람"(*vere deus et homo*)이라고 표현하였는데, 우리도 성경에 관하여 이와 동일하게 "참으로 신성하고 참으로 인간적인" 책이라고 고백할 수 있다.

그래서 우리는 성경의 특정한 일부 책만 진정한 하나님의 말씀이고 다른 부분은 아마도 그렇지 못하다고 주장하는 것이 아니다. 그보다는 성경의 모든 말씀이 하나님의 말씀인 동시에 인간의 말이다. 앞서 설명한 바와 같이 성경은 천사가 아니라 사람에 의하여 기록되었다. 하지만 모든 성경은 아주 특별한 방식으로 성령의 감동으로 기록되었다(벧후 1:20-21).

그러므로 필자의 생각으로는 우리는 교회 교부들이 성경에 대하여 정리했던 성경의 네 가지 전형적인 특징들, 즉 성경의 권위와 필연성, 명료성, 충족성을 분명히 확신하고 고백해야 한다. 달리 말하자면 이 정경은 계시로 종료되었고, 그래서 우리는 성경 이외의 다른 곳에서 하나님의 살아 있는 음성을 찾지 말아야 한다(Berkouwer 19756:240ff 여기에서는 성경의 고유한 특징들을 광범위하게 논의한다).

성경은 그 자체로 더 이상 사람들의 변호가 불필요하다. 인성적인 관점에서 볼 때 성경 안에 모순된 사실들이 곳곳에서 발견된다고 주장할 수도 있겠지만, 성경을 신적인 차원에서 접근하면 그보다 더 많은 말을 할 수 밖에 없다. 예를 들어 성경이 사람들을 변화시킨 역사적인 사례들에 관하여 말하기 시작하면 그 끝이 없다. 수백만 수천만의 사람들이 성경 메시지가 자신들의 삶을 결정적이고 근본적으로 변화시켰노라고 고백한다. 그것이 바로 하나님의 말씀의 목적이다. 그분의 말씀은 우리를 변화시키기 위함이다. 어거스틴이나 루터, 그리고 칼빈과 같은 교회사의 위대한 인물들은 특정한 성경 구절을 통해서 말씀하시는 하나님을 결정적으로 경험하였으며, 이외에도 구름같이 허다한 증인들이 이런 사례들을 증언해 줄 수 있다. 참으로 성경은 하나님이 그분의 말씀과 성령으로 자기 교회를 모으고 방어하며 지원하는 과정의 일부분으로 사용하는, 하나님의 손에 들린 가장 중요한 도구이다(HC 21/54).

그러므로 얼마나 중요하든 관계없이 성경은 한편으로는 문학적인 해석 방법을 통해서 그 메시지를 해석할 수 있을 뿐만 아니라, 또 다른 한편으로는 성령의 내적인 조명을 통해서도 해석된다 (testimonium spiritus sancti internum). 하지만 명심할 점은 이 두 가지가 서로 대립되는 것이 아니다. 만일 성경의 신성한 차원과 인간적인 차원을 서로 대립시키면, 그 메시지는 어느 한 쪽으로 치우쳐서 편파적이어서 결국 성경의 독특한 음성을 듣는데 실패할 것이다.

그래서 성경 안에는 놀랍고도 이해 불가능한 역설이 남는다. 사람들이 성경을 기록하였지만, 놀랍게도 그 내용은 우리에게 하나님의 말씀으로 들려온다. 성경의 단어들은 어둠 속에서 스스로 빛을 발하는 것이 아니지만, 우리가 영혼의 어두운 밤을 보낼 때 마음에 거룩한 빛을 던질 수 있다.

하나님의 말씀이 우리를 변화시키기 위하여 인간의 언어 속으로 성육신하신 것이다.

4. 성경의 독특한 메시지

성경은 그만의 고유한 메시지를 갖고 있다. 성경에서 이 독특한 메시지를 듣고 싶다면, 성경 본문을 성실하게 해석해야 한다. 성경의 목적은 다양한 이슈들에 관한 (역사적이거나 과학적인) 정보를 제공하려는 것이 아니다. 이 책은 지리학이나 천문학, 의학, 물리학이나 여러분이 생각해 볼만한 그 어떤 학문을 위한 교과서도 아니다. 예를 들어 오리겐은 이미 창세기 1장은 우주 만물의 창조에 관한 엄밀한 연대기적인 기원과 그에 관한 정확한 역사적인 정보를 제공하려는 것이 아니라, 이방 신들이 아니라 바로 여호와 하나님이 하늘과 땅을 창조하셨다는 신학적인 선언을 의도한 것이라고 경고

했다. 이와 비슷하게 어거스틴이나 칼빈도 만일에 탁월한 천문학자가 되려고 한다면 성경 본문을 근거로 천문학을 연구해서는 안 된다는 점을 지적했다. 왜 불가능한가? 성경은 특정한 시대에 통용되던 언어와 배경 속에서 인간적인 방식으로 기록되었기 때문이다. 그래서 성경에서 모든 종류의 과학적인 정보(나 비밀스런 암호)를 찾아내려고 한다면, 마음 한 구석에는 "성경적으로 신뢰할만하다"고 생각할는지 몰라도, 실제로는 전혀 성경적으로 신뢰할만하지도 않으며 실상은 성경의 독특한 속성을 무시하는 셈이다. 그 과정에서 변방에 있던 쟁점들이 중앙으로 부각되면서 성경 본문의 메시지는 정당한 평가를 받지 못한다. 이는 마치 원자로를 건설하려고 하면서도 요리책에서 원자로에 관한 모든 가능한 추론들을 찾아보려고 애쓰는 것이나 다름없다. 그렇게 성경에 접근하는 것은 성경의 요점을 놓치는 것이다.

그렇다면 성경의 요점은 무엇일까? 여러분도 성경의 요점을 여러 방법으로 정리할 수 있겠지만, 필자의 생각으로는 디모데후서 3:15에서부터 그 실마리를 찾아볼 수 있다. 사도 바울은 디모데에게 다음과 같이 훈계한다.

> 또 어려서부터 성경을 알았나니 성경은 능히 너로 하여금 그리스도 예수 안에 있는 믿음으로 말미암아 구원에 이르는 지혜가 있게 하느니라.

사도 바울이 여기에서 언급하는 성경은 오늘날 우리가 갖고 있는 66권 전체로 편집된 합본이 아니라 아마도 모세오경과 나머지 책들일 것이다. 그런데 사도 바울은 여기에서 우리가 이미 예수 그리스도 안에 있는 구원의 메시지를 들었다고 말한다. 그리스도 안에 있는 구원이 바로 성경의 요점이고, 필자는 이 핵심을 전환 가능한 의미로 구약과 신약성경 전체에 적용하고자 한다. 달리 말하자면 성경의 메시지는 삼위일체 하나님의 구속 행위에 관한 것이며, 특히 예수 그리스도 안에서 명백하게 드러난 하나님의 구속 행위에 관한 것이다(3장 5. 1) (1) 참고). 그러므로 사도 바울은 주저함 없이 고린도교회에게 다음과 같이 말씀한다.

> 내가 너희 중에서 예수 그리스도와 그가 십자가에 못 박히신 것 외에는 아무 것도 알지 아니하기로 작정하였음이라
> (고전 2:2).

우리는 앞서 언급한 성경의 네 가지 속성을 바로 이런 성경의 요점으로부터 올바로 이해할 수 있다.

첫째, 성경은 하나님의 권위 있는 말씀이다. 하지만 이 권위는 천문학이나 고고학이나 물리학에서 찾아볼 수 있는 학문적인 권위가 아니라, 하나님께서 인간의 구원을 위하여 계시하신 독특한 메시지로서의 권위를 말한다.

둘째, 이 세상 어디에서나 그 어떤 책에서 하나님의 자비로운 구원에 관한 메시지를 들을 수 없다는 의미에서 성경은 또한 필수적이다.

셋째, 성경은 자명하고 분명하다. 성경이 의학이나 원자력에 관하여 전혀 오류가 없이 말한다는 의미에서가 아니라, 다양한 색상이긴 하지만 성경이 선포하는 구원의 메시지는 너무나도 단순해서 어린이라도 그 내용을 분명히 이해할 수 있기 때문이다.

심지어 시각장애인일지라도 성경에 예언된 사건들이 실제 사실로 일어나는 것을 충분히 이해할 수 있다(NGB 5). 성경의 의미에

관하여 종종 혼란이 발생하는 이유는, 성경의 단순성에 문제가 있기 때문이 아니라 오히려 인간 해석자의 완고함과 복잡성 때문이다. 그래서 우리 인간 해석자에게는 참으로 성경을 올바로 이해하도록 인도하는 하나님의 은혜가 필요하다.

넷째, 성경은 또한 충분하고 완벽하다. 더 이상 필요한 것이 없다. 하나님은 그 안에 하실 말씀을 다 하셨다. 그리고 그분의 마음 속에서 들려온 말씀은 하나님이 세상을 이처럼 사랑하셨기 때문이라는 것이다.

사람은 이 메시지를 오직 믿음으로만 수용할 수 있다. 성경의 목적은, 비록 앞서 언급한 바와 같이 성경 메시지를 올바로 이해하기 위하여 전혀 불필요하다는 의미는 아니지만, 언어적이고 역사적인 해석 방법론으로 본문을 쪼개서 해부하고 분석하는 것이 아니다. 성경의 목적은 경청하여 듣고 순종하며 그 말씀대로 살아내기 위함이다. 결국 사막에서 목마른 사람이 우물의 물에 대하여 한가롭게 과학적인 관점에서 여러 비판적인 질문을 던지는 것이 과연 무슨 의미가 있겠는가? 정말로 목마른 사람이라면 그곳에서 물을 마시면 살아날 것이다.

5. 설교를 위한 함의

이상의 논의는 설교와 무슨 관계가 있는가? 필자는 다음과 같이 예비적인 결론을 내리고자 한다.

- 설교자들은 "하나님의 말씀의 무오류성"과 같은 성경에 대한 특정한 믿음 뒤에 숨어서 이런 입장을 자신의 게으름에 대한 변명으로 사용할 수는 없다. 설교를 위해서는 성경 본문에 대한 엄

격한 (과학적이고 주해적이며 언어적 및 해석학적인) 연구를 선행해야 한다. 이런 의미에서 설교는 발견의 과정이며 본문 안에서 새로운 차원을 반복적으로 발견하고 새로운 세상을 시험해보는 가능성을 의미한다. 사람의 손으로 작성된 문서로서의 성경에 대한 과학적인 연구가 없이는 이는 불가능하다. 설교자들이 어떤 논리로든 언어적인 현상으로서의 성경 본문을 성실히 연구하기를 주저하도록 만드는 입장을 고집한다면(때로는 성경의 신성한 속성의 일부분을 지나치게 고집하는데서 이런 입장들이 나타나기도 하지만) 결국 그들은 심각한 실수를 할 수 밖에 없다.

- 하지만 성경 본문을 해석할 때 동원하는 과학적인 해석 방법이 너무 비평적이거나 파괴적이면, 설교자들은 성경 본문에 대한 신뢰를 잃어버리거나, 본문으로부터 하나님의 음성을 들을 수 있다는 기대감을 잃어버릴 수도 있다. 과학적인 해석 방법은 본문의 입에 재갈을 물리는 것이 아니라 본문의 메시지를 더 잘 듣기 위한 원동력이다. 설교를 위해서는 본문에 대한 과학적인 해석 방법이 필요하지만, 과학적인 해석 방법 그 자체를 설교하는 것은 아니다.

- 설교자들은 성경의 핵심적이고도 고유한 메시지에 집중해야 하며, 귀찮은 쟁점들에 관한 여러 전문적인 논쟁에 휘말려들지 않도록 주의해야 한다. 사실 설교자가 귀찮은 이슈들에 대하여 지나치게 관심을 쏟는 것은, 본문의 핵심 메시지가 고발하는 책망에 대한 자신의 당혹감을 감춰보려는 (무의식적인) 시도일 수도 있다. 설교자가 그렇게 특정한 본문에서 지엽적인 쟁점들에 대하여 깊이 있고 열띤 논쟁에 휘말려서 고민하고 생각하는 것은, 사실 본문의 중심 메시지가 요구하는 것과 정면으로 배치될 가능성이 있다. 그래서 설교자들은 성경 본문의 중심 메시지가 설

교의 핵심 내용이나 스타일과 배치되거나 방해하지 않도록 특별히 조심해야 한다. 참으로 끔찍한 일이지만 가끔 설교자들은 마치 하나님께서는 전혀 자유케 하시는 분도 아니시고 실제로 임재하시는 분도 아니시고 어제나 오늘이나 영원토록 동일하신 분도 아닌 것처럼 설교하는 경우가 있다(3장 7. 참고).

- 성경은 하나님께서 사람들에게 말씀하시는 책이기 때문에, 이 말씀에 대한 설교는 구원에 관한 정보를 단순히 사람들에게 이성적으로 전달하는 것이 아니라 구원하시는 하나님의 사건의 일부분이어야 한다. 그분의 말씀과 그래서 그분의 말씀에 대한 설교는 단순히 정보를 전달하는 것이 아니라 사람을 변화시킨다. 칼빈의 잘 알려진 표현에 의하면, 그리스도의 보혈이 청중 위에 떨어지는 때는, 설교자가 복음을 설교하여 천국 문이 그들 앞에 열리는 때라고 한다. 하나님의 말씀의 기적은 그 말씀이 성경이 되었고 성육신하신 말씀이 다시 설교를 관통하는 데서 나타난다. 하나님 말씀의 실재가 인간의 말의 실재 속에서 공명한다. 여기에 설교의 희망이 달려 있다(2장 3. 참고).

- 짧게 정리하자면, 설교는 전적으로 신성한 말씀인 동시에 전적으로 인간의 손으로 기록된 문서로서의 성경을 존중해야 한다. 연구에 의하면 흥미롭게도 도덕주의 설교는 이러한 이중적인 상호관계를 분리시킨다. 도덕주의 설교의 전형적인 특징은 한편으로는 성경 본문의 역사성을 제거하여 성경을 마치 무시간적으로 하늘에서 떨어진 말들의 목록처럼 다루거나, 또 다른 한편으로는 성경의 신학 즉 하나님의 자비로운 행동이라는 성경의 핵심 메시지를 인간화시켜서 인간의 자기 개선을 위한 도덕적인 호소로 변질시킨다(Greidanus 1970:85-86). 도덕주의 설교는 청중 내면에 복음 대신에 종교적인 교훈과 평가를 위한 일련의 목록을 제

공한다. 하지만 이것으로는 사나 죽으나 그 누구라도 위로할 수 없다(성경에 대한 도덕주의적인 오용 사례는 4장 7. 참고).

이상의 내용들을 고려할 때 더욱 분명해지는 것이 있다. 성경은 교회의 주님이 우리에게 주신 보화라는 사실이다. 성경 속에는 생명을 주는 언어들이 들어 있다. 성경은 성경을 통해서 일하신다. 만일 참된 설교자가 되기를 원한다면, 이 성경 말씀을 진정으로 올바로 경청하는 방법을 배워야 한다.

6. 설교의 비밀: 본문의 음성을 경청하기

1) 하나님의 위로에 도취하기

성경의 일점일획이라도 때로는 한 사람의 인생과 교회 역사의 진로를 새로운 방향으로 인도하기에 충분하다. 헤르만 콜브뤼게(Hermann F. Kohlbrugge)의 경우도 그렇다. 그는 로마서 7:14에서 콤마[1]의 위치를 연구하는 가운데 심지어 중생한 사람일지라도 자랑

---

[1] Kohlbrugge가 헬라어 본문 14절을 연구하는 가운데 위로를 받은 것은 "육신에 속하여 죄 아래 팔렸다"는 구절 다음에 위치하는 콤마였다. 본문의 내용은 "우리가 율법은 신령한 줄 알거니와 나는 육신에 속하여 죄 아래 팔렸도다"는 것이다. Kohlbrugge가 보기에 "나는 육신에 속하여"라는 내용도 특히 이미 중생한 신자들에게도 복음의 기쁜 소식이었다. 왜냐하면 이미 중생했음에도 불구하고 나는 육신에 속하여 죄 아래 팔렸지만 오직 그리스도 안에 계신 하나님께서 나를 거룩하게 성화시킬 수 있기 때문이다. 이렇게 오직 그리스도에 집중하는 객관적인 구속의 사실에 대한 강조점을 우리는 Kohlbrugge의 신학 속에서 철저하게 발견할 수 있다(De Jong 1972:323; also Aalders 1976:79ff 참고).

할 것이 하나도 없고 성화도 하나님의 은사라는 진리를 새롭게 깨달으면서 "두 번째 회심"(second conversion)을 경험하였다. 이 경험 이후에 콜브뤼게는 이 문장의 마지막 콤마가 그로 하여금 하나님의 은혜에 흠뻑 도취되게 만들었다고 하면서 다음과 같이 적고 있다. "내가 이 콤마를 바라보았을 때 내 인생에 어떤 것이 내 마음을 그토록 휘저어 감동시켰는지 나는 잘 모른다"(그가 1833년 7월 29일에 새롭게 깨달은). 이 통찰은 곧이어 1833년 7월 31일에 부퍼탈에서 전한 그의 감동적인 설교로 결실을 맺었다(Hesse 1935:151 참고).

하나님의 위로에 도취되면 우리는 그 감동을 설교할 수밖에 없다. 하지만 그 전에 우리는 먼저 본문에 담긴 새 생명의 포도주에 흠뻑 도취되어야 한다. 그러므로 설교자들은 본문을 연구할 때 본문의 움직임과 강조점뿐만 아니라 일점일획까지 세심하게 연구해야 한다. 그리고 성령께서 본문의 의미를 투명하게 비춰주실 때까지 본문의 말씀을 성령의 빛 아래 조명해보아야 한다. 이것이 바로 설교를 위한 확정된 출발점이다. 이 점은 매우 중요하기 때문에 필자는 이 책에서도 여러 차례 강조하였다. 만일 설교자가 본문을 성령의 조명 아래 세심하게 연구하지 않으면 설교에서는 전혀 할 말이 없다. 칼 바르트의 말을 빌리자면(Karl Barth 1964:89), "성경에서 아무것도 발견하지 못한다면 설교에서 할 말도 하나도 없다."

2) 설교되지 않는 성경 말씀?

앞에서 필자가 강조한 설교의 출발점을 거꾸로 뒤집어보면, "만일 본문의 음성이 설교에서 들려오지 않는다면 그것은 설교가 아니다"라고 말할 수 있다. "성경을 연구하지도 않고 성경으로 감동받지도 않은 설교는 몰아내야 할 대상이요 이 세상에서 아빠나 엄마가 없는 고아나 마찬가지이다"(Craddock 1985:27).

오늘날 얼마나 많은 설교가 마치 고아처럼 성경 본문의 근거가 없이 선포되고 있는가 하는 것은 쉽게 해결되지 않는 문제이다.

오늘날 남아공교회에서 걱정스러울 정도로 상당한 비중을 차지하는 설교들이 전형적으로 "본문 없는 설교"(textless sermons)로 간주될 수 있다(라디오 방송 설교를 주로 살펴볼 때, Cilliers 1996:11 참고). 그렇다면 제기되는 질문은, 정확히 어떤 설교가 성경적인 설교(scriptural preaching)인가? "성경에 충실한 설교"를 결정하는 요소는 무엇인가? 성경적인 설교의 특징은 무엇인가? 이 질문에 대하여 서로 다른 입장을 제시할 수 있다.

그래서 이 질문에 대하여 칼 바르트의 의견에 귀를 기울여 볼 필요가 있다(Karl Barth 1964:89-92). 그는 성경에 깊게 뿌리내린 설교의 다섯 가지 특징을 다음과 같이 제시한다. 간단히 소개하자면 다음과 같다.

- 첫째, 성경을 신뢰하라. 설교자는 성경만으로 충분하고, 인생의 질문에 대한 해답을 찾기 위하여 다른 곳을 찾을 필요가 없음을 분명히 확신해야 한다. 만일에 설교자가 설교에 다양한 실천적인 교훈들을 반복적으로 첨가한다면, 성경에 대한 신뢰가 부족하다는 뜻이다.
- 둘째, 성경을 존중하라. 설교자는 인생에 필수적인 질문에 대한 해답을 성경 안에서 찾을 수 있다는 기대감을 가지고 성경을 읽어야 한다. 성경을 이런 자세로 읽는 것은 달리 말하자면 눈을 성경 본문에 집중하여 천천히 그리고 세심하게 읽으면서 본문의 단어를 입 밖으로 중얼거리며 발성해보고 그 안에서 새로운 진리를 발견하는 경외감을 가지고 읽는 것을 말한다.

- 셋째, 성경 본문의 의미를 발견하려는 의식적인 집중력과 혼신의 열망을 가지고 읽어라. 이러한 의식적인 성경 독법에는 본문에 대한 주해 작업과 역사적이고 문법적인 배경에 대한 연구도 포함하지만, 그 본문의 신학과 핵심적인 하나님의 은혜, 그리고 이 세상 사회를 향한 하나님의 메시지를 경청하려는 열망도 포함된다.
- 넷째, 본문을 통해서 자신의 이전 생각이 반복적으로 수정되도록 의지적으로 허락해야 한다. 왜냐하면 우리의 생래적인 본능 속에는 우리가 선호하는 신학적인 구조나 관념을 때로는 은밀하게 또 때로는 명백하게 본문에 복사하여 아전인수격으로 해석하려는 뿌리 깊은 경향이 자리하고 있기 때문이다. 그래서 모든 성경 본문으로 복음전도나 선교, 혹은 사회 정의에 관하여 우리가 원래 가지고 있었던 입장을 지겹도록 그대로 반복하여 말하도록 본문을 압박하기 때문이다.
- 다섯째, 하나님의 말씀의 능력으로 자신이 감동을 받도록 허락해야 한다. 성경은 단순한 인지적인 지식을 전달하려고 기록된 것이 아니라 성경에 의한 영감을 경험하도록 우리를 초대하려고 기록되었다. 성경은 생명이 없는 죽은 편지가 아니라 그 속에서 성령 하나님이 역사하셔서 "살아 계신 하나님이 이 본문을 통해서 나에게 무엇을 말씀하기를 원하시는가?"라는 질문에 반복적으로 응답해준다.

설교가 확보하고 있는 성경적인 근거는 다양한 차원에서 구분하여 평가해볼 수 있다. 예를 들어 설교 시간에 설교자가 (때로는 음성으로) 여러 성경 본문을 인용하지만, 실제로는 그 본문의 의미를 선명하게 파헤치지는 않는 경우가 있다. 또 성경 본문을 암시적으로 활용하는 설교도 있다. 달리 말하자면 설교 시간에 어떤 본문을 직접 인용하지는 않지만, 그 본문의 신학적인 의미가 설교 저변에 깊이 스며들어 있는 경우도 있다. 이런 설교에서 성경 본문은 겉으로 명확하게 나타나지는 않지만, 성경 본문의 메시지가 여전히 설교 속에 스며들어 있어서 성경 본문과 설교 사이의 탯줄이 잘려나가지 않았다고 말할 수 있다. 또 본문을 열심히 주해는 하지만, 본문과 회중 사이의 교량을 효과적으로 건너지 못하고 본문의 세계 속에 매몰된 설교도 있다. 성경 본문의 매 구절을 하나씩 주해하면서 진행되는 소위 강해설교(expository preaching)라고 불리는 설교가, 오늘 회중의 상황에 적합한 적용점을 충분히 제시하지 못하거나, 주해 다음에 마치 간단한 부가물처럼 적용사항을 던지면서 마무리되는 경우도 있다. 또는 본문을 설교의 기초로 사용하려고 하지만 성경 본문이 설교에서 충분히 깊게 다뤄지지 못하여, 성경 본문은 그저 선택이 가능하거나 교환 가능한 다른 영적인 메시지를 위한 일종의 장식품에 지나지 않은 경우도 있다. 그런 설교도 이론상으로는 기독교 설교라고 불릴 수 있겠지만, 실상은 특정한 본문의 고유한 영향력과 독특한 맛을 놓치고 있다. 그래서 참다운 성경적인 설교란 매우 어려운 문제인 것이 분명하다. 성경 말씀이 특정한 순간에 모든 장애물을 혁파할 수 있으며, 그 본문의 말씀이 우리 인간의 모든 서투름을 극복할 수 있는 것은 분명 하나님의 기적이다.

어떤 경우든 분명한 사실이 하나 있다. 설교를 준비하여 만들고 재구성하는데 성경에 대한 설교자의 생각보다 더 탁월한 것은 없다. 설교자는 최소한 성경 본문이 말할 것뿐만 아니라 고유한 음성을 갖고 있음을 인정해야 하며, 성경 본문은 아무리 사용해도 고갈되거나 줄어들지도 않고 과거의 본문과 오늘의 독자 사이의 역사적인 간격도 결코 멀어질 수도 없음을 분명히 확신해야 한다. 무엇보다도 성경은 단순한 하나님의 말씀이 아니라 그 속에서 계속 반복적으로 들려오는 하나님의 음성이다. 그 음성이 반복되더라도 그 말씀의 능력이 어떤 식으로든 결코 줄어들지 않는다(Calvin). 그 말씀은 항상 예리한 음성의 능력을 간직하고 있어서, 좌우에 날선 어떤 검보다도 예리하여 혼과 영과 및 관절과 골수를 찔러 쪼갤 정도로 날카롭다(히 4:12). 성경은 우리 구원의 대헌장이고 구원과 영생을 설교하기에 충분한 모국어를 설교자에게 제공한다. 만일 이 엄마로부터 충분히 양육 받는다면 설교자 여러분은 강단에서 결코 영적인 고아처럼 설교할 수는 없을 것이다.

오늘날의 상황을 살펴보면 설교가 앞으로는 더 이상 성경적인 설교의 명맥을 지켜가기 어려운 것처럼 보인다. 설교에서 전혀 다뤄지지 않거나 아주 미미하게 다뤄지는 여러 성경 장르들이나 부분들이 많다. 이런 경우에 성경은 분명 전혀 설교되지 않고 닫힌 성경책일 뿐이다(*ungepredigte Bibel*, Bohren 1996:92-94; also 1971:110ff). 남아공의 설교에 상당히 부정적인 영향을 주는 도덕주의의 파괴적인 영향력은, 설교자가 너무 성급하게 본문에서 벗어나거나 또는 성경 본문의 세계를 전혀 방문조차 해 보지도 않았기 때문에 나타나는 증상이다(Cilliers 1996:13, 24 참고). 설교의 세계에 구축되는 다음 한 가지 법칙이 있다. 성경에서 벗어난 설교자들은 대부분 즉시 활용 가능한 해답을 찾아서 아무런 저항도 전혀 느끼지 못하고 본문이 전하려는 복음을 짓밟고서 성경의 세계 바깥으로 나가버린다.

하지만 우리 설교자들은 본문을 고수하도록 부름 받았으며, 그래서 설교가 능력 있게 진행되기 위해서, 설교자는 먼저 마치 편안한 고향으로 돌아온 것 같은 느낌이 들 때까지 본문의 세계 속으로 들어가서 깊이 머무르면서 연구하여 본문으로부터 들려오는 음성을 들을 수 있어야 한다. 성경 본문과 소통하려면 설교자는 성경 말씀을 겉만 번지르르한 상투적인 표현이 아니라 낯설고 역전시키는 하나님의 말씀으로 인정하여 내면에 받아들여야 한다. 그러면 성경책을 덮은 다음에도 그 말씀이 마음 속에 계속 하나님의 음성으로 남아 있을 것이다(Brueggemann 1987:7-11 참고). 우리 설교자들은 성경 본문의 세계에 방문하고 또 계속 다시 방문하여 그 본문을 거듭 씹듯이 묵상하여 그 깊은 맛을 느끼도록 부름을 받았다. 그래서 만일 성경을 읽고 묵상하며 연구하는 일에 충분한 시간을 들이기를 원하지 않는다면(시 1:2), 강단 위에서도 시간을 보내지도 말거나 아니면 다른 일에도 시간을 보내지 말아야 한다.

루터에게는 성경 본문을 거듭 묵상하는데 시간을 보내는 것이 매우 중요했다. 그는 하나님의 말씀을 먹고 섭취하여 소화한다는 성경적인 유비의 중요성을 잘 이해했으며(예를 들어 암 8:11, 시 19:11, 계 10:10; also Bohren 1986:75ff 참고), 그렇게 반복적으로 섭취하여 묵상하는 과정을 가리켜서 "진정한 묵상의 핵심"이라고 말했다. 묵상이란 성경 본문을 반복적으로 읽으면서 하나님의 말씀을 마음 속에 새기는 과정이다(*meditari porpri est reminare in corde*). 그래서 우리 마음은 신자가 하나님의 말씀을 소화하는 위장이나 마찬가지이다.

이 묵상의 과정에서 신자의 지성과 정서가 서로 결합하여 하나님의 말씀을 올바로 이해하고 소화한다. 반복적으로 씹어 묵상하는 행위(rechewing)는 단순히 인지적인 문제가 아니라 하나님의 말씀을 감정의 차원에서까지(*cum affecto*) 소화하는 것이다. 말씀을 반복적으로 씹어 묵상하는 가운데 하나님을 향한 거룩한 감정이 샘솟는다. 루터에게 있어서 이 과정은 전적으로 기독론으로 지배를 받았다. 즉 예수 그리스도의 모든 생애와 고난을 마음 깊이 묵상하는 가운데 그 마음이 감동을 받아 따뜻해지며 성령의 능력과 영적인 영양분을 공급받는다. 그래서 묵상을 통해서, 동전의 양면과 같이,

우리가 본문의 세계 속으로 들어가면 다시 본문이 우리 속으로 들어온다.

루터는 이런 사실을 다음과 같이 독특하게 설명한다. 밤에 본문을 붙잡고 마음 속으로 거듭 씹어 묵상하고 씨름하면, 밝아오는 아침에는 밤이 물려준 유산으로서 새로운 날의 은혜로 말미암은 빛으로 그 풍성한 맛을 음미할 수 있다. 때로는 성경 본문이 여러분의 영적인 근육 속으로 흡수되서 그 말씀이 자신의 실존의 일부분이 될 때까지, 시편 한 편 전체나 그 가운데 한 구절을 하루 종일 또는 일주일 내내 반복적으로 깊이 씹듯이 묵상하는 것이 필요하다. 짧게 말하자면, 말씀을 섭취하지 않고서는 그 말씀으로 다른 이들을 양육할 수 없다(Meuser 1983:88 참고).

그래서 설교자의 영성은 일반적으로 기도를 통해서 명확하게 드러날 뿐만 아니라(6장 참고) 맹목적인 기도가 아니라 기도가 설교자의 내면세계에서 성경 본문과 연결되는 방식을 통해서도 명확하게 드러난다. 만일 아무런 의무감도 없이 그저 (설교에 관한) 정보를 얻어낼 목적으로 성경을 읽는다면, 묵상의 의미를 제대로 이해할 수 없다. 성경 본문을 읽고자 하는 사람이라면, 소풍놀이를 위해서나 맛있는 식사를 위하여 기대감을 가지고 자리를 잡고 앉듯이 본문에 대한 강한 기대감을 갖고 읽기 시작해야 한다. 또 달리 말하자면 본문을 읽고자 한다면, 그 본문의 감정과 분위기를 향하여 자신의 온 마음을 열어야 한다(4장 6. 4) 참고). 물론 이 감정과 분위기는 그저 감상주의를 말하는 것이 아니다. 성경 본문을 제대로 읽고자 하는 사람은 그 본문 위에 눈물을 쏟을 준비를 해야 하고 본문의 탄식과 함께 절규할 각오를 해야 할 뿐만 아니라 본문의 리듬과 멜로디에 맞추어 춤도 출 기대감도 가져야 한다. 어떤 경우든 성경 본문을 제대로 읽고자 한다면, 이 본문 안에서 내가 죽고 다시 살아난다는 것을 분명히 명심해야 한다.

　성경 본문의 분위기와 스타일, 그 의미와 아우라의 모든 것들이 마치 스펀지에 스며든 물처럼 우리의 설교와 예배에서 모든 말과 행동, 모든 침묵과 순간들 속에 깊이 스며들어야 한다. 예를 들어 시편 130편을 읽는다면, 정말로 깊은 절망의 수렁 속에서 누군가를 애타게 부르듯이 읽어서 본문 낭독과 이 본문에 대한 설교가 깊음 가운데에서 울려오는 음성이 되게 해야 하고 회중 가운데 동일한 입장에서 깊은 절망 중에 있는 사람들이 그 음성을 자신의 음성으로 동일시할 수 있어야 한다. 또는 시편 88편을 읽는다면 무덤에 눕기를 싫어하는 것이 과연 어떤 심정인지를 전혀 모르면서 그 본문을 제대로 읽을 수는 없다. 또는 하나님의 신실하신 사랑이 더 이상 주체할 수 없을 정도까지 채우시는 것을 전혀 경험해보지도 않으면서 시편 100편을 설교하려고 한다면 차라리 침묵하는 것이 더 낫다.

　요점은 설교와 예배가 성경 본문을 십자가에 못 박아서는 안 된다는 것이다. 성경 본문이 설교와 예배를 관통하도록 해야 한다. 이를 위해서 꼭 필요한 것은 본문에 철저한 설교와 예배이다(Bohren). 특히 예배 인도자의 예배 인도 방식이나 인격적인 외모, 개성, 심지어 그들의 억양과 몸짓 언어, 그리고 성경 본문을 낭독하는 관례적인 방식 등등의 모든 것들은 강단에서 하나님을 지시하고 세상 죄를 대속하려고 십자가를 짊어지신 분을 가리키는 결정적인 통로이다.

　그렇다면 다음 질문은?

3) 설교자들은 어떻게 성경을 읽어야 하는가?

개혁파 목회자로서 우리는 "오직 성경"(sola scriptura)과 "모든 성경"(tota scriptura)을 함께 고백한다. 하지만 이 고백이 설교 준비 과정에서 실제로 효력을 발휘하는가 하는 것은 또 다른 문제이다. 우선적으로 확인해야 할 중요한 질문은, 설교자는 성경을 어떻게 읽어야 하는가 이다. 이 질문과 관련하여 어거스틴은 이렇게 충고한다. 성경 말씀이 마음 속으로 깊이 스며들 때까지 본문을 계속 읽고 또 읽는 것이 설교자의 최우선의 소명 중의 하나이다(Van Oort 1991:15, 1989:26 참고). 어거스틴에 의하면 사실 이것이 설교자로서는 전체 사역을 올바로 감당하기 위한 필수적인 조건이다. 이 "렉티오 디비나"(lectio divina) 과정은 최초의 단순하고도 일상적인 성경 읽기로서 인간 세상 속에서 일하시는 하나님의 행동에 관한 거대한 이야기의 흐름에 익숙해질 때까지 계속된다. 그런데 이미 이른 시기에 어거스틴이 간파한 기본적인 문제가 있다. 즉 어떤 설교자들은, 마치 닭이 정원 전체는 생각해보지도 않고 그저 눈앞에 당장 보이는 알곡 몇 개만을 쪼듯이, 하나님의 광대한 구원 내러티브 전체를 이해하지도 않고 그저 당장 눈앞에 보이는 본문만을 쪼아댄다는 것이다. 그런 의미에서 성경 전체를 균형 있게 읽도록 안내하는 스케줄은, 불리한 점도 없지는 않지만 즉흥성과 임의성을 제거해 준다는 점에서 설교자에게 매우 유리하다(비평적인 논의를 위해서는 Van der Walt & Du Toit 1999:112-119 참고).

설교학적으로 볼 때, 근면한 성경 읽기는 결코 타협불가능하고 피할 수도 없다. 설교자가 성경 어디에서든 시작하지 않고서는 결코 어디에서든 설교를 시작할 수 없다. 단순한 성경 읽기가 아니라 성실한 주해 작업을 선행해야 하며, 이를 위해서 설교자라면 주해 작업 뿐만 아니라 전체 설교 준비 과정을 감당할만한 자리를 확보해야 한다. 보렌에 의하면(Bohren 1996:85), 성경은 낭독 과정에서 고유의 음성을 획득하고 이 음성은 다시 설교자의 마음 속에 신학 연구 작업의 전제와 목표를 형성한다. 이러한 낭독 과정에서 설교자는 우리에게 입을 열어 말씀하시는 성경의 능력을 신뢰해야 한다. 성경은 그 자체의 고유한 리듬과 진동하는 에너지를 갖고 있다. 현대적인 이미지에 적용하여 표현하자면, 성경 본문은 마치 장애물을 부수고 앞으로 나아가는 파도와 같다. 그래서 독자와 설교자들은 실력 있는 서핑선수처럼 파도의 흐름을 읽을 줄 알아야 하고, 적시에 파도에 몸을 싣는 감각을 익혀야 한다. 실력을 갖춘 서핑선수 설교자들만이 이것이 결코 쉬운 기술이 아니라고 말하는 것은 아니다. 설교자가 강단에 발을 올리기 전에 먼저 여러 도약대의 도움을 받아야 할 때도 있다.

여기에서 강조할 설교의 출발점은, 성경은 혼자서 읽을 때 뿐만 아니라 예배 중에 공개적으로 함께 읽을 때에도 그 자체의 고유한 동력과 명료성을 발휘한다. 어거스틴에 의하면 설교 시간에 설교자가 설교로 해설을 덧붙이기 이전에 먼저 본문만 읽더라도 구원이 선포된다고 한다. 이 점은 분명 그렇겠지만 그래도 다음과 같은 질문이 제기된다. 그렇다면 설교자는 성경을 어떻게 낭독해야 하는가? 산산조각 나누어 성경을 읽으라는 무디(D. L. Moody)의 조언은 오늘날 설교자들이 성경 본문을 낭독하는 습관을 다시 고려해 보도록 하는데 중요한 통찰을 제공한다.

명심할 사실은 성경 본문을 읽지 않고서는 설교할 수 없다는 것이다. 그리고 본문의 음성을 듣지 않았다면 그 역시 설교할 수 없다. 이렇게 성경을 읽고 경청하는 과정을 위해서는 귀와 눈, 감촉, 냄새, 맛, 마음, 지성, 그리고 상상력의 모든 감각이 필요하다(Bugg

1992:68-76 참고). 성경을 제대로 읽은 사람만이 성경 안에서 예리한 감각으로 관찰할 수 있는 새로운 세계 속으로 들어갈 수 있다. 그 세상 안에서 여러분은 하나님이 정녕 선하심을 맛보아 알게 될 것이다(벧전 2:3 참고). 성경 읽기는 본문이 제시하는 대안 세계, 즉 복음의 세계로 들어가는 관문이다.

4) 본문의 문학 장르: 창조적인 설교의 원천

설교 준비 과정에서 성경 본문의 역할과 기능에 관한 질문도 그 다음 두 번째 차원에서 매우 중요하다. 일반적으로 설교자들은 성경을 연구하는 과정에서 설교를 위한 본문의 메시지만을 찾아내려는 경향이 강하다. 이런 노력은 우리가 본문의 형식에서 본문의 내용이나 메시지를 분리하여 추출해낼 수 없다는 사실을 잘 이해하는 조건에서는 결코 나쁠 것이 없다. 유진 피터슨(Eugene Peterson 1995:117)은 본문에 대한 "묵상 주해"(contemplative exegesis)에 관하여 다음과 같이 설명한다.

> 묵상 주해는 하나님의 내면에서 계시된 말씀을 귀에 들리는 음성으로 듣는 것을 의미한다. 묵상 주해는 또한 맨 처음에 귀에 들리게 주어졌던 방식으로 말씀을 받는 것을 의미한다. 왜냐하면 이전에 발성된 말씀을 다시 귀로 듣는 방식은 그 말씀이 말하는 내용만큼이나 중요하기 때문이다.

사실 설교에서 하나님의 말씀은 마치 오렌지에서 주스(내용)는 짜내고 나머지 껍질(형식)은 버리듯이 그렇게 본문에서 "주제"만을 추출하는 방식으로 전달될 수 없다. 하나님의 말씀을 전달하는 과정에서도 형식은 창조적인 말씀 선포를 위한 중요한 자원이다.

이 점에서 역사적이고 비평적인 성경 해석 뿐만 아니라 문학적인 해석 방식도 설교에 매우 유용하다. 문학적인 성경 해석은 설교자들로 하여금 본문의 놀라운 전환점과 뉘앙스, 그리고 움직임을 더 잘 이해해서 이런 문학적인 동력들을 설교에서 효과적으로 사용하는데 많은 도움을 줄 수 있다. 비록 이런 해석 방법론들은 설교자가 본문을 깊이 묵상해야 하는 책임을 대신해 줄 수는 없지만, 이런 해석 방법론의 도움이 없이는 본문의 세계를 제대로 설교에서 구현해낼 수 없다. 그렇다고 매번의 본문 해석과 묵상에 모든 해석 방법론들을 전부다 동원해야 한다거나 고려해서 해석해야 한다는 의미는 아니다. 다만 이러한 해석 방법론들은 설교자가 다양한 본문들을 해석할 때 비평적으로 활용될 수 있는 잠재적인 가치를 갖고 있다는 것이다(Bohren 1971:77ff 참고).

이 모든 사실들은 우리가 성경 본문에 대하여 아무리 세심하게 연구하더라도 결코 쉽게 자만해서는 안된다는 것을 교훈한다. 성경 본문은 우리의 모든 주의를 기울여서 경청해야 하고 깊이 연구하며 그 속에서 전인격적으로 씨름하고 기도하는 가운데 깊이 몰입해서 성경이 펼쳐 보이는 새로운 세계로 뛰어들어야 한다. 성경 속에 담긴 소망의 메시지는 계속해서 우리를 통해서 발견되고 발전되기를 요청하며 기다리고 있다. 그래서 설교의 예술은 그 희망의 메시지를 오고 오는 세대 속에서 계속 재진술하는 것이고(3장 5. 1) (4) 참고), 이를 위해서 우리는 본문에 깊이 몰입하여 계속 연구해야만 한다. 우리 설교자들이 가진 최후의 방편은, 결국 성령께서 일하시는 도구로 사용하시는 성경 본문 뿐이다. 하지만 이것만으로도 충분하다.

성경 본문에 지속적으로 그리고 깊이 몰두하여 경청한다는 의미는 우리 설교자들이 본문의 말씀을 경청할 뿐만 아니라 우리가 그 본문의 세계 속으로 들어가서 그 본문의 창문을 열고 그 창문 너머에서 하나님의 새로운 세계를 목격하는 것이다.

> 설교자들은 성경 본문을 바라보며 그 속으로 들어가려고 노력해야 할 뿐만 아니라, 본문을 꿰뚫어 바라본 다음에는 본문 앞에 펼쳐진 세상을 목격하는 방법도 익혀야 한다. 설교자들은 그렇게 본문 속에서 지금과 전혀 다른 세상, 즉 하나님의 대안 세계, 이 세상을 돌보시고 구원하며 소망을 제공하는 하나님께서 새롭게 가져다주시는 새로운 세상을 바라볼 줄 알아야 한다(Müller in Cilliers 1998:1).

이렇게 본문에서 하나님의 말씀을 경청하고 대안 세상을 목격하는 과정에는 다음 여섯 가지 쟁점이 포함된다.

- 설교에서 설교자들은 본문이 지향하는 근원적인 코드(the fundamental code)에 집중해야 한다(예를 들어 산상수훈을 일종의 권면과 훈계 목록으로 바꾸지 말아야 한다). 모든 성경 본문 속에는 은유나 상징, 그리고 결코 무시될 수 없는 고유한 언어적인 형식들이나 장르들처럼 특정한 코드들이 있다. 예를 들어 한 가지 성경 본문의 언어적인 형식들에 담긴 근원적인 코드가 무시되는 사례를 소개하자면, 하나님의 구원 사건에 관한 선포가 미묘하게도 구원에 관한 일종의 가능성으로 뒤바뀌거나 과거의 확정적인 시제가 미래의 인간적인 가능성이나 사람이 성취해야 할 일종의 율법으로 뒤바뀌는 경우가 있다. 그렇게 되면 청중은 자신의 노력으로 미래 구원의 가능성을 실제 구원의 사건으로

바꾸도록 행동해야 하는 인본적인 압박감을 갖게 되고, 결국 설교에서 복음의 위로는 사라지고 만다. 그러므로 우리 설교자들은 본문을 반복적으로 세심하게 묵상하고 연구해서, 본문이 추구하는 복음의 핵심을 잘 파악해서 본문 선포 과정에서 엉뚱한 뒤틀림으로 복음의 소망과 위로가 사라지지 않도록 세심하게 주의해야 한다.

- 설교에서 설교자들은 성경에서 단순히 도덕과 윤리를 전달하는 명령문이 아니라 하나님의 실제 세계를 재진술하는 방편으로 기능하는 은유 언어(the metaphorical language)의 역할에 주의를 기울여야 한다. 성경의 여러 은유들은 강력한 사례들을 제시하는데, 예를 들어 이스라엘의 선지자들이 이스라엘 백성들의 마음에 새로운 꿈과 전망을 창조하려고 선포했던 감동적인 은유들을 생각해 보라. 에스겔 선지자(37:1-14)는 마른 뼈가 살아나고 이들 속에 주 하나님의 성령으로 말미암은 새로운 시작과 새로운 변화에 대한 소망으로 가득 찬 비전을 당시 이스라엘 사람들에게 선포한다. 오늘 남아공 사람들(과 한국 사람들)도 그렇게 강력한 소망을 불일 듯 일으키는 은유의 말씀을 간절히 기다리고 있다.

- 설교에서 설교자들은 본문의 방향과 궤적에 관심을 기울이며, 본문의 목표의 의도를 그대로 실행하도록 노력해야 한다. 설교자가 이렇게 성경 본문이 의도하는 움직임(intentional movement)에 집중하려면, 다음과 같은 질문을 던지며 그 해답을 모색해야 한다. 이 본문은 어느 목적지를 향하여 나아가는가? 이 본문은 오늘의 신자들 속에서 무엇을 기대하고 성취하기를 원하는가? 모든 성경 본문은 그 나름의 특정한 방향을 향하여 나아가면서 특정한 사건을 이끌어내기를 원한다. 성경 본문 속의 수사

적인 움직임이 그 본문을 경청하는 공동체의 교회적인 반응과 결합하여 하나님의 의미, 즉 새로운 세상에 대한 소망을 만들어 낸다. 왜냐하면 성경 본문의 가장 심오한 목표는 오늘 회중의 마음 속에 새로운 소망을 고취시키는 것이기 때문이다. 성경 본문이 때로는 사람의 죄와 하나님의 심판을 언급하더라도 그 본문의 궁극적인 목적은 하나님의 백성들을 변화시키는 것이다. 본문이 위로의 메시지를 때로는 오늘의 상황에 잘 맞지 않아 보이는 이미지에 담아서 전달하거나 다양한 모습으로 전달하더라도, 본문의 궁극적인 목표는 항상 구원에 관한 복음으로 우리를 위로하려는 것이다. 여기에 바로 성경 본문의 신학적인 무게중심이 놓여 있다. 설교의 예술은 성경 본문으로부터 특정한 신학적인 위로의 메시지를 찾아내서 이를 신뢰할만하면서도 창조적으로 그리고 반복적으로 오늘 회중에게 전달하는 것이다.

- 설교에서 설교자들은 성경 본문의 사회학적인 해석(the sociological reading)에 주의를 기울이고, 본문의 특정한 역사적, 문학적, 지리적, 그리고 사회 경제적인 상황(삶의 상황, Sitz im Leben)에 세심한 주의를 기울여야 한다. 성경 본문은 갑자기 하늘에서 떨어진 것이 아니라, 과거의 특정한 역사적인 배경 속에서 기록되었다. 도덕주의 설교를 좋아하는 설교자들은 성경 본문의 역사적인 배경이나 문화를 무시하고 추상적인 "영적 교훈"이나 "도덕적인 명령"만을 강조하려고 한다. 그래서 도덕주의 설교는 본문을 비역사화시켜서 추상적인 영적 교훈만을 선호하여 쉽게 손에 잡히는 사례에 집착한다(Cilliers 1996:25ff, 4장 7. 참고). 하지만 설교자가 본문에서 과거의 역사와 문화를 정직하게 다루지 않으면, 신자들의 현재와 미래도 제대로 이해할 수 없다.

- 설교에서 설교자들은 무미건조하고 메마른 적용점보다는 본문의 적용 가능성과 관련하여 상상이 담긴 기대감(imaginative anticipation)을 고취시키도록 노력해야 한다. 달리 말하자면 성경 본문과 독자 사이에 의미의 접촉점을 구축하고 본문을 새로운 미래에 대한 기대감을 갖고 묵상하고 연구하여, 본문에서 이미 익숙하게 알고 있거나 별로 흥미가 없는 내용 속에서도 설교를 위한 새로운 은혜와 소망의 말씀을 발견할 수 있도록 해야 한다(Wilson & Gaventa 1998:397-401 참고). 본문에 대한 기대감은 기적이 탄생하여 자라나는 사육장이다. 성경 본문은 하나님의 새로운 미래에 대한 약속과 놀라운 은총에 관한 약속을 담고 있다. 이런 의미에서 소망 가득한 설교자는 창조적인 설교자랄 수 있고, 사람들의 세상 속에서 살면서도 동시에 본문의 세계 속에서 살면서, 이전에는 볼 수 없었던 새로운 가능성이 단순한 말이 아니라 실제로 구현해 내는 결과를 가져오는 새로운 말씀의 연결고리와 놀라운 연대를 창조해 낼 수 있는 사람들이다(Cilliers 1998:97ff 참고). 그럼에도 불구하고 창조적인 설교자들은 창조의 성령의 도움이 없이는 설교할 수 없음을 잘 알기에 "오소서 창조의 성령이여"(veni Greator Spiritus)라고 간절히 기도하는 사람이다(Cilliers 2000:121-122 참고).

결국 본문의 과거(배경)와 현재(수사적인 동력), 그리고 미래(지향점)를 잘 이해하면, 본문의 의미를 온전히 이해하여 성취하는데 많은 도움이 된다(이와 관련하여 Ricoeur의 공헌에 관하여 Vos 1996:58-78; 또한 더크 스미트의 명쾌한 해설, Dirkie Smit 1987 참고). 하지만 앞서 언급했듯이, 이러한 해석 방법론들은 설교를 위한 관심과 영감을 잃어버릴 정도로 지나치게 본문에 대한 비평만을 부추기거나 그 자체로 학문 연구의 목표로 변질되어서는 안된다. 이와 관련하여 어거스틴의 오래된 경구가 매우 적절하다. (성경 연구를 위한) 관련 학문들은 종종 활용할만한(uit) 가치가 있지만, 영원토록 즐거워할 것(fruie)은 오직 복음뿐이다(Van Oort 1989:8).

설교학의 입장에서는 비본질적이랄 수 있는 언어 과학으로부터 배울 수 있는 한 가지 교훈을 언급한다면, 오늘날 설교학은 본문의 내용 뿐만 아니라 문학 장르와 설교 사이에도 간과할 수 없는 중요한 연결고리가 존재한다는 사실이다. 그리고 본문의 문학 장르를 민감하게 다룰 줄 아는 사람들은 본문에 문학적인 해석 방법론 이외의 다른 질문들을 던져서 본문에서 관례적인 의미만을 얻어낼 질문이 아닌 전혀 다른 종류의 질문과 기대감을 가지고 본문에 접근해야 한다. 이와 관련하여 토마스 롱은 좀 더 폭넓은 해석 전략의 몇 가지 특징들을 다음과 같이 제시한다.

- 성경 본문의 흐름이 설교의 흐름을 결정하도록 하라.
- 성경 본문에서 대립하는 동력이 설교에서도 대립하는 동력으로 드러나게 하라.
- 성경 본문의 핵심 통찰을 설교의 핵심 통찰로 선포하라.
- 성경 본문의 분위기가 설교의 분위기에 영향을 주도록 하라.

성경 본문에 대한 이러한 접근은 근본주의의(fundamentalism) 접근 방식과 전혀 다르다. 근본주의 설교는 상당 부분 성경 본문의 역사적이고 문학적인 속성을 무시하여 설교에 상당한 폐해를 초래한다. 사실 근본주의만큼이나 설교의 창조적인 스타일을 질식시키는 것도 없다. 본문의 고유한 역사적이고 문학적인 속성을 인정하지 않고 쉽게 본문 속에 숨어 있으리라 짐작되는 무시간적이고 추상적인 진리만을 찾아내려는 설교자들은, "오직 성경"(sola scriptura)과 "모든 성경"(tota scriptura)의 의미를 제대로 이해할 수 없다. 성경 본문 속에는 수사적인 전략과 소통 전략이 가득 들어 있으며, 독자들이 감지하여 설교에서 즐기기를 기다리는 놀라운 내러티브 동력들로 가득하다. 그러한 수사적인 동력들은 추상적으로 고정된 진리를 매 번의 설교로 가져와 적용시키는 것과는 전혀 다르기 때문에 설교자가 늘 동일한 형식을 고집하면 청중은 금방 눈치챌 것이다("나는 설교자가 말하기 전이라도 무엇을 말할 것인지 벌써 짐작하겠다"). 어떤 설교자들은 본문의 수사적인 역동성을 모두 무시하고 늘 이전과 동일한 방식으로 (3대지로) 설교하거나, 서론에서는 앞으로 말할 것을 말하고, 본론에서는 그대로 말하고 결론부에서는 다시 앞서 말했던 것을 다시 반복한다(또는 기도 시간에 다시 반복하는 경우도 있다). 그래서 오늘날 설교와 지루함이라는 단어가 상당수의 사람들에게는 거의 동의어나 다름이없을 정도가 되고 말았다.

이제 설교에서 지루함은 중지해야 한다. 만일에 설교 시간에 어떤 사람이 인내심을 발휘하지 못한다면, 이는 지루한 설교 때문이다(Bohren 1971:404). 성경 본문을 읽고 그 본문에 관하여 설교하는 것은 매우 신나는 일이고 새로운 세계로 나아가는 항해이고, 그 세상을 발견한 기쁨의 시간이다(Barth). 마이크 그레이브스(Mike Graves 1997:10)에 의하면, 설교를 준비하는 일은 말 그대로 작곡가가 되는 것이고 음악 지휘자가 되는 것이다. 이들의 과제는 단순히 성경 구절에서 끄집어낸 어떤 정보나 도덕적인 교훈을 전달하는 것이 아니라 "그 구절에 관한 설교자의 생생한 경험을 소통하는 것이다. 이런 종류의 설교는 즐거운 음악을 귀로 듣는 것과 같이 지성보다는 오히려 본능을 통해서 들려온다." 그레이브스에 의하면 이런 목적을 위해서 설교자는 본문의 문학 장르를 존중해야 하며, 본문에 세심하게 귀를 기울이고서 그 본문의 분위기와 움직임을 느껴야 한다(Buttrick 1987 참고). 본문의 분위기(mood)는 본문의 독자들의 마음 속에서 일으키는 정서(혹은 감정, emotion, 마음이나 느낌의 상태)이며, 움직임(movement)이란 본문의 진행이나 구조적인 패턴과 사상들의 구분을 말한다(Graves 1997:12). 설교자는 마치 작곡가처럼 본문의 리듬을 실행할 최고의 음악을 찾아내야 하고 또한 지휘자처럼 그 음악을 최고로 적합한 악기를 동원하여 무대에서 연주로 실행해야 한다. 작곡가-지휘자와 마찬가지인 설교자는 최소한 설교자의 본문 해석의 범주 안에서 성경 본문의 단어와 이미지들을 올바로 실행할 최적의 말과 이미지들을 찾아야 한다. 또 설교자는 자기 나름의 고유한 작품을 선택하고 그 작품의 역동성을 그대로 구현할 말과 음색을 선택해야 한다(Graves 1997:18ff).

5) 성경 본문: 하나님의 얼굴을 보여주는 창문

하지만 작곡가·지휘자의 기교를 발휘하는 것이 설교자의 최종 목적일 수는 없다. 설교는 성경 본문의 예술을 수사적으로 설득력 있게 다루려는 것도 아니고 문학적인 예술성을 발휘하려는 것도 아니다. 성경 본문은 하나님의 구원 이야기를 전달하며, 하나님의 자기 계시를 드러낸다. 여기에서 강조하려는 요점은, 설교자가 본문의 세계 안에서 그 본문의 질감과 섬유조직(texere) 속에서 하나님의 계시를 경험하는 과정에서 설교자는 하나님의 복음의 살아있는 음성(viva vox evangelii)을 듣는 기회를 갖는다. 또한 설교자는 성경 본문 속에 각인된 성령 하나님의 발자국을 발견하고 그 뒤를 따라갈 수 있다. 모든 성경 본문은 하나님의 새로운 세상과 새로운 가능성, 아직 알려지지 않은 약속들, 말 그대로 하나님의 복음의 세상을 열어 보여준다. 그리고 그 속에서 복음을 자세히 설명해 주며, 하나님께서 이 세상에서 창조하시는 새 세상을 목격할 수 있도록 우리를 초청한다. 성경 본문에 담긴 복음의 말씀은 동시에 새 생명의 삶을 위한 새로운 가능성을 독자들에게 제시한다. 좀 더 보편적인 용어로 설명하자면, 성경 본문은 명령법에 근거한 직설법(또는 명령법으로서의 직설법, the indicative as imperative)과 직설법에 근거한 명령법(the imperative as indicative)을 선포한다. 설교의 비밀은 바로 이 점을 발견하여 회중과 함께 공유하는 것이다(Cilliers 2000:21-33 참고).

그러므로 설교의 근간을 이루는 질문은 다음과 같다. (성경)본문은 과연 무엇인가? 이 질문에 대하여 우리는 이렇게 대답할 수 있다. 모든 성경 본문은 매번 하나님의 고유한 얼굴을 보여주는 창문과 같다. 또는 모든 성경 본문은 하나님의 얼굴에 관한 다양성의 창문이고 새로운 통찰을 제공하는 만화경이다. 앞서 언급한 바와 같이, 성경 본문은 하나님에 관한 한 가지 진리나 해석만을 담고 있는 것이 아니다. 이런 입장은 가능하지도 않고 그렇게 선호할 만하지도 않다. 만일 독자가 본문에서 한 가지 영원한 진리만을 추출하려는 의도로 성경을 읽는다면 본문의 능력을 위축시키고 망가뜨리는 실수를 범할 수 있다. 또 독자가 본문 주해 작업이라는 광산 채굴의 체 속에서 작은 다이아몬드 원석 조각 하나를 찾아내는 데 쉽게 만족한다면, 본문의 광산을 아직 충분히 깊게 파내려가지 않은 것이다. 또는 설교에서 다이아몬드 원석이라는 본문의 한 면만을 바라보면서 다른 면으로 전혀 바꾸지 않는다면 그 풍부한 광채를 제대로 경험할 수 없다. 그래서 그 가치도 잘 모르면서 손에 보화를 들고 있는 것 같은 실수를 범할 수 있다. 나쁜 사람의 손에 들린 좋은 본문은 나쁜 본문이 될 수 있고, 좋은 사람의 손에 들린 나쁜 본문은 좋은 본문이 될 수 있다(Rabbi Tzvi Marx).[2]

설교자의 소명은 하나님의 새로운 모습과 그분의 자비로운 임재

---

2 네덜란드의 도른에서 열린 설교학회(Societas Homiletica) 세미나에서 발표된 미간행 논문에서 (2001년 6월 16-21일).

에 관한 새로운 통찰을 회중에게 소개하고 중재하는 것이다. 그런데 이 일은 성경이라는 창문을 통과하지 않고서는 불가능하다. 오직 하나님의 고유한 계시를 바라보는 우리의 눈이 성경의 특정한 본문을 통해서 열리는 특정한 렌즈에 집중할 때, 우리는 설교자로서 다른 사람들이 우리와 함께 그 렌즈를 통해서 하나님의 계시를 목격하도록 그들을 초대할 수 있다. 사실 설교의 의도는 회중이 하나님과 우리 자신에 대해서, 그리고 우리가 그 속에서 자신을 발견하는 이 세상에 관한 새로운 통찰을 얻도록 하는 것이다(3장 참고).

이 관점(또는 통찰, perspective)이야말로 우리가 서 있는 지점에서 바라보는 전망의 각도이다. 그래서 이 관점은 상황과 관계를 가질 수밖에 없으며, 하나님의 계시에 관한 또 다른 관점이나 해석도 가능하다는 것을 인정하는 의미에서 실험적일 수밖에 없다. 그래서 각각의 설교 한 편은 제한적일 수밖에 없고 마치 모든 진리의 전체 모습을 제시하는 것 같은 거만함을 주장해서는 안된다. 설교는 조각난 작품을 만드는 일이고, 회중이 성경의 렌즈를 통하여 그들 자신의 고유한 관점을 만들어내는 자유를 누리도록 그들을 열린 세계로 초대하는 일이다. 설교는 (이미와 아직의 긴장 관계 속에 있는) 종말론적인 유보에 종속된다. 왜냐하면 우리가 알고 있는 하나님의 의지도 부분적이고 선포하는 것도 부분적이지만, 온전한 것이 올 때 불완전한 것은 모두 사라질 것이기 때문이다(고전 13:9, 10).

하지만 여전히 기적은 설교와 함께 한다. 하나님은 그의 얼굴을 우리에게 보여 주셨다. 그분은 우리를 말씀으로 위로하여 소생시키기에 충분한 살아 있는 복음의 음성으로 우리에게 말씀하신다.

6) 성경 본문: 세상을 서로 연결하는 다리

이번 장에서 지금까지 논의한 내용의 함의를 간단히 하지만 다른 각도에서 정리해보자. 오랫동안 설교학계에서는 전통적으로 설교를 본문에서 설교로 진행되는 움직임(movement)으로 설명해왔다 (이에 대한 비평적인 논의를 위해서는 다음 참고. Bohren 1974:143ff). 이러한 입장에 대한 기본적인 사상의 근거는 단순하면서도 좀 피상적으로 말하자면 다음과 같다. 고대의 성경 본문과 현대의 독자나 청중 사이에는 수 세기에 걸친 간격이 존재하기 때문에 설교자는 가능한 그 간격을 연결시켜야 한다는 것이다. 이러한 다리놓기 작업은 설교자가 본문을 정확하게 주해하여 얻어낸 본문의 중심 메시지나 핵심 주제를 결정하여 그 내용을 최소한의 가능한 추론을 덧붙여서 회중에게 전달하고 그 과정에서 시의적절한 적용점을 제공함으로써 이뤄진다. 때로는 이러한 적용점(applicatio)은 본문의 역사적인 상황과 회중의 현대적인 상황 사이에 강요된 유사성라고 말할 수 있다. "오늘 우리는 예전의 베드로와 흡사하지 않은가?" 또는 "오늘날 우리는 예전에 복음의 대적자들과 투쟁했던 사도 바울처럼 여전히 투쟁한다"라는 식이다. 하지만 본문과 회중의 역사적인 정황 사이의 연속성에도 불구하고 그 연속성만큼이나 놀랍고도 분명한 불연속성 또한 분명히 존재한다. 역사의 진행 과정은 엄격한 직선으로 진행되기도 하지만 그 과정에서 우발적인 방해도 일어난다. 그래서 오늘날 우리는 사도 바울과 "아주 같지"도 않고 복음의 대적자들과 투쟁한 "사도 바울처럼 똑같이" 투쟁하는 것도 아니다. 그래서 두 세계 사이의 시간과 문화, 그리고 상황의 차이는 쉽게 연결되기 어려울 정도로 넓다(Cilliers 1994:19ff; also 4장 8. 참고).

앞에서 지적한 방식으로 진행되는 설교가 더욱 의심스러울 수밖에 없는 또 다른 이유는 관례적인 도덕주의적인 부가물 때문이다. 이 경우에 설교는 무시간적인 3단계 실천이나 세 가지 원리에 대한 주해, 또는 3가지 적용점과 훈계를 늘어놓는다(Cilliers 1996:98 참고). 이런 설교는 다음과 같다.

- 오늘 읽은 본문은 우리에게 이렇게 말씀합니다(본문의 의미를 일반적인 원리나 교훈으로 축소시킴).
- 오늘 우리의 상황에 적용하자면 이 본문의 의미는 이렇습니다 (진리를 회중의 삶에 처방시키는 적용점).
- 그러므로 우리는 이렇게 해야 합니다(새로운 행동을 촉구하는 충고들).

이러한 설교 패러다임이 오랫동안 관행으로 자리 잡혀 왔다. 이 패러다임 속에서 설교자들은 마치 스쿠버 다이버(scuba diver)처럼 깊은 역사의 바다 속으로 들어가서 값진 산호 같은 도덕적인 교훈들을 본문에서 찾아서 밖에서 기다리고 있는 사람들의 손에 최대한 상처 나지 않고 원래 그대로 건네주려고 애써 왔다(Croatto 1987:66). 또는 설교자들은 (역사적이고 비평적인 주해 방법이나 정확한 주해 작업과 같은) 고무장갑을 끼고 본문을 신중하게 분해해서 본문 속에 들어 있는 진리의 핵심을 관통해야 하는 외과의사와도 같았다(Long 1990:342; also Peterson 1995:107ff). 이런 경우에 성경 본문은 마치 밀봉된 용기를 열고 그 속에 봉인된 것을 꺼내 펼쳐보여야 하는 신비로운 보화처럼 취급되었다.

하지만 본문과 회중 사이의 이런 설교 패러다임은 여러 이유로 점차 격렬한 논쟁에 사로잡히게 되었다. 필자는 다음 세 가지 배경을 제시한다(이와 관련하여 토마스 롱의 견해 참고. Long 1990:342-343).

- 첫째, 성경을 해석하는 신학자들 사이에 오랫동안 정당한 성경 해석 모델에 관한 일치된 견해가 정착되지 못했다. 그래서 본문 해석에 관하여 철학적인 지향점들이 때로는 서로 대립하는 실정이다. 현재는 성경 해석학의 지평에 페미니즘이나 자유주의, 포스트모더니즘, 탈자유주의(postliberalism), 수용미학(reception aesthetic) 등등의 다양하고도 거대한 해석 방법론들이 군웅할거 하고 있다. 해석학 영역에 발생한 이런 변화는 의심의 여지가 없이 설교에도 맹렬한 영향을 주었다. 그 결과 "본문에서 설교로"의 움직임은 오늘날 설교학계에서는 더 이상 이전처럼 널리 알려지지도 못하고 이전처럼 그렇게 밝게 빛나지도 못한다.
- 둘째, 역사비평 방법론이나 모든 해석 방법론은 결코 중립적일 수 없으며, 모든 방법론은 의미의 본질과 관련하여 그 나름의 관념론적인 전제로부터 파생된 것이라는 견해가 점차 널리 수용되고 있다. 중립적인 방법론이란 있을 수 없다는 것이다. 하지만 그렇다고 마치 외과의사가 낡은 것이더라도 고무장갑이 없이는 외과수술을 감행할 수 없듯이, 설교자 역시 철저하게 과학적인 해석 방법론이 전혀 없이도 본문을 온전히 해석할 수 있다는 의미는 아니다. 유진 피터슨(Eugene Peterson 1995:109-110)에 의하면, 설교자가 (의심스러운 해석 방법론이나 방법론의 부재, 또는 나태한 주해와 같은) 부패한 고무장갑을 가지고 본문을 해부하려 한다면, 수술로 환자를 더 큰 위험에 빠뜨리는 의사처럼 추궁당할 수 밖에 없다고 한다. 그래서 본문 주해에는 항상 긴장이 있기 마련이다. 고무장갑과 같은 해석 방법론은 그 자체만으로는 결코 무익하지도 않고 부패하지도 않았고, 결국 사용하기 나름이다.

- 셋째, 성경 해석학 영역에서 성경이 무엇이고 성경 본문이 어떻게 기능하는가에 관한 관점이 상당한 도전을 받았다. 해석학에서의 패러다임의 전환과 아울러 성경에 대한 이해에 있어서도 불가피한 변화가 발생했다. 이러한 변화는 설교에도 결코 희석될 수 없는 강력한 축복을 초래하기 때문에 설교자들은 그런 변화를 세심하게 평가해야 한다. 필자의 판단으로 이런 변화가 설교에 미치는 탁월한 이점은, 이로 말미암아 최소한 설교와 연관지어 볼 때, 성경 본문의 전제에 관하여 그리고 본문의 가능성과 한계에 관하여 새로운 관심이 일어났다는 사실이다. "본문에서 설교로" 이동하는 예전의 설교 패러다임에서 본문은 설교자의 목표와 배치되어 두 번째로 밀려나고 만다. 본문의 일부부이나 조각이 (본문의 메시지나 중심사상 혹은 중심주제의 옷을 입고서) 설교의 다리를 건너지만, 문제는 본문 그 자체, 즉 본문의 문학적인 분위기나 모든 수사적인 동력과 전략 그리고 독자들을 향한 본문의 모든 도전과 변칙성은 건너오지 못하고 본문과 함께 그대로 남아 버린다는 사실이다. 그래서 오늘날 우리가 성경 본문을 상당 부분 우리 입맛에 맞게 길들이고 축소시키고 평범하게 만들어버렸다는 부르그만의 지적은 인정할만하다 (Brueggemann 1989:7). 부자연스러운 역사적인 유사성을 통해서 본문의 도덕적이고 때로는 아름다운 메시지가 두 세계 사이의 간격을 건너오지만, 성경 본문은 하나님의 말씀으로서의 권위를 가지고 오늘 청중에게 본문에 있는 그대로 말씀할 기회를 갖지 못하고 다리 건너편에 그대로 남아버렸다. 오렌지(본문)에서 쥬스(내용)를 짜내는 동안에 오렌지 껍질(본문의 스타일)은 그대로 버려져서 설교에 상당한 손실이 발생했다(Long 1996:127ff).

설교자의 성경관은 의심의 여지가 없이 설교에도 고스란히 영향을 준다. 설교자가 이런 사실을 분명히 인식하고 또 이런 확신을 가지고 설교하는가 아니면 설교 속에 좀 더 암시적으로 이런 확신을 숨기는가에 따라서, 설교에서 차지하는 본문의 비중은 상당부분 달라질 수 밖에 없다. 특정한 설교문을 분석해보면 설교자의 성경관이 얼마나 유해한가 아니면 무해한가의 여부가 잘 드러난다(구체적인 사례는 다음 참고. Cilliers 1998:59ff and 2000:56ff; also 4장 7.).

7. 잘못된 (도덕주의) 해석에 근거한 설교 사례

> 하나님의 말씀은 살아 있고 활력이 있어 좌우에 날선 어떤 검보다도 예리하여 혼과 영과 및 관절과 골수를 찔러 쪼개기까지 하며 또 마음의 생각과 뜻을 판단한다(히 4:12).

그래서 성경은 하나님의 말씀의 속성과 사역, 그리고 그 능력을 규정한다. 성경에는 하나님의 말씀이 들어 있고, 말씀하시는 하나님의 인격이 사건으로 경험되는 통로이다. 이런 사건의 비밀은 성령 하나님에게 있다. 그분은 성경의 문자들을 살아 있는 말씀으로 바꾸어서 수 세기 동안 교회 역사 속에서 주님의 교회를 세우시고 보호하시고 지탱해 오셨다. 성령은 또한 성경이 인류 역사 가운데 그 어떤 다른 책과는 전혀 다르게 독특한 하나님의 말씀의 책으로 바꾸어주신다. 바로 이런 이유 때문에 종교개혁자들은 앞(4장 3. 참고)에서 강조한 바와 같이, 성경의 권위와 필연성, 그리고 명료성과 충족성을 설파할 수 있었다. 성경은 우리가 진리와 구원에 관한 지식을 얻는데 필요한 모든 것을 담고 있으며, 정녕 이 사실을 선언한다. 성경은 "수행적인 속성"(performative character)을 갖고 있다.

잠시 이 개념의 의미를 고찰해보는 것이 중요하다. 이 용어는 원래 존 오스틴(John L Austin 1972:125ff)이 서술적인 연설(descriptive speech)과 수행적인 연설(performative speech)을 구분할 때 사용하였다. 그는 서술적인 연설을 객관적인 관찰자의 입장에서 듣는 연설로서, 어떤 상황이나 과정, 그리고 어떤 청중에게 동일한 타당성을 갖는 연설로 한정지었다. 서술적인 연설은 듣는 청중에게 지금 당장 적용되어야 할 필요는 없는 일반적인 묘사를 대변한다. 이와 달리 오스틴은 세례식을 주관하는 설교자가 "내가 성부와 성자와 성령의 이름으로 세례를 주노라"고 말하는 세례 예식의 관점에서 드러나는 연설의 수행적인 기능에 주목한다. 이런 선언에서 설교자는 단순히 말을 할 뿐만 아니라 세례 예식을 집행한다. 또는 판사가 "내가 정의의 이름으로 유죄를 선고한다"고 선언할 때, 그 판사는 정의나 유죄의 속성에 관하여 무엇을 설명하기 보다는 그것을 그대로 표현하여 실행한다. 판사의 선고는 심판이나 사면을 가져온다.

오스틴에 의하면, 비록 쉽게 일반화할 수도 없고 꼭 그렇게 서술문의 능동태 문장이 아닌 다른 방식으로도 가능하겠지만 대체로 (예를 들어 "하나님이 일하고 계신다"와 같이) 현재 시제 능동형 서술문 형태의 문장이 수행적인 연설 스타일을 가장 잘 보여준다. 그런데 전체 텍스트 구조의 맥락에서 살펴볼 때, 수행적인 언어 형식은 인정할만한 권위나 현재 논의되는 사람의 임재와 행위, 설교의 경우에는 하나님의 임재와 행위를 생생하게 표현하는 적절한 시사점을 제공한다.

하나님에 관한 선언을 위해서는 다양한 이미지들이 동원되지만, 그 모든 이미지들은 결국 단 하나의 복음을 표현한다. 때로는 복음이 우리를 그리스도께로 몰아가는 율법의 형태로 우리에게 다가올 때 그 메시지의 강조점이 우리 인간의 죄에 대한 하나님의 계시에 집중될 때도 있다(정죄의 용도, *usus elenchticus*로서의 율법). 또 때로는 복음이 계명이나 명령이나 순종을 위한 구체적인 안내지침의 형태로 다가올 때 그 강조점은 우리의 부름 받은 감사에 집중될 때도 있다(**율법**의 세 번째 규범적 용도, *tertius usus*). 하지만 항상 우리에게 남는 것은 오직 복음뿐이다. 하나님의 말씀의 계시적이고 명령법적인 이미지들이야말로 복음의 진수나 다름없다. 그 복음의 진수 속에는 미래를 약속하는 말씀의 속성이 들어 있다(*promissio*). 그리고 이 약속하는 말씀은 모든 인류를 포함하는 하나님의 위대한 구원 행위에 관한 이야기를 들려준다.

앞서 설명한 바와 같이 이러한 개혁주의 성경관은 성경이 다른 한편으로 오늘 우리와 엄청난 거리가 있는 실제 고대 시대의 역사적인 문서라는 사실을 부정하지 않는다. 성경의 독특성은 이 성경책이 본질적으로 신학적인 동시에 역사적인 문서라는 점에서 발견된다. 달리 말하자면 성경은 철기 문명 시대에 작성되었으면서도 모든 시대와 아울러 오늘날 우리의 포스트모던 시대를 향한 하나님의 말씀을 담고 있다. 하지만 이러한 성경의 독특성 속에 설교의 (도전과) 딜레마도 함께 들어 있다. 이런 맥락에서 다음과 같은 근본적인 해석학적 질문이 제기된다. 과거와 현재의 간격이 어떻게 연결되어야 하는가? 아니면 설교에서 종종 질문하듯이, 이 본문이 오늘 우리에게 의미하는 바가 무엇인가?

그런데 설교문을 자세히 분석해보면, 본문에 내재한 필연적인 긴장 때문에 설교자들이 율법주의의 해답에 쉽게 만족해버린다는 사실이 더욱 분명해진다. 과거 역사와 현재("오늘 우리를 위한 의미") 사이에 교량을 건설하려는 다양한 시도들은, 결국 설교의 신학적인 품질에 상당한 영향을 미치기 마련이다.

1) 역사적인 유사성

필자가 (4장 6. 6)에서) 간단히 언급한 첫째 방법론(다리놓기 설교)은 부인할 수 없을 정도로 명백하고 또 다양하게 응용된 형식을 통해서 시행되고 있다. 다리놓기 설교 패러다임은 성경 본문이 작성되었을 시대와 오늘 청중의 시대 사이의 설득력 있어 보이는 유사성을 찾아서 현재 청중에게 위로와 호소력을 발휘할만한 깊이 있는 일체감과 동질성, 비교, 또는 사례들을 제시하는 방식으로 이뤄진다. 이런 설교의 출발점은 하나님의 말씀의 실재가 과거의 역사적인 사건들과 가능한 일치하는데 의존한다.

설교에서 유사성(analogue)을 활용하는 것은 나름대로 타당성이 있다. 하지만 설교에서 유사성은 철저하게 신학적으로 책임 있는 방식으로 이뤄져야 한다. 예를 들어 그레이다누스(Greidanus 1970:85-86)는 본문의 복잡한 역사를 너무나 단순한 기교를 동원하여 즉흥적으로나 주관적인 방식으로 다루는 문제점을 지적하면서 성경을 그 자체로 고유한 역사적인 문서로 다룰 것을 강조한다. 그에 의하면, (그 저변에 항상 유비를 깔고 있는) 모범 설교는 성경 본문의 역사성을 무시해버림으로 해석학적인 누전과 설교학적인 누전이 발생한다고 한다.

그 결과 ("오늘 이것은 마치 저것과 같다"는 식의) 단순한 동일시에 경고등이 켜졌다. 성경 본문의 메시지는 신학적으로 말하자면 오늘날 우리의 (죄악된) 현실과 상반되지 않은가? 설교에서 우리는 본문을 붙잡고 이렇게 질문해야 하지 않을까? (두 세계 사이의) 접촉점이 없는 곳이 어딜까? 이 본문은 어떻게 우리에게 적용되지 않을까?

만일 우리가 너무 쉽게 본문에 동의하고 본문이 그대로 우리에게 동의해버린다면 이는 매우 위험하다. 그렇게 되면 우리는 본문을 제대로 이해하지도 못하고 그 속에서 하나님의 음성도 듣지 못한 셈이다. 앞에서 언급한 것처럼, 본문은 그 속에 우리를 향하여 통제 불가능성과 완고한 저항의지를 담고 있으며, 우리를 또 다시 놀랍게 만들 잠재력을 품고 있다. 그것이 바로 본문이 약속하는 미래의 중요한 속성이다.

성경의 특정한 날이나 사건을 따로 구별하여 기념하는 소위 "절기 설교"도 도덕주의 유비(moralising analogues)의 유혹에 빠질 수 있다. 예를 들자면 사도행전 2:1-4, 11-18에 관한 성령 강림절의 설교에서 우리는 반복적으로 성령의 기름부음에 관한 약속의 말씀(오늘 이 말씀이 그대로 실현될 것입니다)을 거듭 듣지만, 이런 설교에서는 반복될 수 없는 구속 역사의 단회성 속에서 오순절 성령 강림 사건이 갖는 독특한 가치는 사라지고 만다. 본문이 말하는 약속은 정확히 같은 방식으로 반복되어야 하고, 이러한 정확한 반복이 일어날 수 있는 조건은 오순절 날의 성령 강림을 경험했던 최초의 기독교인들과 오늘날의 신자들 사이에 유비적인 행동이 가능한가의 여부에 달렸다. 그런데 이 본문에 관한 설교를 분석해보면 예배의 개회사가 이미 그런 구조를 제시하고 있다.

> 지금은 오순절 성령 강림의 날입니다. 오늘 우리는 성령의 기름 부으시는 축제를 경축하고 있습니다. 이 사건으로 우리 주 예수님의 교회가 시작되었고 참으로 영광스러운 출발을 알렸습니다. 만일 우리가 시간을 되돌려서 2천년 전의 초대교회로 되돌아간다면, 우리 모두는 참으로 신나는 사건을 경험할 수 있었을 것입니다…. 이제 우리 주님은 여

전히 동일하시고 오늘 이 저녁에 하나님은 동일한 것을 우리에게 베풀어 주기를 원하시는 줄 믿습니다.

이 설교에서 설교자가 의도하는 목표는 분명하다. 설교자는 오순절 이후 교회 역사 2천년의 시간을 거꾸로 돌려서 2천년 전의 오순절 날 성령 강림 사건이 오늘 이 저녁 시간에 정확하게 동일한 방식으로 다시 재현되기를 원한다. 결코 반복될 수 없는(ephapax, 단 한 번에 모두를 위한) 최초의 오순절 성령 강림 사건이 그 이후 모든 시대 교회의 모범이 되어서 어떤 의미에서는 그 사건이 이후에 시간을 초월한 축제가 될 수 있기를 원하는 것이다. 그런데 이러한 강제적인 전제가 깔린 유비의 신학적인 파장은 매우 치명적이고, "하나님은 동일한 것을 우리에게 베풀어 주기를 원하시는 줄 믿습니다"라는 마지막 문장에서 분명히 알 수 있듯이 사실상 율법적인 구조를 피할 수 없다.

오순절 날에 하나님은 그렇게 행동하셨지만, 그 행동은 더 이상 반복되지 않았다. 이제는 (원한다거나 바란다는 단어가 이 설교 전편에서 18회나 등장하듯이) 성령 강림 사건은 다만 하나의 가능성일 뿐이다. 왜 그런가? 하나님은 과연 무엇을 기다리고 계실까? 이 질문에 대한 해답은 이미 (3장 7. 2)에서) 살펴본 대로 설교자의 마음 속에 깔려 있는 전제로서 전형적으로 율법주의적이다. 즉 현재 기독교 세대가 초대교회와 똑같이 행동할 수 있다거나, 또는 오늘 청중은 시간 차이를 극복하고 과거에 대한 유비를 오늘 그대로 실현시킬 수 있다는 것이다. 신학적으로 이전에 발생했던 특정한 상황(하나님이 행동하셨고 초대교회 신자들은 여기에 반응하여 증인이 되었다)이 그대로 오늘날 청중을 위한 인본주의적인 결정 상황이 된 것이다(현재 청중도 행동으로 옮기고 증언하면 하나님께서도 뒤따라 오순절 사건이 이전과 정확히 동일한 방식으로 다시 발생하도록 허락하신다). 그래서 이 설교에서 설교자는 자신의 해석학 입장을 다음과 같은 문장을 통해서 매우 일관되게 드러낸다.

> 그래서 그분의 교회가 시작되었습니다. 아무런 차이가 없이 그대로입니다…. 주님은 우리 역시 바뀌기를 원하시며 그분의 교회는 그렇게 해야 합니다…그러면 우리는 그분의 증인이 될 것입니다.

이런 주장은 사도행전 1:8과 같은 성경의 가르침과 극명하게 대조된다.

> 오직 성령이 너희에게 임하시면 너희가 권능을 받고 예루살렘과 온 유대와 사마리아와 땅 끝까지 이르러 내 증인이 되리라 하시니라 이 말씀을 마치시고 그들이 보는데서 올려져 가시니.

여기에서 무슨 일이 일어났는지 주목해보자. 본문의 신학적인 순서(코드)가 정확하게 역전됐다. 본문에서 우리가 발견할 수 있는 순서로서 하나님이 먼저 행동하셨고 그 다음에 우리가 행동할 수 있다는 순서가, 하나님이 행동하실 것이기 때문에 우리가 먼저 행동해야만 한다는 순서로 바뀌었다. 그래서 이 설교자가 설교의 서론부에서 다음과 같이 말하는 것이 참으로 아이러니이다. "주님은 여전히 동일하시며 그분이 원하시는 것을 저는 확신합니다." 하지만 이 설교에서 하나님은 동일한 분으로 묘사되지 않고 있다(그분이 과거에 행하신 것이 이 설교에서는 그분이 미래에 행하실 것으로 바뀌고 있다). 그리고 하나님의 모든 확실성이 인간 행동이라는 느슨한 나사 위에 매달린 꼴이 되고 말았다. 과거 역사적인 사건에 대한 서술문이, 설교에서는 미래에 관한 명령문으로 둔갑해서 오순절 성령 강림 사건을 또 다시 발생시키는 임무를 가진 사람에 의하여 성취해야 한다는 것이다.

2) 인간론적인 유사성

성경 본문과 관계된 과거 역사와 현재 사이의 교량을 연결하는 매우 인기 있는 방법 중의 하나는 성경 본문에 대한 알레고리 해석이나 파편적인 해석, 심리적인 해석, 신령주의 해석, 그리고 모형론 해석의 부산물과 함께 결부된 인간론적인 유사성(anthropological analogue)이다(Greidanus 1970:85ff 참고). 이런 설교에서는 성경 인물들이 후대의 신자들이 닮아야 할 모범으로 제시되며(소위 닮음의 철학), 청중의 영적인 자질을 점검해야 할 일종의 기준으로 제시된다. 하지만 이런 율법주의적인 설교 때문에 수많은 피해가 발생한다.

예를 들어서 마태복음 24:30에 관한 설교에서는 사도 베드로가 신자들이 따라야 할 도덕주의의 율법으로 제시된다. "이 이야기에서 중심인물은 바로 예수님입니다. 그 다음에 두 번째 중요 인물은 베드로입니다." 이어서 바다에서 불고 있는 폭풍우가 소개되면서부터 본문에 대한 탈역사화 작업이 다음과 같이 뒤따른다. "매일 인본주의의 파도와 큰 혼돈의 파도가 휘몰아치고 있습니다." 또 다음과 같은 메시지 속에서는 본문에 대한 심리적인 해석이 발견된다.

제 생각으로는 베드로가 너무 조용하게 말하면서도 실상은 우리 마음에, 그리고 우리 인생에 너무나도 웅장하게 말하고 있는 것 같습니다.

이런 심리적 해석은 필연적으로 다시 도덕주의 해석으로 이어진다.

예수님은 한 사람의 인생 속에서 시작하신 일을 그대로 오늘 우리 가운데에서도 계속 행하실 수 있는 능력을 갖고 계십니다. 다만 우리가 계속 그분만을 바라본다면 말입니다…. 하지만 우리가 끈질기게 예수님만을 바라본다면, 우리가 사는 매일의 삶 속에서 매 순간 순간 우리는 예수님에게서 결코 눈을 떼지 말아야 합니다….

이런 메시지에서 사도 베드로는 예수님을 충분히 바라보지 않았다는 의미에서 (부정적인 방식으로) 우리를 위한 현대적인 모델로 제시된다. 이제 우리는 베드로를 능가해야 한다. 우리는 그처럼 실패해서는 안되고 매 순간 순간 강해야 한다는 것이다. 그 결과 베드로는 설교에서 청중이 관심을 집중해야 하는 중심을 차지하게 되고 결국은 설교자가 다음과 같이 한 말에 스스로 모순을 범하는 것도 결코 놀랄 일이 아니다.

앞서 말씀드린 바와 같이, 이 본문 속에는 두 사람의 중심인물이 등장하는데 첫째는 예수님이고 둘째는 베드로입니다.

하지만 설교에서는 하나의 중심인물이 두 사람으로 늘어나버렸다. 이 설교는 본문과 관련하여 미묘한 역전으로 끝나면서 손을 내밀어 베드로를 붙잡아 주는 존재는 더 이상 예수가 아니다.

여러분이 기도 가운데 손을 내미는 곳에서 이 사건이 전환점이 되기를 바랍니다. 그럴 때 비로소 예수님은 풍성하신 사랑으로 여러분을 다시 붙잡아 주실 것입니다….

혈루증 앓는 여인에 관한 설교 역시 이와 동일하게 모범주의 설교의 흐름을 따라간다(막 5:25-34). 이 설교에서도 이 여인의 특별한 믿음과 희망의 불꽃은, 청중이 자신의 믿음의 수준을 비춰보는 거울로 제시된다. 이 여인의 문제와 믿음, 그리고 두려움은, 모두 다 청중들이 자신의 연약한 믿음을 정상 수준으로 끌어 올리도록 안내하는 실존적인 유사성으로 기능한다.

여러분은 바로 이 여인처럼 믿어야 합니다…. 이 아침에 여러분은 더 간구해야 합니다. 여러분은 잠정적인 구원만을 위하여 예수께 간구할 것이 아니라, 여러분 인생 속에 간직해야 할 영원한 보화로서 그분을 구해야 합니다.

이 설교에서도 우리는 계속해서 다음의 메아리를 듣는다.

그러므로 여러분도 이렇게 해야 합니다.

3) 독특한 수사적인 기교들

성경 본문의 메시지로부터 설교자가 청중에게서 기대하는 반응 사이를 연결하는 다리는, 때로는 독특한 수사적인 기교들의 도움을 통해서 만들어지곤 한다. 그런데 수사적인 기교는 그 자체로는 잘못된 것은 없지만, 이 기교들이 기능하는 율법주의적인 구조 안에서는 분명 설교의 가치를 떨어뜨린다. 물론 이런 수사적인 기교들은 대체로 (설교자가 더 세심하게 연구했어야만 했던) 성경 본문의 구조로부터는 추론할 수 없는 기교들이다.

그렇다면 설교에 갑자기 등장하는 수사적인 기교들에 관한 한 가지 가능한 설명은 설교자가 성경 본문의 수행적인 차원을 올바로 다루지 않아서 본문에서는 수사적인 역동성을 제대로 이끌어내지 못하여 어떤 식으로든 그 빈 자리를 대체하거나 더욱 강화하기 위하여 동원하는 설교자의 (무의식적인) 느낌에 관한 표현일 수 있다는 것이다.

(1) 수사적인 질문들

첫째, 설교에서 수사적인 질문들을 사용할 수 있다. 본문을 제대로 연구한 설교자에게는 하나님께서 성경 시대에 구현하셨던 것에 대한 전망을 갖고 있어서, 자기 설교를 듣는 청중들도 하나님께서 다루셨던 예전의 사람들처럼 행동하기를 원한다. 그래서 설교자는 하나님의 행동을 (새롭게) 표현하는 대신에, 청중이 이제 질문에 대한 해답을 제공할 수 있고 또 그래야만 한다는 전제를 가지고 엄하게 심문하는 질문들을 동원하여 청중의 약점들을 지적하면서 사람들이 이제 해야 할 것들을 집요하게 파고들어간다. 이런 유형의 질문들은 설교의 결론부에서 일종의 자기 점검을 위한 일람표처럼 겹겹이 제시된다. 이런 유형의 수사적인 기교들을 주로 사용하는 설교자는 은연중에 청중이 집에 빈손으로 돌아가도록 방치할 수 없다는 안타까운 근심의 마음과 아울러, 일견 복음만으로는 충분하지 않고 무언가 청중의 인생 속으로 좀 더 구체적인 것들을 가져가기를 바라는 간절한 마음을 보여준다. 마치 말씀 그 자체만으로는 신뢰할 수 없다는 것이다.

시편 98편에 관한 다음의 설교 결론부에서 설교자는 사람을 지치게 만드는 연속적인 질문들을 속사포처럼 쏘아댄다.

> 그러므로 이 아침에 다시 한 번 더 가장 중요한 질문을 드리고자 합니다. 여러분은 과연 이 구원을 경험하셨습니까? 여러분은 이미 예수 그리스도를 만나셨습니까? 시편 98편의 하나님, 98편의 왕을 만나셨습니까? 이 기쁜 찬송 속에서 그분을 주목해 보셨습니까? 여러분은 과연 그분의 다가오시는 영광의 일부분이십니까? 여러분은 과연 예수 그리스도께서 구름 위로 나타나실 때 그 주님의 재림의 일부분이십니까?…그리고 이 말씀에 비추어 여러분에게 한 가지 더 중요한 질문을 드리고자 합니다. 만일 예수께서 오늘 그 구름 위로 나타나신다면, 만일 예수께서 오늘 그 구름 위에서 나타나신다면, 여러분은 주님을 영접할 준비가 되어 있습니까? 오직 예수 그리스도 안에서만 찾아볼 수 있고 여러분의 전체 생애를 붙잡을 수 있는 노래를 그대로 살고 계십니까? 그 노래가 과연 여러분의 마음 속에서 살고 있습니까? 여러분은 과연 준비했습니까? 신랑을 만날 준비가 되었습니까? 여러분은 과연 결혼식 연회에 참여할 준비가 되었습니까? 여러분은 과연 왕의 노래를, 위대한 왕의 노래를 부르고 계십니까? 여러분을 구원하시고 죄와 사망에서 건지신 분의 노래를 부르고 계십니까?

이런 질문 이외에도 청중의 입장에서 계속 대답해야 하는 또 다른 질문들이 계속 이어질 수 있다. 그렇다면 이 모든 질문에 긍정적으로 대답하기 위하여 나는 무엇을 해야만 하는가? 이런 부담감 때문에 청중은 각각의 질문에 간단하면서도 정확한 즉답을 내리든지 아니면 해답이 손에 닿기에는 너무 높이 매달렸다는 사실에 낙담하거나, 또는 그런 호소는 지금까지 여러 번 들어서 지루하지만 매번의 질문에 성공적으로 해답을 제시하지는 못했기 때문에 우울한 마음을 안고 교회 문을 떠날 것이다. 결국 청중은 그저 교회 안에 앉아 있다는 희미한 위로를 마음 한 켠에 붙잡고서, 그런 질문들이 그저 무의미한 예식처럼 귓전을 때리다가 사라지도록 방치할 것이다. 이런 유형의 설교를 살펴보면, 성취 여부에 관계없이 인간적이 성취감 밖에는 남는 것이 없다. 하지만 이 모든 질문에도 불구하고 사람들은 복음에 점점 무감각해진다.

복음의 기쁜 소식은 사람들에게 질문하는 것이 아니라 그대로 주어지는 것이고, 혹시나 복음이 요구할 때는 이미 베푼 만큼 요구한다.

(2) 최상급의 수사학

여러 설교에서 발견되는 두 번째 수사적인 방법론은 성경적인 정보를 다루는 유비 안에서 최상급의 수사학으로 청중을 고취시키는 것이다. 설교자는 형용사와 부사를 빈번하게 사용하여 청중에게 호소력을 발휘하려고 한다.

여러 사례들 중에서 필자는 다음 한 가지를 소개하고자 한다. 요한복음 14:25-31에 관한 설교에서 어떤 설교자는 다음과 같이 말한다.

> 제자들이 성령으로 충만해졌을 때 그들은 진리를 알았습니다…그렇다면 우리는 하나님이 계시다는 것을 어떻게 알까요? 그리고 이런 일은 어떻게 일어납니까? 만일 우리가 진

정 주님의 제자들이라면, 참으로 그분은 성령 하나님이 오셔서 하나님에 관한 진리를 계시할 것이라고 이미 약속하셨습니다.

이 설교에서는 (성령의 지시적인 사역의 시점에 관한 묘사로서의) "때"(when)와 (회중을 능동적인 행위자가 되는 조건으로 언급되는) "만일" 사이에 설교학적인 전환이 발생했다. 이런 전환은 전형적으로 "참으로"(truly)라는 강조어구를 통해서 촉진된다.

하지만 여기에서 필자가 던지고 싶은 질문은, 누가 인정하는가? 나는 언제 예수의 참된 제자인가?

(3) 시제의 변화

지금까지 소개한 설교 분석과 비평의 중요 부분을 차지하여 율법주의 수사학 기교로 분명히 지적할만한 일반적인 설교 경향 중의 하나는 성경 본문의 시제를 바꾸는 것이다. 쉽게 말하자면 본문에 소개되는 하나님이 과거에 행하셨고 하나님이 미래에 행하실 것이나 하나님이 현재 행하시는 것이, 이제 설교에서는 사람들이 행해야 하는 것으로 바뀌는 것이다(3장 7. 2) 참고).

한 가지 전형적인 사례는 누가복음 5:12-16에 관한 설교에서 설교자는 먼저 "내가 원하노니 깨끗함을 받으라"고 하면서 나병환자의 상태를 예수의 시점에서 자세하고도 심리적인 차원에서 묘사한다. 이어서 예수님의 선언을 다음과 같이 전환한다.

> 형제 자매 그리고 청년 여러분. 예수님은 우리가 우리의 모든 죄악에서 깨끗함을 받기를 원하십니다. 그분은 우리를 깨끗하게 해 주기를 원하십니다.

얼핏 보기에, 이 문장은 성경 본문에서 예수님이 원하시는 것을 그대로 반복하는 것처럼 보인다. 하지만 설교자는 계속해서 이렇게 설교한다.

> 오늘 아침에 여러분은 이 나병환자의 모범을 따르지 않겠습니까? 주께서 이 아침에 여러분에게 "내가 원하노니 깨끗함을 받으라"고 말씀하시면 여러분은 그분 앞으로 나오지 않겠습니까? 그렇습니다. 여러분의 죄를 가지고 앞으로 나오십시오. 여러분의 연약함과 갈등을 가지고 예수님 앞으로 나오십시오. 이것이야말로 가장 중요한 문제입니다. 이 남자가 깨끗함을 받은 것처럼 여러분도 이 아침에 주님과 화해할 수 있습니다.

이 설교에서는 본문에서 "원하노니"와 "할지어다" 사이의 직설법 문장의 매끄러운 움직임이 서로 분리되면서 본문에 없는 낯선 요소가 끼어들면서 사람의 행동에 따라서 예수의 반응이 뒤따르는 방식으로의 전환이 발생한다. 예수께서 실행하시는 동기인 "원하노니"가 미래의 가능성으로 뒤바뀌면서 예수님은 다만 청중이 원하는대로 행동할 때 그에 따라 반응하시는 분으로 전락한다. 이 설교에서는 예수의 가능한 의지와 그에 따른 의지적인 행동 사이를 연결하는 쐐기가 빠져버리고, 최상급의 수사학에서 동력을 공급받는 구원을 위한 3대지 계획으로 변경된다. 그래서 청중의 입장에서는 먼저 미래 가능성에 대한 절대적인 신뢰가 확보되어야 하고, 그 다음에는 성경 본문에 모범으로 등장하는 나병환자의 경우처럼 예수님 앞에서의 전적인 겸손과 간절한 예배가 뒤따라야 한다는 것이다. 그래서 마지막으로 청중의 입장에서는 (분명하고도 단순하게 말하자면) 예수님은 먼저 구원하시는 분이 아니고 나중에 반응할 뿐이다.

4) 본문의 다차원성이 억눌릴 때

이상의 설교 분석으로부터 우리는 미래 구원을 약속하는 성경 본문의 중요한 기능이 계속 존중되어야 한다는 설교의 기본 규칙의 중요성을 확인할 수 있다. 그렇다면 성경 본문의 "약속하는 속성"(promising nature)이라는 것은 정확히 무엇을 의미하는가? 이는 성경 본문과 설교문 사이에 아주 밀접한 문법적 동질성(grammatical identity)이 확보되어야 한다는 의미인가? 이것도 간과해서는 안 되겠지만 그렇다고 가장 중요한 해답은 아니다. 설교자가 성경 본문의 약속하는 속성을 설교에서 성실하게 실행하려면, 본문의 구조(또는 본문이 지향하는 본문의 역동적인 움직임, 4장 6. 4) 참고)와 설교의 구조 사이의 역동적 등가성(dynamic equivalence)을 추구해야 한다. 역동적 등가성은 본문 해석 과정에서 특정한 성경 본문의 구조와 무관하게 독립적으로 존재하는 무시간적인 신학이나 명제를 결정하는 것이 아니다. 역동적 등가성은 예를 들어 엄격한 약속-성취의 구도에 대한 단순한 설명 그 이상으로서, 성경 본문에 표현된 대로 최초의 설교 사건의 특정한 노선과 윤곽을 오늘의 설교 상황에 그대로 표현하고 구현하는 것이다. (논박하는 율법 형식이거나 사죄에 관한 직설법 문장, 또는 가혹한 계명이든 관계없이) 각각의 성경 본문에 담긴 독특한 영향과 목적, 그리고 그 본문의 고유한 선포 구조는, 오늘의 설교를 위한 적절한 선포 구조에 도달할 수 있도록 하기 위하여 하나님의 미래 행동에 관한 약속을 추적할 수 있는 여지를 제공한다(Müller 1973:128 참고). 그래서 성경 본문의 약속하는 구조를 설교에서 제대로 실현하려면, 단순히 본문 안에서 하나님이 과거에 무엇을 말씀하셨는지를 결정하는데 머물러서도 안되고 또 그 말씀이 전달된 방식을 그대로 현재 설교에서 모방만 해서도 안되고, 왜 그렇게 말씀하셨는지의 이유와 목적까지 관통해야 한다. 율법적인 설교가 본문을 무시하는 방식은 본문에서 하나님이 과거에 말씀하신 내용에 영향을 줄 뿐만 아니라 그 말씀의 형식도 무시하는 것이다. 사실 율법주의는 오늘 이 시대 사람들을 향한 하나님의 의도를 부정하는 것이며 더 이상 하나님이 필요하지 않다는 선언이나 다름없다. 그런 방식의 설교는 하나님의 약속하는 말씀을 침묵하게 만드는 것이고 여러 강력한 형식들을 침묵시키는 것이다. 율법주의는 성경의 목소리를 제거한 결과이지만 동시에 이런 제거의 결과를 초래하는 과정이기도 하고, 그래서 방법상으로는 다채롭더라도 목적의 차원에서는 미래를 약속하는 말씀에 침묵을 강요하는 것이나 다름 없다. 이런 비극은 다음 몇 가지 방식으로 일어난다.

(1) 복음의 직설법을 율법적으로 위조하기

그 실체를 드러내기가 가장 까다로운 율법주의 중의 하나가 바로 이런 형태의 율법주의이다. 이런 율법주의에 근거한 설교가, 특히 기독론적인 공식 문구들을 쏟아낼 때는 상당히 복음주의적인 메시지처럼 들린다. 하지만 이런 설교에 던져볼 수 있는 질문은, 그런 공식 문구들을 단순히 인용한다고 해서 설교의 복음적인 특성이 자동적으로 보장될 수 있는가 하는 것이다(3장 7. 참고). 때로는 일련의 "오직"(solas)이라는 개혁주의 표어들이나 기독론적인 교의의 망또 뒤에서 율법주의가 쉽게 감춰지곤 한다. 하지만 이 모든 것들은 실제 설교의 흐름 속에서는 인본주의적인 도덕주의를 호소하는 도입부의 역할 밖에는 하지 않는다.

이에 관한 흥미로운 사례는 "하나님의 약속"이란 제목의 사도행전 10장에 관한 어느 설교 한 편에서 찾아볼 수 있다. 이 설교자는 예수와의 개인적인 만남을 소개하면서 설교를 시작한다.

저는 우리 주 예수 그리스도와 맺은 약속이 하나 있습니다.

이어서 설교자는 회중을 바라보면서 이렇게 설교를 이어간다.

하나님은 여러분과도 약속하기를 원하십니다….

그렇다면 이 약속은 과연 누가 맺는 것이고 누가 지키는가? 이 설교자는 이런 질문을 기독론적으로 또는 복음주의적으로 해결하기를 원하여, 그리스도를 비교적 폭 넓게 "기름부음 받은 자", "위로하시는 이", "고난 받는 종", "부활하신 분", "하늘에 오르신 분", 그리고 "모든 인류의 구원자"로 사도행전 10장에 밝힌 대로 제대로 소개하기 시작한다. 하지만 예수의 구속 사역을 올바로 설명하는 이 모든 호칭들의 위력은, 설교자가 예수께서 미래에 행동하실 가능성을 청중이 인정하고 동의해야 하는 책임과 연결시키면서부터 모두 사라지고 만다. 그래서 "하나님의 약속"은 하나님의 은혜로운 사역이 진행되는 강력한 영역에서부터 이끌어오기는 했지만, 결국 청중의 후속하는 의지와 계획에 종속되고 만다. 이 설교자는 이렇게 이어간다.

우리 주 예수 그리스도의 마음 중심에서 이 아침에 그분은 여러분을 축복하기를 원하십니다…이 아침에 우리 주님은 여러분을 치유하기를 원하십니다…. 그분은 우리를 축복하시고 치유하기를 원하시며 우리를 구원하기를 원하십니다. 이 아침에 주님은 여러분을 만질수 있습니다. 그분은 우리를 사랑하실 수 있습니다. 그분이 여러분을 사랑하시도록 그분을 허락하십시오(Allow Him). 그분이 여러분을 자유케 하도록 허락하십시오. 여러분을 고치도록 허락하시고 여러분을 격려하도록 허락하십시오. 여러분을 구원하도록 허락하십시오.

분명 예수 그리스도는 간절히 원하시고 또 분명 그렇게 하실 수 있는 분이시지만, 하나님의 약속을 실제로 지키지는 않는다. 그분이 나서서 무언가를 행하시기 전에 먼저 청중이 그 약속을 실행할 때까지 그분은 다만 기다려야 한다. 그래서 이 설교에서 "하나님의 약속"은 결코 하나님의 약속이 아니다.

(2) 복음의 명령법을 율법적으로 위조하기

이런 설교의 오류는 의외로 아주 빈번이 일어나는 것 같다. 하나님의 구원에 관하여 진술하는 직설법 문장의 본문보다는 하나님이 사람들에게 직접적으로 명령하거나 요구하는 명령법 본문에 관한 설교에서 이런 오류가 더 쉽게 발생한다. 그래서 설교자들은 본문의 복음주의적인 구조에 세심한 주의를 기울여야 한다. 성경에 언급된 하나님의 계명들은, 결코 쉽게 현대적으로 차용할 계명들이 아니라 오늘날의 신자들이 매일 일상의 구원의 실제 세계 속에서 신앙을 실천하며 살아가도록 안내하는 초청장이다. 그래서 앞에서 율법적인 설교에 등장하는 수사적인 질문들에 관하여 비판했던 내용들(4장 7. 3) (1))이 여기에서는 약간 다른 방식으로 다시 적용될 수 있다. 하나님은 우리에게 베푸시는 한도 안에서 명령하시고, 또 우리에게 명령하시는 한도 안에서 베푸신다. 그래서 하나님의 계명은 복음의 집 안에서 제대로 수용될 수 있다.

이런 원칙은 데살로니가전서 5:18에 관한 주해가 담긴 다음의 설교에서는 제대로 적용되지 않고 있다. 늘 그러하듯이 이 설교도 율법적인 내용이 담긴 문장들로 시작된다.

> 오늘 저녁 예배가 끝난 다음이면 1995년 오순절 사건은 이미 과거의 일부분이 되고 말 것입니다. 우리는 매년 오순절을 경축합니다. 우리가 반드시 오순절을 경축해야만 하는 어떤 율법이기 때문이 아닙니다…. 사실 우리는 오순절을 일 년에 딱 한 주간만 경축해서는 안됩니다. 오히려 우리는 오순절을 일 년 52주 매 주일 경축해야 합니다. 이것이 바로 우리 주님이 우리가 우리 삶 속에 적용하여 지키기를 원하시는 기준입니다. 오순절은 단순히 어느 한 날이나 한 주간을 위한 것이 아닙니다. 계속 지켜야만 하는 것입니다.

아이러니하게도 이 설교자는 설교 초두에 먼저 오순절은 결코 율법이 아니라고 말했다(혹시 이전의 본문 주석 작업의 영향 때문에 무의식적으로 그렇게 말한 것은 아닐까?). 하지만 청중이 무엇을 해야 한다거나 기준이란 단어를 통해서 전형적인 율법적 연설이 곧바로 쏟아진다. "계속 지켜야만 하는 것입니다"라고 말할 때 이 설교자는 누가 계속 지켜야 하는지를 정확히 말하지 않는다. 그래서 이 문장은 행동하는 주체가 불분명한 채 끝난다. 오순절 날에 발생한 구원 사건은 도대체 누구에게 달린 것인가? 하나님인가 아니면 사람인가? 이 설교에서는 본문 데살로니가전서 5:18을 다음과 같이 주해하는 과정을 통해서 행동의 주체로 사실상 후자(사람)를 암시하고 있음이 분명하다.

> 오늘 저녁에 여러분은 저에게 말씀하십니다. 만일 나에게 성령이 충만하지 않다면 내 위치는 어디냐고 묻습니다. 제가 말씀드리려는 것은 그러면 여러분은 극악무도한 죄 가운데 살고 있다는 것입니다. 여러분은 "내가 이를 어쩌리요?"라고 말씀합니다. 하나님의 말씀이 우리에게 그렇게 말씀하시기 때문에 저에게도 제대로 보입니다. 데살로니가전서 5:18에서 "성령의 충만을 받으라"고 말씀합니다. 우리 주님은 여러분이 성령으로 충만할 것을 기대하십니다. 이 저녁에 여러분에게 묻습니다. 저와 여러분은 과연 복음에 준비되어 있습니까? 이 저녁에 여러분에게 묻습니다. 만일 여러분이 하나님의 자녀가 아니라면, 제가 여러분에게 이렇게 질문합니다. 여러분은 과연 복음을 받아들일 준비가 됐습니까?

만일 우리가 데살로니가전서 5:18의 말씀을 액면 그대로 이행해야 할 하나님의 계명으로 이해한다면 여러분은 아마도 하나님은 여러분이 성령으로 충만히 채워지기를 기대하신다고 말할 수 있을 것이다. 하지만 이것이 과연 복음인가?

설교자가 이렇게 접근하면 청중은 오순절 성령 강림 사건이 그대로 여기에서도 다시 일어나야 하고 하나님도 그것을 기대하실 것이라는 압박감을 느낀다. 이것이 과연 청중이 그대로 순종할 것을 요구하는 명령이거나 청중이 그대로 받아들이도록 기대하는 약속인가?

"채워지다"(be filled)는 표현은 신학적으로 볼 때 성령 하나님을 통해서 일하시는 하나님의 능동적인 사역의 구조 안에서만이 이해될 수 있는 수동형 동사("하나님으로 하여금 여러분을 채우시도록 하라")가 아닌가? 하나님은 먼저 우리가 나설 것을 기대하지 않으신다. 만일 그렇지 않다면 은혜의 복음은 더 이상 아무런 필요도 없고 기껏해야 복음은 우리 자신의 잠재력을 실현하도록 자극하는 수단에 불과하다.

5) 다른 대안?

이제 필자는 율법적인 설교가 종종 성경의 본질에 대한 오해에서 비롯된다는 것, 달리 말하자면 성경은 신학적인 선언을 만들어 내는 역사적인 책이라는 성경의 속성을 잘못 이해한 데서 비롯된 것이라는 점을 다시 지적하고자 한다. 이런 오류 때문에 청중의 입장에서는 하나님이 과거에 행하신 구원과 하나님이 현재 신자들에게서 행하시는 것 사이를 연결하는 교량이 율법적인 부담으로 다가온다. 이제 다시 되물어볼 질문은, 그렇다면 이 교량은 어떻게 만들어져야 하는가? 설교에서 성경의 독특성을 올바로 존중함으로써 청중으로 하여금 본문에 담긴 복음적인 의미를 올바로 수용하도록 안내할 수 있는 설교 방법은 과연 무엇인가? 이 질문은 모든 설교자들이 해결하려고 씨름하는 복잡한 질문이다.

이제 필자가 앞(4장 6. 4))에서 언급한 것에 덧붙여서, 율법적인 설교와 관련하여 매우 중요하다고 생각되는 다음 몇 가지 기본적인 통찰들을 제시하고자 한다. 요스티스(Josuttis 1996:27)는 해석학적인 전환이 일어나는 원인은 오직 한 가지 때문이고 그것은 다름 아니라 교리의 도움, 특히 신학의 가장 핵심부에 자리하고 있는 신정론(theodicy) 때문임을 이미 지적했다. (인간론적인 유사성이나 수사적인 질문의 유사성과 같은) 그 밖의 다른 방법론들은 모두 율법주의로 발화할 씨앗을 품고 있다. 하지만 여기에서 신정론은 일련의 무시간적인 교리들이 아니라, 하나님의 임재에 관한 약속이 담긴 하나님의 구원 행동에 관한 것이다(앞의 3장 참고). 앞서 설명한 바와 같이 설교는 성경 본문을 통한 일차적인 선포 구조를 통해서 계시된 그대로 하나님의 독특한 구원 행동을 다시 선포하는 것이다. 그런데 설교에서 실현할, 본문의 구조와 설교의 구조 사이의 역동적 등가성은 과거에 하나님이 행하셨던 것을 그대로 재진술하는 것을 의미하지 않고, 성경 본문의 빛 안에서 하나님의 현재 행동을 선언하는 것이며, 현재에도 동일하게 행동하시는 하나님의 새로운 행동을 선언하는 것이다. 오직 이런 방식을 통해서만 원래의 선포 구조가 다시 오늘의 인간 상황 속에서 하나님의 위대한 행동이 새롭게 선포되는 역동적인 선포 구조로 재탄생할 수 있다. 성경 본문에 담긴 미래 약속의 속성은, 바로 이런 요소를 담고 있으며 우리 독자들이 이를 발견하도록 안내하고 있다.

본문을 올바로 주해하여 설교하는 것은 중요하지만, 올바른 주해가 설교의 최종 목적은 아니다. 사실 여기에서 "올바른"이라는 것이 때로는 부정확할 수도 있다. 설교의 기적은 본문을 통해서, 특히 행동하시는 하나님의 이야기를 진술하는 성경 본문을 재진술하는 가운데 하나님의 살아 계신 인격이 우리에게로 다가온다는 것이다(Niebuhr 1941:32-66, 101-113). 하지만 앞서 설명한 바와 같이 엄격하게 말하자면 우리 설교자들이 선포하는 대상은 본문이 아니라 하나님의 살아 계신 인격 그 자체이다.

다만 성경 본문은 우리가 이 하나님에 대하여 그리고 현실 세계에 대한 새로운 비전을 얻는 창문과 같다. (율법적인 방식으로든) 어떤 방식으로든 성경 본문을 진리로 만드는 것은 우리가 아니라 하나님이시다. 그러므로 설교를 듣는 사람들이 본문이 가리키는 새로운 현실 세계를 경험하기 위하여 성경 본문에 등장하는 인물들처럼 모든 율법적인 방법을 지켜야 하는 것도 아니고 본문의 역사적인 상황을 오늘에 재구성해야 하는 책임을 지는 것도 아니다. 과거의 본문과 오늘 우리 사이의 거리를 연결하시는 분은 바로 우리가 아니라 하나님이시다. 이것이 바로 기독교 설교의 알파와 오메가이며, 그렇다고 인간의 행동이나 반응을 완전히 배제하는 것이 아니라 사실은 그것을 (신학적으로) 포괄한다. 바로 이런 이유 때문에 설교는 즐겁고, 설교를 통해서 우리는 본문에 담긴 하나님의 약속을 발견하는 즐거움을 누릴 수 있다. 이런 깨달음은 우리를 현재 임재하시는 하나님에 관한 새로운 비전으로 인도하며, 현재 현실 세계 속에 계신 그분에 관한 새로운 꿈으로 인도하며, 이런 설교를 듣는 청중도 하나님과 함께 이 현실 세계를 새롭게 이해하고 이를 새롭게 변화시킬 수 있는 것이다.

설교의 목적은 청중에게 자신들이 현실 세계와 투쟁하여 바꿀 때 활용해야 할 군수 물자 목록표를 제공하는 것이 아니라 그들의 영안을 열어서 이 세상 속에서 하나님의 실재를 분별할 수 있도록 하고 그들로 하여금 주님의 나라에 새롭게 참여하도록 초청하는 것이다. 설교의 모험과 기적은, 청중 고유의 상황 속에 임재하시는 하나님의 활동을 발견하여 즐겁게 누리도록 안내할 목적으로 계시된 성경 본문의 약속 속에 자리하고 있다.

탁월한 저서인『설교학』(*Predigtlehre*)에서 루돌프 보렌(Rudolf Bohren 1974:17ff)은 그의 설교학을 구성하는 핵심사상 중의 하나에 대하여 매우 만족해 한다. 그는 성경 본문이 닫힌 체계로 작용하여 청중을 거짓된 객관주의와 주관주의로 이끌 수 있으며, 한편으로는 성경 본문을 실존적인 가능성에 대한 역사적인 선례들의 모음집처럼 다루고 또 다른 한편으로는 청중을 이러한 가능성에 자신들을 맞추어 순응시킬 잠재력을 가진 사람들의 집단처럼 대하는 전통적인 "주해-적용"(*explicatio-applicatio*)의 구조를 비판한다. 보렌은 또한 성경 본문의 문법적인 시제 형식이 아니라 하나님의 말씀에 내포된

다양한 시제 형식에 관하여, 하나님께서 자신을 다양한 시대에 걸쳐서 일관되게 행동하시는 하나님으로 자신을 계시한 다양한 방법으로서의 시제 형식에 관하여 설명한다(Bohren 1974:142ff). 구원 역사 속에서 과거와 현재, 그리고 미래 사이의 연결고리는 바로 하나님의 이름 속에 들어 있는데, 여기에서 하나님의 이름은 단순히 상투적인 표현이 아니라 모든 설교와 더 나아가서 모든 신학을 위한 가장 기본적인 해석학적인 원리를 의미한다. 그래서 만일에 설교자가 성경 본문을 주해에서 적용으로 진행되는 설교적인 흐름의 수단으로만 간주한다면, 본문과 회중을 동시에 잃어버릴 수 있다. 왜냐하면 하나님의 이름을 해석학적으로 책임지는 하나님의 말씀 선포는 본문에서 무엇보다도 복음을 가장 중요하게 다룰 뿐만 아니라, 본문의 궁극적인 의도는 이 복음의 약속을 회중에게 그대로 구현하려는 것이기 때문이다.

다음 장에서는 설교 준비 과정에서 매우 중요한 셋째 요소로 작용하는 청중과 그들의 설교학적인 의미에 관하여 살펴볼 것이다.

사례 설교문 2

집어 들고 읽어라(사 55:1; 6-13)
내 입에서 나가는 말도 이와 같이(사 55:11)

■ ■ ■

교회사의 위대한 교부 중의 한 사람인 어거스틴은 그의 『고백록』(*Confessiones*)에서 하나님의 강력한 말씀 덕분에 체험했던 자신의 회심 사건을 소개하고 있습니다. 당시 그는 매우 탁월한 사람이면서도 마음 깊숙이 불안을 떨쳐버리지 못하고 로마에서 철학교사로 상당히 무분별한 생활을 계속하고 있었습니다. 한편으로 그는 회심을 원했지만 또 다른 한편으로 그는 스스로를 회심시킬 수 없었습니다. 심지어 그는 주께서 자신을 변화시켜 주시기를 나름대로 위선적으로나마 경건하게 기도하기까지 했지만, 그런 기도도 그에게 즉시 평안을 가져다주지 못했고, 이 긴장은 그 인생 속에서 계속 커져 갔습니다. 어느 날 그는 집 밖으로 뛰쳐나가서 자신의 인생에 대하여 숙고하고자 정원을 거닐고 있었습니다. 어거스틴은 그때 자기에게 일어난 사건을 다음과 같이 기록하고 있습니다.

"나는 무화과나무 아래에 쓰러져 흐르는 눈물을 억제하지 못했습니다. 그리고는 비통한 마음으로 울부짖었습니다. 오! 주여, 언제까지입니까? 어느 때까지입니까? 내일입니까? 지금은 안됩니까? 왜 지금 이 순간 내 불결함을 멈출 수 없습니까?"

나는 이렇게 말하고 내가 지은 죄에 대하여 마음으로부터 통회하면서 울고 있었습니다. 그때였습니다. 갑자기 이웃집에서 들려오는 음성을 들을 수 있었습니다. 그 음성이 소년의 것인지 소녀의 것인지 잘 알 수 없지만 이웃집에서 계속 노래로 몇 번이고 반복되었던 말은 "집어 들고 읽으라, 집어 들고 읽으라"(Tolle lege, Tolle lege)는 것이었습니다.

나는 곧 눈물을 멈추고 어린 아이들이 어떤 놀이를 할 때 저런 노래를 부르는지 곰곰이 생각해 보았습니다. 그러나 아무리 생각해 보아도 전에 그런 노랫소리를 들어 본 기억이 나지를 않았습니다. 나는 눈물을 그치고 일어섰습니다. 나는 그 소리를 성경을 펴서 첫 눈에 들어 온 곳을 읽으라고 하나님이 나에게 주신 명령으로밖에 생각할 수 없었기 때문입니다.

나는 곧바로 알리피우스가 앉았던 벤치로 돌아갔습니다. 왜냐하면 내가 그곳을 일어나 떠났을 때 거기에 사도 바울의 로마서를 놔두고 온 까닭입니다. 나는 즉시 그 책을 집어 들고 펴서 내 눈에 들어 온 첫 구절을 말없이 읽었습니다.

방탕과 술 취하지 말며 음란과 호색하지 말며 쟁투와 시기하지 말고 오직 주 예수 그리스도로 옷 입고 정욕을 위하여 육신의 일을 도모하지 말라(롬 13:13-14).

나는 더 이상 읽고 싶지도 않고 또한 더 읽을 필요도 없었습니다. 그 구절을 읽은 후 즉시 확실성의 빛이 내 마음 속으로 들어와 모든 의심의 어두운 그림자를 몰아냈습니다.

이 순간 하나님의 말씀이 전례 없이 어거스틴을 움직였고 그의 인생을 철저하게 변화시켰습니다. 그 사건은 마치 주님이 어거스틴 앞에 나타나셔서 성경책을 통해서 그에게 직접 말씀하시는 것 같았습니다. 성경 본문의 노란색 종잇조각 하나가 마치 하늘과 땅의 주님이 직접 그에게 다가오시는 관문처럼 변화한 것입니다.

아마도 우리 중 상당수는 성경에서 그토록 감동적인 만남을 아직 경험해보지 못했을 것입니다. 하지만 이런 사건은 우리가 하나님의 말씀을 읽고 또 읽을 때 종종 발생하지만, 우리는 그 말씀이 우리에게 아무런 의미가 없다고 생각합니다. 그 말씀이 여러분에게 아무것도 아니라는 그 생각이 여러분을 따뜻하게도 차갑게도 만들지 못합니다. 하지만 어느 날 갑자기 성경 속에 담긴 어떤 것이 여러분을 사로잡을 것입니다. 그 속에 있는 어떤 단어나 구절이나 진리가 성경 속에서 튀어 나오면 그때 여러분은 깨달을 것입니다. 이제 하늘과 땅의 주님이 직접 나에게 말씀하시는 줄 깨달을 것입니다.

이스라엘에게는 이사야 55장 말씀이 바로 그런 말씀이었을 것입니다. 당시 이스라엘은 바벨론의 포로라는 가장 최악의 상황을 경험하고 있었습니다. 고향 땅에서 모든 재산과 성전을 빼앗기고 심지어 하나님마저 빼앗기고 말았습니다. 하지만 주님의 말씀은 여전히 예루살렘 뒤에 분명 남아 있습니다. 그분의 약속은 아직 성취되지 않았습니다. 여기 바벨론 땅에서도 주님을 찾아볼 수도 없고 그분의 말씀은 여전히 침묵하고 있는 것 같습니다. 그래서 어떤 사람들은 절망에 빠졌고 심지어 어떤 이들은 주님을 버리고 예루살렘도 잊어버리고 점차 바벨론 제국의 백성으로 동화되기 시작했습니다. 간단히 말하자면 지금 이스라엘 백성들은 시편 42편에 사막에서 물 한 방울 구하지 못하여 목말라 죽기 일보 직전의 사슴과 같은 절망에 빠졌습니다.

아마도 여러분은 이 기분을 잘 이해하실 것입니다….

바로 이렇게 하나님의 말씀의 능력에 대하여 절망하는 사람들을 위하여 이사야 55장이 성경 속에 들어 있는 것입니다. 55장은 이미 첫 구절에서부터 목마른 사람들을 위하여 즉시로 수문을 열어 주고 있습니다. 사막을 여행하는 여행객들이 목을 축일 수 있는 샘물처럼 주님의 말씀이 들려옵니다.

> 오라 너희 모든 목마른 자들아 물로 나아오라.
> 돈 없는 자도 오라 너희는 와서 사 먹되
> 돈 없이, 값없이 와서 포도주와 젖을 사라(1절).

이 초청의 말씀은 너무나도 넓어서 이스라엘에 어떤 정통파 사람들은 불평하기 시작했습니다. 뭐라고? 모든 사람들이 아무 조건 없이 올 수 있단 말인가? 심지어 불경건한 사람들이나 버림받은 자들까지도? 바벨론에서 주님을 배반한 사람들까지도? 하나님의 은혜는 신실한 사람들과 헌신적인 사람들에게 해당되는 것이 아닌가? 아닙니다. 하나님의 은혜는 모든 사람들을 위한 것입니다.

그런데 이렇게 불평하는 사람들에 대한 우리 주님의 대답은 성경에서 가장 널리 알려진 선언 중의 하나일 뿐만 아니라, 가장 이상하면서도 가장 놀라운 말씀입니다.

> 이는 내 생각이 너희의 생각과 다르며 내 길은 너희의 길과
> 다름이니라 여호와의 말씀이니라 이는 하늘이 땅보다 높음

같이 내 길은 너희의 길보다 높으며 내 생각은 너희의 생각
보다 높음이니라(8-9절).

  우리 인간의 생각으로 볼 때 이 말씀의 의미는, 주님은 때로는 아주 이상하게 행동하실 뿐만 아니라, 그분의 자비와 용서해 주시는 은총은 늘 우리의 협소한 마음과 옹졸한 바리새인 같은 기질을 훨씬 초월하신다는 것입니다. 그렇습니다. 우리 주님은 항상 용서해 주시는 분이십니다. 그분이 베푸시는 은총은 참로 넓고 위대합니다. 여기에 바로 우리의 위로가 있습니다. 우리를 찾아오시는 하나님의 말씀은 비할 데 없는 은혜와 사면, 그리고 용서의 말씀입니다. 주님은 말씀합니다. 바벨론에서건 사막에서건 또는 어느 수렁에 빠졌을 때나 "너희는 여호와를 만날 만한 때에 찾으라 가까이 계실 때에 그를 부르라"(6절).
  그런데 이 위로의 말씀은 한 걸음 더 전진합니다. 하나님의 위로의 말씀은 단순히 용서나 구원에 관한 희미한 이론적인 말도 아니고, 한 번 말씀하신 다음에 실행하지 못할까 주저하는 말씀도 아니라, 말씀하신 그대로 강력하게 역사하는 말씀입니다. 왜냐하면,

이는 비와 눈이 하늘로부터 내려서 그리로 되돌아가지 아니하고 땅을 적셔서 소출이 나게 하며 싹이 나게 하여 파종하는 자에게는 종자를 주며 먹는 자에게는 양식을 줌과 같이 내 입에서 나가는 말도 이와 같이 헛되이 내게로 되돌아오지 아니하고 나의 기뻐하는 뜻을 이루며 내가 보낸 일에 형통함이니라(10-11절).

  우리는 종종 하나님이 더 이상 말씀하시지 않는다거나, 그분의

말씀은 더 이상 아무런 효력도 없다고 생각합니다. 때로는 하나님이 우리를 포기하셨다고 생각하기도 합니다. 하나님의 말씀이 마치 빗물이나 눈처럼 땅에 내려서 휩쓸려 사라지는 것 같은 기간은 때로는 아주 길게 느껴지기도 하고, 또 자신이 사막에 버려진 것 같은 느낌이 들기도 합니다. 하나님의 능력 있는 말씀이 우리에게서 여전히 감추어진 것 같습니다. 하지만 분명한 사실은 그 말씀은 역사한다는 사실입니다. 그 말씀의 축복은 우리가 전혀 알아채지 못하더라도 마치 비처럼 우리에게 내려서 우리를 흡수합니다. 그렇습니다. 심지어 우리가 그 말씀에 대적할 때조차도 하나님의 말씀은 결코 헛되이 보내신 분께로 돌아가지 않습니다.

그렇다면 사람이 하나님의 말씀에 대적할 수 있을까요? 그럴 수 있습니다. 참으로 안타깝고 슬프게도 그럴 수 있습니다. 불가능하지만 분명히 가능합니다. 여러분은 하나님의 말씀이 비처럼 쏟아질 때 조그만 은신처로 들어가서 숨어버릴 수 있습니다. 조그만 우산을 펴서 은혜의 단비를 모조리 배척해 버릴 수도 있지만, 반대로 폭포수처럼 쏟아지는 은혜의 단비로 자신을 깨끗하게 씻을 수 있습니다. 떨어지는 눈보다 더 희게 자신을 씻을 수 있습니다. 그리고 은혜의 단비를 마음껏 들이켜 마실 수 있습니다. 그래서 아직도 주님을 찾을 수 있을 때 주님의 뜻을 구하시기 바랍니다. 가까이 계실 때 그분을 부르시기 바랍니다. 그렇습니다. 아직도 하나님의 말씀이 땅바닥으로 다 빠져나가 버린 것 같고 내게는 아무런 능력도 남아 있지 않은 것 같은 느낌이 들 수도 있습니다. 하지만 분명히 열매가 맺힐 것이고 분명히 우리를 포로된 땅에서 건져내 주실 것입니다. 결국 생명을 공급하는 생수와 같은 하나님의 말씀이 사막을 방황하는 우리의 인생을 관통하여 출애굽의 열매가 맺힐 것이고 황량한 우리 인생을 아름다운 정원으로 바꿔주실 것입니다.

역사적으로 볼 때 이 말씀은 이스라엘 백성들이 예루살렘으로 귀환할 것을 예언한 것이지만, 하나님의 거역할 수 없는 말씀으로 우리를 이 시대의 포로된 땅에서 이끌어 내실 때 우리를 위해서도 하신 말씀입니다. 뿐만 아니라 모든 피조물도 "썩어짐의 종노릇 한 데서 해방되어 하나님의 자녀들의 영광의 자유에 이를" 날을 위한 것이기도 합니다(롬 8:21). 그렇습니다. 이 마지막 출애굽이 너무나도 위대해서 모든 피조물이 이렇게 찬양할 것입니다.

> 너희는 기쁨으로 나아가며 평안히 인도함을 받을 것이요 산들과 언덕들이 너희 앞에서 노래를 발하고 들의 모든 나무가 손뼉을 칠 것이다(12절).

하나님의 말씀은 새 하늘과 새 땅을 창조합니다. 그곳에서는 "(에덴동산의 이미지를 암시하는) 잣나무는 (타락을 상징하는) 가시나무를 대신하여 나며 화석류는 찔레를 대신하여 날 것이라 이것이 여호와의 기념이 되며 영영한 표징이 되어 끊어지지 아니하리라"(13절). 오늘날 우리는 이 말씀을 이사야 선지자보다 더 잘 이해할 수 있지 않을까요? 사실 하나님의 은혜의 말씀과 용서에 관한 그분의 거대한 계획은 사람의 몸을 입고서 우리 가운데 찾아오셨습니다(요 1:14).

이 말씀은 하나님께로부터 보냄을 받은 그대로 모든 것을 이 땅에서 성취하셨습니다. 그리고 아버지께로 결코 빈손으로 되돌아가지 않았습니다. 겉으로 볼 때는 그분은 이 세상에 그다지 많은 영향을 주지도 못한 것처럼 보이고, 하늘에서 내린 비가 그대로 땅속으로 사라져 버린 것 같습니다. 그런데 그분은 사실 밭에 떨어진 알곡처럼 자기 생명을 내어주고 죽어서 결국 하나님은 풍성한 수

확을 거둘 수 있었습니다(요 12:24). 성육신하신 하나님의 말씀이 땅 위에 떨어져 죽고 무덤의 벽을 부수고 부활하셨다면 과연 누가 그 분을 막을 수 있겠습니까?

오늘 우리는 새로운 밀레니엄이 시작되는 특별한 시대를 살고 있습니다. 그리고 특별히 지금 하나님이 아주 가까이 계시고 그분의 뜻이 곧 실현되려고 합니다. 지금이야말로 은혜 받을만한 때요 지금이야말로 구원의 날입니다(고후 6:2). 우리는 처음부터 끝까지 모든 페이지에 걸쳐서 계속 이 진리를 말씀하고 있는 책을 갖고 있습니다. 하나님의 말씀은 우리가 아무것도 듣지도 못하고 느끼지도 못하는 비처럼 그렇게 우리에게 떨어질 수 없습니다. 그 말씀은 우리가 아무런 결실도 맺지 못하는 비처럼 그렇게 우리에게 흡수될 수 없습니다. 오히려 우리는 크리스토프 블룸하르트(Christoph Blumhardt)처럼 성경 말씀을 다뤄야 합니다.

> 종종 우리가 성경 말씀을 읽을 때, 이 말씀은 결코 사람의 손으로 기록된 것도 아니고 사람의 힘으로는 전혀 이해할 수조차 없고 거룩한 능력의 구름 속에 봉인된 것 같은 느낌이 들 때가 있다. 그런 말씀이 우리 속으로 들어오면, 어떻게 이런 일이 일어날 수 있는지 우리는 전혀 이해할 수도 없고 생각도 할 수 없고, 심지어 어떤 식으로든 이 말씀을 읽어볼 가치가 있다고 생각조차도 할 수 없다. 왜냐하면 우리는 학교에 다닐 때부터 이미 이 책을 잘 알고 있다고 생각하기 때문이다. 그런데 갑자기 이 말씀이 갑자기 낯선 사람처럼, 거룩한 손으로 우리 몸과 마음을 휘젓는 거룩한 천사처럼 우리 마음 속으로 들어오면, 우리 몸과 영혼이 열리고, 우리는 하늘의 거룩한 말씀으로 호흡하기 시작하며, 우

리 마음을 감동시키고 우리의 정서와 생각과 우리 모든 존재를 뒤흔드는 말씀으로 호흡한다.

더 이상 어떤 말을 할 수 있을까요? 이제 이 책을 집어 들고 읽으시기 바랍니다.

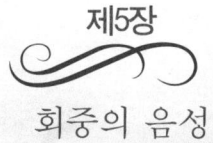

제5장
회중의 음성

바람직한 설교를 위해서는 설교자가 청중에 관한 건강한 신학적 전망을 갖는 것이 매우 중요하다. 이번 장에서 필자는 다음의 사항들을 고찰할 것이다.

- 설교 준비 과정에서 청중이 차지하는 역할
- 청중이 자신을 발견하는 상황의 역할과 그 상황에 대한 반응
- 청중에 대한 잘못된 (도덕주의적) 전망이 담긴 사례 설교분 분석

1. 서론 : 청중의 의견일치

하나님의 말씀은 하나님의 백성들과 결코 분리될 수 없다.

루터가 하나님의 말씀과 그분의 백성 사이의 필연적인 관계에 관하여 주의를 당부한 예리한 통찰은 그대로 설교학을 위해서도 매우 중요한 통찰을 제공한다(Meuser 1983:112 참고). 이런 통찰은 하나님의 말씀에 대한 설교가 하나님의 백성들로서 그분의 말씀을 듣기 위해 모인 청중과 필연적인 관계를 맺고 있음을 강조한다. 또한 루터의 발언은 회중의 존재가 하나님의 말씀이 그들에게 다가오는 방식에도 상당한 영향을 미친다는 사실을 암시한다. 토마스 롱(Tom Long 1989:45)은 성경 본문과 회중 사이의 (설교학적인) 상호작용를 다음과 같이 효과적으로 설명한다.

> 우리는 성경이 언제 어디서나 증언하는 하나님에 관한 일련의 사실들이나 믿음에 관한 사실들을 수집하기 위해서가 아니라, 현존하시는 하나님을 만나기 위해서 성경으로 나아가야 한다. 그리고 우리가 하나님의 신실한 백성들로 살아가기를 원하시는 삶의 현장 가운데서 우리에게 늘 새롭게 말씀하시며 부르고 계시는 하나님의 음성을 듣기 위해 성경으로 나아가야 한다. 서재에 홀로 앉아 설교를 준비하기 위해 성경 본문을 연구하는 설교자의 모습은 오해하기 쉬운 모습이다. 성경으로 나아가는 사람은 설교자 혼자가 아니다. 설교자를 수단 삼아서 성경으로 나아가는 자들은 바로 교회다. 설교자는 교회의 일원이며 교회에 의하여 따로 구별된 존재로 세워졌고 교회를 위하여 성경 말씀을

찾고 연구하며 복종하는 자세를 가지고 그 말씀을 듣는 존재이다. 그래서 설교자가 성경으로 나아갈 때는 결코 혼자서 가는 것이 아니다…설교자들은 하나님이 원하시는 말씀을 발견하려는 기대감을 가지고 그리고 그 말씀을 가져오는 경이감을 기대하면서 성경을 연구한다. 설교자를 파송한 사람들은 인생의 질문과 염려를 가지고 있으며, 가끔 성경 본문이 이런 질문에 응답할 것이다. 하지만 성경 본문은 이런 질문에 대하여 새로운 질문을 제기할 때도 있다.

그래서 성경 본문은 설교자의 소유물이 아니다. "우리"라는 말을 전혀 내뱉을 줄 모르는 철저한 개인주의자는, 절대로 강단 위에 올라설 권리가 없다. 성경 본문은 설교자 개인이 아니라 회중 전체에게 속한 것이기 때문에, 모든 회중이 "우리가 하나님의 음성을 들었노라"고 동의할 때까지 모든 각도에서 점검하여 들어본 사람에게서 그런 사람들에게로 전달되어야 한다. 설교하는 것은 강단에서 신학적인 독재자나 날개 달린 웅변가, 또는 교회 바깥에서나 회중과 전혀 다른 차원을 살아가는 거룩한 금욕주의자가 되는 것이 아니라, 성경 본문 주변에 모인 회중과 함께 의견의 일치점을 발견하는 것에 더 가깝다. 왜냐하면 "하나님의 말씀은 하나님의 백성들과 결코 분리될 수 없기" 때문이다.

2. 회중 : 진리의 담지자이자 보호자

설교의 비밀은 임재하시는 하나님의 음성과 성경 본문의 음성의 일치와 조화에 있다. 하지만 이것이 전부가 아니다. 설교에서 드러나는 설교자의 영성은 하나님과의 인격적인 관계와 성경 본문 연구와도 밀접한 관련이 있을 뿐만 아니라, 회중과의 관계, 즉 설교자가 회중의 음성을 듣는 방식과도 밀접한 관련이 있다. 그래서 여기에 다음과 같은 고전적인 경구를 소개할 수 있다. 렉스 오란디(*lex orandi*), 렉스 크레덴디(*lex credendi*), 렉스 비벤디(*lex vivendi*), 렉스 콘비벤디(*lex convivendi*), 렉스 프레디칸디(*lex praedicandi*), 이는 기도한 대로 신앙을 고백하고 그대로 살고 또 함께 모여 살고, 그대로 설교한다는 의미이다. 이번 장은 콘비벤디(*convivendi*), 즉 회중과 함께 생활하며 말씀을 경청하는 것과 아울러 설교를 위한 청중의 함의에 관하여 연구할 것이다.

설교자는 설교 준비 과정에서 반드시 회중의 음성을 들어봐야 한다. 설교는 회중을 향하여 선포되지만, 반대로 회중으로부터 출발해야 한다. 어떤 의미에서 설교는 회중의 재산이며, 설교자가 설교를 혼자서 독점해서는 안된다(Bluck 1989:33). 만일 누군가가 성경을 그저 개인의 입장에서만 읽으려고 한다면 그는 (외눈박이처럼) 편파적인 사람이 될 위험이 있다. 한 사람의 입장에서만 성경을 읽으면 성경의 깊고도 풍성하고 다차원적인 가치를 제대로 맛볼 수도 없고 누릴 수도 없다. 성경 본문 안에는 하나님에 대해서 한 면만 담고 있지도 않고 한 가지 진리만을 담고 있지도 않고, 한 사람의 눈으로 다 이해하기에는 너무나 광대하다. 그래서 설교자가 성경을 연구할 때에는 회중의 수많은 눈이 필요하고, 주해자이자 선포자로서의 설교자의 특권은 회중 전체를 포함하기에 충분할 정도로 확장되어야 한다.

그렇다면 이렇게 본문에 담긴 진리와 통찰의 다양성을 강조하다보면 상대주의로 귀결되지 않을까? 만일 본문 하나에 그렇게 많은 진리가 있다면 한 가지 진리만을 주장할 수 없다는 의미가 아닌가? 꼭 그럴 필요는 없다. 다양한 색상을 가진 각각의 성경 본문은, 성경의 기초 본문(the fundamental text)에 비추어 읽혀져야 하고 그 기초 본문과의 일관성 속에서 해석되어야 한다. 그렇다면 이어지는 질문은, 성경의 기초 본문이 무엇인지를 누가 결정하는가?

첫째 차원에서 대답하자면, 목회자와 신학자들과 같은 개인 주해자들이다. 최대한 넓은 의미에서 말하자면 성경은 교회의 책이다. 성경이 교회의 책이라는 사실에서부터 기초 본문과 그 밖의 다른 본문들에 대한 교회일치의 해석학(hermeneutics of ecumenicity)이 작용한다. 교회일치의 해석학이란 다음 두 가지 기본 규칙을 염두에 두면서, 성경의 특정한 본문을 읽을 때 항상 다른 해석자들의 연구 결과를 고려하여 해석하는 것이다.

첫째는 내 자신의 해석 입장이 다른 사람들의 해석을 침해하지 않도록 해야 한다.

둘째는 나는 항상 다른 사람들의 관점에 귀를 열어두고서 혹시 충돌할 때 내 견해를 기꺼이 수정할 수 있어야 한다.

이런 의미에서 성경 해석과 모든 설교 준비 과정은 목회자 개인의 독단적인 행동이나 신학적인 개인 소유물로 간주되어서는 안된다.

교회일치의 해석학은 넓고 깊게 작용한다. 먼저 교회일치의 해석학은 장구한 교회 역사 속에서 특정 본문에 대한 해석의 유산을 존중하여, 교회 교부들의 저서들과 증언들 속에서 축적되어 온 본문에 대한 연구 결과를 경청한다. 그래서 교회일치의 해석학은 결코 아비도 없고 어미도 없는 성경 연구를 초래할 수 없고, 또 고아 같은 설교를 만들어낼 수도 없다. 교회일치의 해석학은 설교자들을 신학적인 오만함에서 보호해주는 풍부한 전통을 제공하며 우리를 둘러싼 허다한 증인들에 대한 위로와 격려를 안겨준다(히 12:1). 그래서 만일 여러분이 교회일치의 해석학을 실행하려면 무엇보다 겸손해야 한다. 루터는 사망 직전에 종이에 다음과 같은 내용을 적었다.

> 만일 수백 년 동안 전해져 온 사도들과 선지자들과 함께 교회를 다스려보지 않았다면 아무도 성경을 제대로 이해할 수 없다.

회중은 진리의 담지자이자 보호자이다(딤전 3:15). 그래서 설교를 준비하는 과정에서 목회자의 "아멘"은 설교 준비의 마지막이 아니라 어떤 의미에서는 설교의 시작이다. 왜냐하면 청중도 자기 입술로 "아멘"을 고백해야 하고 하나님의 말씀을 받는 자들로서의 자신들의 권리와 역할을 행사해야 하기 때문이다…(5장 3. 2) 참고).

설교는 설교의 순간 그 자체로 시작하거나 종료되지 않는다. 회중이 자신들의 아멘으로 설교에 앞서고 또 그 뒤를 따라가야 한다. 하지만 이 아멘은 설교의 끝이 아니라 오히려 새로운 시작이며, 회중 스스로가 복음을 기다리는 세상을 향하여 새로운 설교자로 나서야 한다. 그래서 설교 준비 과정은 처음부터 끝까지, 즉 설교 준비부터 전달까지 그리고 설교의 후속 파장에 이르기까지 항상 원칙적으로는 회중과 함께 결정되어야 한다. 설교자는 청중의 영적인 부요함이나 그들의 설교학적인 잠재력을 잘 분별하고 실행해야 한다. 사실 설교자는 설교를 위한 최고의 주석서를 자기 서재에서도 찾아낼 수 있을 뿐만 아니라 설교단 주변에 모여 사는 회중의 상황 속에서, 그들의 골수와 혈관 속에서도 찾아낸다.

이를 위해서 설교자는 회중을 늘 새로운 눈으로 바라볼 줄 알아야 하며 청중의 비밀의 문을 열기를 원한다면 신학적인 열쇠를 사용할 줄도 알아야 한다. 예배에 참석하는 사람들, 그리고 하나님께서 일하시며 그리스도께서 죽고 부활하심으로 그 은혜를 공급받는 대상이 되는 사람들을 신학적으로 분별하고 판단하는 것만으로도 충분하다. 설교자는 교회 회중석에 앉은 사람들을 설교에서 다뤄야 할 흥미나 관심을 가진 종교적인 고객으로 보다는 하나님의 선물로 간주해야 한다. 그렇다면 이 모든 논의들이 설교를 준비하는 과정에 어떤 의미를 주는가? 이에 관한 칼 바르트(Karl Barth 1964:96-97)의 언급은 지혜로운 통찰을 담고 있다. 그는 이를 다음 다섯 가지 철학적인 범주로 구분하여 제시하고 있는데, 간략한 내용을 소개하자면 다음과 같다.

- 설교자는 자신의 설교를 듣는 회중을 사랑해야 하며, 그들 중의 일부가 되어야 한다. 회중 앞에서 설교자가 가져야 할 태도는, 이들은 내 백성들이며 나는 하나님께서 나에게 주신 것을 그들과 함께 나누기를 원한다는 것이다. 여러분이 얼마나 탁월하든, 또는 천사보다 더 탁월하게 말씀을 잘 해설하더라도 사랑이 없으면 여러분은 아무것도 아니다.
- 설교자는 회중을 사랑하기 때문에, 그들의 삶과 생애도 그 수준대로 사랑해야 한다. 설교자는 회중 가운데 가장 똑똑한 사람이어야 할 필요도 없고 사람들의 생각을 알아 맞추는 점쟁이여야 할 필요도 없다. 다만 사람들의 가장 깊은 생각을 보여주는 질문들이 항상 설교자가 마음을 쏟는 관심사여야 한다.
- 설교 메시지가 다른 메시지들보다 인생의 의미에 관하여 더 명쾌하고 더 충분한 해설을 담고 있어야 하는 것은 아니다. 이것이 전혀 중요하지 않다는 의미는 아니지만 설교는 그보다는 인생의 의미를 하나님의 계시의 빛 아래 조명할 수 있어야 한다.
- 설교에는 재치가 있고 적절함이 있어야 한다. 바람직한 설교를 위해서는, 언제 누구에게 무엇을 말할 것인지를 알아야 한다. 때로는 성경적이고 예언자적인 비평이 필요하다면, 겸손하면서도 적절한 자세로 비평해야 한다. 설교로 진리의 우상을 만들어

서는 안된다.
- 설교한다는 것은 설교자와 회중의 시간에 대하여 이해하고 그 만남의 순간을 인식하는 것이다. 설교한다는 것은, 특정한 상황이 설교자와 회중에게 부과하는 의미가 무엇인지를 묻는 것이다. 설교자와 회중은 역사적인 경험을 똑같이 공유하기 때문에, 설교자의 언어가 회중의 시급한 관심사에 적합해야 한다. 설교자가 이 점을 잘 이해한다면 회중과의 연관성을 잃어버린 주제들을 계속 이야기하는 실수를 극복할 수 있을 것이다.

이런 사실은 설교자가 회중과 전혀 다른 (신학적이고 사회학적이며 우주론적인) 행성에 살 것이 아니라 함께 공존해야 함을 강조한다. 설교자는 아마도 자신의 설교 준비 과정을 조정해야 할 수도 있고 설교에 대한 청중의 공헌을 올바로 이끌어낼 방편이나 구조에도 관심을 기울여야 한다. 또한 설교자는 청중의 눈과 마음을 좀 더 자세히 살펴보고 그들의 관심과 고민의 소리에 귀를 기울여서 설교단이 점차 원탁(roundtable)을 닮아가게 해야 한다(원탁의 이미지는 John McClure, *The Roundtable Pulpit*, 1995 참고; also 5장 4. 2) 참고).

어떤 설교자는 그러한 패러다임의 변화를 일종의 위협처럼 느낄 수도 있다. 사실 설교자들은 종종 자신들의 목회 시스템이 어디엔가 문제가 있다고 생각하기 때문에 기존 시스템이 흔들리거나 붕괴되면 절망에 빠질 수 있다. 하지만 안전한 항구처럼 보이는 곳에서 바깥으로 나가보면 더욱 풍성한 세상을 발견할 수 있다. 루돌프 보렌(Rudolf Bohren 1971:521-522)은 프란츠 얀치(Franz Jantsch)라는 설교자를 이런 맥락에서 소개한다.

한번은 어떤 여인이 물질적인 사랑에 관한 내 설교 중간에 끼어들어서 "목사님! 저는 받아들일 수 없습니다. 반대합니다"라고 소리쳤다. 이때 나는 회중 가운데 한 지혜로워 보이는 남자 성도에게 자신의 입장을 알려달라고 부탁했다. 그러자 다른 이들도 대화에 참여하면서 각자의 입장들이 분명히 드러났지만, 나는 그 여인에게 전혀 짜증을 부리지 않았다. 그러자 그 여인은 자신의 기분을 제대로 다스리지 못했던 것에 대하여 사과했다. 하지만 이 일은 다른 회중들에게 나에 대한 깊은 인상을 남겼다.

물론 매번의 설교가 이런 식으로 간섭을 받아야 한다는 의미는 아니다. 그보다는 이 여인의 돌발적인 간섭은 지금까지 설교에서 차지하는 회중의 가치에 관한 논의의 핵심을 집약하여 보여준다. 무엇보다도 성령 하나님은 설교자 혼자에게만 부어진 것이 아니라 회중 모두에게 부어졌다. 설교자가 적당한 카리스마를 발휘하는 것도 좋지만, 성령께서 회중 전체에게 부어주신 모든 은사가 더 낫다.

우리 설교자들은 이런 시각을 잃어버리지 말아야 한다. 설교는 참으로 회중에 관한 것이고 그래서 상황에 관한 것이다. 그래서 우리는 설교와 관련하여 회중의 입력과 피드백을 촉진시키는 방법을 꾸준히 익혀야 한다. 왜냐하면 이것이 신학적으로 중요하기 때문만이 아니라 효과적인 의사소통을 위해서도 이것이 필수적이기 때문이다. 좀 더 자세히 살펴보면 이 점이 중요하다는 것이 더욱 분명해진다.

3. 두 눈이 외눈보다 더 잘 본다

앞에서 우리는 몇 차례 화랑을 방문했다. 이제 미술 수업에 잠깐 참석해보자. 학생에게 주어진 과제는 "가는 도중에 있는 인생"을 그림으로 그려보는 것이다. 그림을 완성하는데 딱 3시간이 주어졌다.

예술의 놀라움은, 예술 작품에 담긴 각자의 해석이 아주 독특하다는 것이다. 각각의 작품은 작가만의 고유한 개성과 색감이나 붓터치 기법에 있어서 고유한 선호도, 그리고 모든 것을 바라보는 고유한 시각을 갖고 있다. 이 중에 어떤 해석 입장이 옳거나 그르다고 말할 수 있는가? 아마도 어떤 작품이 다른 작품보다 더 아름답다거나 더 예술적이라고 말할 수 있을 것이다. 하지만 각각의 작품은 고유한 해석을 담고 있고, 그 고유한 해석은 그렇게 주장할 고유한 권리를 갖고 있다. 만일 여러분이 미술 수업에 참여하는 학생들의 시각에 관한 전체 이미지를 보기를 원한다면, 모든 작품을 한꺼번에 진열해 놓고 모두 다 동시에 관찰해 보아야 한다. 그러면 주제는 하나이지만 수 없이 많은 해석을 만나볼 수 있다. 그래서 두 눈 혹은 그 이상의 눈이 외눈보다 더 낫다고 말할 수 있다.

회중 속에는 오랫동안 성경을 읽고 설교를 듣는 가운데 형성된 하나님에 관한 서로 다른 견해를 가진 사람들이 있다. 이러한 청중들의 인식(perception)은 설교자가 설교에서 결코 무시할 수도 없고 무시해서도 안되는 설교의 실재(reality)이다. 이렇게 다양한 청중의 인식은 우리 모두가 믿고 또 외눈의 한계로부터 우리를 구원하신 하나님에 관한 더 풍부하고도 아름답고 폭 넓은 관점을 우리 설교자들에게 제공한다. 하나님의 은혜 안에서 회중과 함께 공유하는 기쁨과 놀라움은 그들로 인하여 배가된 기쁨과 놀라움이고, 설교자가 발전시켜서 다른 사람들에게 소개하는 하나님의 모습도 설교자 곁에 오랫동안 남아 있는 사람들의 도움을 통해서 형성된 것들이다.

1) 내 속의 나?

일부 개혁주의 전통에서 목회자와 신자들이 자신들의 견해만을 고집하면서 다른 이들의 입장을 들어보려고 하지 않는다는 점은 약간 아이러니하다. 각자는 자신만의 작은 구석지에 앉아서 가리개를 쓰고서 더 크고 아름다운 하나님의 전망을 보려고 하지 않는다.

그래서 설교자는 다른 신학자들이나 설교자들의 통찰뿐만 아니라 회중의 통찰도 들어보아야 한다. 설교자는 원리적으로는 이미 하나님의 일부분을 목격했던 다른 사람들의 목격에 의존한다. 설교자가 보이지 않는 하나님에 관한 다른 사람들의 증언이 전혀 없이 설교를 준비하고 전달할 수는 없다. 그래서 설교는 결코 설교자 혼자만의 개인주의적인 작업도 아니고 탁월한 솔로 비행도 아니다. 그렇게 진행하기에는 설교자가 다루는 주제가 너무나도 크고 방대하다. 광대한 전망이 펼쳐진 하나님의 세계에서 외눈박이는 결코 왕이 될 수도 없고, 또 "고독한 방랑자"는 결코 설교단에 오를 수 없다.

그래서 설교자는, 자신들의 설교 작업을 철저하게 평가하도록 신학자들과 설교자들, 그리고 문학 비평가들에게 맡겨야 할 뿐만 아니라, 설교자의 설교 사역에 평범하고도 실천적인 전망을 제공할만한 평범한 사람들과, 설교자의 외눈박이 경향에서 어느 정도 자유롭게 해 줄 수 있는 사람들에게도 내맡길 필요가 있다. 어쨌든 우리가 그렇게 내맡기지 않고서 무언가를 소유해 본 적이 있었던가? 설교자는 자신과 전혀 다른 관점을 가진 사람들과 자신의 신학적인 견해와 전혀 다른 입장을 지닌 사람들에게 감사해야 한다. 설교자 자신의 고유한 입장과 다른 대안은 설교자로 하여금 진리에 더욱 다가가도록 도와주며, 최소한 설교자가 그 진리(에 대한 설교자의 견해)를 세심하게 숙고하는 데라도 도움을 준다.

설교자는 한편으로 설교를 완전히 권위적이고 그 어떤 비판도 거부하는 독백으로 뒤바꾸는 설교학 이론을 거부해야 한다. 설교자는 또 다른 한편으로 설교에 대한 과소평가도 거부해야 한다. 회중의 해석과 인식이 그렇게 결정적이지 않아서 설교가 하나님의 전체 경륜을 좀 더 체계적으로 선포하지 못하고 특정 본문의 음성을 위축시키는 경우도 있기 때문이다. 설교단과 회중석 사이의 대화와 상호작용은 현행의 한 사람에게 집중된 시스템이 설교를 통해서 붕괴되는 방향으로 진행되어야 한다. 이런 상호간 대화는 회중 뿐만 아니라 설교자의 직무도 올바로 대우하는 것이다.

설교자의 직무에 관하여 좀 더 세심한 성찰이 필요하다. 예를 들어 몰트만(Moltmann 1975:303)은 설교자가 설교단으로 올라가면서 회중에게나 교회 안에서 의식적으로든 무의식적으로든 상당한 기능을 하는 설교와 설교자의 직무에 관한 어떤 개념을 드러내는 방식에 관해서도 중요한 언급을 남겼다. 설교자가 위엄 있게 설교단으로 올라가던가, 아니면 모여 있는 회중 밖에서 (제의실 문을 통과하여) 곧장 설교단으로 올라가는 방식은 설교 직무에 관한 어떤 해석적인 입장을 상징적으로 보여준다. 회중 밖에서든 아니면 위에서 설교단으로 접근하는 설교자는 매우 권위적이고 교리적으로는 전혀 비판의 여지가 없음을 암시한다. 하지만 만일 설교자가 회중 속에서 나와서 회중 앞에 올라선다면 그는 회중의 일부분이고 설교자가 강단에서 하는 말도 회중의 특정한 상황과 그들의 외침 속에서 비롯된 것이고, 그래서 회중이 그 말에 동질감을 느끼고 그래서 다시 의문을 제기할 수도 있을 것이다.

2) 당신 속의 당신?

설교 준비 과정에서는 설교자의 직무 뿐만 아니라 회중의 역할에 대해서도 세심한 고찰이 필요하다.

설교의 구성 요소 중에 회중이라는 또 다른 중요한 요소를 정당하게 평가하기 위해서는 일련의 거대한 변화를 동반한 목회 돌봄 과정을 암시하는 다른 문화가 교회 안에 정착되어야 한다. 왜냐하면 이전의 교회 구성원들은 회중석에서의 침묵에 익숙한 전통에서 자라났기 때문이다. 그래서 교회 안에서 한 사람은 말하고 나머지는 조용히 경청한다. 이들은 싫든 좋든 자신의 신앙 색깔을 보여주지도 않고 자신이 하나님에 대하여 그린 그림을 다른 사람들에게 보여주지도 않는다.

이런 결과는 부분적으로는 목회자의 실수이다. 오직 설교자만이 말하고 그에 대한 비평은 의식적으로든 무의식적으로든 늘 묵살된다. 이런 문화의 기저에 깔린 합의는, 오직 목회자만 보이지 않는 분을 목격했고 그분의 음성을 들었고 그래서 오직 그만이 이 음성을 설명할 수 있다는 것이다. 조용한 청중은 적극적으로 설교에 동의하거나 반대하는 사람보다는 더 수용할만하다. 하지만 그 과정에서 청중과의 소통은 더욱 어려워지고, 자신의 도화지에서 하나님의 풍성하신 은혜를 오직 혼자서 성찰해야 하는 설교자의 과중한 책임을 짊어진 목회자는 더욱 외로워진다.

만일 설교가 정말로 좋거나 훌륭하다면, 적지 않은 교회 구성원들은 설교가 그렇다고 평가하는데 결코 과묵한 사람들이 아니다(설교가 나빴더라도 목회자에게는 직접 대고 그렇게 말하지는 않는다). 하지만 이들에게 왜 설교가 그렇게 좋았거나 훌륭했는지를 설명해보라고 부탁하면 그들은 기껏해야 일반적인 입장에서나 상투적인 표현으로 대답할 뿐이다. 이런 의미에서 이들은 교회 예배를 위해서나 또는 그리스도의 몸을 세우는데 제대로 구비되지 않았다(엡 4:12). 이들은 "말씀에 많은 은혜를 받았습니다"라거나 "성령의 역사였습니다"라는 식의 표현으로 이러한 무능력을 숨기곤 한다. 이런 평가가 당연히 사실일 수 있겠지만, 때로는 설교에 대한 좀 더 깊이 있는 통찰의 부족을 숨기려는 단순한 술책에 불과할 때도 있다.

텔레비전과 인터넷의 출현 때문에 신자들의 설교 평가 능력이 더욱 쇠락해졌다. 텔레비전과 인터넷의 긍정적인 측면을 모두 인정하더라도 분명한 것은 이를 계기로 설교가 점점 더 회중의 오락거리의 일부로 변질되고 있다는 것이다(1장 3. 1) 참고). 그래서 좋은 설교는 오락적인 가치가 있다는 것이다(또 설교자는 일종의 연예인이 되어야 한다). 결국 이런 현상은 현대 신자들의 수동적인 오락 시간을 반영한다. 이들은 자극을 원하지만 그렇다고 참여하고 싶어 하지는 않는다. 이런 모습은 이 시대의 사회적인 성향, 즉 포스트모던 시대의 사람들은 관여를 거부하고 소위 사생활(privacy)에 집착하는 결과이기도 하다.

그러나 하나님의 말씀은 아무런 목적도 없이 들려오거나 그렇게 무시 받을 수 없다. 우리는 그 말씀에 반응해야 하고 순종해야 한다(Jas 110-27 참고). 이와 관련하여 라인홀드 슈나이더(Reinhold Schneider)의 통찰을 유념할 필요가 있다.

> 젊은 시절 포츠담에 있을 때 나는 어느 성탄절 전야에 성경책을 펼쳤다. 그 성경책은 루터의 역본이었는데 나는 몇 장을 읽다가 성경책을 덮고 춥고 어두운 거리 바깥으로 뛰쳐나갈 수 밖에 없었다. 왜냐하면 이 진리를 그대로 순종하면 한 사람의 인생이 뒤바뀔 것이 분명해졌기 때문이다. 이 책은 그냥 읽혀질 수 없고 다만 그대로 실행할 뿐이다. 성경은 단순한 책이 아니라, 그 자체로 생명의 능력이다. 단 한 구절이라도 그대로 실행하겠다고 결심하지 않고서 성경을 제대로 이해하기란 불가능하다.

성경책을 붙잡고 어느 외진 구석에 앉아서 그저 읽는 가운데 진리가 이런 방식으로 자신에게 드러나리라고는 생각할 수 없다. 이 말씀은 생명의 능력으로 이미 감동을 받은 다른 사람들과 함께 그대로 실행해야 한다. 여러분에게 신학으로 다가왔던 것은 그대로 지식으로 머물러서는 안되고 실천으로 드러나야 한다. 하나님의 말씀은 설교자 안에서 그 말씀답게 진동하여 설교자의 손과 발을 움직이게 만들고 이어서 설교를 통하여 나머지 회중의 손과 발도 움직이게 해야 한다.

하지만 회중의 메아리에 관한 오늘날의 형편은 여러 설교자들을 낙담시킨다. 이 설교의 메아리는 다음과 같은 생각 때문에 더 악화된다.

> 다음 주일에 나는 이렇게 힘든 설교 준비 과정을 다시 밟아야 하고 말씀을 선포해서 회중이 이 말씀을 경청해야 하는데, 그 다음에는 어쩔 것인가?

하지만 루터는 회중이 "교회의 모든 교리들을 점검할 권리와 모든 능력"을 갖고 있다는 확신을 가졌다. 회중은 자신의 의견을 숨겨야 하는 개인들의 집단이 아니다. 또 그들은 훌륭하거나 형편없는 럭비 시합에 구경꾼처럼 아무것도 하지 않고 가만히 메시지만을 구경하는 구경꾼들이 아니라, 선포된 말씀을 평가할 수 있는 권위적인 재판관들이다. 설교는 어떤 신학적인 전문가 혼자만 누리는 독점적인 특권이나 경쟁이 아니라 전체 회중이 함께 참여하는 사건이다. 그래서 설교는 또는 구체적인 설교 한편은 교회의 보화이지 목회자의 개인 소유물이 아니다. 그래서 설교자 혼자만 설교의 정신을 분별하고 설교단 위에서 활동하는 것이 아니라 회중도 함께 참여한다.

설교자와 회중에 대한 이러한 견해는 전적으로 카리스마에만 의존한다거나 설교자가 부족한 경우에만 해당되는 것이 아니다. 오히려 이런 견해는 설교자의 숨은 동기나 의도된 판단을 행사할 가능성을 저지한다. 그래서 회중 속에는 설교를 상당부분 개인주의화하려는 경향을 제어할 수 있는 풍부하고도 강력한 힘이 작용한다.

그 힘이 풍부한 이유는 우리 설교자들은 다른 사람들의 눈을 통해서, 특히 주변부로 밀려난 사람들과 멸시받는 사람들, 잊혀진 사람들 그리고 말이 없는 사람들의 눈을 통해서 성경을 더욱 풍성하게 읽어서 성경에 기록된 낯설고도 새로운 세상에 대한 더 나은 비전을 얻는 방법을 배울 수 있기 때문이다. 이 낯설고도 새로운 세상은 우리에게 항상 놀라운 감동을 주고 예상치 못했던 소식을 전해준다(Brown 1984:12 참고).

또한 그 힘이 강력한 이유는 교회일치의 성경 독법은 하나님의 말씀을 분파적으로 위축시킬 위험에 대한 최선의 안전장치를 제공하기 때문이다(Fowl & Jones 1991:29-55, 119-134 참고). 만일 남아공의 여러 교회들이 함께 참여하여 성경을 읽었더라면 오늘날의 역사는 얼마나 많이 달라졌을까?

성경 해석과 설교의 과정에서 설교자의 숨은 동기나 편협한 판단을 피하기가 쉽지 않다. 하지만 이런 위협 요인들은 회중과 교회의 더 큰 공동체를 통해서 밖으로 드러날 수 있다. 성경 본문에 대한 책임 있는 해석과 창조적인 상호작용을 보장하는 훌륭한 원천으로서 충분히 성숙된 회중으로서의 교회보다 더 좋은 것은 없다(Cilliers 1992:384-385). 이 점을 딩거만(Dingemans 1991:75)은 다음과 같이 설명한다.

> 달리 말하자면, (본문이나 예술작품의) 사실에 대한 (집단의) 관점과 여러분 자신의 견해 사이를 번갈아가면서 평가하는 대화를 통해서 처음의 편견이 나중에는 새로운 평가를 받는 가능성을 인정하라. 그리고 여러분 자신의 견해가 이러한 토론과 성찰을 통해서 교정되는 것을 인정하라. 처음에는 이해의 범주가 바뀌는 것을 인정하고, 이어서 확증을 위한 새로운 틀거리가 이전의 잘못된 편견을 깨끗이 몰아내도록 하라. 그렇더라도 여러분은 자신의 주관성을 완전히

잃어버리거나 완전한 객관성에 도달하지도 않는다. 다만 검증된 주관성이나 상호주관성이, 이해의 과정에서 은밀하게 숨어 있는 의제로 영향력을 행사하는 한 가지 주관적인 견해보다는 훨씬 낫다. 게다가 본문을 이해하는 과정에서 이렇게 편견이 드러나거나 또는 작품을 감상하는 관객이나 독자의 구체적인 상황에서 예술 작품이 새롭게 열리거나, 본문이나 예술 작품에 관한 새로운 통찰이 열릴 수도 있다.

설교자에게는 회중이 반드시 필요하며, 하나님의 말씀에 대해 생생하게 코멘트 해주는 회중과의 담론없이 제대로 설교할 수 없다. 본문에 대한 (추상적이고 신학적인) 주해 작업은 회중이 없이도 진행될 수 있지만, 그렇다고 살아 계신 하나님에 대한 인식도 회중이 없이 가능하지는 않다. 왜냐하면 하나님은 아주 독특한 방식으로 회중 속에 살아 계시기 때문이다. 그래서 수많은 해석 방법론을 동원하여 성경 본문에서 무시간적인 진리를 파헤치려는 신학 전문가라면 회중이 없이도 설교하겠지만 그 설교는 무시간적일 뿐만 아니라 전혀 시의적절하지도 못하다. 오직 회중의 일상적인 세상이 선포 과정에 영향을 줄 때, 비로소 그분의 말씀과 복음이 사람들이 살아가는 시간 속에 적용될 수 있다.

3) 눈에서 눈으로

설교자와 회중은 서로를 좀 더 자주 공정하게 점검해봐야 한다. "원탁의 설교단 주변에" 함께 모일만한 정규적인 기회도 가져야 한다(McClure). 이런 미팅에서 필자가 기대하는 것은 관심 있는 신자들이 함께 모여 설교에 관하여 서로 질문하고 확증하는 토론 시간이다. 이 모임은 사람의 변화를 약속하는 하나님의 특정한 말씀 주위에 독특한 방식으로 함께 모인다는 점에서, 다른 형태의 토론과 구별되는 독특한 특징이 있다. 또 이 모임은 하나님에 관한 풍성하고도 다채로운 인식이 공유되는 신자들의 어머니인 교회의 무릎 위에서 이뤄진다.

이 모임에서는 특정한 상황에 처한 교회 구성원들이나 그룹에 관한 토의가 이뤄지거나 아니면 최소한 설교에 관한 몇 가지 질문들이 모아질 것이다. 또 이 모임에서는 소통의 상황이나 회중의 구체적인 상황, 고유한 이해의 지평을 가진 청중들에 대해서, 그리고 청중이 하나님의 말씀을 경청하고 세상 속에서 하나님을 목격했던 모든 방식들이 아주 세심하게 다뤄져야 한다. 이러한 토의 방식은 결국 신자들이 하나님에 관한 그림을 그리는 방식에 상당한 영향을 주기 마련이다.

지난 몇 주 혹은 몇 개월 동안 선포된 설교 소통이 결국은 회중들로 하여금 예배에 대한 기대감을 가지고 예배에 참석하도록 만들었다는 점에서, 신자들이 하나님에 관한 그림을 위하여 색상과 스타일을 선택하는 방식은 지난 세월 동안 회중이 설교를 통해서 경험한 것이 어떤 것인지를 보여줄 것이다. 세속적인 포스트모던 상황과, 급변하는 사회 정치적인 상황들, 그리고 교회 안팎을 지배하는 여러 정치적이고 관념론적인 관계들은, 특정한 설교가 교회 바깥의 다른 회중이나 사람들과는 차별화된 방식으로 그 회중의 내면세계에 매우 독특한 방식으로 내재화되는데 많은 영향을 준다. 설교가 하나의 사건으로 발생할 때에는 예를 들어 예배나 특정한 전통을 따르는 교단, 직분의 고유한 역할 등등과 같이 특정한 교회 상황이 설교에 관여한다. 이 모든 것들이 하나님을 그리는 그림에 영향을 준다.

하지만 궁극적으로는 특정한 질문에 해결책을 제시해야 하고, 인생에 관하여 진짜 질문과 가짜 질문을 구분하고 참된 비전과 가짜 비전을 구분해야 할 대화 참여자로부터 또 다른 근본적인 질문들을 이끌어낼 수 있는 것은 오직 성경 본문과 설교 뿐이어야 한다. 그러한 설교 토론 모임에서는, 성경 본문의 세계와 청중의 세계가 서로 중복될 가능성이 존재하며, 그래서 말과 개념들, 그리고 복잡한 세상에 만연한 오해들을 분류하고 자신의 캔버스에 그린 것과 다른 사람의 캔버스에 그린 것, 그리고 궁극적으로는 성경의 캔버스에 그려진 것들을 서로 계속 비교해야 할 필요성도 뒤따른다.

그런 의미에서 설교는 설교에서 경험한 것이나, 다른 사람들에게 지시하여 보여주고 싶은 하나님에 대한 인식을 다른 사람들과 함께 공유하고 싶은 감동적인 토론으로 이어지는 도입부 역할을 한다. 뿐만 아니라 다른 사람들은 당신에게 하나님을 어떻게 지시하는지를 경험할 수 있는 좋은 기회이기도 하다.

이러한 회중 토론을 위해서는 다음의 사항들이 뒷받침되어야 한다.

- 기본적인 교육적이고 소통과학적인 원칙들이 확보되어야 한다. 이런 원칙에 따르면, 사람은 책에서 읽은 내용의 10% 정도를 기억할 수 있고, 귀로 경청한 내용은 20%, 귀로 보고 눈으로 보면서 함께 추론한 내용은 60%를, 마지막으로 자신이 직접 관여하여 연구하여 깨달은 내용이나, 특히 이를 위하여 고난을 감당해야만 했던 내용에 대해서는 90%를 기억하는 것으로 나타났다. 이러한 통계치는 교회 안에 팽배한 모든 형태의 수동성들을 퇴치한다(Dahm).
- 회중 가운데 설교의 효력에 관한 실증적인 조사가 뒷받침되어야

한다. 다음의 결론에 주목해 보자.

하나님에 대하여 개인주의적인 이해만을 가진 사람들의 경우에 설교를 통해서 그리스도와의 만남을 경험했더라도 그 경험은 그저 한 사람 개인에게만 영향을 줄 뿐이고 실제 생활 속에서 대인관계의 변화는 그보다 훨씬 미미한 수준에 머물렀다. 반면에 좀 더 협동적인 개념을 가진 사람들의 경우에는 설교를 계기로 그리스도와의 만남의 경험을 더 깊이 성찰하면서 실제 생활 속에서 개인과 대인관계, 직업 그리고 공동체 전체의 차원에 폭 넓은 파장을 가져왔다…그 모임은 그리스도와의 만남을 협동적인 차원에서 이해하는 사람들을 돕고 지원하여, 그 만남의 경험이 더 오래 지속되며 삶의 현장에 더 많이 적용할 수 있도록 하였다(Pieterse 1991:32-33).

4. 설교 담화와 성경 공부를 위한 제안

앞에서 소개한 "집단적인 이해"를 촉진하거나, 설교나 설교에서 다룰 성경 본문에 대한 토론이나 성경 공부 모임을 시작하는데 도움이 될 두 가지 실천적인 제안을 제시하고자 한다. 구체적으로 이 토론 모임을 어떻게 진행할 것인가 하는 것은 교회나 설교자의 형편과 처지에 따라 다르다. 하지만 다음 제안은 이 토론 모임을 위한 기초를 제공하기 때문에 상황에 맞게 조정될 수 있다.

1) 설교 분석을 위한 헬더버그 방법론

회중의 설교 분석을 위한 질문

본문: 설교자: 설교일시:

1. 설교에 대한 첫 인상
   - 이 설교에서 당신은 맨 처음에 어떤 것을 즉각적으로 경험하였는가?(예를 들어, 위로, 죄책감, 기쁨, 무기력, 절망, 성급함, 지루함 등)

2. 하나님
   - 이 설교는 하나님에 관하여 무슨 말을 했는가?(예를 들어, 창조주, 계시자, 심판자, 정죄자, 구원자, 모범, 인생의 문제 해결자, 피난처, 아빠, 엄마, 보호자)
   - 이 설교에서 당신은 하나님의 복음에 관하여 당신의 현재 상황에 적용할 만한 어떤 내용을 들었는가?(약속이나 좋은 소식 등)

3. 회중
   - 긍정적으로: 이 설교에서는 청중의 어떤 이미지가 분명하게 부각되는가?(예를 들어 주님으로부터 부름받은 자, 거룩한 성도, 깨달음을 얻은 성인들)
   - 부정적으로: 이 설교에서는 청중의 어떤 문제점이나 죄를 전제하거나 들춰내는가?(예를 들어, 불확실성, 기도 부족, 무관심, 불순종 등)

4. 소명
   - 설교자는 회중의 입장에서 우리에게 어떤 소명을 제시하는가?(예를 들어, 신앙, 소망, 사랑, 헌신, 기도, 봉사)
   - 우리는 이 소명을 어떻게 실천할 수 있는가?(예를 들어, 회중의 봉사 활동, 각자의 직장 생활 속에서, 결혼, 이웃과의 관계 속에서)

5. 요약
   - 이 설교 메시지의 핵심이라고 생각되는 내용을 자신의 말로 적어 보라.
   - 이 설교가 당신의 삶을 어떻게 변화시키겠는가?
   - 이 설교에서 당신이 잘 이해할 수 없는 것은 무엇인가?

2) 원탁형 설교단 (McClure)

(1) 피드백·예비단계(10분)

① 지난 주일 설교는 이전의 토론과 어느 정도 유사했었는가? 우리의

설교 분석 방법을 수정해야 하는가?

② 여러분이 설교에 관하여 회중으로부터 들었던 주목할 만한 가치가 있는 피드백은 무엇인가?

(2) 성경 본문에 관한 토의(20분)

① 설교에서 다룰 특정한 성경 본문의 역사적인 배경과 단어들, 혹은 저작권과 관련하여 어떤 질문이 있는가?(여기에서 목회자는 토론의 흐름을 인도하는 역할을 하지만 뻔히 예상되는 틀에 박힌 방식이어서는 안된다).

② 성경 본문의 저자에 관한 토론을 시작하라. 본문에서 저자는 무엇을 말하는가? 여러분은 저자에게 어떤 반응을 보이겠는가?

③ 성경 본문이 이야기 형식으로 이루어졌다면, 인물에 대해서 이야기해보라. 하지만 (너무나도 빨리) 자신을 그들과 동일시하지 말라. 여러분은 그들의 말과 행동에 어떻게 반응하겠는가? 각각의 인물들에게 무슨 말을 하고 싶은가?

④ 성경 본문에서 사용된 언어의 유형에 주목하라. 그 유형은 여러분에게 어떤 영향과 어떤 느낌을 주는가? 여러분은 그 언어 유형에 어떻게 반응하겠는가?

(3) 토론(60분)

① **주제를 결정하기**. 그룹이 토론하고 싶은 성경 본문의 주제를 결정하도록 하라. "열린 의제"가 항상 유지되어야 한다.

② **해석**. 그룹이 앞에서 논의된 주제를 어떻게 해석하는지에 주의를 기울이라. 그들의 의견 속에서 자신들과 교회, 그리고 이 세상을 위하여 무엇이 가장 중요한가?

③ **능력 부여하기**. 그룹이 핵심 주제를 결정하도록 하라. 참여자 각자에게 마음 속에 있는 이야기를 발표할 충분한 기회를 부여하라. 그 저변에 깔린 감정에 주목하라. 각자의 이야기와 다른 사람들에 관한

이야기를 충분히 발표할 기회를 제공하라.
④ **평가**. 이 부분을 제외하지 않도록 하라. 성경 본문의 관점에서 복음의 요구를 분명하게 이해하고 수용하도록 하라. 이런 문제가 자신과 교회, 그리고 이 세상에 어떤 차이를 가져오는가?
⑤ **실천**. 이 모든 내용들을 우리는 어떻게 행동으로 옮길 것인가? 우리의 도움의 원천은 무엇인가? 어떤 장애물이 나타날 수 있을까?

5. 본문과 상황

이렇게 청중과 그들의 상황에 관한 이해는 설교가 고유하면서도 상황에 적실하게 선포될 수 있는 토대를 제공한다. 이 점은 참으로 필연적이다. 청중은 설교가 사건으로 발생하는 (경제-사회적, 정치적, 생태적, 윤리적) 상황을 설교 준비 과정에 제공한다. 그래서 설교의 상황은 결코 부차적인 사치품이 아니라 설교의 본질적인 요소이다. 살아 있는 하나님의 말씀은 항상 현재 시제로 사람들에게 다가온다. 그래서 질문은 "말씀의 상황화가 일어나야 하는가 마는가?"가 아니라, 다만 "어떻게 일어나는가?"하는 것 뿐이다. 이 점에서 성경은 좋은 선례를 제시한다. 성경은 항상 상황 속에 뿌리내린 말씀이고 특정한 시공간에 성육한 말씀이며, 역사인 동시에 동시대적이다. 그래서 설교의 과제는 본문의 상황을 연구하는 것이고 그래서 이 본문의 말씀을 역동적 등가성의 원리를 따라서 오늘의 시대로 전환하는 것이다(Müller s.a. 134-135 참고).

하지만 복음의 상황화는 설교자가 감당해야 할 가장 어려운 과제 중의 하나이다. 복음의 상황화는 신학적인 성숙과 예민함을 요구하며, 설교자가 오직 복음만을 (빈약하게 축소하는 것이 아니라) 그대로 상황에 성육시켜서 현재 상황의 혈육의 특성에 부합하게 적용할 것을 요구한다(좀 더 자세한 논의는 웨버의 연구 참고, Webber 1998). 여기에서 우리는 상황에 부합되는 것처럼 보이지만 실상은 상황의 요구에 굴복한 것으로 드러날 설교 현상과 스타일에 세심한 주의를 기울여야 한다(사례 연구는 5장 9. 참고). 그래서 설교에서의 "오늘의 이슈"에 관한 무계획적인 도입이나 대중적인 관용어구의 사용을 반드시 참된 상황화의 증거로만 볼 필요는 없다. 설교의 모든 세부적인 사항들을 전부 상황화할 수도 없고 그럴 필요도 없다. 설교의 상황화를 위하여 정작 필요한 것은 설교 준비 과정에서 설교자는 좀 더 본질적이고도 결정적인 질문을 품고서 회중의 목소리를 그들의 상황 속에서 경청하여 그들에게 적합한 영적인 성숙과 신학적인 분별력, 그리고 성경 본문의 관점에 근거한 지혜를 가져다 줄 수 있어야 한다. 그래서 설교는 결코 만고불변의 유일한 처방전을 회중에게 제공하는 것이 아니라 회중 각자로 하여금 오랜 시간 동안 하나님 앞에서 지혜로운 실존으로서의 기질을 계발하도록 기여하는 것이다.

설교자들은 종종 자신들이 사람들을 잘 알고 그들의 상황을 잘 이해하고 있다고 생각한다. 하지만 실상은 그렇지 못한 경우들이 많다. 상황화는 시간과 주의력, 그리고 예민함을 요구한다. 설교자는 성경 본문뿐만 아니라 회중의 형편과 그들의 마음도 세심하게 연구해야 한다. 설교자들이 상황화의 과제를 설교에서 회피하려고 하는 것은 결코 이상한 일이 아니다.

하지만 우리 설교자들은 설교를 통하여 복음을 상황화하라는 소명을 거부할 수 없다. 우리는 사람들을 그들이 있는 곳에서 명중시켜야 하지, 그렇지 않으면 그들을 놓치고 만다. 설교는 항상 본문과 상황(또는 하나님과 인간)의 상호작용에 관한 질문을 동반하기 마련이고, 처음부터 아주 넓은 신학적인 좌표에 관한 질문을 품고 가기 마련이다. 설교는 마치 양끝이 활에 묶인 줄과 같다. 만일 한쪽 끝이 활에 묶이지 않았다면 화살은 날아갈 수 없다. 최근의 설교학 저서들에서도 설교학적인 긴장을 종종 다루곤 한다. 1999년 워싱톤에서 열린 세계설교학회(Societas Homiletias)에서 발표된 두 편의 주제논문이 좋은 사례이다. 세미나의 주제는 "인간의 상황 속에서 은혜를 설교하기"(Preaching grace in the human condition)였고 두 발표자가 설교라는 활의 양 끝에 관하여 폭 넓게 다루었다. (로마 가톨릭 신학자) 마리 캐더린 힐커트(Mary Catherine Hilkert)는 간략히 말하자면 우리 설교자들은 인간 고난의 조건으로부터 출발해서 하나님의 임재의 표지를 찾아내서 그것을 회중 앞에서 지시하고 그 표지를 은혜로 그리고 복음의 메아리로 묘사해야 할 것을 강하게 주장했다. 그녀는 또한 『은혜를 이름짓기: 설교와 성례전적 상상력』(*Naming grace: Preaching and the sacramental imagination*, 1998)을 저술하였는데, 이 책에서 그녀는 두 개의 신학적인 공을 함께 다루는 것을 시도하였다. 그녀에 따르면 한편으로, "오늘날의 인간 경험은 예수의 이야기에 새로운 차원을 드러낼 수 있다." 그와 동시에 "복음과 예수의 역사는 그 이야기를 현대적으로 다시 이야기하는데 제한하여 초점을 집중시킨다."

찰스 캠벨(Charles Campbell)은 또 다른 중요한 주제발표자였다. 캠벨은 설교학적인 긴장의 미묘한 차이점에 대한 아무런 언급도 없이 불쑥 자신의 1997년 저서인 『프리칭 예수』(*Preaching Jesus*)를 논의의 출발점으로 삼았다. 그의 확신에 의하면, 하나님은 설교를 통하여 인간 고난의 상황 속으로 들어오시며, 그 상황 속에서 그분의 말씀이 선포되고 순종할 것을 요청하신다. 탈자유주의 철학자인 그는 한스 프라이(Hans Frei)와 연대하여 이렇게 주장한다.

프라이에게 있어서 출발점은 인간 경험이나 존재가 아니라, 복음서 내러티브의 인물과 사건의 상호작용을 통해서 형성되는, 예수 그리스도의 독특하고도 대체 불가능한 정체성이다(57).

계속해서 그는 성경 본문이나 기독교적인 주제, 교리 혹은 기독교적인 전통을 인식-명제적인 방식으로 다루는 설교에 대항하여 내러티브 설교를 위한 새로운 모델을 제시한다.

이 외에도 여러 설교학자들이 본문과 상황 사이의 긴장의 구조 안에서 자신의 설교학 이론들을 발전시켰다. 예를 들어 레오노라 텁스 티스데일(Leonora Tubbs Tisdale)은 『지역 신학과 민속 예술로서의 설교』(Preaching as local theology and folk art, 1997)라는 다소 도발적인 제목의 책을 저술하였다. 그녀는 이 책에서 특히 오늘날의 설교에서 회중을 올바로 주해할 수 있는 일곱 가지 방법을 제시하였다. 스티븐 패리스(Stephen Farris)는 『문제가 되는 설교』(Preaching that matters)에서도 똑같이 본문의 세계와 회중의 세계 사이의 유비를 발견하려는 동일한 긴장의 문제를 다루고 있다. 그래서 우리는 이러한 설교학의 긴장의 문제를 다루는 책들을 계속 열거할 수 있다(용커와 슈레이터의 흥미로운 책 참고, Jonker 1998; Schreiter 1986). 어느 경우든 본문과 상황 사이의 긴장에 관한 토론에서 서로 대립되는 입장을 더 강조하는 사람들은 여전히 남기 마련이고, 이 주제는 신학적으로나 실존적으로 너무 심각하기 때문에 양끝의 긴장을 너무 쉽게 타협하기란 쉽지 않다(Bos 1999:245 참고).

1) 상황화의 윤곽

필자의 견해로는 설교의 상황화를 위하여 다음의 윤곽이 중요하다고 본다.

- 설교가 성경의 언어를 오늘의 상황에 맞게 반복적으로 재진술하는 것이 필수적이다. 성경 언어의 재진술을 통해서 성경 본문의 원어가 무시되지 않고 오히려 오늘날에 온전히 수행될 수 있다. 여기에서 설교의 목표는 이중적이다. 한편으로는 청중에게는 성경의 모국어를 새롭게 가르치는 것과, 또 다른 한편으로 그들을 현대적인 재진술로 안전하게 인도하는 것이다. 그래서 우리 설교자들은 설교를 통하여 지역 신학을 형성하거나 이를 형성하도록 지원하고 우리는 그런 지역 신학을 통해서 세워진다. 설교에는 현 시대를 살아가는 특정한 사람들의 입장에서는 전혀 이해할 수 없는 수많은 성경 언어와 용어들이 등장한다. 그래서 설교자가 성경의 언어에만 너무 정확하면 결국 청중의 입장에서는 잘못될 수 밖에 없다. 때로는 덜 정확한 것이 오히려 이해가능성을 위한 길을 열어준다(키케로는 이를 가리켜서 "공들인 난잡함"[또는 정교한 무질서, studied untidiness]라고 불렀다). 그렇다고 이를 문법적인 무질서나 설교학적인 무질서에 대한 변명으로 받아들여져서는 안된다. 여기서 말하려는 요점은 복음은 충분히 이해가능하며, 항상 인간의 여기에 지금 있는 곳으로 들려온다는 것이다. 또 하나님은 자신을 시대의 관용어(성경 언어 참고)에 자신을 낮추어 적응시키셨다. 그러므로 인생의 복잡성을 지나치게 단순화시켜서는 안 되겠지만 설교 메시지도 반드시 쉽게 이해될 수 있어야만 한다. 이런 의미에서 시온·가나안의 언어만 고집하는 것은 전혀 거룩하지 않다. 오히려 성경 언어는 이 시대의 윤곽에 적응하고 지역에 있는 회중과 그들의 환경 속

으로 성육신해서 그 속에서 최종 목적지를 발견해야 한다. 상황적인 설교는 이해 가능한 설교를 요구하며, 그래서 설교자가 때로는 현대 예술 작품(소설이나 영화)에서 가장 분명하게 들을 수 있는, 현대 청중의 심장의 고동소리를 위한 개방성을 요구한다. 설교자가 경험할 수 있는 가장 감동적인 신현(ephiphany)의 일부분은 평범한 사람들이 살아가는 거리나 미술관에 있다. 그런데 현대적인 관용구 속으로 성육신하는 설교자의 언어에는 일정한 한계가 있는데, 그것은 성경 본문의 복음이 설교자의 메시지 속에서 항상 청중의 상황과 대비되는 복음으로, 그리고 이 시대의 관례나 양식에 거스르는 대비적인 복음(contra-gospel)으로 남아 있어야 한다는 것이다(더 자세한 논의는 5장 5. 2) 참고).

- 상황화는 또한 설교의 형식을 계속 재고해야 하는 상황적인 설교(contextual preaching)의 본질에 속한다. 성경 본문은 설교의 내용뿐만 아니라 형식을 위해서도 매우 중요하다는 사실은, 특정한 본문에 대한 모든 설교가 항상 동일한 형식을 취해야 한다는 것을 의미하지 않는다. 본문이 제공하는 창조적인 자유보다는, 오히려 청중의 상황이 현대적인 소통 전략의 범위 안에서 설교 형식에 대하여 책임 있는 변화를 취할 것을 요구한다(Bluck 1989:32-34 참고). 설교 형식이 그 자체만으로 항상 설교의 최종 목적일 수는 없고, 항상 설교의 이해가능성에 복종하는 입장을 취해야 한다. 설교의 기교가 성경 본문을 지배해서도 안되고, 수많은 소통 전략을 익히는 것이 설교에서 성경 본문에 대한 연구와 그 영향력보다 선행해서도 안된다. 설교자들은 성경이 좀 더 상황에 적실하고 생생하게 만들기 위하여 저널리즘 같은 감각으로 성경 본문에 활력을 불어 넣으려고 할 수도 없고 그렇게 시도하지도 말아야 한다(Miskotte 1941:66). 하지만 여기에 여전

히 개선해야 할 부분이 남아 있다. 소통 환경에 대한 그러한 개방성의 문제는 결코 새로운 것이 아니다. 예를 들어 어거스틴도 위험스럽게도 키케로의 수사학 전략을 상당부분 차용했던 사실은 널리 알려져 있다. 하지만 그는 세속적인 수사학을 신학의 속성과 그의 동시대성의 틀에 부합하게 반복적으로 개정하였다(예를 들어 가르침[docere]과 기쁨[delectare], 그리고 의지의 변화[movere]로서의 설교, Den Dulk 1999:15ff 참고). 실상을 말하자면, 지금 우리는 10년이나 20년 전에 비하여 소통 방식이 급속도로 진행되는 시대를 살고 있다. 컴퓨터와 인터넷이 전 세계를 장악하고 있으며, 앞으로 몇 년 이내에 정보 통신 기술이 전례 없이 폭발적으로 발전할 것이다(1장 3. 1) 참고). 이런 변화 앞에서 설교는 그 문명의 혜택에서 결코 자유로울 수 없다. 만일 우리의 소통이론과 실제가 시대착오적인 이론처럼 과거 속에 파묻혀버린다면, 상황적인 설교야말로 그런 조짐을 보여준다고 할 수 있다. 최근에 등장하는 다양한 설교학 이론들 속에는 이런 인상들이 어둡게 깔려 있으며 의도적으로 현대의 커뮤니케이션과 수사학 전략들을 채택하고 있다. 예를 들어 버트릭(David Buttrick)의 『설교학: 움직임과 구조』(*Homiletic: Moves and structures*, 1987)는 그런 고민들이 가득 차 있다. 버트릭은 특히 훌륭한 영화가 관객들에게 메시지를 효과적으로 전달하는 방식에 주목하여 영화에서의 개막과 폐막, 그리고 연합과 분리의 움직임을 설교에 적용하고자 한다(294ff). 그리고 신경학의 차원에서 우리가 카메라로 사물을 바라보는 방식을 설교를 통해서 어떤 대상을 인식하는 유비로 활용한다. 이런 방식은 설교자들이 단순히 정보를 무미건조하게 마음 속에 주입하는 것보다 훨씬 강한 인상을 심어준다. 그래서 설교에서도 하나의 장면이 통전적이고 심미적인 관찰과 각인에 기여하는 다양한 유선형의 움직임을 따라서 다음 장면으로 이어져야 한다(also Cillies 1998:119 참고). 또 다른 방식을 소개하자면 유진 로우리(Eugene Lowry 1980:76ff)는 예전에 극장의 연출 세계에 소개되었던 기법(소위 *Entfremdungstechnik*, 소외 기법)을 설교에 적용하여, (성경적인) 메시지의 낯설고 역설적인 차원이 설교에서 미리 예상되는 여러 양식들에 의하여 경직되지 않고 설교의 종결부에서 놀라운 반전을 이끌어낼 수 있는 형식을 제안한다.

- 상황화는 설교자와 청중의 해석 기술에 관한 것이다. 만일 여러분이 원칙적으로 해석학적으로 사고하지 않으면 상황화할 수도 없다. 설교는 설교자가 소위 "해석학적인 원"(hermeneutical circle) 속에 또는 본문과 상황 사이의 대화 속에 그리고 궁극적으로는 설교자와 회중, 그리고 하나님 사이에 진행되는 대화 속에 스스로를 위치시키는 방식에 상당부분 의존한다. 앞에서 필자는 이 대화를 가리켜서 (활의 줄 같은) "긴장"(tension)이라고 불렀다. 어떤 의미에서 이 긴장은 결코 해소될 수 없다. 역설을 품지 않은 신학은 무능력하다. 본문과 상황의 역설적인 긴장을 너무 일찍 풀어버리면 비등하는 창조성이 곧 사라지고 말 것이다. 그렇다고 하나님의 말씀 그 자체에 특정한 상황을 관통하여 변혁시키는 능력이 전혀 없다는 뜻이 아니다. 다행히 설교에서 모든 것이 꼭 설교자의 해석학적인 탁월성에 의존하는 것은 아니다. 하나님의 말씀은 결코 시간에 제한되지도 않으며 말씀의 양날의 검도 시간의 한계라는 벽에 갇혀서 무뎌지는 법도 없다. 그래서 설교자가 성경 본문이나 회중의 상황 중에서 어느 쪽에서 먼저 출발해야 하느냐고 묻는 것은 거짓된 모순이다. 이미 오래 전에 하나님이 본문을 통하여 각각의 상황 속으로 나아가시는 중이다. 그래서 본문과 상황 사이에 아무런 긴장도 없고 양극이 서로 연결되었으며 그리스도께서 성육신하셨고 또 성

령 하나님이 부어졌다. 하지만 설교자에게는 본문과 상황 사이의 대화를 섬기고, 또 오고 계시는 하나님과 현실 세계 속에 계신 그분의 임재를 회중에게 지시해야 하는 해석학적인 소명과 책임이 있다(Cilliers 1998a 참고). 설교자들은 교량 건설자(bridge-builder)가 아니라 교량 관리인(bridge-manager)이다. 왜냐하면 이 다리는 이미 건설되었기 때문이다. 설교자들은 계속해서 본문의 세계와 상황의 세계 사이를 반복적으로 오가는 여행자이다. 또한 그들은 위대한 조율자(the great Tuner)이신 성령 하나님의 인도를 따라서 본문과 상황에 대한 질문을 계속 던지면서 서로를 조율하는 사람들이다. 이러한 조율이 없이는 본문과 상황은 아마도 서로에게 귀가 닫힌 채로 남아 있을 것이다. 설교자가 이러한 해석학적인 소명에 충실하지 않으면, 올바른 본문이면서도 잘못된 시점에 올바른 본문을 설교하거나 반대로 올바른 시점에 잘못된 본문을 설교하는 실수를 범할 수 밖에 없다. 해석학적으로 성숙하거나 예민하지 못한 설교자들은 본문과 진리를 사람들보다 더 중요한 것으로 간주하거나, 반대로 사람들이 본문과 진리 위에 군림하도록 허용할 수 있다. 본문과 상황 사이에 해석학이 제대로 작동하지 않을 때, 그래서 본문과 상황이 서로를 놓칠 때, 거짓된 예언활동이 등장할 수 밖에 없다. 종종 설교자들이 (하나님이 다가오시는) 때를 잘못 분별하곤 한다. 그래서 전혀 예언자답지 못할 때가 많다. 때에 관한 이들의 해석학적인 계산이 틀렸다. 그들이 선포하는 진리 자체는 정확하지만, 시점이 부적절해서 결국 거짓된 말씀으로 무시 받는다. 이렇게 거짓된 예언자들의 입술로 형성된 "어제의 신학"은 오늘의 관념론으로 악화되곤 한다. 칼 바르트는 이런 사람들을 바보라고 부른다(Karl Barth 1958:413).

어리석은 사람들은 항상 너무 이르거나 너무 늦다. 그들은 깨어 있어야 할 때 잠자고 잠자야 할 때 깨어 있다. 또 그들은 말해야 할 때 침묵하고 침묵하는 편이 더 좋을 때 말한다. 그들은 울어야 할 때 웃고 반대로 안심하고 웃어야 할 때 운다. 또 기도해야 할 때 일하고 직접 일을 통해서 차이를 만들어낼 수 있을 때 하나님께 기도한다. 이렇게 그들은 항상 때를 잘못 판단하고, 잘못된 사람들에게 모든 것을 말하고, 모든 일을 항상 잘못된 방향으로 처리하며, 간단하면서도 결정적인 것이 필요할 때 반대로 복잡하고도 무관한 것을 선택한다. 바로 여기에 어리석음의 탁월성이 존재한다.

이 시대 우리에게 필요한 것은 지혜이다. 우리 설교자들은 이 지혜를 모든 신자들의 어머니인 회중의 무릎 위에서 배울 수 있다(Calvin).

2) 세 가지 해석학 전통

필자의 견해로는 앞서 언급한 해석학적인 기술은 폭넓게 성육신과 재해석, 그리고 변혁이라는 세 가지 신학적인 전통 안에서 이해하여 계발할 수 있다(Troeger 1999:93-95 참고).

- **성육신**. 그리스도의 성육신의 관점에서 볼 때 우리 설교자들은 각각의 시대를 매우 심각하게 접근해야만 한다. 칼 바르트를 통해서 잘 알려진 대로, 설교자는 한 쪽 손에는 성경과 또 다른

손에는 신문을 펼쳐 들어야 한다. 우리 설교자들이 사람을 이해하지 못하거나, 최소한 그들을 이해할 마음도 없다면 그들에게 설교할 권리가 없다. 그리스도의 성육신은 하나님이 사람들의 수준에 자신을 적용시키는 그분의 일하시는 방식과, 계시에 동반되는 성령의 역사, 우리 육신의 실존 속으로 낮아지심, 그리고 자신을 죽음에 내어주신 자기 비하를 강조한다(빌 2:6-8). 이렇게 하나님이 스스로를 완벽하게 사람들과 일치시키고 사람의 오류와 죄악까지 받아들이신 것은, 결코 상황화에 관한 것이 아니라 하나님의 행동의 가변성(contingency of God's action)에 관한 것이다. 하나님은 인류 역사의 진행 과정 속에서 우리를 위하여 우리와 함께 그리고 우리 안에서 계속 창조적이고 재창조적인 분으로 남아 계신다.

- **재해석**. 예수께서는 자기 시대의 전통을 잘 이해했을 뿐만 아니라 그 시대의 전통을 자신의 주도적인 행동의 관점 아래 계속해서 상대화시키고 급진적으로 개혁하였다는 것은 잘 알려진 사실이다(마 5장 참고). 전통이나 역사적인 국면은 강점과 약점을 갖고 있으며, 필자의 견해로는 설교의 임무는 특히 시대의 정신을 하나님 나라의 관점에서 계속 재해석하고, 참으로 중요한 것이 무엇인지를 분별하는 것이다(1장 2. 참고). 하나님은 자신을 인간에게 적용시켰을 뿐만 아니라, 그분의 복음도 세상적인 기준으로 볼 때 거치는 장애물이자 스캔들이다(고전 1:18-31 참고). 하나님의 심미학(God's aesthetics)은 종종 이 시대정신과 충돌한다(Babin 1991; 144ff; also Moltmann 1971:61 참고).

이러한 충돌은 "페루의 그리스도"(the Peruvian Christ)라는 제목의 작품을 통해서 잘 표현된다. 이 작품은 커뮤니케이션을 위한 프랑스 로마 가톨릭 위원회에서 제작한 것으로 맨 처음 이 작품을 보는 사람의 마음에 일종의 추문을 보는 것 같은 느낌을 불러일으킨다. 이 작품은 그 육신이 완전히 발가벗겨지고 끔찍한 표정으로 위를 향하여 절규하는 그리스도를 묘사한다. 이 작품을 감상한 사람들은 항변하는 투로 이렇게 말한다.

> (작품을 제작한) 위원회는 이러한 작품이 해 아래에서 많은 사람들에게 공개되도록 할 아무런 권리가 없다. 이 작품은 그리스도의 이미지가 아니라 완전히 개구리다.

하지만 이들은 부지불식간에 다음과 같은 이사야의 말씀을 바꾸어서 말하고 있다.

> 그는 고운 모양도 없고 풍채도 없은즉 우리가 보기에 흠모할 만한 아름다운 것이 없도다 그는 멸시를 받아 사람들에게 버림 받았으며 간고를 많이 겪었으며 질고를 아는 자라 마치 사람들이 그에게서 얼굴을 가리는 것 같이 멸시를 당하였고 우리도 그를 귀히 여기지 아니하였도다(사 53:2-3).

이렇게 십자가의 심미학은 우리의 심미학, 즉 대부분이 방송 미디어를 통해서 보급되는 심미학으로서 미와 성공에 관한 심미학을 재해석한다.

- **변혁**. 우리는 복음의 설교자로서 실재는 아직 완성되지 않았으며 불완전하고 끝이 열려 있다는 가정(supposition) 위에 서 있다. 그리고 이런 가정은 그리스도의 부활과 성령의 부어주심에 관한 믿음에 의존한다. 역사와 실재(또는 현실 세계, reality)는 계속 이어지는 거울 속에 비춰는 끝이 없는 모방거리가 아니다. 우리 설교자들은 영원한 복제품의 미로 속에서 계속 방황하는 것도 아니다. 그보다 설교는 희망 가득한 행동이고(2장 3. 참고), 이런 의미에서 설교는 자유를 얻은 피조계가 하나님과 함께 참여하는 마지막 영원한 축제를 위한 서막이다. 그래서 복음의 설교자들은 파루시아(재림)의 관점에서 실재를 상대화하며 마지막 변혁에 대한 희망 속에서 그리고 반복되는 해석 작업 속에서 실재와 계속 성육신적으로 투쟁하는 것이다. 파루시아를 기대하는 사람들은 아직 우리가 마지막에 도달하지 않았음을 알면서

지금 있는 것과 장차 도래할 것 사이의 전주곡으로서의 설교의 놀이(the game of preaching)를 즐긴다. 하지만 그리스도의 부활과 성령의 기름 부으심을 통해서 우리는 이미 마지막을 미리 맛보고 있기 때문에 이 설교 놀이는 우리에게 말로 다할 수 없이 영광스러운 기쁨을 가득 안겨준다(벧전 1:9; 설교와 놀이의 연관성에 대해서는 2장 6. 참고).

이제 우리가 확인해야 할 질문은, 남아공에서 설교가 고려해야 할 (폭 넓은) 상황은 어떤 모습인가 하는 것이다. 우리가 이 땅에서 하나님의 말씀을 성육신적으로 반복적인 해석을 통해서 그리고 변혁적으로 선포해야 할 배경은 어떤 모습인가? 이 상황은 설교에 어떤 영향을 주는가? 당연히 설교와 관계된 다양한 회중의 독특한 특성들을 개별적으로 고려해야 하겠지만, 다음에 소개하는 사항들은 (남아공의) 구체적인 상황을 고찰하는데 결코 피할 수 없는 내용들이라 생각한다.

6. (남아공의) 구체적인 상황의 윤곽

"유혈이 넘치는 공동체." 현재 남아공 사회를 묘사해보라면 이런 표현이 적당할 것 같다. 남아공이 민주사회로 변화된 지 9년이 흐른 지금 이 나라는 역사상 전례 없이 폭증하는 범죄를 경험하고 있으며, 범죄에 관한 통계는 피가 얼어붙을 정도로 끔찍하다. 아마도 독자 여러분이 이 문장을 다 읽기도 전 지금 이 순간에도 남아공의 어디에서 누군가 끔찍한 죽음을 맞이할 가능성이 높다. 이 책장의 마지막에 도달하기도 전에 남아공에서 누군가 이미 자기 차량에서 납치되고 성폭행을 당하며 살해됐을 수 있다.

이런 평가는 결코 과장이 아닙니다. 남아공에서는 17초에 여성 한 명씩, 30분에 무려 120명이 성폭행을 당한다. 만일 현재 추세가 계속된다면 남아공의 모든 여성 셋 중 하나는 일생 동안 최소한 한 번이라도 성폭행을 경험하게 될 것이다. 그리고 남자라면 일곱 중에 한 명이 여기에 해당될 것이다.

다음의 보도 기사는 전혀 위로가 되지도 못하고 심지어 장래를 기대할 수 없을 정도다.

> 남아공에서 살인률을 포함하여 범죄 비율이 감소하고 있다는 증거는 전혀 찾아볼 수 없다.
> 남아공경찰청(SAPS)이 제공한 최근의 통계조사에 의하면 강력 범죄 비율은 전혀 떨어질 기미를 보이지 않고 있다고 한다.
> 남아공경찰청 소속 범죄정보와 분석 센터가 올해 3월까지 조사한 최근의 연간 범죄 통계 자료는 아주 암담한 이야기를 들려주고 있다. 20종류의 강력 범죄에 대한 비교 연구에 의하면, 1994년부터 올해 3월까지 그 비율이 줄어든 범죄는 4종류에 불과하고, 9가지 범죄는 그대로 유지되고 있으며 7가지는 더 증가했다고 한다.
> 올해 1월부터 3월까지 진행된 범죄에 대한 조사에서는 1994년과 비교하여 인구 10만명 당 143건의 범죄가 증가했으며, 지난 해(1999년)와 비교해서도 75건이 더 증가한 것으로 나타났다. 여기에서 남아공 전체 인구 숫자는 1996년의 인구 통계치를 따라서 계산된 것이다. 모든 통계치는 남아공의 전체 인구를 10만명 단위로 나누어 계산되었다. 전반적으로 볼 때 1994년부터 올해까지 살인과 살인미수는

상당히 감소하였다. 하지만 심각한 상황을 동반한 절도죄는 증가하였다.

성폭행(강간)은 대략 인구 10만명 당 31.3건으로 떨어지지 않고 있다. 심각한 폭행은 인구 10만명 당 24.6건에서 158.3건으로 급격히 증가하였으며, (주거침입에 의한) 강도범죄도 1994년에 비하여 10만명 당 매 3개월에 거의 29건씩으로 급격히 증가하였다. 하지만 비즈니스 강도는 변화가 없지만 여전히 높게 53.2건을 유지하고 있다.

1994년에는 인구 10만명 당 대략 61.8건의 자동차 분실사고가 발생했다. 이 수치는 아주 조금 57건으로 감소하였다.

사기, 위조, 착복, 횡령과 같은 범죄는 1997년과 1998년, 그리고 1999년에 약간씩 감소하다 그 이후 다시 대략 인구 10만명 당 41.4건으로 증거하였다.

지난 6년 몇 개월 동안 변함없이 같은 비율을 유지하고 있는 범죄로는 불법화기 소지와 마약과 관계된 범죄, 그리고 음주나 약물복용 운전을 들 수 있다.

또한 지금까지 차량을 이용한 납치와 은행 강도, 그리고 대중교통 강도 비율은 지난 몇 년 동안 전혀 떨어질 기미를 보이지 않고 있다.

최근의 남아공 범죄 비율을 다른 나라의 추세와 비교하는 것은 불가능하다. 인터폴의 가장 최근의 자료는 오직 1997년까지만 가능하기 때문이다(2000년 5월 28일 보도 자료).

이런 통계치를 어떻게 해석하든 관계없이 분명한 사실이 있다. 남아공에서 폭력과 다른 종류의 범죄 사고가 지나칠 정도로 높다. 게다가 남아공의 지난 역사를 고려해 볼 때 대부분의 사람들은 이 문제가 더욱 악화될 것을 염려하고 있다. 우리가 지난 역사에서 비교적 시민전쟁과 같은 폭력에 휘말리지 않고 비교적 평화적으로 정권 교체를 이루어냈다는 것은 기적이다. 다른 나라에서라면 훨씬 더 오래 걸렸을 변화를 우리는 지난 몇 년 동안에 성공적으로 이루어냈다는 사실은 매우 의미심장하다. 하지만 이런 업적에 대한 우리의 지식이나 감사가 우리로 하여금 현재의 상황에 대하여 조용히 체념하거나 수수방관하게 해서는 안된다.

모든 신호들에 의하면 이상의 통계 수치는 빙산의 일각에 불과하다. 신고되지 않는 범죄 비율도 상당하다. 비록 통계치는 상대적이고 심지어 오류가 있을 수 있지만, 남아공 국가의 가치 체계 어딘가에 커다란 나사가 풀린 것이 분명하다. 공식적인 통계 자료가 보여주는 것은 좀 더 심각한 문제에 대한 표면적인 신호이며, 사회의 (도덕적인) 기준이 무너지거나 최소한 엄청난 압박을 받고 있다는 신호이다. 이 나라에서 강력 범죄뿐만 아니라 사기나 다양한 형태의 위반과 같은 화이트칼라 범죄는, 생명과 재산을 존중하는 마음의 부족을 나타낼 뿐만 아니라 진리와 정의에 대한 부족을 보여준다.

이와 관련하여 윌리 에스터헤이저(Willie Esterhuyse)의 논평은 중요한 통찰을 제공한다.

> 대략 2천개의 남아공 사업체를 대상으로 진행된 사기범죄에 관한 KPMG의 조사 보고서(1999)는 매우 우려할만한 전망을 제시하고 있다.
> "사기"라는 단어를 최대한 넓은 의미로 해석한 이 보고서에 의하면, 부정직한 직원들이 내부적으로 회사에 대한 최대 위협요인인 것으로 나타났다.
> 내부 직원이나 종업원이 관여된 것으로 드러난 사기범죄가 전체 75% 이상을 차지했다. 부패가 커다란 역할을 하고 있

다. 대략 48%의 사기사건이 직원과 외부의 제3자간의 은밀한 약속의 결과로 자행되었다.

남아공의 회사들은 이런 현상이 개선될 것으로 낙관하지 않고 있다. 86%의 회사 관계자들은 앞으로도 사기범죄가 증가할 것으로 확신한다. 감소할 것으로 낙관하는 비율은 3.5%에 불과하고 7% 정도는 지금과 같은 수준을 유지할 것으로 예상했다.

이런 현상이 일반화될 것을 조심해야 한다. 어떤 회사들은 내부에 건강한 윤리 문화를 확립하는데 다른 회사들보다 훨씬 더 성공적인 경우도 있다.

하지만 정직과 성실성, 그리고 책임감은 비즈니스의 세계에서 그렇게 강하게 찾아볼 수 있는 덕목이 아닌 것 같다. 우리가 보기에 "신뢰할만한 고용인"이란 개념이 위협받고 있다. 그 이유들이 매우 의미심장하다. 그 중에 첫째로 경제적인 압력이 가장 높은 퍼센트를 차지하고 있다(71%). 이런 상황에서 둘째로 우리가 결코 자랑스러워 할 수 없는 것은, 적절한 형벌 규정과 처벌 집행도 전혀 부족하다는 점이다(61%). 사법 제도의 결함이 겨우 셋째 원인으로 지목되는 것도 결코 이상한 일이 아니다(57%). 넷째 원인으로 지목된 사회적인 가치의 악화는, 남아공의 계속 발전하는 민주주의를 위해서도 해로운 결과를 초래할 수 있는 요소이다.

이것은 우리가 이미 남아공에서 충분히 인지하고 있었던 것이다.

범죄는 우리 사회에서 생명과 재산에 대한 존경과 타인에 대한 존경이 사라지는 것을 암시한다. 교사와 목회자, 문화 지도자나 정치인이 더 이상 역할 모델로서 인정받지 못하고 있다. 그 대신 건달과 사기꾼들이 수많은 청소년들의 롤 모델로 부각되었다. 우리는 지금 도덕적이고 책임 있는 사회를 위한 최소한의 조건이 위협받는 시대를 살고 있다. 정부는 범죄에 법률이 적용되고 형벌 제도가 작동한다는 것을 계속 확인시켜주는 것 이외에 달리 아무런 대안도 제시하지 못하고 있다. 하지만 도덕 가치의 영역에서까지 규범적으로 영향력을 행사하는 정부는 오히려 위험하다.

시민 사회와 제도들, 그 중에서 특히 종교적인 공동체들과 교육 기관들, 민간 부분과 언론 미디어들이 우리 사회의 가치와 도덕 기반을 발전시키는데 주도적인 역할을 감당해야 할 것이다.

하지만, 가치를 통한 관리는 결코 빠른 해결책이 아니라는 점을 기억해야만 한다. 오히려 이것은 헌신을 요구하는 오랜 과정이다. 하지만 가치를 통한 관리는 내부적인 파괴 활동에 대항할 효과적인 무기들 중의 하나이다(*Sake Burger*, 2000년 5월 17일).

범죄행위는 다양한 면을 가진 매우 복잡한 문제이다. 특정한 범죄의 원인은 다양하고 그 배후에는 교육이나 동료들의 압력, 경제적인 배경, 빈곤, 심리적인 장애, 그리고 나쁜 사상의 주입과 같은 여러 요인들을 추적해 볼 수 있다. 그래서 이 문제를 성공적으로 해결하는 문제는 훨씬 더 복잡하다. 타당한 법률 제도 아래 좀 더 효과적인 사법 절차와 좀 더 엄중한 치안을 마련하는 것이 매우 중요하다. 그리고 모든 가능한 수단을 동원하여 범죄의 직접적인 요인으로 작용하는 기근과 실업의 문제 해결을 위해서 노력해야 하는 것은 두말할 필요도 없다.

하지만 바로 이곳 남아공 사회는 더 심각한 에이즈라는 적나라한 현실의 문제와 투쟁하고 있다. 에이즈는 빈곤과 범죄의 악순환을 전례 없는 규모로 악화시키고 있으며, 남아공 사회는 에이즈의 본격적인 창궐의 시작을 경험하고 있다. 에이즈가 가까운 장래에 남아공에 가져올 피해는 참으로 무시무시하다. 이 질병으로 인하여 사회 모든 영역이 타격을 받아서 마비가 될 것이 분명하다. 국가 기구에서부터 법률과 질서의 유지에 이르기까지, 민간 부분과 인권 활동, 건강 보험과 경제 활동 전반에 걸쳐서 심각한 장애가 발생할 것이고 나라 전체의 도덕적인 방임과 무법 상태가 더욱 악화될 것이다. 더반에서 열린 제13차 국제에이즈컨퍼런스에서 특히 남아공과 관련하여 스케치해 본 모습은 참으로 암울하다.

> 남아공은 인구 규모에도 불구하고 전 세계의 모든 나라들 중에서 가장 많은 HIV/에이즈 보균자를 갖고 있다.
> 420만의 보균자들 중에서 230만이 여성이고, 이 수치 역시 전 세계에서 가장 많다. 이 수치는 이 나라 주민의 19.2%를 차지한다.
> 사실 에이즈 문제와 관련하여 420만명의 보균자 숫자는 원래 예상했던 것보다 2년 더 빨리 증가할 정도로 악화되었다. 2년 전에 UN은 남아공의 에이즈/HIV 보균자 숫자가 대략 360만명 정도로 예상했었다.
> 2006년이 되면 같은 숫자의 남아공 사람들이 에이즈와 관련된 여러 복합적인 질병으로 인하여 사망할 것이다.
> 현재 비율로 간다면 2010년에는 대략 650만명의 남아공 사람들이 HIV 양성 보균자가 될 것이다.
> 당장의 위협은 수백만의 남아공 주민들이 HIV 감염자에서

에이즈 환자로 바뀌어 결국 사망에 이르는 심각한 상태에 처할 것이다.

이런 문제로 말미암아 이 나라의 경제를 지탱하고 다음 세대의 지도자들을 길러내야 할 성인 집단들을 계속 잃어버리면서 사회 안정성이 벼랑 끝으로 내몰리고 있다.

또한 영향력 있는 정치 지도자들의 부재로 인하여 사회 불안정성도 크게 증가할 것이다. 경제적인 위기와 정치적인 지도력의 부재 문제에 대처해야 하는 공동체 안에서 에이즈의 존재와 여기에 따라 다니는 낙인으로 인하여 비극적인 혁명이 일어날 수도 있다.

또 다른 가능한 결론은 이 나라와 일반 시민들 모두가 무기력한 상태에 빠져서 충분히 수용 가능한 윤리적인 기준을 부정하거나 비난하는 일도 벌어질 수 있다(2000년 7월 2일 보도자료).

이런 통계 자료를 고려해 볼 때 명심할 점은 이런 통계 자료들이 단순히 문서상의 숫자만을 다루는 것이 아니란 점을 잊지 말아야 한다. 이런 자료들의 관심사는 얼굴이 있고 이름과 가족이 있는 사람이며, 통계로 표현하거나 처리될 수 없는 고난의 역사를 간직한 사람들이다. 교회와 우리가 부름 받은 곳은 모든 폭력과 사기, 에이즈와 그 밖의 모든 형태의 고난과 타락의 문제가 있는 이 나라이고, 소명의 목적은 이곳에 모든 죄와 중독으로부터의 구속과 자유에 관한 복된 소식인 복음을 선포해서 분명한 변화를 이끌어내기 위함이다.

우리는 이 복음의 이름으로 우리의 모든 능력을 동원하여 그 역사적인 기원을 고려하면서 모든 가난과 부도덕의 악순환에 대항하여 싸워야 한다. 우리는 오늘날의 남아공이 진공 속에서 발전하지 않았고 폭력의 역사 속에서 태어났음을 이해해야 한다. 또 우리는 빈곤과 부도덕으로 말미암은 파괴적인 경제적 여파에 복음의 이름으로 대항해야 한다. 하지만 이것으로만 충분하지 않다. 사람들의 태도와 이들의 기본적인 기질 역시 변화해야 한다. 개인 뿐만 아니라 공동체들 역시 새로운 가치체계로 무장해야 한다. 이러한 근본적인 변화가 없이는 좀 더 엄한 법률을 동원하고 변화된 주거 환경을 개선하는 것은 헛수고일 따름이다. 정말로 필요한 것은 억압적인 남아공의 문제에 대하여 언론 미디어와 교육, 민간 부문뿐만 아니라 교회, 그리고 특히 교회가 말씀 선포를 통해서 함께 고유한 역할을 감당하는 통전적인 접근이다.

7. 죄의 고백 - 새로운 남아공을 위한 외침

이제 풀어볼 질문은, 교회와 목회자들은 이런 상황에 어떻게 대응해야 하는가? 필자의 견해로는 최소한 다음 두 가지 방식을 고려해 볼 수 있다.

첫째, 이것은 그다지 대중적인 방법은 아니지만 죄를 있는 그대로 선포해서 죄에 대한 진정한 회개와 고백이 나오도록 하는 것이다.

둘째, 이웃을 사랑하라는 계명을 선포해서 전체 남아공 현실 속에서의 순종의 헌신과 이 현실에 대한 성화를 이끌어내는 것이다.

첫째로 우리 목회자들은 죄악과 그에 대한 회개에 관한 메시지를 선포하는데 집중해야 한다. 율법과 복음은 하나님께서 우리의 죄에 대한 각성을 일깨울 때 사용하시는 중요한 방편이다. 하지만 우리가 설교자로서 분명히 이해해야 할 한 가지 사실은, 우리는 어떤 방식으로든 사람들의 마음 속에 죄에 대한 각성을 일깨우거나 그렇게 인식하도록 조작할 수 없다는 것이다. 죄에 대한 격정적인 선언과 그에 대한 회중의 동정적인 반응이 죄에 대한 참된 회개의 증거라고 단정 지을 수는 없다. 죄에 대하여 그리고 의와 심판에 대하여 확신을 심어줄 수 있는 분은 오직 성령 하나님뿐이다(요 16:8). 그래서 사람들은 이렇게 죄를 확신시키는 성령의 사역에 서로 다르게 반응할 것이다. 그래서 효과를 장담할 비법이나 방법 같은 것은 없다.

하지만 한 가지 분명한 반응은, 죄에 대한 깊은 자각과 회개의 결과로 일시적일 뿐만 아니라 지속적으로 태도와 행동의 변화가 나타난다는 것이다. 자기 죄를 각성한 사람들은 하나님의 자비와 변화를 구하며 이러한 호소가 새로운 삶의 방식으로 이어진다. 이런 변화는 단순히 단 한 번의 피상적인 정서적 후회가 아니라 오히려 일상의 참회이다(Luther).

만일 우리가 남아공 사회에 진정한 변화를 이끌어내고자 한다면, 율법의 온전한 함의를 우선적으로 설교해야 한다. 이는 쉬운 일이 아니다. 그동안 죄는 한 번도 대중적인 단어가 아니었다. 하지만 분명 죄는 우리 인간의 모든 삶과 행동에 보편적으로 영향을 주며 하나님과 타인에게 죄책감을 느끼게 만드는 실재이며, 우리는 거의 이해조차 할 수 없지만 우리의 모든 삶에 영향력을 행사하는 실재이다. 그렇다. 우리는 아직도 우리 죄악의 무게가 얼마나 무거운 것인지 조차도 충분히 고려해 보지 않았다(Anselmus).

그래서 신학적인 틀거리로 이해해 볼 때, 율법 설교의 형식을 통해서도 참된 심판 설교의 여지가 가능하다. 예를 들어 (그들을 구속받아 변화된 존재로 만들기 전에 먼저 죄인부터 만드는) 엄격한 율법-복음의 구조에 기초한 심판 설교(judgement preaching)나 또는 신자들을 하나님의 심판의 빛 아래로 이끌지도 않고, 그저 소심한 부르주아나 현대인들에 대한 비평을 쏟아내는 설교는 오히려 해로울 뿐이다. 그런 메시지는 현대인의 자기 회복에 관한 도덕주의의 망상만을 더욱 북돋아줄 뿐이다.

죄는 하나님을 우리 인생에서 몰아내서 그분을 제거하고 우리 자만심으로 결국 하나님과 같이 되려는 욕망으로 귀결된다. 이렇게 하나님의 보좌에 앉으려는 경향이 우리의 본질 깊은 곳에 뿌리내려 있다. 그래서 오직 율법에 대한 설교만이 죄의 실체와 그 죄악의 끔찍한 영향력을 드러낼 수 있다. 그리고 율법을 올바로 설교하는 설교자는 설교에서 그 죄악의 실상을 제대로 책망하거나 최소한 "내 죄악이여 내 큰 죄악이로다"(*mea culpa, mea maxima culpa*)하며 죄악의 실체를 인정하는 기본적인 자세로부터 설교할 수 있다.

하지만 비극적인 것은 우리는 본성상 어떤 방식으로든 우리 자신의 죄악을 드러내는 것을 싫어하며 손을 씻고서 스스로 무죄하다고 주장하려든다. 우리는 이런 현실을 반영하는 의례 절차들을 오늘의 남아공 속에서 자주 목격하고 있다. 하지만 우리가 분명히 이해해야 할 것은, 만일 우리가 진정한 변화를 가져올 윤리를 제대로 설교하려면, 우리는 먼저 우리 죄악과 그 죄에 대한 고백을 선포하는 근본적인 단계를 결코 회피하지 말아야 한다. 만일 죄를 설교하려면 그저 피상적으로 설교할 것이 아니라 매우 심각한 신학적인 배경을 가지고 죄를 책망해야 하며, 우리 입술에서 나가는 모든 말은 본래 부정하고 모든 말이 그토록 부정한 사람들 속에서 우리가 살고 있음을 인정하는 가운데 죄악에 대한 심판 설교를 감당해야 한다(사 6:5).

설교자로서 우리의 소명은 인간의 상황과 특히 남아공 사람들의 상황을 뼛속까지 찔러 쪼개는 예리한 양날의 검이 먼저 우리 자신을 찔러 쪼개서 드러내도록 하는 것이다. 우리 설교자들은 그것이 나름대로 중요하고 필수적이라고 하더라도 단순히 인간 실존에 관하여 심리학적이고 사회학적이거나 실존 철학적인 분석을 가지고 강단에 서는 것이 아니라, 하나님 앞에 서 있는(coram Deo) 인간의 실존에 대한 이해를 가지고 청중에게 나아가야 한다. 게다가 설교에서 우리는 한 개인의 내면적인 종교 체험에 집중해야 할 뿐만 아니라 오늘날 남아공 사회의 권력과 제도, 그리고 구조와의 관계를 맺고 있는 인격체와 이 모든 인격적인 상호관계 안에서의 죄악의 드러난 실체에 대해서도 관심을 집중해야 한다.

우리가 교회에 다니는 사람이자 공식적인 설교자로서 경계해야 할 또 중요한 이슈는, 율법에 관한 설교가 오직 불신자만을 겨냥해야 한다는 잘못된 사고방식이다. 신자들도 율법의 빛 아래에서 반복적으로 그리스도 앞으로 나아가도록 인도를 받아야 한다.

그렇다고 구속의 기쁨을 완전히 잊어버려야 한다는 의미가 아니라 우리의 기쁨이 늘 깊고도 순전해야 한다는 의미에서 우리 모든 인생은 기본적으로 참회의 자세를 잃지 말아야 한다. 우리는 반복적으로 그리고 동시적으로 의롭다고 인정받은 의인과 죄인을 경험하기 때문에(simul justus et peccator), "오호라 나는 곤고한 사람이로다 이 사망의 몸에서 누가 나를 건져내랴"는 외침은 다시 "우리 주 예수 그리스도로 말미암아 하나님께 감사하리로다"는 외침으로 이어질 것이다.

죄를 고백하는 것이야말로 우리가 희망할 수 있는 가장 최상의 기대이다. 죄 고백은 우리가 자신의 한계의 끝자락에 도달했으며 그때부터 희미하게 비쳐오는 하나님의 자비의 서막을 바라보기 시작했다는 증거이다. 죄 고백은 또한 우리가 진정 새로운 남아공을 건설할 수 있는 기초이며, 도덕적으로 건강한 사회의 카펫을 짤 수 있는 출발점이다. 하나님께 죄를 고백하고 또 서로에게 정직하며 서로를 위한 기도 속에 이 사회의 도덕적인 활력이 깃들어 있다(약 5:16). 또한 그 속에 우리 희망의 씨앗이 들어 있고 새로운 세상의 탄생도 그 속에서부터 시작된다.

죄를 고백하는 일은 우리끼리만의 공허한 외침이 아니라 하나님의 자비로운 연설의 외침이고 하나님께서 그의 사랑에 기초하여 우리 안에서 또 다시 새로운 일을 시작하실 것을 간구하는 간청이다. 주여 우리에게 은혜를 베푸소서! 키리에 엘레이손! 태양이 남아공에서 저물기 전에 주여 자비를 베푸소서.

둘째로 우리가 주의할 것은 다음과 같다.

8. 삶의 성화

죄에서 구원받은 사람이라면 당연히 하나님께 감사로 반응할 수밖에 없다. 구원받아서 감사하는 죄인은 또한 다른 사람들과 겉으로 보기에도 구별된 삶을 살아간다. 하지만 이 차별성의 근원이 무엇이고 그 차별성이 작용하는 방식을 어떻게 이해해야 하는 문제는 그리 쉬운 문제가 아니며, 지난 수천 년의 교회 역사 속에서 이 주제와 관련하여 발전된 (때로는 서로 나뉘는) 다양한 개념들도 이런 사실을 잘 증명한다.

기독교의 도덕(morality, 감사[gratitude])은 독특하다. 달리 말하자면 기독교의 도덕은 비록 다른 일반적인 시민 도덕과 공통된 차원도 있지만 분명한 차별성을 갖는다. 그렇다면 기독교적인 윤리와 도덕의 독특성은 어디에서 발견되는가?

필자의 견해로는 기독교 도덕의 독특성은, 평범한 삶 너머의 초월적인 세계를 다룬다거나 인간 영혼의 내면적인 상태를 성찰하는 것에 집중하기 보다는 구체적이고 일상적인 삶 속에서의 성화를 강조한다는 점이다. 사실 일종의 다음과 같은 규칙을 만들어 볼 수 있다. 사람이 도덕적인 방식으로 자기 내면의 조건과 형편에만 집중하다보면 외부 세계, 즉 구체적인 일상의 현실 세계로부터 분리가 발생한다(예를 들어 6장 9. 참고).

이와 달리 개혁주의 관점에서 볼 때 성화는 삶의 모든 영역에서의 성화를 다룬다. 이 성화는 우리를 초자연의 세계로 이끌어가는 것이 아니라 하나님께서 창조와 재창조를 통해서 거룩하게 하신 이 지상 세계로 우리를 다시 돌려보낸다. 그렇다. 하나님은 그의 자비로 우리를 죄에서 구원하셨지 (하나님의 선한 피조물인) 자연 세계로부터 우리를 도피시키신 것이 아니고, 그래서 구원은 결코 일상의 삶으로부터의 도피가 아니라 오히려 일상의 삶을 책임지게 하는 것이다. "하나님 앞에서는 살만한 가치가 없는 인생은 하나도 없다. 하나님께는 삶 그 자체가 가장 큰 가치가 있기 때문이다"(Bonhoeffer).

우리 주 예수님은 주기도문을 통해서 하늘의 아버지는 우리가 매일 먹는 양식에 관심을 가지고 계심을 가르쳐 주셨다. 그리고 그분은 우리 일상의 삶 속에서 소위 "작은 것"에도 관심을 기울이시는 하나님이시다. 실레비스 스미트(Sillevis-Smit)는 이렇게 서술한다.

> 예수께서 말씀하시기를 네가 매일 먹는 음식을 가지고 하늘의 아버지께로 나아갈 자유를 누리라고 하신다. 그리고 이 말씀을 통해서 우리 주님은 우리가 하늘의 아버지께로 가져가지 못할 것이 하나도 없음을 암시하신다. 우리 하나님께 신발과 의복을 구하라. 또 그분께 집과 가구를 구하라. 당신의 직업과 휴가를 가지고 그분께 나아가라. 그분께 사랑을 위하여 필요한 것을 구하고 결혼하고 싶은 열망과

어린아이 같은 열망을 고백하라. 그분께 당신의 빈 지갑과 비어 있는 창고를 보여드리라.

하나님은 멀리 계시거나 낯선 분도 아니시고 높은 하늘의 보좌 위에 앉아 계신 분도 아니다. 하나님은 아주 가까이 계신 분이시고 우리와 함께 살면서 우리의 모든 필요를 공급하기를 원하시는 분이시다. 그분이 갈증을 풀어주고 싶어 하지 않으시는 그런 갈증이란 하나도 없다. 그가 채우지 못할 굶주림도 하나도 없다.

예수님은 이 주기도문을 통해서 하늘의 하나님을 우리 집 안으로 우리 거실로 안내하신다. 예수님은 하늘의 하나님을 우리 직장과 공장과 우리가 일하는 들판으로 데려 오셨다. 우리의 신앙은 주일만을 위한 것이 아니다. 우리 하나님은 매일의 주님이시고 매일의 삶의 주인이시다. 그분은 단지 교회만의 하나님도 아니시고 골방의 하나님이 아니시라 길거리에서 운전 중에 만날 수 있는 분이시요 막사에서 그리고 배 위에서 집 안에서 초원에서 공장에서 그리고 시장에서 만날 수 있는 분이시다.

하지만 매일의 양식을 하나님의 손에서 공급받는 사람들은 또한 굶주린 자들을 향한 간절한 개방성을 배운다. 우리에게 일용할 양식을 주시면 아까운 듯이 그 빵을 내 식탁 위에서만 먹겠다고 말할 수는 없다. 우리의 소유물이 우리 것이 아니기 때문에 그리고 하늘의 아버지께서 우리를 돌보심을 잘 알기 때문에 우리는 우리가 가진 것을 다른 사람들에게 나누어 주어야 한다. 우리 접시 위의 빵은 우리 이웃들의 소유물이기도 하다. "우리에게 주소서"라고 기도하는 사람은 또한 다른 사람들에게 베풀어야 한다.

마틴 루터는 이렇게 말했다.

> 만일 우리가 우리 소유의 빵에 너무 집착하면서 거지에게는 "나는 내 집의 빵을 위해서 열심히 일했다. 너는 네 스스로를 돌봐야 한다"고 말한다면 우리는 분명 도둑이요 강도이다. 비록 내가 도적질하고 훔치지 않았을지라도 만일 내가 내 도움이 필요한 사람을 동정하지 않으면 내 소유물은 도적질하고 훔친 것이 된다. 그런 방식으로 나는 내 소유물로 다른 사람을 섬기지 않았기 때문에 도둑이 될 수도 있다. 세상에는 두 종류의 도둑이 있다. 남의 물건을 도적질한 사람과⋯자기 소유물이지만 마치 도적처럼 사용한 사람이다.

오늘날 수많은 사람들이 굶주리고 특히 수많은 어린이들이 굶주리고 있는 상황에서 양식을 위한 기도는 매우 심각한 문제로 대두되었다. 양식을 위한 기도는 만성적인 빈곤을 겪고 있는 이 나라에 사는 우리에게도 상당한 영향을 미친다. 우리 식탁 위에는 온갖 산해진미가 가득한데 수백만의 굶주린 아이들이 빵부스러기라도 찾아 헤매는 상황에서는 우리가 하늘의 아버지께 아직 해결안된 문제를 놓고 기도할 수 없을 것이다. 그래서 우리가 가진 소유와 우리가 하나님으로부터 받은 모든 것을 우리는 다시 우리 손에서 쉽게 떠나보내야 한다. 그래서 우리는 냉정한 분별력, 즉 다른 사람들이 필요하다면 우리가 가진 고급스런 사치품을 기꺼이 포기할 수 있는 냉정한 분별력을 터득해야 한다. 사실 우리의 기도 중에 이런 분별력은 더도 말고 덜도 말고 딱 오늘 하루를 위해서 필요한 빵의 분량이 어느 정도인지를 분명히 깨닫게 해 준다. 하나님께서 우리에게 더 많이 베푸시는 것은, 그분을 향한 감사와 다른 사람들을 위한 섬김의 이유이다.

이런 감사와 섬김의 자세는 우리의 악한 성미에 너무나도 거슬러서 쉽게 받아들이기가 무척 어렵다. 우리는 위를 우러러 보거나 다른 사람들의 처지를 전혀 생각해보지도 않고 그저 하나님이 주신 빵을 즐길 뿐이다. 우리에게는 이런 악한 내향성을 역전시키고 감사와 섬김을 향하여 우리를 개혁해 줄 은혜가 절실히 필요하다. 또 우리는 우리를 새로운 스타일로 가르쳐주고 우리의 강퍅한 마음과 꽉 움켜쥔 손을 열어줄 성령 하나님이 꼭 필요하다. 그리고 "아바 아버지여!"라고 기도하며 주변의 동료들에게 "내 형제요 자매여!"라고 호의를 베풀도록 인도할 성령 하나님이 필요하다. 이렇게 하늘 아버지의 마음 중심으로 들어가는 이 기도는 초월영성 (hyper spirituality)의 한계를 근본에서부터 잘라낸다. 또 이 기도는 우리에게 비인간적인 기독교인이란 모순임을 가르쳐준다. 말하자면 하나님은 우리를 하늘의 천사로 만드는 것이 아니라 참 인간, 즉 다른 사람들을 위한 참 인간으로 만들고 싶어 하신다.

그러면 우리는 교회 안에서는 좋은 사람이지만 교회 바깥에서는 나쁜 사람을 찾을 수는 없다. 세상 바깥이 꼭 악해야 할 필요도 없고 교회 안에 모인 주님의 자녀들이 자동적으로 죄가 하나도 없는 것이 아니다. 교회와 세상의 유일한 차이점은 교회는 경건의 비밀을 잘 알고 세상은 그렇지 않다는 점 뿐이다(Barth). 교회가 성령의 도움이 없이 스스로의 힘으로 고양되거나 세상으로부터 도피할 수 있는 방법은 어디에도 없다.

이 점이 바로 바리새인들이 범한 가장 기본적인 실수이다. 그들은 율법을 주장하고 자신들을 다른 죄인들과 차별화시키면서 하나님의 은혜를 배척했다. 또 그들은 자신들이 밤에 등불처럼 스스로를 빛내야 하는 걸어 다니는 광고판처럼 사람들 눈에 과시하려고 했다. 사실 바리새주의(또는 형식주의, Pharisaism)는 하나님과 그분의 은혜를 배척하는 가면에 불과하다. 왜냐하면 이들이 내세우는 율법은 하나님과 그분의 은혜 사이의 연결고리에서 떨어져 나간 다음에 "기준에 미치지 못한" 사람들을 억누르는 무자비한 막대기 같은 역할을 하기 때문이다. 바리새주의는 단순히 예전에만 나타난 현상이 아니라 오늘날에도 특히 교회 안에서 여전히 맹위를 떨치고 있으며, 다른 범죄보다 더욱 위험하기까지 하다. 그 이유는 바리새주의는 하나님의 은혜에 관하여 많은 것을 알면서도, 그 은혜는 신자에게 (점점) 과거에 속한 것으로 오해하도록 만들기 때문이다. 즉 우리가 하나님의 은혜로 구원 받았지만, 그 다음 모든 것은 우리 자신에게 달렸다고 주장하기 때문이다. 하지만 신자가 이런 토대 위에 세상과 구별된 존재가 되려고 한다면, 교회에 대한 성경적인 전망에서 완전히 멀어지는 것이다.

그렇다면 세상에 대한 교회의 차별성은 어디에 있는가? 이 질문에는 항상 일종의 긴장이 깔려 있다. 예를 들어 사도 바울의 다음과 같은 고백을 통해서도 분명히 알 수 있다.

> 그러므로 너희가 그리스도와 함께 다시 살리심을 받았으면 위의 것을 찾으라 거기는 그리스도께서 하나님 우편에 앉아 계시느니라 위의 것을 생각하고 땅의 것을 생각하지 말라(골 3:1-2).

이런 선언문은 단순히 사도 바울이 가진 놀라운 철학의 본보기일 뿐만 아니라, 복음의 본래적인 구조이기도 하다. 이 구절에서 "그러므로"라는 단어는 하나님이 이미 성취하신 구원의 사실들과 하나님이 그리스도 안에서 우리를 위하여 행하신 위대한 구원 사건들을 가리킨다. 사도 바울은 다른 서신서에서도 늘 그러하듯이 여기에서도 바리새적인 자기 과시를 위해서가 아니라 하나님에 대한 감사와 헌신의 표현으로 그러한 하나님의 구원 사건들을 길게 나열한다. 예를 들자면,

> 이는 너희가 죽었고 너희 생명이 그리스도와 함께 하나님 안에 감추어졌음이라(골 3:3).
> 또 함께 일으키사 그리스도 예수 안에서 함께 하늘에 앉히시니(엡 2:6).
> 우리 생명이신 그리스도께서 나타나실 그때에 너희도 그와 함께 영광 중에 나타나리라(골 3:4).
> 또 미리 정하신 그들을 또한 부르시고 부르신 그들을 또한 의롭다 하시고 의롭다 하신 그들을 또한 영화롭게 하셨느니라(롬 8:30).

이것이 바로 역사적인 사실이며 과거 시제이다. 우리는 이 과거 사실에 근거하여 위를 갈망하며 지시할 수 있다. 그런데 우리는 이 본문에서 긴장, 즉 처음부터 끝까지 우리 인생의 일부분이기도 한 긴장, 그리고 여전히 우리의 구원에 동반되는 긴장을 감지할 수 있다. 어떤 사람들은 이 긴장을 가리켜서 이미와 아직 사이의 긴장이라고 부른다. 우리는 이미 모든 것을 가지고 있지만 아직은 아니다. 또 다른 이들은 이 긴장을 가리켜서 예수님의 초림과 재림 사이를 살아가는 신자들의 긴장이라고 설명하기도 한다. 어디에선가 칼 바르트는 이렇게 말했다.

> 이 긴장은 모든 것을 구해야만 하는 사람들의 긴장이 아니

라, 이미 모든 것을 발견했기 때문에 그것을 얻으려고 노력
하는 사람들의 긴장이다.

사도 바울은 이 진리를 다음과 같이 명료하게 선언하고 있다.

내가 이미 얻었다 함도 아니요 온전히 이루었다 함도 아니
라 오직 내가 그리스도 예수께 잡힌 바 된 그것을 잡으려고
달려가노라(빌 3:12).

나는 이미 붙잡았기 때문에 이것을 계속 붙잡으려고 달려간다.
이 긴장은 이 세상에서는 어떤 식으로든 결코 해소될 수 없다.
골로새교회에 잠입한 거짓 교사들은 세속적인 율법주의 규칙들을
지나치게 강조함으로써 이 긴장을 해소해보려고 노력했다. 하지만
이들은 이 긴장을 잘못된 방향으로 해소하려고 하다가 결국 풍자
만화에 등장하는 조롱거리가 되고 말았다. 여러분도 세상에서 도
피함으로써 복음이 가르치는 수준 이상으로 거룩해지고자 시도할
수 있다. 마치 지면에 몇 미터 높이의 나무 기둥을 세우고 그 위에
조그만 거처를 만들어서 지냈던 어떤 교부처럼 말이다. 그 교부는
이 나무 기둥 위에서 밧줄을 이용하여 필요한 것들을 공급받으면
서 몇 년을 살았다. 그는 그동안 다른 사람들을 나무도 만날 수 없
었고 다른 사람들 역시 그를 볼 수 없었다. 그의 머리는 이 땅에서
멀리 떨어져 저 세상에 두면서 자신이 땅 아래 있는 다른 사람들보
다 훨씬 거룩해졌다고 생각했다.
과연 그럴까? 필자는 그렇게 생각하지 않는다. 필자가 확신하는 것은 복음
은 결코 내 거처를 구름 속에 만들거나 기둥 위에서 지내는 천사로 바꾸지 않
는다. 내가 받은 구원의 긴장은 내 발을 이 땅 위에 단단히 뿌리내린다. 무엇

보다도 이 세상은 하나님의 세상이다. 이 세상은 정말로 하나님이 일하시는 공간이 아닌가? 그리고 우리의 최종 목적지도 새로운 땅이 아닌가? 그 세상은 새롭기는 하지만 여전히 이 지구 땅이다. 그래서 우리는 하늘 하나님의 이름을 걸고 우리의 세속적인 영성에서 자유해야 한다. 하지만 이 세속적인 영성은 우리가 단호히 벗어나야 할 가장 어려운 것이기도 하다.

사도 바울이 "위의 것을 생각하고 땅의 것을 생각하지 말라"(골 3:2)고 말씀할 때, 그는 분명 우리가 이 세상에서 도피해야 한다는 뜻으로 말씀하지 않았다. 사도 바울은 이 말씀 직후에 신자들이 이 세상을 살아가면서 맺게 되는 구체적인 인간관계의 목록을 열거하면서 인생에서 가장 구체적인 것들에 관하여 광범위하게 설명하기 시작한다. 그가 언급한 목록에는 남편과 아내의 관계와 부모와 자녀와의 관계, 그리고 노예와 그 주인과의 관계가 등장한다(골 3:18-4:1). 왜냐하면 하나님의 복음은 이 세상의 정치와 윤리, 그리고 경제와 같이 우리가 매일 직면하는 아주 평범한 모든 것들에 관한 것이다. 복음은 참으로 이 세상과 이 세상을 살아가는 사람들의 실제적인 모든 것을 다룬다. 이 복음은 또 이 세상의 아름다운 것들과 그래서 우리가 누릴 수 있는 모든 것들에 관한 것이다. 그래서 (랍비 Akiba에 의하면) 만일 여러분이 오늘 어떤 것을 전혀 누리지 못했다면 여러분은 아직 하나님의 뜻 안으로 들어오지 않았다.

그래서 사도 바울이 열거한 일상의 삶과 이단적인 교사들의 관심사가 완전히 대조적으로 구분된다. 이단적인 교사들은 이 땅에 집중함으로써 하늘에 도달하고자 했다. 하지만 복음은 하늘에 집중함으로 다시 이 땅을 갱신한다. 복음은 먼저 우리로 하여금 하늘을 맛보게 하여 우리로 하여금 다시 땅으로 되돌아가게 만든다. 이것이 바로 기독교인의 본질이다. 즉 이 세상에서 이 세상을 위하여 하늘을 구하는 사람들이 바로 기독교인들이다. 하늘에 굶주린 사람들, 하늘을 추구하는 사람들, 하지만 이 세상은 하나님의 세상이기 때문에 또 온전히 이 땅에 집중하는 사람들이다. 무엇보다도 예수님은 천사나 영적인 존재가 아니라 직접 사람이 되셨다. 또한 그분은 참 사람이 되심으로 우리를 구원하신다. 그래서 우리는 결코 예수님보다 더 영적인 존재가 되려고 해서는 안된다. 예수님은 친히 성육신하심으로 인간됨의 가치를 강조하셨다. 그분이 이 세상으로 내려오심으로 이 세상의 가치를 인정하셨다. 예수님 안에서 이 세상은 얼마나 아름답고 얼마나 고귀한 가치를 지녔는가! 예수님은 하늘을 이 땅으로 가져오셨다. 그 덕분에 우리는 실상은 천국인인 지구인이고, 실상은 지구인인 천국인이다. 이것이 바로 우리 구원의 긴장관계이다(Cilliers 1999).

이 사실은 아무리 강조해도 지나치지 않다. 복음은 우리에게서 세속적인 소유물(worldy possession)을 빼앗아 가지 않고 오히려 세속적인 소유물에 새로운 의미를 채워준다.

> 부엌을 청소하는 하녀는 기도하는 수도사 못지않게 똑같이 하나님의 뜻을 실천한다. 그녀가 청소하면서 찬송을 부르기 때문이 아니라 하나님은 청결한 부엌을 좋아하시기 때문이다. 구두를 만드는 그리스도인은 구두에 작은 십자가를 붙여서가 아니라 좋은 신발을 만들어서 자신의 기독교적인 의무를 실행한다. 왜냐하면 하나님은 좋은 솜씨를 기뻐하시기 때문이다(Luther).

그래서 우리는 마치 신앙은 오직 교회 담장 안에서만 존재할 수 있다는 듯이 우리 신앙을 성직자가 되는 것에만 국한시키지 않도록 주의해야 하며, 우리의 소명은 오직 교회의 직분을 통해서만 실현될 수 있다는 듯이 우리 소명을 성직에 한정시키지 않도록 주의해야 한다. 신자의 선택은 결코 우리가 주님을 위해서 교회 밖에서 일상의 일을 계속할 것인가 아니면 교회 안에서 전임 사역자로 일할 것인가가 결코 아니다. 무엇보다도 우리는 우리가 하는 모든 것을 통해서 하나님을 영화롭게 하도록 부름 받았다(고전 10:31).

그러므로 신앙의 선행은 (반드시) 비범하고 특별한 일이어야만 할 필요가 없고 오히려 믿음 안에서 행한다는 점이 분명해야 한다. 왜냐하면 신앙의 선행은 오직 믿음 안에서만 가능하기 때문이다. 사람들에게 우선 필요한 것은 그러한 선행이 아니라 하나님에게 용납되고 그분에게 알려지는 것이다. 거룩한 삶을 산다는 것은 그것이 작고 사소해보임에도 불구하고 하나님의 뜻 안에서 일상적인 삶을 꾸려가는 것이다.

우리는 매일의 구체적인 삶의 현장에서 예수님을 따라가도록 부름 받았다. 그런데 이렇게 예수님의 뒤를 따르는 것은 그저 단순히 그리스도의 행동을 모방하는 것과는 다르다. 우리는 그리스도의 자연적인 삶을 복제할 수도 없고 외면적인 것으로 그분을 모방할 수도 없고, 또 율법의 내면적인 의미를 완성하신 그분의 모범을 그대로 성취할 수도 없다. 예수님의 생애는 단순히 우리에게 보여주는 율법의 성취의 실례도 아니고 우리가 추구하는 도덕적 이상을 실현한 모범도 아니다. 우리가 일상의 삶 속에서 그리스도를 뒤따르는 것은 성령을 통하여 그리고 구체적인 현실 세계 속에서 그분과의 긴밀한 관계를 맺고 살아가는 것을 의미한다.

그래서 성화는 저 멀리 어디엔가 있는 이상을 추구하는 것이 아니라 지금 이곳에 살아 계신 그리스도의 임재에 근거한 삶의 양식이다. 또 성화는 매일의 사소한 삶의 영역에서 은혜에 근거하여 순종하는 삶이다. 그리스도를 따르는 것, 즉 그리스도의 발자국 뒤를 그대로 따가는 것은 자신에게 부과된 여러 수많은 종교적인 기교들을 실행하는 것이 아니라 매일의 평범한 삶에 정직하게 직면하여 그리스도의 임재 속에서 이 평범한 삶을 살아냄으로써 하나님이 이 모든 것을 통해서 영광 받으시도록 하는 것이다.

하지만 삶의 성화와 그리스도의 뒤를 따르는 것은 결코 작은 일이 아니라 이 사회의 거대한 일관성과도 밀접한 관련이 있다. 삶과 현실 세계의 모든 것들이 전부 다 그리스도께 속하였다. 그리스도의 부활과 성령 강림의 관점에서 볼 때 모든 삶을 위한 계명들이 급진적이고 우주적으로 변했다. 그래서 그리스도의 제자들은 이 세속 사회가 악화되는 것을 용납할 수도 없고 용납해서도 안된다. 죄로부터의 구속을 경험한 사람들의 양심은, 자기 이웃의 고통과 또 이 사회 구조 속에 스며든 고난과 악과 관련하여 새롭게 각성되었다. 하나님의 은혜로 복음을 맛본 사람들이라면, 빈곤이나 생태계, 에이즈, 그리고 폭력과 같은 도덕적인 이슈들에 대하여, 그리고 짧게 말하자면 이 지구와 우리의 경우에 남아공 사회를 위협하는 모든 것들에 대하여 죄책감을 부각시키는 인간성에 대항할 수밖에 없을 것이다.

앞에서 다룬 질문을 다시 반복하자면, 우리는 왜 설교에서 도덕에 관한 이슈들을 언급해야 하는가? 그 이유는 복음은 하나님이 이 세상을 사랑하신다고 가르치기 때문이다. 바로 여기에 우리의 모든 도덕적인 행동의 의미가 들어 있다. 오늘 우리 설교자들이 남아공의 상황에서 도덕에 관하여 어떻게 설교해야 하는가 하고 묻는다면, 그 해답은 간단히 말해서 사랑의 계명을 설교하는데서 얻어질 수 있다.

궁극적으로 인간성이나 사회 개선 프로그램으로는 남아공을 비인간화의 늪에서 구원할 수 없고, 오직 남아공의 교회들에 의하여 선포되는 사랑의 계명에 관한 선포와 적용을 통해서만이 가능하다.

이런 해답은 아주 간단하고 단순해 보인다. 남아공의 문제를 위한 사랑의 계명은 사실 그렇게 복잡하지 않고 오히려 아주 선명하고 명쾌하다. 이 말씀은 우리 주께서 입을 열어 하신 말씀이다.

> 가서 너도 이와 같이 하라!(눅 10:37b)

하지만 우리는 간단한 것을 복잡한 이론으로 바꾸고 순종하라는 계명에서 편안하게 도망칠 수 있는 복잡한 질문(내 이웃이 누구입니까?, 눅 10:29b)으로 바꾸는 악한 속성을 우리 종교 속에 갖고 있다.

하지만 예수님은 이 질문의 의도를 간파하시고 추상적인 이론이나 변명 속으로 도망하려는 교묘한 현실도피주의자의 책략을 백일하에 폭로하셨다. 이와 관련하여 로버트 맥아피 브라운(Robert McAfee Brown 1984:107)은 다음과 같이 유머스러우면서도 자각을 일깨우는 설명을 제시한다.

> 그런 식의 질문을 통해서 이 율법사는 이 토론을 좀 더 안전하게 진행할 수 있게 되었다. 이 토론은 이웃이 되는 것은 더 이상 문제 삼지 않고 그저 이웃이란 어떤 것인지 말로 정의하는 것만 문제 삼는다…이러한 말싸움이라면 변호사들의 전공 분야나 마찬가지이다.
> 그러면 이 변호사의 속셈을 알아보기로 하자. 이 토론이 나름 유익한 것으로 증명된다면, 아마도 "이웃의 개념"과 같은 주제로 심포지엄도 열릴 수 있을 것이고, 실제로 이웃에 관하여 포괄적인 정의가 내려질 수도 있다는 것이 변호사

의 속셈이었다…. 그리고 다음과 같은 일련의 논문도 얻어 낼 수 있을 것이다. 즉 "이웃에 관한 스토아 학파의 개념" 이나(아주 짧은 논문으로), "최근 중동 소설에 나타난 이웃"이 라든가, "그리스와의 관계 개선을 위한 이웃의 문화적인 의미"나(바람직한 객관성을 유지하기 위하여 남성에 의하여 작성된), "여성의 관점에서 바라본 이웃", 그리고 마지막으로 어느 지방의 박사 학위 논문시장을 개척하여 "노예 계층에서 바라본 이웃 - 만족·불만족 비율에 관한 최근의 자료를 얻기 위하여 알렉산드리아의 노예 시장에서 진행된 인터뷰를 중심으로"와 같은 논문도 얻을 수 있을 것이다. 그리고 (변호사는 계속하여 생각하기를) 이 논문들은 아마도 변호사 자신의 편집 작업을 거쳐서 출판될 수 있을 것이고, 논문 기고자들은 이 책을 통해서 자신들이 출판한 도서의 목록을 늘림으로써 (이웃을 얻는 것이 아니라) 학문적인 지위를 얻는 가장 확실한 방법으로 삼을 것이다.

하지만 피할 곳은 없다. 복음은 "네가 직접 이웃이 되라"고 분명하게 선언한다.

사실 교회는 이웃을 위하여 존재한다. 그래서 성화의 과정에서 우리는 이웃을 사랑할 능력이나 시간도 없어서 하나님의 율법을 성취할 수 없다는 식의 자신의 경험이나 능력 혹은 자기 단점의 고통이라는 촛불 주변을 도는 나방처럼 배회하기를 중단해야 한다. 간단히 말하자면 우리는 자신만을 너무나도 사랑하는 나머지 더 이상 이웃을 사랑하지 못하고 있을 뿐이다.

이제 또 다시 우리가 남아공에서 앞에서 살펴본 설교의 출발점을 제대로 이해하지 못하고 있음을 보여주는 전형적인 설교문을 분석해보고자 한다.

9. 회중에 대한 잘못된 도덕주의 전망이 담긴 사례 설교

> 기록된 바 의인은 없나니 하나도 없으며 깨닫는 자도 없고
> 하나님을 찾는 자도 없고 다 치우쳐 함께 무익하게 되고 선
> 을 행하는 자는 없나니 하나도 없도다(롬 3:10b-11).

그래서 성경은 인간을 하나님 앞에서 전적으로 부패한 존재로 묘사한다. 그런데 이런 묘사는 대부분의 설교자들에 의하여 이론적으로 설교에서 자주 확인되곤 할 것이다. 하지만 그렇다고 인간의 전적 부패가 실제 설교에서 꼭 중요한 전제로 부각되는 것은 아니다. 오히려 설교를 통해서 영향력을 행사하는 반펠라기우스주의(semi-pelagianism)나 심지어 완전한 펠라기우스주의(Pelagianism)나 알미니즘(Arminianism, 인간이 궁극적으로 구원을 획득하는데 하나님께 협력할 능력을 가지고 있어서 죄로 말미암아 완전히 부패한 것은 아님을 주장하는 교리) 같은 교리들이 설교를 통해서 그 영향력을 행사하는 것을 볼 때는 참으로 놀라울 따름이다. 이런 원인은 매우 다양하고 또 여러 요소들이 결합된 복잡한 현상이다. 앞서 살펴본 바와 같이, 그 중에 한 가지 원인은 성경-신학적인 선언이 인본주의적인 선언으로 바뀌었기 때문이다(3장 7. 4) 참고). 성경 본문이 증거하는 하나님의 실제 행동들이 오늘날 더 이상 명확하게 표현되지 않는 경우에, 설교자들은 이런 직설법 문장들을 청중의 직접적인 실천을 요구하는 여러 명령법 문장으로 바꾸는 일이 빈번하게 발생한다. 이런 경우에 하나님의 구원에 관한 직설법 문장은 여전히 하나님의 행동과 관

련하여 그 의미를 유지하지만, 설교의 초점이 현재 청중에게 집중되면 그들이 직접 문장의 주어가 되고 자신들의 구원 행동의 원천이 되는 것이다. 그래서 이런 유형의 설교는 다음과 같이 말한다. 하나님은 성경 본문이 말한 대로 역사적인 사실에 대한 직설법 문장대로 행동하셨으나, 그분의 행동은 종료되었다. 이제는 우리 인간의 차례이다. 이제 우리 인간이 모든 책임을 진다. 그래서 직설법-명령법의 구조는 하나님의 행동-인간의 행동이란 순서와 동의어나 다름 없다. 이런 설교 구조는 아주 흔한 신학적인 합선이며, 수많은 설교에서 발견되는 전형적인 율법주의적인 오해이다. 이러한 신학적인 합선은 죄가 무엇인가에 관한 의심스러운 견해로부터 계속 야기된다.

1) 죄와 고백?

율법주의 설교 중에도 종종 인간의 죄악에 대하여 언급하곤 한다. 이런 사례는 매우 다양한 차원에서 이루어지지만 필자는 다음 세 가지 경우를 지목하고자 한다.

첫째는 어떤 사람이나 어떤 것에 대한 죄악과 그 죄책감을 단순히 비난만 함으로써 죄와 죄책감의 실재를 위장하려는 경향이 있다. 즉 분명 죄와 죄책감이 있지만 그것은 결코 우리의 죄와 죄책감이 아니라는 식이다.

둘째로 인간에게는 질병과 같이 어떤 간과할 수 없는 문제가 분명 있지만, 그러나 범죄와 죄악의 결과로 죽을 일은 없다는 것이다(엡 2:1). 이런 설교에서도 죄악의 증상이 다뤄지지만 인간의 좀 더 깊은 내면 바닥에 도사리고 있는 죄악의 실체와 정직하게 대면하는 일은 없다.

셋째로 인간의 힘으로 죄에서 벗어날 길을 찾아낼 수 있다는 승리주의를 강조하는 경우가 있다. 이런 설교에서 죄는 아무런 피해를 주지도 않으며 종교적인 인간의 잠재력에 근거하여 그 죄악을 무효처리할 가능성을 심어준다.

(1) **죄악의 부인**

죄악의 파괴적인 영향력을 무력화시키는 첫째 차원의 설교 사례로 필자는 고린도전서 6:12-20에 관한 설교에서 다음과 같은 문장 하나를 인용하고자 한다.

> 고린도에 사는 초대 기독교인들은 오늘날 우리처럼 부도덕은 전혀 잘못된 것이 아니라고 주장하는 그런 사회에서 살고 있었습니다. 오늘날 우리들처럼 그들도 당시 사회를 지배하던 가치와 표준의 영향을 받고 있었습니다.

이런 진술문도 그 나름대로 틀린 것은 아니다. 실제로 사회적인 상황이 우리 삶의 전 영역에 영향을 준다. 하지만 이런 진술문이 기능하는 의미의 맥락은, 이를 통해서 앞으로 이어지는 처방전을 작성할 테이블을 마련해보겠다는 것이다. 그래서 설교의 상당부분은 젊은 청년들이 앞으로의 위협을 극복하기 위하여 순종해야 할 규칙들을 열거하는데 집중되지만, 문제는 청중의 모습이 자신들의 죄로 인하여 그러한 위협에 저항할 수 없기 때문에 복음의 구원 사역에 의존해야 할 필요가 있는 사람들로 묘사되지 않는다는 것이다. 설교의 전체 구조는 다음 두 가지 돌쩌귀를 따라서 회전한다. 한편으로는 외부의 위협과 또 다른 한편으로는 당연히 이 위협에 저항할 수 있을 것으로 생각되는 능력이다.

설교자는 먼저 돌쩌귀가 작용하도록 언어학자들이 화해 공작(pacification)과, 명사화(nominalization)라고 부르는 수사적인 전략을 사용한다

(Kress & Hodge 1979:72ff 참고). 그러한 언어학적인 변화가 본문에서 나타날 때 이는 저자가, 또는 설교의 경우에는 설교자가 어떤 중요한 행위자의 행동을 위장하려고 하거나 또는 사람들의 관심을 또 다른 외부적인 행위자에게로 전환하려는 의도를 암시한다. 또 이러한 수사적인 기교는 관념론의 형성을 위해서 종종 사용되곤 한다. 하지만 이런 기교의 효과는 역동성의 느낌을 무디게 만들고 행동의 복잡성을 제거하고 진행 과정을 목적으로 뒤바꾼다. 그래서 죄책감의 원인이 신자 내면 바깥에 도처에 있어서 철저한 구원의 필요성도 증발해버린다.

(2) 피상성

죄를 무력화시키는 두 번째 방식과 관련하여 필자는 탕자에 관한 잘 알려진 비유를 다룬 설교 한편을 살펴보고자 한다. 이 설교에서 설교자는 나름 설득력 있게 본문을 주해하면서 청중의 관심이 첫째 형에게 집중되도록 유도한다(눅 15:25-32). 이어서 설교자는 이 형의 문제를 다음과 같이 정리한다.

> 이 형의 비극은 자신에게는 참으로 위대한 아버지가 계심에도 불구하고 정작 자신은 전혀 위대해지지 않았다는 것입니다.

이 문장은 설교자가 마음 속에 품고 있는 첫 번째 해석학적인 목표를 암시한다. 그것은 청중을 이 형이 마땅히 그렇게 위대해질 수 있었던 것처럼 위대한 사람으로 변하는 지점으로 이끌고 가겠다는 것이다. 이런 의도는 위업에 대한 갈망을 암시한다. 설교자는 계속해서 이 형의 문제를 더 자세히 묘사한다.

동생은 심각한 부정의 늪에 빠졌지만 형은 그동안의 덕행에 진절머리가 나서 그동안 살아왔던 기독교적인 삶의 신선함을 모두 잃어버리고 말았습니다. 이 형은 자기 속에서 그동안 기독교인으로서 누렸던 기쁨이 모두 사라졌음을 발견했습니다. 하지만 우리 주님은 이 모든 고통의 배후에 이 남자를 그의 농장에서 그리고 그 생애 내내 붙잡아 주었던 기본적인 성실이 있음을 인정해주셨습니다.

(바리새인의 이미지를 가진) 나이 많은 형은 (더 이상) 표준에 미치지 못하는 기독교인의 전형으로 제시된다. 그의 유일한 죄악이 있다면 방종뿐이라는 것이다. 계속해서 설교자는 이 형은 "완벽과는 거리가 멀지만 그래도" 착한 사람이며 기본적인 성실성을 갖춘 사람이라고 추켜세운다. 설교자는 심지어 이 형을 가리켜서 "교회 안에서 성숙한" 사람으로 묘사한다. 이 형은 단지 오랜 덕행으로 지치고 싫증나고 지겨워졌을 뿐이라는 것이다. 이 설교자는 이어서 주께서 이 문제를 해결해 주시도록 우리가 준비해야 할 사항들에 대한 일반적인 목록들을 나열하는 단계로 나아간다. 하지만 이러한 해결책은 기본적인 덕목을 갖춘 사람이 자신의 싫증을 떨쳐버리고 "환멸과 싫증과 무의미의 먼 나라로부터" 다시 귀환하기 전까지는 결코 허락되지 않는다. 그런 사람이라면 진정 구원이 필요 없기 때문이라는 것이다. 그 사람은 자기 스스로의 힘으로 모든 것을 다시 정돈해야 하고, 그럴 때 부친에게 속한 것이 비로소 자신의 소유물이 될 수 있다는 것이다. 설교의 마지막에서 이 설교자는 다음과 같이 기도한다.

하나님 아버지! 우리 마음이 애통해하며 회개할 때…주님이 가지
신 모든 것이 우리 것이 되게 해 주셔서 감사합니다.

하지만 성경 본문은 그렇게 말씀하고 있지 않다. 우리가 아는 대로 형의 마음은 회개하지 않았다. 하지만 더 중요한 것은 그의 마음 깊은 회개가 하나님 앞에서 "내가 가진 모든 것은 네 것이다"라고 부친이 인정한 선행조건은 아니었다는 점이다(눅 15:31).

(3) 무효처리

죄를 무력화시키는 셋째 차원은 에베소서 4:11-16에 관한 다음의 설교에서 분명하게 찾아볼 수 있다. 이 설교자는 종종 자연에서 발생하는 모습에 관한 스케치로부터 설교를 시작한다. 독수리의 내면적인 본성은 자유롭게 사는 것이고 공중에서 아름다운 날개로 공중을 날 수 있는 새가 바로 독수리라는 것이다. 그런데 만일 이 새를 새장에 가두면 독수리는 금방 또 다른 본성을 발휘하여 투옥에 적응한다. 그래서 독수리의 새장 문이 열리더라도 독수리는 더 이상 멀리 날아가지 못하고 여전히 갇힌 상태를 벗어나지 못한다. (우리의 악한 본성의 이미지를 가리키는) "또 다른" 본성은 원래의 고유한 본성대로 살아가는 것을 방해한다. 그런데 이 은유는 신학적으로 의심스럽다. 우리의 고유한 본성이란 것이 사실 악한 본성이 아닌가? 우리는 죄 중에 잉태되었고 그렇게 태어났다. 우리에게는 지극히 정상적인 상태로 다시 되돌아갈 그런 자연스런 상태라는 것이 전혀 없다. 물론 이 설교자도 "우리는 사람으로서 태어나서 악한 본성을 갖고 있습니다"라고 말한다. 하지만 이 설교자가 암시하려는 것은, 우리가 내면의 고유한 본성에 익숙해지려면 이 악한 "또 다른" 본성을 내버려야 한다는 것이다. 우리가 어떻게 이렇게 할

수 있는가? 그것은 독수리가 하는 대로 정확히 따라하라는 것이다.

> 어느 날 독수리가 자기 집 위를 날아가는 다른 독수리들의 외침을 듣고서 이 집 바깥으로 날아가는데 오랜 시간이 걸렸습니다. 그때 이 독수리는 깨달았습니다. 이것이 바로 나의 참 모습이구나. 하지만 그것은 이 독수리가 갇힌 새장을 박차고 나와서 밖으로 날아오를 때의 일입니다.

이 설교자는 이 일이 분명 쉬운 과정은 아님을 인정한다. 독수리도 자유를 다시 배우는데 오랜 시간이 걸렸다는 것이다. 하지만 이 설교의 요점은 독수리는 스스로의 힘으로 감옥에서 벗어났다는 것이다. 이 설교자는 "우리도 결코 이와 다르지 않다"고 말한다. 우리도 악한 본성을 갖고 있지만, 아직도 우리 안에서 전혀 손상되지 않고 그대로 남아 있는 고유한 본성으로 돌아갈 능력도 갖고 있다는 것이다. 이 설교자는 이러한 귀환의 과정을 다음과 같이 묘사한다.

> 우리가 주님께 다가갈 때 참으로 놀라운 일이 일어났습니다. 그분이 우리를 새롭게 만드셨습니다. 하지만 여러분은 알고 계십니까? 때로는 우리도 우리가 주님 안에 있는 것을 새롭게 시작하기 위해서는 이 자연적인 새장을 부수고 새장 바깥으로 나가는 법을 배워야 한다는 것을.

이 설교에서도 새장의 장벽을 부숴야 하는 주체는 여전히 하나님이 아니라 사람이다. "만일 우리가 할 때"라는 조건문의 구조가 결국 의미하는 것은 이렇다. 어떤 놀라운 일은 사람이 그 일이 일어나도록 역할을 감당하기 전에는 결코 일어나지 않는다는 것이다. (새장에서 나와서) 주님께 도달해야 하는 쪽도 인간이고 그것을 가끔이라도 배워야 하는 것도 인간이다. 그래서 이 설교가 주님은 이런 사항들을 인간 편에 기대하시고 또 청중도 그리스도처럼 완벽하고 완전히 성숙한 사람(엡 4:13)이 되기 위해서 행해야 할 모든 사항들을 무겁게 부담을 안겨주듯이 선포해야 하는 것은 매우 당연한 논리이다. 결국 이 설교의 서론부에서 탈선한 죄에 대한 신학적인 개념(죄론, hamartology)이 설교 나머지 부분에서 구원에 대한 개념(구원론, soteriology)의 상실로 이어졌다.

2) 종교적인 인간을 고귀하게 만들기

이런 속성을 깔고 있는 설교에서 그리스도는 그렇게 필요한 존재가 아니다. 그 대신에 사람들이 스스로를 평가하고 닮기를 갈망하게 만드는 거룩하고 모범적인 인물과 도덕적인 규범이 그리스도의 빈자리를 차지한다. 복음도 사람들 내면에 가지고 있는 종교적인 잠재력의 저장고에서부터 스스로 이끌어낼 수 있는 도덕적인 개선을 위한 호소로 잘못 이해된다. 사람들에게 제시하고 또 사람들도 순응해야 할 규범이라는 것도, 오늘날의 시민 도덕에 불과하거나, 이것도 상당히 퇴보한 상황이라면 그런 도덕적 표준을 제시하며 열망을 고취시키는데 동원될 뿐이다. 그래서 설교의 목적도 단순히 사람들이 이 사회에서 기본적이고 평범한 성실성을 갖춘 점잖은 시민이 되는 것이다. 혹은 율법적인 설교의 목적은, 이미 종교적인 사람들이 좀 더 종교적이 되도록 돕고 그들이 더 고귀한 사람이 되도록 돕는데 기여하는 것이라고 말할 수도 있다. 이런 설교는 사람들이 만일 진정으로 원하고 진정으로 열심히 노력해본다면 충분히 하나님의 율법에 순종할 능력이 있다는 잘못된 전제를 갖고 있다. 하지만 실상은 우리는 설령 그렇게 원한다고 하더라도 그럴 능력이 전혀 없다. 우리가 지금 남아공에서 필요한 것은 그렇게 나쁠 것까지는 없는 그저 착하고 친절한 시민이 아니다. 사실 이렇게 착하고 친절한 사람들은 짧은 기간이든 긴 기간이든 그렇게 혼자 힘으로 남아 있을 수 없다. 그 이유는 우리의 죄가 너무나도 깊게 뿌리내리고 있기 때문이다. 특히 우리에게는 도덕적인 훈련 프로그램이 필요한 것이 아니라 오직 복음뿐이다.

　죄악의 실재를 정확하게 파악하지 못하는 실수는 신중하지 못해서가 아니라 미묘하면서도 무의식적으로 일어난다. 이런 실수는 우리의 언어 속에도 은연중에 깔려 있다. 핵심을 파편적인 일부분과 바꾸지만 실상은 복음의 위로를 제거해버리는 것이다. 예를 들어 달란트 비유(마 25:14-30)에 관한 설교에서 어떤 설교자는 다음과 같이 말한다.

> 그분은 사람들이 하나님과의 관계를 회복하고 죄의 권세로부터 자유롭게 살도록 도움으로써 사람들을 섬기러 오셨습니다. 이와 마찬가지로 그들도 자기 이웃을 섬겨야만 합니다.

　이런 메시지는 여러 세기 동안 반복적으로 고개를 내미는 반펠라기우스주의(semi-pelagianism)의 현상에 불과하다. 예수님은 기독교인들의 행동을 위하여 능력을 공급해 주는 원리를 예시하여 사람들이 죄의 권세로부터 스스로 자유로워지는데 도움을 주는 존재라는 것이다. 우리는 (하나님과의 올바른 관계를 획득해서) 스스로 자유로워져야 하고, 또 주변의 동료들을 돕는 종이 되어야 한다는 것이다.

이런 논리가 다른 설교에서도 빈번하게 등장한다. 고린도전서 13장에 관한 설교에서 어떤 설교자는 이렇게 외친다.

> 우리는 사랑의 피조물이며 우리의 기본적인 본성도 사랑을 베푸는 본성입니다.

하지만 이런 선언 속에는 우리 인간이 본래 창조된 본성을 지적하려는 설교자의 의도가 담겨 있다. 하지만 이 설교자의 치명적인 실수는 이런 기반에 근거하여 청중이 창조 이후에 전혀 타락 사건도 발생하지 않은 것처럼 자신의 창조된 본성대로 살아갈 수 있고 또 그렇게 살도록 호소하려 한다는 점이다. 그런 경우에 고린도전서 13장은 내가 구원 받은 사람으로서 하나님과 이웃을 향한 감사의 마음으로 살아야 할 계명이 아니라, 우리 모두가 본래 주어진 본성대로 살아가야 할 율법이 되고 만다. 그래서 이 설교자의 논리대로라면 다음과 같은 주장도 매우 논리적일 수 밖에 없다.

> 매일 나는 이전의 시간을 내가 받은 기독교인의 소명에 비추어 특히 사랑의 소명과 관련하여 평가해야 합니다. 그리고 예수님의 의지대로 내 삶을 개선해야 합니다. 물론 이것은 쉬운 일이 아닙니다. 오늘 저녁에 내 인생에 이런 회심이 일어나도록 시도해봅시다. 그래서 내일 우리 가정과 일터에서 좀 더 아름다운 날이 되도록 해 봅시다.

이 설교에서는 "새롭게 함"(또는 갱신, renewal)이 "개선"(improvement)으로 바뀌었고 "하나님의 은혜"도 "우리의 시도"로 바뀌었다. 우리의 삶에서 회심을 시작하는 쪽은 하나님이 아니라 우리이다.

그런데 이 설교에서 설교자가 죄의 심각성을 지적할 의도로 언급하는 마지막 문장은 여호수아서 7:13을 변용한 다음과 같은 내용이다.

> 여러분을 타락하게 만드는 모든 요소들을 제거하십시오. 그리고 성령께서 그의 손을 위기를 가져오는 장소 위에 올려 놓으시도록 허락하시기 바랍니다. 여러분의 인생에서 그 부분을 전멸시키고 십자가에 못 박으시기 바랍니다.

이런 구문에서 주도권을 쥔 쪽은 다름 아닌 사람이며 이 설교는 이 사실을 끊임 없이 확인시킨다. 성령 하나님과 예수님만이 하실 수 있는 모든 것을 실행하는 쪽도 사람이고 하나님께서 행동하시도록 허락하고 죄를 제거하며 궁극적으로는 그 죄를 십자가에 못 박는 쪽도 사람이다. 그래서 이 설교에서는 십자가에 달리신 그리스도의 대속 사역도 원리적으로 말하자면 우리에게는 필요 없다.

3) 내면의 심리 세계로의 이동

인본주의적인 접근을 취하는 설교의 의미심장한 경향은 이런 설교가 성경 본문의 지향점에서 벗어나서 인간의 내면세계로 이동한다는 것이다. 이런 설교에서는 종종 성경에 등장하는 인물들의 내면적인 감정을 묘사하기도 하는데, 이런 묘사력은 전적으로 본문을 실감나게 묘사하는 설교자의 몫에 달렸다. 이런 설교자들은 청중의 마음에서 등장인물과 흡사한 감정을 이끌어내려는 목적으로 본문을 다루거나, 성경의 등장인물들이 부정적인 역할을 맡은 경우에는 반대로 청중에게서 그런 부정적인 태도를 제거할 목적으로 본문을 다룬다. 어느 경우든 설교의 초점은 청중 내면의 심리 세계에 붙잡혀 있다.

사도행전 1:8과 로마서 1:8-17에 관한 한 편의 설교에서도 어떤 설교자는 빈번하게 청중의 심리 깊숙이 들어가곤 한다. 사실 그는 이 설교에서 우리가 "가장 심오한 경건의 신학"(a theology of the most profound piety)이라고 부르는 것을 실행하여 청중에게 주입하려고 노력한다. 그가 이 설교에서 언급하는 모든 것들은 아주 깊이 있어서 듣다보면 거의 중세시대의 신비주의에서 묘사하는 깊이를 느낄 정도이다. 그래서 이 설교에서 우리는 사도 바울이나 설교자 또는 청중 모두가 "마음 속 깊은 곳에서부터" 하나님의 소명에 대한 "깊은 인상"을 받았으며 마음 속의 새 영과 기질 속에서의 온전한 준비와 마음 속 깊은 감정과 열망 등등의 모든 깊은 것들을 반복적으로 듣게 된다. 이 설교자는 청중이 사도 바울의 내면적인 기질을 그대로 자신들의 것으로 모방하기를 기대한다는 것을 다음과 같은 문장에서 분명히 알 수 있다.

> 우리는 사도 바울이 자기 마음에서 준비되어 있었음을 알 수 있습니다. 그의 마음은 준비되었습니다. 그 마음 속에는 간절한 열망과…간절한 소원이 있습니다. 이 열망은 그대로 성취되어야 했습니다.

이 설교에서는 안타깝게도 깊이 있는 심리학이, 구원을 위한 스스로의 준비(a self-preparation)로 제시되며, 내가 스스로 영혼의 위생에 적용해야 할 방편으로 강조되고 있다. 영혼의 위생 상태가 좋을수록, 구원도 더욱 확실하고, 반대의 경우도 마찬가지다.

율법적인 설교의 비극은 그 자체로는 잘못이 없는 것을 문제 삼거나 이것들을 자기 의를 세우는데 사용하곤 한다는 점이다. 예를 들어 신앙이 선행으로 바뀔 수도 있고, 하나님 앞에서 잠잠한 태도가 사람들 앞에서 자기 의를 세우는 원천이 될 수도 있으며, 사람들이 감당해야 할 윤리적인 행동이 인간의 본래적인 잠재력처럼 제시되기도 한다. 때로는 겉으로는 악의가 없이 사소한 말이지만, 율법적인 설교에서는 하나님의 행동과 인간의 행동을 율법적인 방식으로 분리하거나 오직 하나님과 사람 사이의 역동적인 관계 안에서만이 올바로 이해될 수 있다고 주장하곤 한다.

4) 율법주의와 실재

하나님이 사람과 관계를 맺을 때면, 사람이 살고 있는 실재는 급격하게 바뀐다. 왜냐하면 하나님이 언약관계를 계기로 그 실재를 급격하게 바꾸시며 하나님과 새로운 관계를 맺은 사람에 의해서도 변화가 발생하기 때문이다.

그런데 사실상 모든 율법적인 설교에서 주목할 만한 유사성으로서 실재에 대한 일관적인 상실의 문제점을 지적할 수 있는데, 하나님에 의하여 급격하게 변화한 실재를 회피하려 한다는 점에서 당연한 귀결이다. 율법적인 설교는 겉으로 볼 때에는 현재와 실재를 지향하는 것처럼 보인다. 하지만 실상은 그렇지 않다. 왜냐하면 율법적인 설교 안에서는 참다운 변혁적인 힘을 찾아볼 수 없기 때문이다. 율법적인 설교에서는 하나님이 일하시지 않는다. 그래서 이 설교는 실재를 놓치며 비현실적이고 상황에 전혀 무관하다.

하지만 우리가 이 장에서 반복적으로 강조한 바와 같이 설교는 상당히, 그리고 전적으로 실재에 의존한다. 여기에 설교의 구체성과 설교의 실재가 자리하고 있으며, 이런 설교가 지금 여기에서 일하시는 하나님을 제대로 선포한다. 하지만 율법적인 설교는 하나님의 행동을 과거나 미래의 비현실 세계로 옮겨버린다. 이런 설교는 하나님의 임재 앞에서 고유한 사회, 경제, 정치, 교회, 문화, 그리고 성별(gender)의 상황 속에 존재하는 실제 인간을 다루지 않고 추상적이고 무시간적이며 비현실적인 내용들만을 고집한다. 이런 설교는 특히 복음도 올바로 다루지 않는데, 그 이유는 복음은 항상 특정한 대상과 시점, 즉 실재를 변혁하기 위하여 작용하는 카이로스(kairos)를 갖고 있기 때문이다. 개혁주의는 이 점을 특히 강조했다. 즉 설교의 목적은 그리스도 안에 있는 하나님의 구원 행위에 기초하여 사람 속에서 역사하시는 성령 하나님을 통한 구원을 실재에 적용하여 우리 인간을 변혁하는 것이다. 그래서 이 변혁은 결코 사람의 책임이 아니라 청중을 새롭게 창조하며 그분의 말씀의 요청에 순종하도록 이끄시는 하나님의 역사에 달렸다.

하지만 하나님은 이 말씀을 통한 변혁과 갱신의 사역에 사람을 끌어들이신다. 하나님은 사람에게 변혁을 위한 능력을 공급하실 뿐만 아니라 이 변혁이 사람들의 삶 속에 나타나는 방식까지도 베푸신다. 하나님은 사람들을 구원하신 다음에, 그들의 구체적인 삶 속에서 구원을 내면화하는 것과 관련하여 그들 스스로의 자비와 능력에 내맡기지 않으신다. 만일 율법(여기에서의 의미는 삶 속에서 순종해야 할 계명)이 마땅히 복음의 틀 안에서 사람들에게 선포되어야 한다면, 하나님은 이 복음이 구체적으로 사람들의 삶 가운데 실행되도록 하는 최선의 방식도 제공하신다. 그래서 율법은 오직 은혜로운 복음의 필요한 형식이다(Barth 1935:11). 달리 말하자면 성령 안에서 율법은 다시 복음의 형식으로 돌아온다(Van Ruler 1974:526ff).

하지만 율법적인 설교에서는 앞에서 자주 살펴본 바와 같이, 한편으로는 복음을 지나치게 영해하고 또 다른 한편으로 율법을 도덕주의적으로 다룬 바람에, 율법과 복음의 필연적인 관계가 분리되고 말았다. 이 두 가지 과정은 결국 현실 세계에서 유리된 설교, 즉 상황과 무관한 설교(incontextual preaching)를 낳고 말았다.

(1) **복음의 영해**

필자는 세상 현실을 회피하는 무상황 설교(incontextuality)의 수많은 사례 가운데 한 편의 설교로 야고보서 4:13-15을 다음과 같이 묵상한 경우를 소개하고자 한다.

> 시간은 소중합니다. 사업하시는 분에게 한 시간이 값으로 얼마 정도 되겠는지를 한 번 여쭤보시기 바랍니다. 그런데 우리는 시간을 마치 무가치하듯이 낭비합니다. 사실 시간은 미래가 없고 오직 과거뿐입니다. 왜냐하면 우리가 미래의 어느 시점까지 살 수 있다고 결코 보장할 수 없기 때문입니다. 우리는 그저 우리가 살아온 과거를 돌이켜 회고해 볼 뿐입니다. 시간은 마치 마음대로 처분할 수 있는 제품 같습니다. 시간은 한 번 사용하면 다시 사용할 수 없습니다. 그래서 우리는 시간을 지혜롭게 사용해야 합니다. 음식이나 의복, 또는 스포츠나 오락 활동과 같은 일상적인 필요처럼 일시적인 것들을 위해서 시간을 사용해야 하겠지만, 하나님과의 관계나 성경 읽기, 기도, 교회 출석, 다른 사람들을 돕거나 지원해주기, 또는 배우자나 아이들과 친척들과 시간 보내기처럼 영원한 가치를 가진 또 다른 측면을 위해서도 시간을 사용해야 합니다.

이 설교의 결론은 일시적인 것에는 영원한 가치가 없다는 것이다. 제기되는 질문은 그렇다면 왜 그리스도께서 이 시간 속으로 들어오셨는가? 이러한 복음에 대한 영해는 정도의 차이가 있을지 몰라도 사실상 모든 율법적인 설교에서 일관되게 나타난다. 필자는 요한일서 1:18-27에 대한 설교를 소개하고자 한다.

이 설교는 1995년의 남아공이라는 특정한 상황에 부응하는 시의 적절한 주제들을 다루면서 시작한다. 예를 들어 "새로운 남아공"이나 "취임"과 같이 "이 시대에 유행하는 동사인 권력을 부여하기", "아슬아슬한 무기고", "국회회의", "노동조합이나 직원회의", "인권", "남아공 재건개발계획"(RDP), "학교 내의 기독교적인 종교", "새 헌법" 등의 용어들이 이 설교 초반에 다수 언급된다. 하지만 이 설교를 좀 더 자세히 살펴보면, 다른 율법적인 설교에서 특징적으로 발견되는 전형적인 이원론을 그대로 발견할 수 있다. 설교 초반에 이 설교자는 구세주의 권위 대신에 인권을 강조하여 제시하는가 하면, 주님을 향한 헌신이나 영적인 은사를 통한 헌신 대신에 재건개발계획을 부각시킨다(하지만 우리 기독교인에게 필요한 것은 재건개발계획이 아니다). 이 설교자는 설교 내내 새로운 남아공의 실재를 소위 "영적인" 실재와 대비시키고, 모든 에너지를 묵시적인 프레임에 쏟아 부음으로써 더욱 파격적인 대비를 이끌어낸다. 즉 우리는 지금 남아공에서 적그리스도가 권세를 휘두르고 악마가 기승을 부리는 마지막 시대를 살고 있다는 것이다(3장 7. 5) 참고). 이런 상황에 설교자가 제시하는 해결책은 다음과 같이 간단하다. 즉 우리는 우리가 직면한 도전들과 우리를 둘러싼 구체적인 실재로부터 우리를 건져내 줄 오순절의 표준을 다시 획득해야 한다는 것이다. 더 잘 조사해보면 율법적인 설교는 어떤 식으로든 항상 지나치게 간단한 해결책을 제시한다. A를 실천하고 그 다음에 B를 실천하라는 식이다. 하지만 만일 이런 간단한 해결책이 청중의 상황에서 제대로 작동하지 않으면 청중은 울적해지거나 절망에 빠질 수밖에 없다.

지나치게 단순한 해결책은 실재의 복잡성을 제대로 다루지 못하고 기껏해야 복음에 담긴 "영적인 것들"을 제시하는 활주로처럼 제시될 뿐이다. 율법적인 설교에서 빈번하게 발견되는 또 다른 약점은 설교 서론에서는 청중이 당면한 이슈들을 다루기는 하지만 무대 전면에 영적인 복음을 배치하기 위한 일종의 무대 장식처럼 사용될 뿐이다. 그래서 정작 중요한 이슈가 만족스러울 정도로 지혜롭게 다뤄지지도 않고 복음의 변혁하는 능력에 대한 약속과 연결되지도 않고 그저 영적인 것의 반대편에 있는 문제점 정도로 비춰질 뿐이다. 내가 보기에 이런 설교는 실패한 현실화(failed actualization)에 불과하다.

앞서 언급한 바와 같이 상당히 많은 설교들이 남아공의 당면한 이슈들을 다루고 있다. 하지만 이런 설교를 분석해 본 결과 분명히 드러난 경향 하나가 있다. 즉 설교의 서론에서는 남아공의 부정적인 상황들이 일종의 불평 사항들의 목록처럼 소개되지만, 그 다음에는 이런 불평 사항들은, 청중이 종교적인 규정들을 이행하여 남아공 현실을 개선하는데 별다른 희망도 불어 넣어 주지 못하는 내면화된 종교로 들어가는 도약대의 역할에 머무를 뿐이라는 것이다. 그래서 고린도후서 4:8, 9, 17-18에 관한 설교에서처럼 서론에서 소개되는 불평 사항들의 목록은 결국 설교의 결론부에서는 청중이 실천해야 하는 도덕적인 활동 목록으로 다시 등장한다.

> 많은 사람들은 우리나라에서 만일 또 다른 정당이 권력을 잡으면 일종의 유토피아를 경험할 수 있을 것이고 모든 것이 좋아질 것이라고 생각합니다. 하지만 우리가 재빨리 깨달은 것은 또 다른 정당이 해답일 수 없다는 것입니다. 요

즘 우리는 매일 다음 소식들을 듣고 삽니다.

- 성폭행
- 경찰관 살해
- 폭력
- 자동차 탈취
- 강도

그렇다면 떠오르는 질문은 그 다음에는 도대체 무엇입니까? 하지만 사도 바울은 이 모든 고난에 어떻게 대처했습니까? 사도 바울은 말씀합니다. 나는 결코 희망을 포기하지 않았다. 이것이 바로 오늘 아침에 여러분이 집에 갈 때 명심하고 가시기를 바라는 메시지입니다. 결코 희망을 포기하지 마십시오. 하나님이 이 모든 것을 다스리고 계십니다. 약간의 억압은 순간에 불과합니다. 이 또한 지나갈 것입니다. 하나님은 우리를 위하여 영원한 축복을 예비하고 계십니다.

그 다음에 희망을 잃지 않도록 우리가 실천해야 하는 것들의 목록이 다음과 같이 제시된다.

- 사탄과의 영적인 싸움을 감당하십시오.
- 기도생활, 하나님과의 관계, 그리고 여러분의 전신갑주를 입고서 여러분 자신을 영적으로 강하게 하십시오.
- 교회에 정기적으로 출석하십시오.

이런 방법이 과연 성폭행과 경찰관 살해, 폭력, 자동차 탈취, 그리고 강도의 문제를 해결하는(유일한) 방법인가? 이런 방법이 과연 복음이 말하고자 하는 진정한 의미인가? 그리고 이 모든 것들을 과연 "내면적으로 그리고 영적으로" 해석해야만 하는 것들인가? 오늘날 남아공의 상황이 진정으로 "시대의 표지"인가, 그리고 어떤 의미에서 우리가 만일 그리스도의 재림(과 영원한 축복)을 영적으로 준비해야 한다면 그렇게 인정해야 하는 "시대의 표지들"인가? 필자는 동의할 수 없다.

남아공의 문제에 대한 율법적인 내면화 설교에 종종 동반되는 문제점은 성경 본문의 윤리적인 차원을 너무 협소하게 좁히는 것이다. 이런 설교자들은 본문에 내포된 깜짝 놀랄만한 가능성을 애써 외면해 버린다. 예를 들어 "자녀들아 우리가 말과 혀로만 사랑하지 말고 행함과 진실함으로 하자"라는 요한일서 3:18에 관한 설교에서 우리는 사랑의 행동의 차원이 설교의 논리적인 주제가 될 것이라고 예상할 수 있다. 하지만 이 설교자는 오히려 다음과 같은 요지로 용서의 문제에 집중하는 편을 더 선호한다.

> 진정한 용서의 행위보다 더 완벽하게 사랑을 증명할 수 있는 행동은 어디에도 없다.

물론 용서는 중요하고 성경적으로도 부정할 수 없다. 하지만 과연 이 주제가 이 본문이 일차적으로 다루려는 주제인가? 이 본문의 전후 맥락은 세상의 재물을 가지고 다른 사람들을 구체적으로 섬겨야 한다는 내용을 다루고 있지 않은가?(요일 3:11-17절 참고). 하지만 이 설교자는 본문의 윤리적인 함의를 놓치고는 "나는 과연 내 마음에 흡족할 정도로 충분히 용서했는가?"라는 질문을 청중 스스로에게 던져보도록 촉구하고 있다.

이렇게 율법적인 설교가 성경 본문의 가능한 의미를 애써 무시하는 사례는 오병이어의 기적(마 14:13-21)에 관한 다음의 설교에서도 분명히 나타난다. 이 설교자는 본문에서 "그것을 내게 가져오라"(18절)는 한 구절을 인용한 다음에 오병이어의 기적 사건을 개인적인 회심에 관한 법칙으로 뒤바꾼다. 다음의 문장들이 이 본문에 대한 율법적인 접근을 강조하고 있는 전형적인 사례이다.

> 만일 너희가 너희의 생명을 나(주님)에게 무조건 바칠 준비가 되었다면, 나(예수)는 너희를 위해서 참으로 놀라운 것을 행할 준비가 되어 있다.

이 설교자는 오병이어의 기적을 통해서 굶주린 사람들이 배불리 먹음으로써 어떻게 하나님 나라가 이 세상 속에 동터오는 것을 보여주는 하나의 표지로 작용하고 있음을 제대로 이해하지 못하고 있다. 또 이 설교자는 이 본문으로부터 교회가 이 세상에서 하나님 나라의 표지를 세우도록 부름 받은 소명도 찾아내지 못하고 있다. 그는 다만 이런 본래적인 의미를 무시하고, "그것을 내게 가져오라"고 설교 내내 반복적으로 메아리치는 후렴구와 같은 수사적인 모토를 가미하여 성공을 위한 개인적인 처방으로 바꾸어버렸다.

> 하나님은 자신의 참 자녀들이 조롱당하는 것을 허락하지 않습니다.
> 오늘 하나님은 여러분의 필요를 채워주기를 원하십니다.
> 아마도 여러분의 재정상태가 아주 형편없을 것입니다.

아마도 여러분의 부부관계가 아주 불안정할 것입니다.
아마도 여러분의 사업이 계속 부진할 것입니다.
아마도 여러분의 가족관계가 매우 위험할 것입니다.
이 모든 것을 가지고 예수님께로 가십시오.

앞(5장 8.)에서 언급한 바와 같이, 이런 율법적인 설교에서는 개혁주의의 기본적인 출발점이자 간절한 호소인 모든 인생과 이 땅의 모든 것을 거룩하게 하라는 외침이 철저히 무너지고 만다. 또 이런 설교는 세상을 변혁시키는 복음의 능력으로서의 복음의 온전한 범위가 철저히 위축되고 만다.

앞에서도 언급했듯이, 대부분의 율법적인 설교는 청중의 자연스런 삶과 세상을 외면할 뿐만 아니라 청중의 매일 일상적인 실재를 이루는 중요한 요소들 역시 외면한다. 게다가 이런 실재들은 오직 한 길, 즉 "한 사람의 선교사가 되라"는 식의 아주 협소하고 비범한 명령문을 통해서만이 접근 가능하다. 또 이런 설교는 다음과 같은 식상한 표현을 동원하여 세상으로 나아가서 "우리가 활동하는 곳에서 학교와 대학교에서 우리가 일하는 직장에서 거리에서 그리고 가정에서" 복음을 증언하라고 반복적으로 충고한다.

밖으로 나가서 "예수 그리스도는 살아계시다"고 최대한 크게 외치며 기뻐하십시오.

이런 식의 상투적인 표현은 모든 것을 말하지만 거꾸로 아무것도 말해주지 못한다. 이렇게 상투적인 표현들은 먹이를 너무 높이 치켜드는 바람에 결국은 아무도 먹지 못하고 아무도 실천하지 못하는 율법을 만들어서 결국 매 주일 청중을 절망에 빠뜨린다. 또 이런 설교에서는 신자들이 살아내야 하는 매일의 일상생활과 세속적인 실존이 전혀 구체적인 방식으로 다뤄지지 않는다. (이미 앞서 언급한 바와 같이) 대부분의 율법적인 설교에서는 인간의 참다운 실재가 제대로 다뤄지지 않는다는 점에서, 인간 정신의 내면적인 존재를 향한 설교학적인 움직임은 도리어 보복을 당하여 사실상 청중에게서 외면당한다. 심지어 대중적인 미디어를 통해서 부각되는 가장 기본적인 사건들조차도 이런 설교에서는 철저하게 외면된다. 그래서 청중은 - 반복적으로 그러나 아무런 효과도 가져오지 못한 채 - 그저 평범한 일상을 무시할 뿐만 아니라 "교회의 종교적인 봉사활동"의 한계 안에서만 용납되는 일종의 선교적인 활동들만을 실천하도록 집중적으로 요청받는다. 또 이런 설교에서는 다양한 은사나 또는 다양한 소명들 같은 것도 전혀 고려의 대상이 되지 못한다. 이런 설교에서 청중은 그저 과도한 부담을 떠맡는데, 그 이유는 목회자가 자신만의 고유한 종교적인 영역의 경험에서 얻은 독특한 이미지의 틀대로 청중을 빚어 내려하기 때문이 아닐까? 하지만 우리는 결코 보잘 것 없는 (또는 위대한) 목회자로 부름 받지도 않았고, 또 자신과 똑같은 강단의 복제품을 만들어내도록 부름 받은 것도 아니다. 율법적인 설교의 근본적인 문제점은 매일의 삶을 심각하게 멸시하거나 또는 매일의 삶은 아주 악하고 전혀 바뀔 가능성이 없어서 하나님이 이곳을 "아름답게 만드셨다"는 사실을 원리적으로는 의심할 수밖에 없을 정도로 평범하게 바라보는 유형의 증인들에게 호소한다는 것이다(Bohren). 이렇게 왜곡된 계명들에 관한 설교의 결과로, 건강한 창조 윤리는 실재와 전혀 다른 처방을 제시하는 일방적인 구속 윤리 때문에 쫓겨나고 만다. 하지만 진정한 십자가의 구속은 처방이 제대로 효력을 발휘하지 못하는 실재 속에서도 굳건히 십자가를 감당하도록 우리를 인도한다. 이런 사실은 새로운 실재를 위하여 현 실재와의 충돌이 불가피함을 암시하며, 이 충돌은 반복적으로 이전과 다른 형태를 취하여 이를 통해서 하나님은 반복적으로 복음의 약속을 새롭게 드러내신다.

(2) 거짓된 모순

여기에서 특별한 관심을 기울일 필요가 있으며 영해된 복음(spiritualized Gospel)을 선포하여 야기되는 하나님 앞의 실재로부터의 분리를 가장 잘 보여주는 또 다른 수사적인 기교는 바로 거짓된 모순을 사용하는 것이다.

만일 설교자가 "각각의 영혼은 하늘의 잠재적인 거주민으로 간주되어야 한다"고 주장한다면 그 설교자가 선포하는 메시지는 복음이 아니라 플라톤의 철학이다. 무엇보다도 복음은 우리를 영혼이나 천사가 아니라 참다운 사람으로 바꾼다. 하지만 이러한 거짓된 모순은 사람들을 실재 세계로부터 소외시켜서 오늘날 많은 사람들이 복음은 실현 가능성이 전혀 없거나 다른 행성이나 다른 시대를 위하여 기록됐을 것이라고 생각하기 시작한다.

다음과 같은 문장에서도 거짓된 모순의 실체가 분명히 드러난다.

> 주님의 자녀들은 얼굴에 항상 미소를 띠며 걷습니다. 주님의 자녀들은 항상 기뻐해야 합니다. 왜냐하면 이들은 모든 은사들 중에서 최고의 은사를 받았기 때문입니다…주님의 자녀들의 얼굴에는 항상 웃음과 찬송이 넘쳐나야 합니다. 왜냐하면 우리는 자유를 얻었고 우리는 이 세상의 죄악으로부터 구속받은 사람들이기 때문입니다. 그래서 우리는 항상 기뻐하며 즐거워할 수밖에 없습니다. 우리는 노래해야 합니다.

마지막의 "해야 합니다"는 직설법인가 아니면 명령법인가?

청중에게 비인간적인 표준을 제시하는 명령법은 신앙의 본질에 관한 성경의 증언 중에서 상당 부분을 외면하는 것이다. 시편 중에서 애가를 한 번 생각해보라. 다윗이나 사도 바울은 그렇게 항상 미소를 지으면서 살 수는 없었다. 우리도 마찬가지이다. 그런 요구는 비현실적이고 비성경적이며, 그래서 실현 가능하지도 않다.

사례 설교문 3

교회가 무릎 꿇을 수 있는가?(요 13:1-17)
주여 주께서 내 발을 씻으시나이까?(요 13:6)

∎∎∎

　　로마 가톨릭의 포시(Pausch)라고 이름하는 어떤 신부가 죽을 때까지 결코 잊을 수 없는 예배에 참석한 적이 있었습니다. 이 예배가 진행되는 교회에는 인접한 대수도원 소속의 어린 소년들이 함께 성만찬에 참석했습니다. 로마 가톨릭교회에서 늘 그러하듯이, 그 주일에는 성만찬에 참여할 준비를 하기 위하여 세족식을 거행하고 있었습니다. 예배를 인도하던 포시 신부는 소년들을 앞으로 불러내어 제단 앞 계단에 앉도록 했습니다. 한 손에는 작은 물 대야를 들고 또 다른 손에는 수건을 들고서 한쪽 끝에서부터 한 사람씩 소년들의 발을 씻기 시작했습니다. 마지막에 앉은 작은 소년 차례가 왔을 때 신부는 이 소년이 아직도 양말을 벗지 않고 있음을 알고서 깜짝 놀랐습니다. 포시 신부가 무슨 말을 꺼내기도 전에 이 소년이 먼저 다급하게 속삭였습니다.

　　"신부님! 제 양말이 너무 더럽습니다. 하지만 이 양말도 같
　　이 씻어주시기 바랍니다."

포시 신부는 마음 속으로 이 소년을 차별할 때가 아니라고 생각했습니다. 왜냐하면 그는 더러운 양말 때문에 세족식 자체를 거부할 타입이 아니기 때문입니다. 그래서 그 신부는 대야 속에서 그 발과 함께 양말을 그대로 정성스럽게 씻어주었습니다. 세족식이 끝나자 젖은 양말을 그대로 신고 있는 소년을 제외하고 모든 소년들이 자기 자리로 돌아갔습니다. 그런데 이 소년만은 교회 바닥에 젖은 발자국을 남기고서 뒷문으로 빠져나갔습니다.

예배가 끝난 다음에 포시 신부는 이 소년을 찾아보았고 한참 후에야 자기 방에서 젖은 양말을 그대로 신고서 침대에 움츠리고 누워서 억제할 수 없이 흐느껴 울고 있는 그를 발견했습니다. 포시 신부는 젖은 양말을 벗기고 그의 발을 말려 주면서 무슨 일 때문인지를 물어 보았습니다. 그러자 이 소년이 계속 흐느끼면서 이렇게 대답합니다.

"신부님! 저는 항상 세족식에서 발 씻는 물을 두려워했습니다. 왜냐하면 저는 하나님의 은혜가 두렵고 하나님 그분을 두려워했기 때문입니다. 저는 그분이 내 몸 가까이 다가오는 것을 절대로 원하지도 않았고 내 피부 위로 기어가는 것 같은 느낌도 감당할 수 없었습니다. 그래서 나는 세족식 때 양말을 신고 있으면 물이랑 하나님이 나에게 다가오는 것을 막아줄 수 있을 것으로 생각했습니다. 하지만 오늘 그런 일이 일어나지 않았습니다. 신부님이 오늘 제 발을 씻어주실 때 물이 저에게 닿았는데, 거기에는 너무나도 깊은 뜻이 있었고 너무나도 기쁘고 너무나도 자유롭습니다. 나는 지금 울고 있지만 너무 기뻐서 우는 것입니다. 왜냐하면 신부님도 아시듯이 제가 허리를 굽혀서 제 발을 씻고 있는 신부님을 보았을 때 저의 영안이 밝아져 허리를 굽히고 제 발을 씻고 계시는 우리 주 예수님도 함께 보았습니다. 나처럼 무가치한 죄인의 발을 예수님께서 씻어주신 것입니다. 하나님 감사합니다. 저의 연약한 고집으로는 그분을 막을 수 없었습니다."

보십시오. 지금은 로마 가톨릭에 속한 젊은이든 혹은 건장한 개혁파 교회 교부든 우리 모두는 이 소년처럼 마치 붙박이 장치처럼 우리 마음 속에는 주님을 우리 몸에서 멀찍이 떨어뜨리고 싶은 성향을 가지고 있습니다. 우리는 하나님에게서 등을 돌립니다. 우리는 하나님 앞에서 연막을 치고 벽을 세우고 양말을 신습니다…. 사실 이것이 바로 이 세상의 가치 체계가 우리에게 지시하는 것입니다. 통제 상태를 유지하고 조절하고 관리하는 것입니다. 그 누구도 여러분에게 너무 가까이 접근하는 것을 허락하지 않습니다. 이 세상에서는 너무나 예민하고 깨지기 쉽고 깨진 사람들을 수용할 자리는 없습니다. 여러분은 그 누구도 필요 없습니다. 여러분은 고독한 섬입니다. 혼자이지만 또 강합니다. 여러분은 허약한 의존자가 아니라 깨질 수 없는 바위입니다. 여러분은 그 누구라도 여러분의 발을 씻는 것을 허락하지 않습니다. 심지어 다른 사람들의 발을 씻어줄 가능성은 더 더욱 생각할 수 없습니다.

우리가 그런 생각을 처음 한 것은 아닙니다. 시몬 베드로의 다음과 같은 질문과 반응은 아주 전형적으로 인간적입니다.

주여! 주께서 내 발을 씻으시나이까?…아닙니다. 내 발을 절대로 씻지 못하시리이다(6, 8절).

베드로의 말은 나름대로 타당해 보입니다. 이 말 속에는 아마도 주님에 대한 대단한 존경심이 깔려 있습니다. 베드로가 주목한 것은 발을 씻어 주는 것에 무슨 문제가 있기 때문이 아닙니다. 이것은 당시의 일반적인 관습이었습니다. 앞뒤가 트인 샌들을 신고 먼지가 많은 길을 여행하는 사람들은 먼지가 많이 묻은 발로 현관문을 넘어 거실로 들어왔습니다. 그래서 인심 좋은 주인이라면 발 씻을 물을 준비해주는 것은 당연합니다. 하지만 더러운 발을 씻는 일은 당시로서는 가장 비천한 계층이랄 수 있는 이방 노예들이나 하는 일입니다.

그런데 예수님이라니요? 그분은 온 나라를 여행하면서 마귀들에게와 병자와 심지어 죽은 사람에게까지 하나님의 전능성을 나타내 보인 분이 아닙니까? 군중들은 그의 가르침을 들으려고 몰려들었습니다. 그분이 입을 열어 단 한 마디라도 말씀하시면 거친 폭풍우도 잠잠해지고 절름발이 병자들이 걷기 시작하고, 소경이 눈을 뜨며 죽은 자가 다시 살아났습니다. 이 분이 예루살렘으로 들어가자 어린이이들이 그분 앞에서 이렇게 외쳤습니다.

> 호산나 다윗의 자손이여 찬송하리로다 주의 이름으로 오시는 이여 가장 높은 곳에서 호산나 (마 21:9; 요 12:13 참고).

"주님이 제 발을 씻어주시겠다고요?"

베드로의 질문은 우리 모두가 주님과 교회에 대하여 갖고 있는 기본적인 오해가 무엇인지를 보여줍니다. 우리는 영광과 노예상태가 서로 반대라고 믿고 왕권과 노예가 서로를 배척한다고 생각합니다. 사실 우리는 더 많이 섬길수록 영광은 더욱 줄어든다고 주장합니다. 더 많이 섬길수록 왕권도 더 줄어든다고 생각합니다. 그렇다면 우리는 아직도 예수님의 이상한 영광을 제대로 이해하지 못하는 것입니다. 예수님의 영광은 겸손한 영광이고 영광스러운 겸비입니다. 이것을 모른다면 우리는 다음과 같은 복음의 핵심을 아직 이해하지 못하는 것입니다.

> 인자가 온 것은 섬김을 받으려 함이 아니라 도리어 섬기
> 려 하고 자기 목숨을 많은 사람의 대속물로 주려 함이니라
> (막 10:45).

이 놀라운 역설이 마치 황금실처럼 신약성경 전체를 관통하고 있으며 특히 요한복음 13장을 관통하고 있습니다. 여기에서 예수님은 11회 이상 주님으로나 선생님 혹은 인자로 불려지고 있습니다. 주님(Lord)에 해당하는 헬라어 큐리오스(Kurios)는 권력자의 이름으로나 또는 전능한 하나님에 대한 표현으로 사용됩니다. 선생님(teacher)은 그 사회에서 매우 존경을 받는 사람을 가리킵니다. 인자는 구약에서 메시아로서의 예수와 그의 영원한 주권과 모든 열방에 대한 왕권에 대한 존경을 담은 용어입니다. 하지만 요한복음 13장에서는 이런 주님과 이런 선생님, 그리고 이런 모습의 인자를 어디에서 찾을 수 있습니까? 그 대신 우리 앞에는 조그만 대야와 작은 수건을 손에 들고서 무릎 꿇은 종의 모습을 한 주님이 서 계십니다. 앞치마를 두른 임금님이 서 계십니다.

마르티누스(Martinus)라 이름 하는 주교가 어느 날 밤에 꿈을 꾸었습니다. 환하게 빛나는 한 인물이 그에게 다가오는데 꿈속에서도 이 인물이 너무나도 밝게 빛나서 마르티누스 주교는 그를 제대로 쳐다볼 수조차 없었습니다. 그 인물이 이렇게 말합니다.

"나는 그리스도다. 그간 너의 헌신의 수고에 보답하고자 왔노라."

그러자 마르티누스 주교는 이렇게 물었습니다.

"그렇다면 손과 발에 못자국은 어디에 있습니까?"

그러자 이 인물이 이렇게 대답합니다.

"나에게는 그런 흔적이 없다. 나는 전부 다 영광스럽다."

그러자 마르티누스 주교는 이렇게 단호히 대답합니다.

"사탄아 나에게서 떠나가라. 내가 섬기는 그리스도는 십자가에 못 박히신 분이다."

그러자 사탄이 그에게서 떠나갔습니다.

이 세상은 우리에게 여러 종류의 그리스도를 제시합니다. 상처도 없고 자국도 없고 부서지지 않은 그리스도입니다. 하지만 그들은 우리를 구원하지 못합니다. 오직 한 분, 십자가에 못 박히신 분만 구원할 수 있습니다. 다만 종이 되신 주님 그리고 주님으로서 종이 되신 분은 오직 한 분 뿐이십니다. 오직 그분만이 우리를 자유케 하여 참으로 우리 동료들을 섬길 수 있게 하십니다. 왜냐하면 교회는 바로 여러분과 저이기 때문입니다. 그 발을 씻김 받은 사람만이 또 다른 사람들의 발을 씻어줄 수 있습니다. 바로 여기에 교회의 기본적인 이미지가 자리하고 있습니다. 그렇습니다. 이것이 교회를 점검하는 기본적인 테스트입니다.

> 내가 주와 또는 선생이 되어 너희 발을 씻었으니 너희도 서로 발을 씻어 주는 것이 옳으니라 내가 너희에게 행한 것 같이 너희도 행하게 하려 하여 본을 보였노라(14-15절).

그래서 가장 우선시 되는 질문은 우리의 조직이 얼마나 인상적이고 우리의 구조가 얼마나 제 기능을 잘 감당하고 우리의 신앙고백이 얼마나 확고하게 정리되었고 우리의 신학 이론이 얼마나 정통에 가까운가 하는 것이 아닙니다. 핵심적인 질문은, 우리가 하나님 앞에 무릎 꿇을 수 있는가? 동시에 우리 동료들 앞에 무릎 꿇을 수 있는가? 그리고 발이 더러운 사람들에게 무릎 꿇을 수 있는가?

저는 이것을 믿습니다. 다가올 미래에 남아공의 교회를 위한 시금석은 우리가 우리 동료들을 섬길 수 있는가, 문자적으로 민중들의 삶의 차원에서 우리 주님처럼 봉사자로 발을 씻는 사람으로 그분의 뒤를 따라서 우리 동료들을 섬길 수 있는가? 아니면 우리가 단순히 주님의 말씀만 듣는 사람으로서 혹은 심지어 말하는 사람으로서만 따르는가에 달렸습니다.

조심히 살펴보십시오. 누군가가 이제 여러분의 발 밑에 무릎을 꿇고 있습니다. 그분은 머리에 주님의 왕관을 쓰고 있습니다. 하지만 그 손에는 종이 사용하는 작은 대야를 들고 있습니다.

아! 만일 우리가 젖은 양말을 신은 그분을 외면해버린다면 어떻게 될까요?(Cilliers 1996)

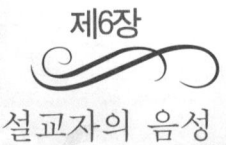

제6장
설교자의 음성

이번 장에서는 다음 몇 가지 관점에서 설교 준비 과정에서 설교자의 역할에 관하여 살펴볼 것이다.

- 설교자의 인격과 영성
- 창조적이며 상상력이 풍부한 설교의 도전
- 설교에서 잘못된 (도덕주의) 설교자의 역할을 보여주는 사례 설교문

1. 설교의 비밀: 성숙해지기

> 복음은 기록될 것이 아니라 선포되어야 한다…교회는 펜의 집(a pen-house)이 아니라 입의 집(a mouth-house)이다.

루터는 이 선언을 통해서 설교가 그 자체로 독특한 구술적인 직접성과 긴급성을 갖고 있다는 사실을 특별히 강조했다. 말하자면 설교는 특정한 시간과 장소에서 인격 대 인격 사이의 사건이라는 것이다(Meuser 1969:19, 30 참고). 하나님의 말씀은 무엇보다도 선포된 말씀이고 행위적인 사건이며 진정 다바르(창조하는 사건, *dabar*)이다. 이 점을 잘 이해하지 못하고 고려하지 못하는 설교는 하나님의 말씀의 본질을 망각한 것이다.

이런 경우를 상상해보자. 어떤 설교자가 한 주 내내 성경 본문과 씨름한 끝에 설교를 겨우 준비했는데, 주일 예배 직전에 갑자기 병이 나고 말았다. 이 설교자는 할 수 없이 종이에 기록된 설교문을 회중에게 회람해서 각각의 신자들이 그 설교문을 조용히 읽어보거나 아니면 어떤 대리인이 설교자를 대신하여 설교문을 읽어주도록 할 수 있다. 그런 모조 연기(또는 대리적인 수행)는 정치계에서나 그 밖의 다른 미팅에서 그다지 낯선 풍경은 아니다. 이런 방식은 어떤 경우에는 나름대로 의미가 있겠지만, 기독교 예배에서는 모조 연기가 본래의 수행자를 대신할 수 없다. 음성의 부재, 즉 한 설교자의 인격의 부재는 인격으로서의 설교의 본질에 해를 가져오고, 결국 인격적인 표현과 하나님의 음성의 해설로서의 설교의 본질을 침해한다.

그래서 설교자는 자기 목소리가 녹음된 설교 테이프나 설교 영상이 녹화된 녹화 테입을 보내거나 전화나 위성영상을 통해서 소통하는 편을 선택한다. 앞으로 어쩌면 설교자들은 3차원 홀로그램 영상을 통해서 자신이 필요한 곳에서 설교할 날이 올지도 모른다. 이런 방식은 나름대로 좋아 보이지만 설교의 본질에 해당되는 어떤 것이 누락됐다. 즉 예배 시간에 하나님의 임재 앞에 함께 모인 예배 시간의 특정한 시간과 장소에 설교자와 회중이 함께 만날 때 이뤄지는 살아 생생한 소통과 그 속에서의 회중과의 인격적이고 역동적인 시각적 접촉이 빠졌다. 그래서 복음은 사람의 입을 통해서 설교로 선포되어야 한다(Wilson 1995:47 참고).

2. 위대한 나(하나님)를 섬기는 작은 나(설교자)

설교자의 음성은 설교단에서 들려오는 중요한 음성인데, 필자가 여기에서 언급하는 음성은 설교자의 신체적인 목소리 뿐만 아니라 그 설교자의 모든 인간성, 즉 한 인격체로서의 현존성을 의미한다. 이러한 설교자의 물리적인 실재는 결코 무시될 수 없다. 설교단을 점령한 사람은 살과 피를 가진 인격체로서 하나님을 만나서 함께 동행해 온 독특한 경험과 역사, 그리고 이야기를 가지고 있는 사람이다. 그래서 설교자가 설교단에서 자신 이외의 다른 사람이 되고자 한다면 설교 그 자체도 본래 의도했던 것과 전혀 다른 결과물로 나타날 수 밖에 없다. 설교단은 수사학적인 거장이나 겸손한 메신저(전달자), 혹은 매혹적인 이야기꾼의 자리가 아니라, 말 그대로 하나님 앞에(coram Deo) 존재하는 한 사람 그 자체이다. 아마도 설교단에는 고유한 피조물이 아니라 수많은 복제품들이 존재할 수 있다. 설교단 위에는 한 사람을 고유한 설교자로 변화시키지 못하는 수많은 모방된 매너리즘들이 득실댈 수 있다. 모든 설교자들이 명심해야 할 것은, 모든 새는 각기 저마다 타고난 노래를 불러야 한다는 것이다. 만일 자신의 고유한 노래를 버리고 다른 방식으로 노래 부르려고 한다면 결국 거짓을 행하는 것이다. 이것이 어디 새의 노래에만 해당되겠는가!

이 점에서 설교에는 항상 긴장이 있기 마련이다. 설교에서 설교자는 결코 전면에 나설 수 없고 설교 사건의 드라마에서 결코 주인공이 될 수 없고 딩거만(Dingemann)이 저술한 책의 제목 『경청하는 사람들 가운데 경청하는 자로서』(Als hoorder onder die hoorders)에서도 밝히고 있듯이 설교자는 다만 회중과 함께 하나님이 말씀하신 음성에 귀 기울여 경청하는 사람이다. 하지만 회중 앞에 선 설교자는 단순히 기계적으로 녹음된 음성을 청중의 귀에 들리도록 전달하는 녹음 테이프 레코더가 아니라, 회중에 대한 지식과, 신학적인 통찰, 자신의 고유한 개성, 한계, 그리고 잠재력을 가진 고유한 인격체이다. 그래서 설교에서는 설교자의 인간성이 그 자체로 진리를 구현한다. "진정한 설교자는 자신의 전달 방식을 통해서 회중에게 선포되는 복음을 살아 생생하게 회중 앞에 구현하는 사람이다"(Ward 1992:129). 또 우리는 필립 브룩스(Philips Brooks 1964:5)의 다음과 같은 고전적인 설교의 정의를 떠올려볼 수 있다.

설교는 인격을 통한 하나님의 진리의 소통이다.

이러한 설교의 긴장을 또 다음과 같이 묘사해 볼 수도 있다.

겸손과 권위가 한 사람의 설교자를 특징짓는다.

한편으로 설교자의 심각한 유혹 중의 하나는 설교 사건에서 자신의 역할을 과대평가하여 강단에서 지나치게 설교적인 연출가가 되려고 하는 것이다. 설교를 해 본 사람이라면 설교를 통하여 유명해지고 싶은 유혹을 잘 알 것이다. 루터도 이런 문제와 투쟁하였고 다음과 같이 결론을 내리고 있다.

> 만일 자신은 학식이 많고 최고의 경지에 도달했다고 생각하거나 보잘 것 없는 책들에 대해서, 그리고 가르침과 저술에 대하여 자부심을 느끼거나 설교를 아주 탁월하게 전했다고 생각하거나 사람들이 다른 사람들 앞에서 당신을 칭찬하는 것에 매우 만족하거나, 반대로 칭찬하지 않기 때문에 실망에 빠져서 희망을 포기해 버리려고 하거나, 이런 사고를 가지고 있다면, 내 친구여 네 귀를 한 번 붙잡아봐라. 그리고 네 귀를 잘 붙잡았다면, 길고 거친 당나귀 귀도 붙잡을 수 있을 것이다. 아니면 좀 더 수고를 해서 네 자신을 황금 종으로 치장을 해서 네가 어디를 가서 무슨 말을 하든지 사람들이 네 말을 듣고는, 존경의 마음을 담아서 손가락으로 당신을 가리키면서 "여기를 보세요. 이렇게 탁월한 책들을 저술하고 저렇게 탁월한 설교를 전한 놀라운 사람을 보세요"라고 외칠 것이다. 그러면 당신은 결국 주님의 축복을 모두 놓치고 말 것이다. 하나님은 교만한 자를 대적하시지만 겸손한 자에게는 은혜를 베푸신다(Meuser 1983:65 참고).

설교는 무엇보다도 위대한 나(the great I, 하나님)와 작은 나(the small I)를 다루는 일이다. 모든 설교는 하나님이란 위대한 나에 의존한다. 왜냐하면 스스로 존재하시는 분(출 3:14)이 "나는 생명의 양식"(요 6:35)이며, "나는 세상의 빛"(요 8:12)이요, "나는 선한 목자"(요

10:14)이고, "나는 참 포도나무"(요 15:1)의 말씀으로 인도하시기 때문이다. 모든 설교는 매번의 설교를 통해서 반복적으로 말씀하시며 자신을 드러내시는 하나님의 위대한 나에 의존한다. 이런 의미에서 각각의 설교는 위대한 나의 역사와 미래의 일부분이 되는 것이며, 그렇지 않다면 그것은 설교가 아니다. 설교에서 작은 나인 설교자는 위대한 나인 하나님께 봉사한다. 강단에서 작은 나는 그것을 인식하든 그렇지 못하든 관계없이 설교의 일부분이고 메시지의 일부분이다.

그런데 실상은 작은 내가 설교에서 위대한 나와 협력하지 않고 오히려 경쟁한다. 즉 작은 나는 위대한 나(하나님) 위에 긴 그림자를 드리우며 그분의 임재를 모호하게 만들려고 한다. 또 때로는 설교자는 의식적으로나 무의식적으로 작은 나가 위대한 나와 맺은 관계를 설교의 첫째 문장을 통해서 과시적으로 선포하기도 한다. 그리고 설교자의 신학이나 또는 그런 신학의 부재가 이미 설교의 첫 번째 문장에서부터 집중적으로 등장할 때도 있다. 때로는 설교자의 역할 때문에 설교 초반부터 복음의 종소리가 이미 울리거나, 반대로 회중에 대한 율법적이고 도덕적인 영향을 미치는 율법이 부각되는 경우도 있다. 그래서 설교에서는 작은 내가 더욱 작아질수록 위대한 나는 더욱 강해지며 그 반대 현상도 발생한다(요 3:30; Bohren 1988:98-107 참고).

다른 모든 신자들과 마찬가지로 설교자 역시 매일 지속적으로 자신의 허영심으로부터 떠나는 회개가 필요하다. 모든 설교자들이 명심할 점은, 나의 성공이 꼭 복음의 성공과 동의어는 아니란 사실이다. 그래서 설교자들이 경계해야 할 위험은, 자신의 직임이나 신학적인 지식, 또는 사역에서의 성공을 진정한 회개를 대신할 대용품으로 쉽게 만족해 버릴 수 있으며, 그렇게 외형적인 것들에 익숙해지고 영적인 본질에 둔감해져서 결국 설교 사역을 자꾸만 기능적으로 처리할 수 있다는 것이다. 우리 설교자들은 자신에 대한 정확한 지식을 얻는 대신에 자신의 죄악을 합리화할 수 있다. 또 자기 부정과 자기 인식 사이의 훌륭한 균형을 오해하여 결국 설교하면서도 자신도 모르는 사이에 하나님과 회중으로부터 배척당할 수도 있다(고전 9:27 참고).

그러나 설교자가 되는 것은 성숙한 겸손의 경지에 도달하여 신학적으로 성숙해지는 것이다. 이러한 성숙은 마치 회심처럼 지속적인 과정이며 신학적인 분별력과 지혜를 더욱 강화시켜가는 과정이다. 그러므로 설교자들은 결코 자신의 신학적인 훈련을 이 땅에서 완료할 수 없고 오히려 삶의 과정 속에서 지속적으로 지혜 속에서 매일 계속 자라가야 한다. 그래서 목회자로서 질문해야 할 가장 중요한 질문은, "당신은 과연 지혜로운가?"하는 것이다. 그리고 이 질문과 함께 동반하여 물어볼 중요한 질문은, "당신은 진정 신학자인가?"하는 것이다. 만일 설교자가 종종 그러하듯이 "나는 진정 신학자는 아닙니다"라고 대답한다면, 이는 아마도 "신학자"(theologian)라는 단어의 의미를 제대로 이해하지 못했기 때문일 것이며, 그렇다면 그런 사람은 설교를 위해서는 설교단에 차라리 오르지 않는 편이 더 나을지도 모른다. 지혜와 신학은 그 자체의 일반적인 의미로 볼 때 교만이나 성공과 아무런 관계가 없고 다만 성숙해지는 것과 겸손과 관계가 있다.

설교에서 겸손을 강조한다고 해서, 겸손이라는 것이 설교에서 설교자의 역할을 약화시키려는 것은 결코 아니다. 설교에 성령 하나님이 개입하실 때 그분은 우리 설교자들을 결코 무시하지 않고 오히려 설교에 적극적으로 끌어들이신다. 설교에서 성령 하나님은 신율론적인 상호주의 방식(a theonomic reciprocal way)으로 역사하시며,

설교의 주도권을 장악하시지만, 우리 설교자들이 복음의 선포에 봉사하도록 반복적으로 우리를 받아들이신다. 그래서 설교에서 우리로서는 불가능한 것을 그분은 가능하게 하시며, 우리 생각으로는 이루어질 수 없는 것을 그분은 실행 가능하게 바꾸신다(Bohren 1971:76-77, 더 자세한 내용은 6장 6. 참고).

이렇게 성령 하나님의 은혜 안에서 우리 인간 설교자의 공헌은 그 나름의 고유한 가치와 권위를 확보할 수 있다. 권위(authority)에 대한 우리의 생각은 아마도 세상의 풍자만화의 영향을 받아서 상당히 왜곡된 것 같다. 설교자의 권위는 독재정치, 특히 영적이거나 교권적인 독재정치나 관료정치 구조에 근거한 것이 아니다. 우리 설교자들의 권위는 다만 깨어짐, 즉 무능력할 때 능력을 부어주시는 하나님의 은혜에 근거한다. 그래서 성경 본문과 상황 사이의 중재자가 되기 위한 우리 설교자들의 모든 시도의 근본을 형성하는 것은 십자가의 해석학(a hermeneutics of the cross)이다. 이 해석학을 잘 이해하지 못하고 약할 때 강해지는 비밀을 이해하지 못하는 사람이라면 아직 설교의 심장박동 소리를 제대로 이해하지 못한 것이다. 우리 설교자들의 권위는 우리는 할 수 없지만 오직 하나님이 우리 안에서 역사하시기 때문에 우리가 할 수 있다는 사실에 달렸다. 이 비밀이 곧 우리가 선포하는 메시지인 십자가에 달렸다가 다시 부활하신 예수 그리스도 안에 들어 있다(고전 1:18-2:16에서의 사도 바울의 선언을 참고). 그런데도 불구하고 놀라운 기적은 그 복음을 선포하는 사람은 바로 우리 자신이라는 사실이다. 그래서 우리는 변증법적으로 이렇게 고백할 수 밖에 없다. 이 세상에서 성령을 통하여 선포되는 것은 예수 그리스도의 복음이지만, 입을 열어서 이 복음을 설교하는 이도 우리다(행 1:8).

여러분은 자기만의 고유한 은사와 소명, 복음에 대한 독특한 이해를 가지고 설교단에 선다. 바로 이런 이유 때문에 여러분은 사과할 필요가 없다. 불현듯 바르트 넬(Bart Nel)에 관한 서사 이야기가 떠오른다.

그동안 자신이 사랑해 온 모든 것을 전부다 잃어버린 슬픈 역사의 마지막 클라이막스 단계에서 바르트 넬은 다음과 같이 소리친다. "나는 그때 이후 줄곧 바르트 넬이었고, 지금도 여전히 같은 사람이다"(Van Melle 1968:180). 이 고백 속에는 특히 설교자가 자신의 본래 모습으로 되돌아가는 일종의 자유가 담겨 있다. 설교자는 복음의 선포를 위해서 반복해서 이 자유를 계속 발견하고 또 다시 발견할 필요가 있다.

3. 설교자의 관계적인 성실성

설교는 결코 아무런 관계가 없는 지식의 전달이 아니라 하나님과 맺은 관계로부터 파생되고, 본문 안에서 하나님과의 만남의 경험에서 파생된 말씀을 전달하는 것이다(Iwan 1964:19). 그래서 설교자는 어떤 식으로든 간단한 해결이나 놀랄 정도의 심오함과 난해함을 찾아서 회중에게서 숨을 수도 없고 본문에 대한 구체적인 주해 작업을 회피할 수도 없다.

설교자의 역할과 설교자의 가면은 어떤 식으로든 설교자와 회중 사이에서 또는 설교자와 성경 본문과 본문 속의 하나님 사이에서 생겨날 수 없다. 또 설교자는 단순히 회중의 기대감이나 다른 사람들이 설교자를 바라보는 이미지대로 자신을 위장하면서 살아갈 수도 없다. 온갖 위장에도 불구하고 때가 되면 결국 모든 것이 드러나기 마련이다.

그래서 설교자의 본래 개성과 공식적인 페르소나 사이에 불일치가 발생하면, 설교문을 작성하는 것은 설교를 위해서 오히려 장애가 될 수 있다. 이런 경우에 설교에서 설교자의 본래 마음과 생애가 문제가 될 수 있다. 그래서 설교자들은 자신의 고유한 설교 세계에 편안함을 느낄 수 있어야 한다. 만일 설교자가 자신의 설교 세계에 대하여 자신을 세입자로 여긴다면, 그 실상이 모두에게 곧 분명하게 나타날 것이다(Thielicke 1965:14). 그래서 우리 설교자들은 결코 설교학적인 집에서 잠깐 머무는 세입자가 되지 말고 오히려 우리 가운데 자신의 장막을 세우신 예수 그리스도처럼 장막의 거주자가 되어야 한다(요 1:15).

설교는 다른 사람에게 전달할 수 있는 어떤 지식을 배우는 것이 아니다. 설교는 잘 알려진 토마스 롱(Thomas Long)의 『증언으로서의 설교』(The witness of preaching, 1989)에서 말해주듯이, 증언할 수밖에 없기 때문에 다른 사람에게 말하고 싶은 어떤 것을 들려주는 것이다. 우리 설교자들은 신실한 증인이 되도록, 즉 우리가 먼저 성경 본문을 통해서 전해 듣고 감동 받고 위로받았던 것에 대한 모범이 되도록 부름 받았다. 또 우리 설교자들은 사막에서 본문의 장막이라는 안식처인 그리스도를 발견한 여행자이며, 설교를 통하여 다른 사람들도 상쾌한 그늘에 함께 참여하도록 다른 사람들을 초대한다.

만일 여러분이 설교자로서 성경 본문의 안식처 안에 있는 여러 방들과 통로, 구석과 전환점 또는 장막을 알리는 깃발과 고정말뚝을 잘 알지 못한다면, 그리고 그 안식처를 가로질러 걸어보거나 둘러보거나 하여 아직 익숙해지지 않았다면, 다른 사람들을 초청할 수도 없으며 여러분이 안식처에 관하여 하는 모든 말을 액면 그대로 믿을 것으로 기대할 수도 없다. 예를 들어 여러분이 시편 130편을 깊이 연구하면서 그 속에서 하나님과 함께 투쟁해보지 않았다면, 이 본문에 관한 메시지를 들고서 강단으로 급히 올라가려고 서둘러서는 안된다. 또 만일 여러분이 마음 속 깊숙한 곳에서부터 찬양의 열풍을 경험해보지 않았다면 여러분의 입술로 시편 150편을 설명하는데 주의를 기울여야 한다.

지금까지 논의한 내용을 좀 더 다른 각도에서 설명하자면, 모든 설교자들은 설교자로서 본인의 역할을 제대로 감당하는데 매우 중요한 관계를 갖고 있다. 그 관계란 (소명의식을 포함하여) 하나님과의 관계와 아울러 (개성이나 자라온 심리적인 이력, 육체적인 건강과 같은) 자기 내면세계와의 관계, 그리고 다른 사람들, 특히 설교할 회중과의 관계를 맺고 있다. 이렇게 다차원적인 관계에서 진정성(integrity)을 갖지 않은 사람은 강단에서 천사처럼 말할 수 있을는지 몰라도 사람들의 마음 속으로 들어가는 입구는 결코 발견하기 어려울 것이다. 예를 들어 만일 여러분이 설교자로서 사람을 사랑하지 못한다면 그들에게 말씀을 설교할 권리도 없다(Jabusch 1981:51-63 참고).

이런 점에서 청중이 강단에서 듣는 메시지는 단순한 설교자의 말이 아니라 그 설교자의 영성이다. 이 점은 설교에서 매우 중요하다. 비록 필자는 설교에서 모든 것이 영성에 달렸다고 감히 주장할 수는 없더라도, 또는 설교자 자신의 인격이나 영성이 설교에서 모든 차이를 가져온다고 감히 말할 수는 없더라도, 우리는 분명 영성이 설교에 미치는 강력한 영향력은 결코 과소평가해서는 안된다. "영성"(spirituality)이란 단어에서 필자가 이해하는 것은, 성령을 통하여 하나님과 함께 동행하도록 부름 받은 자신의 소명의 관점을 가지고 앞서 언급한 다차원적인 관계를 맺고 있는 목회자의 모든 삶이다(갈 5:16, 25).

필자는 영성보다는 하나님 앞의 삶(경건)이란 표현을 더 선호하지만 아무튼 설교자의 영성에 관한 질문은, 단순히 신학적으로 중요할 뿐만 아니라 효과적인 소통을 위한 과학적인 방법에 대한 고찰을 위해서도 적절하다. 우리가 만일 사람이 아니라면 다른 동료 사람들과 접촉할 수 없고, 또 우리가 하나님에 관한 열정과 진정성이 없다면, 열정과 진정성을 가지고 하나님에 관하여 말할 수도 없다. 설교자의 고유한 음성 덕분에 설교자는 설교를 준비하는 전체 과정에서 인간성을 고려할 수 있으며, 회중과의 연대와 동일시를 위한 가능성을 확보할 수 있다. 또는 신학적으로 표현하자면, 설교자의 인간성은 하나님의 성령께서 설교자의 삶에 부어주신 카리스마(은사)에 실행력 있는 손과 발을 붙여준다. 설교자는 복음이 사람들에게 전달되도록 하는 생기 없는 무미건조한 채널이 아니다. 복음은 사람의 입과 사람의 말을 통해서 사람의 귀에 전달된다. 그렇게 전달되지 않으면 복음은 사람의 귀와 마음에 도달할 수 없다. 토마스 트로이거(Thomas Troeger 1999:85-95)는 설교를 통해서 확장되어야 할 "마음의 풍경"(the landscapes of the heart)에 관하여 설명한다. 그가 말하는 마음의 풍경이란 우리 모두가 거주하는 내면의 독특한(심리적, 사회학적, 경제적 등의) 해석 체계를 말한다. 설교하는 것은 사람들의 삶에 의미를 주는 특정한 이야기들과 상징, 가치, 그리고 제의와의 접촉점을 발견하는 것이며, 이러한 마음 속의 풍경을 가로질러 가서 상상력이 가득하고 창조적인 방식으로 그 속에 복음을 소개하는 것이다. 트로이거에 의하면, 만일 설교자가 사람의 마음을 세심하게 탐구하지 않고서는 이 일은 거의 불가능하다고 한다.

최근 설교학계에 설교자의 인격(person)의 역할에 관한 새로운 관심이 고조되고 있다(최근의 연구로는 Malan Nel 2001을 참고). 이런 관심도 그다지 새로울 것도 없다. 설교에서 (설교자와 성경 본문, 회중, 그리고 하나님의) 여러 음성들의 신학적인 통합 여부는 설교자의 인격을 통해서 그 성패가 결정된다. 그래서 여러분도 모든 것이 설교자의 인격 혹은 설교자의 영성의 정도에 달렸다고 인정할 수 있을 것이다. 이런 판단이 새로운 형태의 도덕주의(moralism)가 될 수도 있다. 하지만 설교자의 영성이 그동안 (특히 잘못 왜곡된 개혁주의) 설교학으로부터 외면되었다는 점은 결코 부인될 수 없다.

4. 기도 없이 설교할 수 없다

만일 하나님 앞에서의 설교자의 삶(영성)에 관하여 논의해본다면 여러 과정을 거칠 수 있다. 하지만 필자는 그 중에 설교에서 매우 중요한 한 가지 차원으로 기도의 중요성을 지목하고자 한다. 그동안 기도가 신학과 동떨어진 것으로 비춰진 것은 참으로 유감이다. 사실 많은 사람들이 보기에 신학의 세계와 기도의 세계는 원리적으로는 또는 최소한 실제상으로는 두 개의 완전히 서로 분리된 세계처럼 여겨져 왔다. 하지만 필자의 생각으로는 이러한 분리는 매우 치명적이다. 좀 더 나은 표현을 하자면, 신학은 무엇보다도 기도이고, 기도는 무엇보다도 신학이다(Saliers 1994:15 참고). 이와 마찬가지로 설교는 무엇보다도 기도이고 어떤 식으로든 기도와 분리될 수도 없고 분리해서 생각할 수도 없다.

그런데 설교학 도서들이 설교에 관한 논의의 중요한 출발점으로 기도를 삼고 있는 경우가 그리 많지 않다는 점은 매우 안타깝다. 하지만 기도 없이 설교가 가능할까? 영성은 설교자의 인격적이고 지속적인 하나님과의 대화로부터, 기도에 몰입한 설교자 자신의 실존으로부터 형성된다. 그래서 기도를 통해서 설교자의 고유한 영성이 형성되고 이 영성이 다시 설교에 상당한 영향을 미친다. 그래서 기도가 설교의 음성을 조절한다.

기도 없이는 설교가 만들어질 수도 없고 제대로 전달될 수도 없다. 베델 뮬러(Bethel Müller 1961:334)는 이 점을 다음과 같이 예리하게 설명한다.

> 설교는 설교자가 스스로를 작고 가난하다고 느끼게 하는 투쟁이며, 이런 느낌은 너무나도 강렬해서 그 어떤 다른 투쟁에서도 느낄 수 없을 정도이다. 이 투쟁 끝에 설교자는 서재에서 무릎 꿇고서 계속 설교를 준비하는 벤치로 도망갈 수밖에 없는 순간이 발생한다. 이곳에서 설교자는 주께서 반드시 자신을 도와주시고 강제력을 발휘하는 하나님의 말씀 아래로 인도해달라고 계속 기도한다. 기도하는 동안에 설교자의 지나치게 성급하고 익숙하지 않은 생각들은 멀리 달아나며, 기도를 통해서 설교자는 자신의 아름다운 미사여구로부터 자유로워지며, 기도를 통해서 설교는 고유한 깊이를 확보한다. 왜냐하면 기도를 통해서 하나님은 설교자의 귀에 하나님의 생각을 속삭여 주시기 때문이다. 기도를 통해서 말씀의 살아 있는 선포가 탄생하고 설교단에서 비로소 들려질 수 있다.

기도를 통해서 무엇보다도 설교자의 인격이 가장 중요한 과제로 부각된다. 모든 사람들은 나름의 분류가 필요한 사건들을 경험한다. 설교자의 입장에서는 설교 준비 과정에서 성경 본문으로부터 요청받은 과제에 대한 저항감, 설교자 자신과 회중 사이의 방해물, 그리고 설교자의 철학적인 질문과 기쁨까지 다양한 것들을 경험한다. 이 문제와 관련하여 유진 피터슨(Eugene Peterson 1992:111)은 이렇게 적고 있다.

기도는 사람이 관여할 수 있는 가장 깊이 있는 행동이다. 우리 사람은 동물과 공통된 행동을 하고, 천사와 공통된 생각을 갖고 있다. 하지만 오직 사람만이 기도 중에 하나님 앞에서 주의력을 집중하며 응답할 수 있다. 이것이 바로 사람이다. 기도 가운데 우리는 청중과 공유할 빛을 받을 수 있으리라는 희망을 가지고 인간 실존에 관한 질문을 하나님께 올려드린다.

이런 이유로 우리는 기도가 설교의 비밀이라고 말할 수 있다. 하지만 이 표현은 자칫 오해의 소지가 있다. 어떤 이는 "만일 우리가 기도만 하면 설교는 자동으로 잘 될 것"이라고 주장할 수도 있다. 또 기도를 했더라도 그 기도가 불성실한 주해 작업이나 게으른 설교에 대한 변명이 될 수는 없다. 혹시 여러분 가운데에는 매일 아침 "묵상의 시간"을 도덕적으로 고집하는 것이 성공적인 설교를 완벽하게 보장해 줄 것이라는 잘못된 오해를 할 수도 있다. 또 어떤 이들은 기도생활을 완벽한 설교를 준비하도록 안내하는 훌륭한 기법처럼 간주할 수도 있다. 하지만 그런 것은 기도가 아니다. 올바른 기도는 하나님의 선물로서 하나님이 반복적으로 성령을 통하여 우리에게 은사를 공급해 주시는 시간이며 그 덕분에 우리는 그리스도의 입을 통해서 늘 새롭게 기도할 수 있다(Calvin, also Barth 1969; 16-21 참고).

기독교인이 되는 것이나 기도하는 것은 같은 의미이다(Luther). 설교자가 되는 것이나 기도하는 것도 같은 의미이다. 기도는 모든 설교를 지탱하는 가장 근원적인 구조이자 가장 근본적인 형식이다(Bohren 1971:104-105). 어거스틴은 설교자들이 평생의 사역을 위하여 서재나 설교단에 붙여둘만한 다음과 같이 잘 알려진 경구를 제시한다,

먼저 기도하고 그 다음에 말하라(*sit ortor antequam dictor*).

이와 관련하여 그는 또 다음과 같이 말한다.

> 말해야 할 순간이 다가오면 설교자는 말하기 전에 바짝 마른 영혼을 하나님을 향하여 높이 들도록 하라. 그럴 때 비로소 그는 먼저 충분히 마신 것을 다른 이들에게 나눠줄 수 있으며, 이미 흡수했던 것을 다른 이들에게 부어줄 수 있다…. 우리가 말했던 것을 행동으로 옮기기에 적합한 사람이 과연 누구이며 어떻게 그것이 가능하겠는가? 하지만 우리를 손으로 붙잡고 또 우리 설교를 붙잡고 계신 그분 이외에 누가 가능하리요?(Van Oort 1989:18; also 1991:26 참고).

어거스틴에 의하면 설교는 성령 하나님의 은사이며, 성령 하나님께서 설교자의 입에 부어주셔야만 가능한 좋은 말씀과 좋은 설교(*sermo bonus*)는, 기도에 대한 응답이자 열매이다. 그래서 설교는 기도가 반드시 필요할 뿐만 아니라 어떤 의미에서는 설교가 곧 기도라고 말할 수 있다. 설교는 진주를 찾으려는 노력이며, 돌이 아니라 빵을 주시는 하나님이 열어주시는 문을 노크하는 것이다(마 7:7-11 참고). 짧게 말하자면, 기도할 수 없는 사람은 설교할 수 없다.

캔들러신학대학원(Candler Theological Seminary)의 도서관에는 매우 흥미로운 가구가 하나 있다. 이 가구에 붙은 금속판에는 다음과 같은 글귀가 적혀 있다.

> 1740년에 존 웨슬리를 위하여 제작된 기도의자 혹은 설교단. 웨일즈의 광부들을 위한 설교 사역에서 그가 사용함.

이 가구는 웨슬리가 서서 설교했던 설교단인 동시에 그가 무릎 꿇고 기도하던 기도용 의자이기도 하다. 우리의 설교단도 이러해야 한다. 우리의 설교단은 동시에 기도용 의자여야 한다(Bugg 1992:16 참고).

5. 설교자의 도덕적인 존재

어떤 의미에서는 설교자가 무엇을 말하는가 보다 설교자가 어떤 사람인가가 더 중요하다. 이와 관련하여 철학적인 경구는 또 이렇게 말한다. 사람의 행동은 그 사람의 존재로부터 흘러나온다(*agere sequitur esse*). 당신의 행동은 당신의 존재로부터 드러난다. 아리스토텔레스도 오래 전에 연설자의 에토스(인격, ethos)가 수사적인 기교를 마스터하는 것보다 더 중요하다고 확신했다. 소통에 집중시켜 말하자면 에토스는 로고스나 심지어 파토스보다 더 중요하다. 그리고 사도 바울이 디모데에게 설교 사역에 대하여 권면하면서 다음과 같이 도덕적인 존재로서의 설교자의 중요성에 관하여 잘 설명해 주고 있다.

> 이는 하나님의 사람으로 온전하게 하며 모든 선한 일을 행할 능력을 갖추게 하려 함이라. 내가 엄히 명하노니 너는 말씀을 전파하라(딤후 3:17; 4:1-2).

미덕과 진정성, 그리고 성실성과 같은 인격이 설교에서의 참다운 소통이 가능하도록 하는 근간을 형성한다. 그러므로 만일 여러분이 일상의 삶 속에서 작고 사소한 일들을 성실하게 다루지 못한다면, 그보다 더 위대한 하나님 나라를 성실하게 다룰 수 있으리라고 생각해서는 안된다. 설교단에서 모든 화려한 설교의 제스처를 취하기 전에 먼저 일상의 삶 속에서 일어나는 작은 제스처를 성실하게 소통하지 못한다면, 오히려 설교하지 않는 편이 차라리 낫다. 스텐리 하우어워스(Stanley Hauerwas 1985:188)는 이렇게 적고 있다.

> 우리가 이야기를 배우는 방식은 무엇보다도 단순히 그 이야기를 들음으로써가 아니다. 중요하고도 의미심장한 이야기들은 실제 행동으로 실행되어야 한다. 우리는 이야기를 들을 때 우리 몸과 영혼이 그 이야기를 올바로 경청하고 그 이야기를 다시 말해 줄 수 있도록 도움을 주는 제스처도 함께 배워야 한다…. 우리가 이야기를 배우는 방식은 무릎을 꿇는 것처럼 아주 간단한 제스처를 배움으로써 가능하다.

그래서 우리는 기도한 그대로 신앙을 고백하고 그대로 살아가고 그대로 설교한다(*lex orandi, lex credendi, lex vivendi, lex praedicandi*).

우리가 설교를 준비하여 만들어 보겠다고 생각하기 전에, 먼저 우리 자신이 제대로 만들어진 설교자여야 한다. 루터는 이 점에 관하여 다음과 같이 감동적으로 설명한다. 그에 따르면 설교자를 훈련하고 교육하는 과정에서 세 가지 기본적인 요소가 필요하다고 한다. 그것은 바로 기도(*oratio*)와 묵상(*meditatio*) 그리고 시련(*tentatio*)이다. 아쉽게도 여기에서 이 세 가지를 좀 더 자세히 다루기에는 충분한 여유가 없다. 이 세 가지 기본 요소로 통전적인 설교학을 새롭게 정립해 볼 수도 있을 것이다. 또는 세 요소들 중에서 하나씩 개별적으로 충분히 연구해볼 가치가 있다.

- **기도:** 이런 이유로 여러분은 자신의 지혜와 이성에 관한 희망을 내버려야 한다. 왜냐하면 이런 것으로는 아무것도 얻을 수 없기 때문이다. 여러분 내면 속에서 하나님께 무릎을 꿇고 진정한 겸손과 진지함으로 참된 지혜를 달라고 하나님께 간청하라…. 우리는 자신의 기도를 악마보다 더 진지하게 고려해 보아야 한다. 그렇지 않다면 루터가 오래 전에 이 점에 관하여 다르게 말했을 것이다. 하지만 사람들은 하나님께서 우리를 위하여 행하시는 놀라운 이적이나 기적들을 잘 이해하고 인정하려고 들지 않는다. 하지만 만일 하루라도 기도하는 것을 소홀히 한다면, 신앙의 열정이 상당부분 식어버릴 수 밖에 없다.

- **묵상:** 여러분은 마음 속으로 뿐만 아니라 입술의 말을 통해서 그리고 성경책에 기록된 단어를 읽음으로써 말씀을 묵상해야 한다. 여러분은 이 점을 항상 명심해야 하고 성령 하나님이 의도한 의미를 발견하기 위하여 헌신된 집중력과 숙고하는 자세로 성경 본문을 반복하여 읽고 또 읽어야 한다.

  그리고 본문을 충분히 읽고 또 귀로 들어보고 한 번 두 번 반복하여 온전히 이해하기 전까지는, 본문에 쉽게 싫증에 빠지거나 이제는 충분히 읽었다고 자만하지 않도록 주의해야 한다. 그렇게 쉬운 방식으로는 결코 위대한 신학자가 만들어질 수 없다. 왜냐하면 말씀을 깊이 묵상하지 않은 사람들은 마치 반쯤 익다가 그만 바닥에 떨어진 과일처럼 결코 말씀의 참 맛을 알 수 없기 때문이다.

- **시련:** 시련은 여러분으로 하여금 하나님의 말씀을 잘 이해하도록 교육할 뿐만 아니라 그 말씀이 얼마나 참되고 순전하며 감미롭고 놀랍고 강력하며 위로를 주는 말씀인지 참으로 모든 지혜에 뛰어난 참 지혜인지를 직접 경험하도록 도와준다…. 왜냐하

면 하나님의 말씀이 여러분을 통해서 열매를 맺자마자 사탄은 즉시로 여러분을 괴롭히기 시작하며 그 과정에서 여러분은 진정한 설교자로 거듭나며 시련을 계기로 여러분은 하나님의 말씀만을 구하며 사랑하는 방법을 배울 수 있기 때문이다. 그리고 내 자신의 겸손한 의견을 솔직하게 털어 놓자면 나도 로마 가톨릭의 교황제도가 나를 너무나도 많이 괴롭히고 나를 긴장하게 만들었으며 악마의 폭력으로 나를 괴롭혔던 것에 대해서 이제 감사해야만 하겠다. 왜냐하면 그런 시련이 없었더라면 결코 불가능했겠지만 가톨릭의 교황제 덕분에 나는 합리적으로 훌륭한 신학자가 될 수 있었기 때문이다(Meuser 1983:75 참고).

이런 모든 성찰들은 설교 사역은 결코 취미도 아니고 교회 안에서 그저 전문적으로 연출할 수 있는 단순한 교회 활동도 아니다. 설교는 생명의 길이요 인생을 연단하는 훈련장이다. 설교는 설교자의 관절과 골수를 관통한다. 설교자는 그저 단순한 차원에서 설교할 수 없다. 여러분은 설교자이거나 설교자가 아니거나 둘 중 하나이다.

설교는 감춰어진 황홀경이다. 설교 뒤에는 하나님에게 붙잡힌 존재가 자리하고 있다. 설교의 비밀한 차원을 미스코테(Miskotte 1971:257, 259; 고전 14:15, 20에 대한 설교에서 번역함)보다 더 탁월하게 묘사할 수 있을까?

설교란 차갑게 냉각된 엑스타시이며 응고된 황홀감이다. 하지만 만일 설교 배후에 쉽게 이해할 수 없는 방언이 전혀 없다면, 설교하는 사람의 약력 속에서나 그 설교 사건이 발생하는 회중 속에서 비범한 것을 전혀 찾아볼 수 없다면, 그리고 황홀감의 증거가 전혀 발견되지 않는다면, 그것은 결코 성령 하나님의 의도가 아니다.

그래서 여러분이 설교 시간에 복음의 황홀감을 경험하지 못한다면, 여러분은 결코 설교자로서 성숙한 사람이 결코 될 수 없을 것이다.

그렇다면 이런 사건은 어떻게 발생하는가? 설교에서 이런 황홀감과 설교자의 성숙은 어떻게 가능한가? 이어서 그 해답을 모색해 보자.

6. 설교자와 동행하시는 성령 하나님

몇 해 전에 스텔렌보쉬대학교 다흐브릭(Dagbreek) 남자 기숙사에 안드레 스테인(Andre Steyn)이라는 시각 장애인 학생이 거주하고 있었다. 어느 날 밤에 갑자기 스텔렌보쉬 도시 전체에 정전 사고가 발생했다. 그날 밤은 희미한 달빛조차도 구경할 수 없어서 칠흑같이 캄캄했다. 기숙사 안뜰도 한 치 앞을 내다볼 수 없을 정도로 캄캄했다.

그날 밤에 몇몇 학생들이 밤늦게까지 행사에 참가했다가 때마침 기숙사 입구에 도착하자 정전이 발생했다. 이들 앞에는 캄캄한 기숙사 안뜰이 기다리고 있었다. 그런데 갑자기 그 중에 상급생이었던 피에트 보스터(Piet Vorster)에게 좋은 생각이 떠올랐다. 안드레에게 자기를 방으로 안내해달라고 부탁하자는 것이다. 안드레는 기숙사 안뜰에서 몇 발자국 걸어서 오른쪽으로나 왼쪽으로 방향을 전환해야 하는지, 또 몇 개의 계단을 올라가야 하는지, 어디가 발부리에 걸려 넘어질만 한 곳인지를 마치 손바닥 보듯이 훤하게 알고 있기 때문이다.

그날 밤에 참으로 낯선 장면이 펼쳐졌다. 시각 장애인이지만 캄캄한 밤에 앞을 볼 줄 아는 안드레가 시력이 멀쩡함에도 불구하고 밤에는 앞을 볼 줄 모르는 자기 친구를 목적지까지 안전하게 인도해 준 것이다.

설교자들은 바로 이런 사람이어야 한다. 오늘날 계속해서 영적으로 정전이 발생하는 캄캄한 밤중에 설교자들은 남보다 더 멀리 그리고 더 깊게 볼 줄 아는 사람으로서 다른 사람도 앞을 내다볼 수 있도록 도와서 그들 역시 목적지에 안전하게 도착할 수 있도록 해야 한다. 이를 위해서 우리 설교자들은 성령 하나님의 능력으로 영안이 밝아져야 한다(엡 1:18).

이제 물어야 할 질문은 성령 하나님과 설교자 간의 이런 관계가 어떻게 작용하는가? 이 관계의 특징과 결과는 무엇인가? 이 관계는 과연 보장될 수 있는가?

이런 질문에 대해서 칼 바르트라면 소위 "첫 단계"(first phase)에서부터 단호하게 "노(No)!"라고 대답했을 것이다. 그에게 있어서 설교와 관련하여 던져볼 가장 중요한 질문은 "우리가 어떻게 설교를 준비해야 하는가?"가 아니라, "어떻게 우리가 감히 설교를 준비할 수 있는가?"이다. 이런 이유로 우리 설교자들은 설교의 방법론에 집중할 것이 아니라, 설교의 기적에 집중해야 하고 그래서 성령 하나님께 "오소서 창조의 성령이여!"라는 기도에 집중해야 한다(KD IV/3:579ff).

설교사역과 관련하여 바르트가 용납할 수 있었던 유일한 체계는 하나님과 인간 사이의 무한한 질적 차이로서, 여기에 모든 부정적이고 긍정적인 함의가 담겨 있다. 하나님은 곧장 위로부터 말씀하셔야만 하고, 그 어떤 인간적인 방법으로도 이 말씀을 중간에서 중재할 수 없다. 오직 성령의 역사로 말미암아 하나님의 말씀이 마치 번개가 마른 나무를 강타하듯이 그렇게 아래로 들려올 때 비로소 하나님께 경배를 드릴 수 있을 뿐이다. 오직 하나님 이외에 사람에게서 비롯된 모든 것은 전부 다 헛될 뿐이다.

여기에서 바르트는 성령의 역할과 설교자의 역할을 두 개의 서로 대척되는 축으로나 또는 부지불식간에 아주 우연히 서로 만나는 두 가지 기본 축으로 간주하는 것처럼 보인다. 성령 하나님은 그분의 뜻대로 자유롭게 역사하시며 원하시는 때와 장소에서 자유롭게 말씀하신다는 것이다(이에 대한 보렌의 비평적인 평가는 Bohren 1963:111ff 참고).

하지만 이와 달리 루돌프 보렌(Rudolf Bohren 1971:77)은 바르트에게 이렇게 질문한다. 하나님께서 말씀하시고 성령께서 역사하실 때 왜 그 어떤 방법론이라도 모조리 무시해야만 하는가? 보렌은 성령의 역사와 방법론을 서로 극단적으로 대립되는 두 축으로 간주하기를 원치 않고, 다만 하나님과 인간 사이의 상호호혜적인 관계(reciprocal relationship)의 여러 측면으로 간주하려고 한다. 이 점에서 루돌프 보렌은, 아놀드 반 룰러(Arnold van Ruler)가 상대적인 독자성의 성령론(relative independent pneumatology) 혹은 신율론적인 상호주의(theonomic reciprocity)의 맥락에서 처음으로 구상한 개념 쪽으로 강하게 기울어 있다(Rodulf Bohren 1974:74ff).

두 사람은 이런 관점을 통해서 한편으로는 하나님과 인간의 관계는 하나님의 주도권으로부터 시작되었고 유지되는 (신율론적인, theonomic) 관계라는 점을 강조함과 동시에, 또 다른 한편으로는 인간의 행위는 이 관계를 구성하는 실제적인 구성 요소이며 그 나름의 고유한 가치를 갖는다는 점을 강조하려고 했다. 그래서 설교학적으로 말하자면, 보렌은 이런 관점 안에서 설교학 방법론의 중요성을 적절히 강조할 수 있으며, 성령과 방법론은 서로 대립각을 유지할 필요가 없어진다. 하지만 이 모든 상호호혜성에도 불구하고 여전히 우리는 그의 만드신 존재들이며 하나님이 전에 예비하사 그리스도 예수 안에서 선한 일을 위하여 지으심을 받은 자들이다(엡 2:10). 이러한 신율론적인 상호주의를 혹시 하나님과 인간을 동일시하거나 사람이 하나님의 사역을 수행할 수 있는 어떤 이론으로 오해하여 설교에서 감당하는 사역과 그 주체를 혼동하지 않도록 주의해야 한다. 그보다 이 개념은 하나님의 은혜와 인간의 감사를 표현하는 성경적인 관점으로 이해하는 것이 바람직하다.

달리 말하자면 하나님과 인간의 상호관계를 시작하신 이도 하나님이시요 유지하시는 이도 하나님이시지만, 이 진실된 관계 안에서 인간 (설교자)도 필수적인 요소를 공유한다는 것이다. 또 이 관계는 무의식적으로 발생하는 것이 아니라 우리 설교자 안에 내주하시는 성령 하나님의 지속적인 사역을 통해서 진행된다. 그래서 이 관계 안에서는 기도를 통해서 표현될 수 있는 기적이 남지만, 그 속에서 "인간과 실행 가능한 방법" 역시 고유한 가치를 확보할 수 있다(Bohren 1971:78).

비록 우리가 성령 하나님을 결코 통제하거나 잡아가둘 수 없지만, 그분은 여전히 우리 안에 내주하러 오셨다. 그리고 보렌도 강조하듯이 성령 하나님은 우리 안에 내주하셔서서 우리 설교자들이 설교 준비 과정에서 그분과 창조적으로 협력할 수 있게 되었다.

한편으로 성령 하나님은 우리 설교자들에게 설교 방법론에 자유를 허락하셔서 과학과 예술, 테크닉, 시 등 말씀 선포에 도움이 될 모든 훌륭한 보조수단들이 설교 준비를 위하여 활용될 수 있는 여지를 허락하신다. 성령 하나님이 창조와 역사 그리고 인류의 모든 문화 뿐만 아니라 특히 오순절 성령 강림 이래로 교회 안에서 다양한 방식으로 역사해 오신 것과 마찬가지로 설교 역시 다양한 목소리와 다채로운 특성을 갖는다. 성령 하나님은 그렇게 우리 설교자들과 협력하셔서 그분의 사역은 더 이상 번개 치는 순간에만 국한되지 않고 이후에도 지속적으로 내주하시며 동행하는 특징을 보인다(Cilliers 1994:252-255 참고).

또 다른 한편으로 성령의 자유로운 역사는 설교 방법론의 창조성을 암시한다. 즉 모든 방법론을 시도해 볼 수 있는 것이다. 설교는 설교자가 모든 언어와 다양한 가능성, 다양한 접근 각도를 활용할 수 있는 유쾌한 행위(또는 공연, playful act)이다. 이 시간에 설교자는 "천국은 이와 같으니"라고 선포하는데 도움을 줄 모든 영감과 은유를 수용할 수 있어야 한다.

7. 창조적인 성령을 따르는 방법

성령 하나님은 우리 설교자들의 창조성(creativity)을 일깨워주시며 그 과정에서 참으로 인간적이며 실행력이 있는 것을 설교에 끌어들이도록 안내하신다. 그렇다면 제기되는 질문은, 창조성이란 무엇이며, 어떻게 작용하는가? 예를 들어 우리는 창조성의 심리학에 관한 새로운 통찰들을 그대로 실행에 옮길 수 있을까? 창조성의 심리학과 창조성의 신학은 서로 대립될 필요는 없는가?

우리가 지금까지 논의한 바에 따르면, 전혀 그렇지 않다. 우리가 만일 성령에 관하여 생각한다면 당연히 인간에 관해서도 생각할 수 있다. 성령에 관하여 생각하는 사람은 자신만의 고유한 개성을 가진 모든 인간적인 것들에 대해서도 초점을 기울여야 한다. 하지만 그와 동시에 우리 설교자들은 이런 논의의 출발점과 과학적인 방법론들을 항상 창조적인 성경 본문과 창조적인 회중, 그리고 창조적인 성령 하나님의 통제 아래에서 반복적으로 점검해보아야 한다. 이런 과정은 번거로울 수 있겠지만 그 혜택은 무한하다.

1) 창조성의 역사에 관한 간략한 조망

리처드 커니(Richard Kearny)는 전근대주의(premodernism)와 현대주의(modernism), 그리고 포스트모더니즘(postmodernism)이라는 고전적인 3단계 시대 구분의 틀로 창조성의 역사적인 발전 과정을 묘사하고, 각 시대 특징을 명확하게 보여주면서 시대마다 중요한 출발점을 제공했던 수많은 예술 작품들을 소개한다. 예술 작품은 그 시대만의 독특한 상상력의 세계로 들어가는 심미적인 통찰을 제공한다. 이 주제에 집중하여 논의를 진행하기 위하여 필자는 사람의 얼굴을 묘사한 독특한 작품 이미지들에 집중하고자 한다. 이런 논의를 통해서 특정 시대의 모습을 잘 보여주는 얼굴의 일부분을 새롭게 이해할 수 있기를 기대한다.[1]

---

[1] 토마스(Thomas 1979:153)에 의하면, 지난 수 세기 동안에 그리스도의 얼굴을 묘사한 예술 작품들 역시 우리 자신의 모습을 묘사하려는 예술적인 시도였다고 한다. "예술가들의 손과 마음의 작품인 그리스도의 얼굴을 바라보면서 우리는 실상 우리의 현재 모습과 우리가 그렇게 되기를 희망하는 자신의 모습을 바라보고 있다."

전능자(Pantocrator) 그리스도 (11세기 작품)

위의 첫 번째 작품은 전근대주의 시대를 대표하는 작품으로서 전능자 그리스도라는 제목이 달렸다. 이 작품을 살펴보면 화가는 이 시대의 다른 많은 이콘 작품의 전형적인 특징대로 이 작품에 자신의 서명을 남기지 않았다. 이런 사실은 이 작품이 (아마도) 한 개인의 창조적이거나 독창적인 작품이 아님을 암시하거나, 또는 굳이 말하자면 이 작품은 비잔틴 제국 문화에 속한 작품이거나 일반적으로 볼 때 중세시대의 이콘 작품에 해당된다고 볼 수 있다. 여기에서 강조점은 작품의 제작 과정이 아니라 이 작품이 전달하려는 진리이다. 이 작품의 저변에 깔려 있는 메시지는, 이 작품 속에는 성례전적인 특성이 있으며, 이 작품 배후에 있는 더 위대한 실재, 즉 하나님의 아들과 가장 심오하게는 하나님 그분 자신을 지시한다는 것이다. 그래서 이 작품에서 전달하려는 메시지는 이미지 그 자체가 아니라 이미지 배후에 있는 신비에 관한 것이다.

그래서 그 시대 예술가들은 오직 전능자 그분만을 중재하는 예술가로서 그 밖의 다른 모든 비본질적인 요소들의 개입을 차단하기 위하여 작품 활동을 할 때 반드시 따라 지켜야 할 표준 절차와, 교회가 지정해 준 것 이외에 다른 그림물감은 사용하지 않는 엄격한 규칙들이 시행되었다는 점은 충분히 납득할 수 있다.

이콘 작품에서 무표정한 눈동자도 주목할 만하다. 이 눈동자는 작품을 바라보는 사람으로 하여금 무표정한 눈동자 너머에 호수처럼 고요한 영원한 세계를 잠깐이라도 경험할 수 있도록 초청한다. 그래서 이 눈동자들은 그저 사람의 얼굴 표정과 느낌만을 전달하는 것이 아니라 작품을 감상하는 사람들을 하나님의 초감각적인 초월세계로 인도하는 관문과 같은 기능을 한다.

이렇게 이콘 작품은 일종의 신중심적인 특징(theocentric quality)을 갖고 있어서 작품을 감상하는 사람의 마음 속에 이 이미지를 통해서 전달되는 하나님을 경배하고픈 열망을 불러일으킨다(Kearny 1988:9). 그래서 처음부터 이미지 자체에 붙잡히면 상상의 게임이 차단되고 방해를 받으면서, 교회는 진리에 대한 진정성 있는 표현성(expressivity)이나 사실주의(realism)를 제도적으로 방해할 우려가 있다.

빈센트 반 고흐, 자화상(ca 1888)

하지만 근대의 자화상은 이전과 전혀 다르다. 작품의 강조점이 인간의 내면적인 감정을 표현하는 수단에 집중되는 대표적인 사례가 빈센트 반 고흐(Vincent van Gogh)이다. 그의 작품세계에서는 심미적인 주관성에 의하여 신중심주의(theocentrism)가 인간중심주의(anthropocentrism)로 뒤바뀐다. 그리고 이전의 전근대적인 예술 작품과 달리 색조의 독창성과 강렬한 화법(붓놀림)을 통해서 가장 기본적인 인본주의 효과가 작품을 통해서 생생하게 전달된다. 여기에서 화가는 자기 나름의 고통스런 실존 세계를 캔버스에 담아내고자, 침묵하는 존재가 아니라 오히려 분주하게 창작에 몰두하는 존재이다. 그래서 이전의 전근대적인 작품에 담긴 성례전적인 기도는 이제 실존적인 외침으로 바뀌었다. 이전의 이콘 작품에 나타난 고요하고 끝이 없이 평온한 그리스도의 두 눈은 심지어 광기마저 느껴질 정도로 고통과 불안이 가득한 눈으로 바뀌었다. 또 이 작품에서는 더 이상 영원한 실재를 재생하려는 그 어떤 시도도 찾아볼 수 없고 다만 광기에 가까울 정도로 (종 잡을 수 없는) 실재만을 생산해내려고 몸부림칠 뿐이다. 반 고흐의 비극 저변에는 한 개인이 진리를 붙잡을 수 있다거나 또는 개인이 이 진리를 묘사할 수 있다는 믿음이 자리하고 있다. 이미 이탈리아 르네상스 시대로부터 준비 단계를 거친 이러한 강조점의 변화 덕분에 인본주의적인 낙관주의의 혈통을 온전히 이어받은 근대주의에 도달하기까지는 그다지 많은 상상력이 필요하지 않았다. 이러한 낙관주의의 배후에는 인간은 무한한 능력을 소유하고 있다는 신념이 자리하고 있다. 말하자면 예를 들어 우리 인간은 과학과 이성적인 사고를 통해서 모든 진리를 명백하게 정리하고 결정화할 수 있다는 신념이 자리하고 있다.

파블로 피카소, 우는 여인 (1937)

파블로 피카소(Pablo Picass)의 얼굴 이미지 작품은 이전과 또 다른 포스트모던 시대의 언어를 전달한다. "피카소의 우는 여인들"이란 제목이 붙은 그의 입체풍 작품 속에는 단 하나의 각도에서 바라보는 단순한 관점보다는 여러 개로 조각난 주관적인 관점들이 뒤얽혀있다. 이런 작품을 통해서 피카소는 관객들이 우리 이성의 한계를 새롭게 성찰하도록 요청하고 있다. 예를 들어 남성우월주의자들은 이런 이미지에 불편함을 느끼면서, 여성에 대하여 그동안 가지고 있었던 전형적인 개념의 자율성과 객관성이 그 중심에서부터 타격을 받을 것이다. 이 여인은 도대체 누구란 말인가? 엄마인가? 아니면 마돈나? 또는 매춘부인가? 또 다른 한편으로는 (관례적인 사고로 세뇌당한) 여인이라면 이렇게 질문할 수도 있다. 나도 한 면이 아니라 여러 얼굴을 가지고 있는가? 내 실존을 위하여 또 다른 가능성이나 내가 아직 깨닫지 못한 차원이 있을까? 그래서 피카소의 비구상적이고 다차원적인 작품 세계는, 우리가 관찰한 것과 실재하는 것 사이의 균열에 대하여, 그리고 우리가 성취할 수 있는 가능성에 관하여 새롭게 사고하도록 안내한다. 또 이런 작품들은 우리가 이전에 받아들인 개념들이 반드시 실재하는 현실의 객관적인 복사품이라는 생각을 비신화화한다.

이러한 해체 과정의 심미적인 결과는 즐거움과 숭고한 불확실성을 동시에 안겨준다. 먼저 이런 작품을 통해서 우리는 더 이상 무언가를 객관적으로 확신할 수 없다는 깨달음 때문에 불확실성이 부각된다. 하지만 그럼에도 불구하고 생명력이 없고 지루한 개념들의 감옥에서부터 해방되는 기쁨도 맛볼 수 있다. 즉 집단적이고 지루한 것들을 깨트리는 위험을 감수하면서 새롭고 신선함을 경험하는 가운데 발견의 기쁨도 맛볼 수 있다. 즉 평범한 것들은 뒤에 남겨두고 그동안 경험하지 못했던 새로운 생수가 밀려오는 느낌을 경험할 수 있다. 이때 우리는 이런 감동을 그저 새장 속이나 상자 속에 집어넣어두기 보다는 새로운 인식의 기쁨을 경험할 수 있다. 그리고 진리를 자신의 비좁은 사고 속으로 밀어 넣거나 자신의 욕망에 맞게 가공하기 보다는 진리 주변에서 즐거워 춤춘다(피카소의 작품세계에 대한 광범위한 논의는 다음을 참고. Linn 1996:97ff).

앤디 워홀, 마릴린 먼로 실크스크린(serigraphy, 1987)

하지만 포스트모던 시대의 작품은 앤디 워홀(Andy Warhol)의 작품에서도 잘 나타나듯이 좀 더 냉소적인 모습을 보여준다. 전형적인 사례가 워홀의 마릴린 먼로의 실크스크린(serigraphy)이다. 이 작품을 통해서 우리는 이콘의 신중심적인 패러다임과 고흐의 자화상에서 나타난 인간중심적인 패러다임이 어떻게 패러디(모방) 작품에서 볼 수 있듯이 정상궤도를 벗어난 패러다임(an eccentric paradigm)으로 발전할 여지를 제공했는지를 이해할 수 있다(여기에서 정도를 벗어난 패러다임은 Jacques Lacan이 말하는 나 중심성[I-centric]으로서 무의식적인 주체가 곧 나 중심성이다. 하지만 나 중심성은 자기표현을 통제하는 근거로서 기능하지는 않는다[Moyaert 1981:35-61 참고]). 포스트모더니즘에서 발견되는 모든 전형적인 특징들이 이 작품 속에서 속속 발견된다.

이 작품은 결코 편파적이지 않으며 원본을 주장하지도 않고 또 "객관적인 실재"를 묘사하는 우월성을 주장하지도 않는다. 사실 이런 형태의 포스트모던 예술 작품은 원본을 만들어내지도 않고 단지 이미 존재하거나 존재했던 것을 복제할 뿐이다. 그래서 진리를 (담아낸다고) 주장하는 모든 형태의 기존 작품들에 대하여 매우 비판적인 입장을 취하면서 기존의 진리를 다만 패러디할 뿐이다. 이런 형태의 포스트모던 예술 작품을 만드는 가장 근원적인 동기는 근대주의의 가식을 무너뜨리고 그 핵심 속으로 꿰뚫고 들어가서 질서를 주관하려는 기존 권위와 내러티브 질서, 그리고 형이상학적인 난해함을 앞세우는 거짓된 권위의 탈을 벗겨내려는 것이다. 또 이런 작품들은 인본주의 상상력의 마술적인 지위를 거부하고 "예술의 종말"을 선포한다.

포스트모던 예술 세계에서 예술은 더 이상 예술도 아니고, 미래로의 도약대로 간주되지도 못하고 마치 오래된 영화를 무한히 반복적으로 지루하게 시청하듯이 그렇게 과거의 정보를 단순히 복제하는 것에 불과하다. 그래서 이 시대 예술 작품은 창조성과 상상력, 그리고 본래의 진리의 죽음을 알리는 조종(弔鐘)을 울린다. 포스모더니즘 예술가들은 이전의 근대 이상주의의 무덤 위에서 기존 작품을 패러디하면서 춤추고 있는 것이다. 어떤 이들은 이 춤을 하나의 게임이라고 부를 수 있겠지만, 사실은 이 춤은 조롱하는 춤이고 맨 밑바닥까지 무너지는 게임이라고 할 수 있다.

이렇게 기존 질서를 패러디하면서 무덤 위에서 춤추는 예술가들에 의하면, 남아 있는 모든 것들은 오늘날 소비자들의 정신세계와 상업주의의 스피릿을 묘사하거나 또는 이런 정신세계를 기술적으로 재생해보려는 것이다. 이 세계에서 개인은 더 이상 주도권을 쥐지 못하고 오직 세계화된 체계만이 재생할 수 있다. 또한 이 세계는 그 깊이나 진품의 독창성은 하나도 찾아볼 수 없고 모두 똑같은 코카콜라 캔과 헐리웃의 마릴린 먼로 이미지만 가득한 세상이며, (어떤 엄마가 자기 딸의 공연을 부러워하는 친구에게 자랑스럽다는 듯이 "그것은 아무것도 아니야. 잠시 후에 사진을 한 번 봐보라구"라고 말하듯이) 사실과 허구가 완전히 뒤바뀐 세상이다.

사실 지금 우리가 사는 세상은 사실과 허구가 완전히 거꾸로 전도된 세상이다. 이 세상에서 우리는 무엇이 진실인지를 더 이상 제대로 알 수 없다. 그래서 포스트모던 예술 작품에 내포된 이런 전형적인 속성 때문에 작품의 즐거움은 단지 피상성과 모조 상태, 그리고 작품 밖의 현실을 대리하는 인조(representative artificiality)로부터 얻어질 뿐이다. 이런 작품은 깊이와 진리, 객관성, 그리고 규범성과 같은 개념들에 야유를 퍼붓는다. 지금까지 이해한 대로 이런 현실이 바로 이 시대의 아이러니이다. 즉 우리는 (영화와 텔레비전, 그리고 컴퓨터와 같은) 이미지들에 둘러싸여 있지만, 인간의 상상력이 가장 깊은 뿌리에서부터 위협받고 있다(Kearny 1988:1-3 참고).

전근대적인 패러다임은 (이 시대 예술 작품은 거룩한 하나님의 이미지를 반영하는 거울과 같았다는 의미에서) 본래 모방적이었던 반면에, 근대의 패러다임의 경우는 (이 시대 예술가들은 빛을 방출하는 램프와 흡사했다는 의미에서) 그 속성상 생산적이었고, 마지막으로 포스트모던 패러다임의 경우는 (이 시대 작품들은 실재를 반사하지만 거울처럼 반사하지 않고, 다만 거울 속의 거울처럼 또는 재미도 없고 상업화된 피상성을 끝없는 재생의 미로처럼, 또는 시작도 없고 끝도 없는 흉내내기처럼 반복한다는 의미에서) 완전히 풍자적이다. 전근대의 시대에 예술가들은 창조의 모방자로서 또는 창조주가 처음 창조한 창조적인 과정을 그대로 반복하는 복제자로 간주되었다. 하지만 계몽주의와 실존주의적인 인본주의는 그 이전의 신중심적인 패러다임 하의 모방자 예술가(mimetic artist)를 인본주의 패러다임 하의 독창적인 발명가(original inventor)로 바꾸어 놓았다. 하지만 포스트모더니즘은 또 다시 이 모든 것들을 뒤바꾸어 놓았다. 생산적인 발명가들은 이제 자신이 창작하지 않은 기존의 색 바랜 의미의 주변에서 놀이하는 누군가로 전락되고 말았다. 그래서 이전의 창의적인 예술가가 이제는 모방하여 흉내를 내거나 복제할 수 있는 이미지들 주변에서 이리 저리 배회하면서 그 이미지들을 가지고 익명으로 상호작용하는 놀이꾼(player)으로 전락하고 말았다.

2) 예술의 역사가 주는 교훈

이제 우리가 던져볼 질문은, 우리가 지금 속하여 살고 있는 포스트모더니즘으로부터 우리는 무엇을 배워야 하는가? 우리는 이전의 전근대주의(premodenism)로 되돌아갈 수도 없고 그럴 필요도 없다. 비록 전근대주의가 객관적인 실재에 관한 확실성을 (그리고 강단에서 하나님을 지시하는데 더욱 분명한 확실성을) 우리에게 심어주기를 원하지만, 이와 아울러 예술가로서의 설교자의 독창성을 무디게 만들려는 유혹과 아울러 모든 설교학적인 묘사들을 억압하려는 (그리하여 강단에서 인간성을 말살하려는) 유혹도 함께 도사리고 있다. 우리 설교자들은 근대주의에도 만족할 수 없다. 왜냐하면 근대주의가 지나치게 야심적이고 지나치게 자유분방하며 지나치게 우월적인 방식으로 사람을 전면에 내세우기 때문이다.

이 시대에 모든 의미에 대하여 주도적이고 자율적인 원천으로 인간을 강조하는 패러다임은 이미 충분히 그 해악을 드러냈다. 그렇다면 포스트모더니즘은 어떤가? 포스트모더니즘은 우리에게 잠시 자유를 부여했지만, 필자가 심미적인 차원에서 말하자면, 이 패러다임은 우리를 또 다시 새로운 노예제도 속에 빠뜨렸다.

포스트모더니즘은 우리에게 잠시 동안 자유를 부여한다. 피카소의 "우는 여인"에서 알 수 있듯이 포스트모더니즘은 우리에게 진리에 대한 거짓된 전체주의적인 이해의 한계를 상기시켜주고, 또 20세기 근대주의의 무시무시한 테러의 공포를 나름대로 극복할 수 있도록 도와준다(Linn 1996:100).

우리 설교자들에게는 이런 유형의 예술이 필요하다. 왜냐하면 모든 것들이 통제 가능하고 우리의 개념적인 질서가 전혀 손상되지 않았다는 착각을 더욱 강화해주는 여러 아름다운 대표적인 작품들과는 달리, 포스트모던 시대에 피카소와 같은 심오하고 비구성적인 예술작품은 우리에게 놀이를 제대로 즐기며, 우리가 이성으로는 제대로 이해할 수 없지만 그러나 제대로 알려지지 않았고 전적으로 다른 타자와 연합한 기쁨을 누릴 것을 제대로 상기시켜주기 때문이다. 또 이런 작품들은 우리에게 어린 시절을 상기시켜주고 아무런 검열도 받지 않은 창조적인 놀이에서 맛볼 수 있는 억제할 수 없는 즐거움을 상기시켜 준다.

그럼에도 불구하고 포스트모더니즘은 우리를 새로운 노예제도 속으로 빠뜨린다. 심지어 어린이들의 놀이나 전혀 희석되지도 않고 아무런 통제도 받지 않은 환상이라도 일정한 매개 변수 안에서 성장한다. 앞서 지적한 바와 같이, 일부 포스트모더니즘 작품은 오히려 창조성을 악화시키거나 창조성의 궁극적인 종언으로 귀결되는 경우도 적지 않다. 피카소의 작품에서 우리는 창조적인 과정에 담긴 즐거움을 함께 맛볼 수 있으며, 그 전체 과정은 발견의 기쁨을 지향한다. 하지만 포스트모더니즘의 맨 밑바닥까지 내려가 보면, 이와 전혀 다른 대안이 끓어오르는 것을 느낄 수 있다. 예를 들어 워홀의 작품에서는 창조의 기쁨은 뒷문으로 사라져버린다. 그리고 그 맨 밑바닥에서는 아무것도 발견할 수 없거나 기껏해야 위험한 유머나 쓰디쓴 냉소를 느낄 수 있을 뿐이다. 근대주의의 비평은 나름대로 인정할만 하고 중요하지만, 포스트모더니즘 예술작품들이 제시하는 대안은 숙고하여 받아들이기에는 너무나도 무시무시하다.

따라서 우리는 포스트모더니즘 안에서 수용 가능한 것들을 예리하게 분별해야 한다. 필자의 견해로 피카소가 제시하는 유형은 우리 설교자들을 설교의 놀이를 위하여 해방을 안겨다 준다(2장 6. 참고). 이런 작품들은 우리를 좀 덜 심각하게 여기도록 교훈하며 그 작품 속에 들어 있어서 우리가 전해 받은 부요함을 더욱 잘 이해하고 유쾌하게 발전시킬 수 있도록 도와준다.

8. 창조성의 핵심

그렇다면 우리는 창조성을 어떻게 정의해야 하는가? 창조성의 핵심은 무엇인가? 사실 창조성과 관련하여 철학적이고 교육학적이며 신경학적이며 여타의 다양한 학문 분야에서 시도한 정의들이 있다. 폭 넓게 말하자면 창조성은, 기존의 요소들에 대한 (어떤 이들은 "잡종적 연관"[bisociation]이란 용어를 더 선호하지만) 혁신적인 조합이나 연합을 발생시켜서 실천적인 적용이 이뤄지는 과정이라고 말할 수 있다. 그래서 (신경학자인 마틴데일에 의하면) 창조 행위는, 쓰임에 유용하도록 연결됨직한 요소들의 새로운 결합을 만들어내는 것이라고 한다.

그래서 기존 요소들의 조합이 더 비범하고 놀라울수록 실제적인 적용도 더욱 강해지며, 그 과정도 더욱 창조적으로 진행된다고도 말할 수 있다. 창조성과 관련하여 필자는 드 보노(De Bono)라는 저명한 교육학자가 제시한 다음과 같이 비교적 쉬운 정의를 더 선호한다. "창조성은 사물을 바라보는 기존의 패턴과 전혀 다른 방식으로 접근하는 것이다." 사실 모든 것은 관찰하는 방식과 인식하는 방식에 의존한다. 어떻게 바라보는가의 관점이 어떻게 창조하거나 창조하지 못하는가의 여부를 결정한다(3장 7. 참고).

또한 상상력(창조성)은 우리 사람들에게 발생하는 어떤 것으로서, 어떤 측면에서는 상상력(창조성)을 배울 수 있고 또 배워야 하겠지만, 그렇다고 상상력을 자동으로 보장해 줄 처방전 같은 것은 없다.

1) 우발적으로 발생하는 창조성

이러한 우발적인 발생과 관련하여, 어떤 해결책을 찾아내기 위하여 지나치게 집중하는 주의력은 마치 무거운 수문처럼 뇌의 시냅스를 차단시켜서 결국 해결책을 찾아내는데 오히려 가장 심각한 장애물로 작용할 수 있다는 사실은 신경학적으로 밝혀진 사실이다. 그래서 어려운 문제를 해결하느라 집중력을 발휘한 다음에 필요한 것은 한 군데로 "집중하지 않은 집중력"(unfocused attention, Marthindale)이며, 이러한 느긋한 휴식과 안정 속에서 새로운 해답으로 인도하는 통찰력의 불꽃이 일어날 수 있다.

예를 들어 이런 순간은 예를 들어 샤워나 조깅을 하거나 또는 정원을 산책하거나 가장 비범한 시기나 장소에서 번개처럼 발생할 수 있다. 때로는 아침에 잠자리에서 깬 직후 몇 초 동안이 하루 중에서 가장 창조성이 활발할 때도 있다. 이때 무슨 일이 일어나는가? 수면을 통해서 뇌는 기존의 자료들을 모두 소화하고 모든 신경을 다시 새롭게 연결시켰다. 사실 몇몇 위대한 발명가들의 혁신적인 발명은 사과나무 밑에서 산책을 하거나 욕조를 가득 채우고 목욕을 하는 도중에 이런 방식으로 이루어졌다.

그래서 전혀 창조적이지 않은 한 가지 방식이 있다면, 그것은 창조성이 필요 없을 정도로 지나치게 힘들게 노력만 하는 경우이다.

설교자들을 위한 복된 소식 한 가지는, 설교를 제대로 하려면 설교자는 본문도 열심히 연구해야겠지만, 본문 주변에서 느긋하게 휴식도 취할 줄 알아야 한다는 것이다. 그리고 제대로 설교하기 위해서는 충분한 시간도 필요하다. 신경학적으로나 설교 방법론적으로 말하자면 토요일 오후에는 결코 제대로 설교 준비를 시작할 수 없다. 설교자들은 너무 일찍부터 설교 준비에 전념할 수도 없겠지만, 그렇다고 너무 오랫동안 설교 준비에만 전념할 수도 없다. 그래서 월요일 오후 정도에 시작한다면, 토요일 저녁까지 끌 필요는 없을 것이다.

2) 학습해야 할 창조성

3장에서 우리는 설교자들이 탁월한 예술가들처럼 주변의 모든 것들을 기존과 다른 방식으로 접근하여 좀 더 깊이 있게 관찰하고 궁극적으로는 그 속에서 보이지 않는 하나님까지 바라보는 것이 매우 중요하다는 점을 살펴보았다. 이어서 4장에서는 우리 설교자들이 보이지 않는 하나님을 만나려고 한다면 자세히 살펴보아야 할 장관(spectacles)으로서의 성경에 대하여 살펴보았다. 그리고 이

장의 초두에서 우리는 보이지 않는 하나님을 보여주는 성경을 자세히 살피기 전에 먼저 우리의 시야를 열어야 하고, 오직 성령 하나님만이 우리의 시야를 제대로 열어 줄 수 있음도 확인하였다.

그런데 우리 설교자들이 하나님으로부터 은사로 받은 새로운 창조성은 이 모든 세 가지 통찰의 과정을 균형 있게 강조한다. 하지만 우리는 자신의 인간적인 역할도 제대로 감당해야 한다. 우리 주변에는 남보다 좀 더 태생적으로 창조적인 능력을 보유한 사람들이 있다. 그러한 창조성은 분명 하나님의 은사이지만, 그럼에도 불구하고 성령 하나님에 의하여 거룩하게 사용되어야 한다. 그런데 복된 소식은 전혀 창조적이지 않은 사람들일지라도 성령 하나님에 의하여 거룩하게 성화된 창조성을 새롭게 획득할 수 있다는 사실이다. 창조성은 우발적으로 발생하지만 배워서 익힐 수도 있다. 이 두 가지 모두 다 성령의 은사이다.

다음의 논의의 목적은 창조성의 심리학에서 제시하는 한 가지 사례에 불과하지만 설교를 준비하는 상상의 과정에서 설교자들이 창조성을 올바로 학습할 수 있도록 돕기 위함이다. 그래서 생래적으로 창조적이든 아니면 학습을 통해서 창조성을 연마한 경우이든, 우리 설교자들에게 영향을 미치는 신경학상의 진리는 이러한 창조적인 깨달음의 과정을 통해서 얻어진다.

(1) 창조성의 네 단계

설교하는 것은 새로운 세계를 창조하는 것이고 그래서 매우 창조적인 행위이다. 이를 위해서는 성경 본문 해석에 관한 지식과 청중이 필요한 것을 파악하는 능력 이상이 요구된다. 설교 시간에 설교자는 성경이라는 고대 문서의 기초 위에서 좀 더 새롭고 좀 더 신난 것, 때로는 회중을 불편하게 할 메시지를 말해서 회중이 그 메시지를 자신들과 자신들이 살아가는 시대에 적합하고 연관성이 있는 말씀으로 받아들이도록 해야 한다.

이를 위해서 설교자에게는 창조성이 필요하며, 그 어떤 과학자나 예술가의 창조물에 비견될만한 작품을 회중에게 전달해야 한다. 그래서 앞서 지적한 바와 같이 창조성의 심리학에 관한 일반적인 규칙들이 창조적인 사람이랄 수 있는 설교자에게도 그대로 적용된다.

이런 맥락에서 만프레드 조슈티스(Manfred Josuttis)는 창조성을 발휘하는 다음 네 단계의 전형적인 신경학적인 특징들이 설교를 준비하는 과정에도 그대로 쉽게 적용될 수 있다는 점에 동의한다. 기초적인 토대(groundwork, 준비 preparation), 발전(development, 배양 incubation), 설명(clarification, 조명 illumination), 형성(formation, 확증, verification).

① 설교 생산의 첫째 단계: 준비

이 단계에서 설교자는 주일 설교를 염두에 두면서 마치 모든 것을 흡수하는 스폰지처럼 최대한 많은 정보를 최대한 폭 넓게 수집한다. 설교에서 다룰 성경 본문도 가능한 빨리 결정하고 이 본문을 연구하고 이해하는데 도움이 될 모든 자료들도 최대한 많이 수집한다. 그리고 회중과 관련된 모든 통찰들, 즉 그들과 관련이 있거나 또는 방해가 될 사항들도 미리 고려해야 한다.

이 단계에서 설교자는 관찰에 세심한 주의력을 발휘해야 하고 또 관찰을 통해서 얻은 결과물을 해석할 때 너무 쉽게 비판적으로 검열하거나 범주화하거나 정형화하지 않도록 순수성과 개방성을 유지해야 한다(3장 6. 참고). 그들은 또한 본문에서 표면적으로 볼 때에 그다지 중요해 보이지 않는 선언들이나 또는 회중에게 일어난 사건들이 나중에 설교를 완성해갈 때 중요한 역할을 감당할 수 있음을 인정해야 한다.

그래서 설교자는 이 성경 본문에서 나를 강타하는 것은 무엇이고 나에게 무의미하게 다가오는 것은 어떤 부분이며 그 이유는 무엇인지를 질문해보야야 한다.

또한 중요한 것과 중요하지 않은 것을 너무 서둘러 구분하지 않도록 주의해야 한다. 그리고 본문의 전체적인 의미와 회중의 입장이나 질문을 너무 빨리 이해하여 파악해내려고 하는 조급한 고정관념을 철저하게 거부해야 하며, 쉽게 설명할 수 없는 비범함이나 쉽게 일어날 것 같지 않은 사항들에는 오히려 세심한 주의를 기울여야 한다. 이를 통해서 이후의 창조적인 과정이 발전될 수 있는 폭 넓은 토대가 만들어질 수 있다. 만일 설교자가 설교 준비의 전체 과정을 너무 빨리 끝내기를 원한다면 이런 조급증은 결국 창조성을 단축시키는 결과를 가져올 것이다. 월요일에 벌써 설교문을 완성하려고 조급해하는 설교자라면 아마도 토요일에 설교문을 다시 작성해야 할 것이다.

② 설교 생산의 둘째 단계: 발전(배양)

(다른 단계도 마찬가지이지만) 자료 준비 단계와 설교적인 사상의 발전 단계의 전환은 반드시 순차적으로 진행될 필요는 없다. 두 단계의 차별성은 다만 발전(development, 배양 incubation)이 대체로 (우리 뇌의 8분의 7이 작용하는) 무의식적인 마음에서 일어나거나 또는 초점이 없는 의식 활동이 진행되는 동안에 일어난다는 점이다. 발전 단계에서 설교자들은 이전의 준비 단계에서 수집했던 정보를 해결 지점으로 옮겨가면서 차근차근 소화하여 정리해나간다. 비록 설교자가 이런 사실을 전혀 의식하지 못하더라도 집에서 걸려온 전화를

받는 중이나 교회에서의 위원회 모임 중이나 또는 산책하는 중이더라도 관계없이 여전히 설교의 전체적인 내용을 구상하느라 속으로는 분주하다. 설교를 준비하는 전체 과정에서 매우 중요한 단계 중의 하나가 바로 수면을 취하는 것이다. 이와 관련하여 일부 목회자들은 더 이상의 권면이 필요 없는 경우도 있다.

> 그러므로 여호와께서 그의 사랑하시는 자에게 잠을 주시는
> 도다(시 127:2).

루돌프 보렌은 다음과 같이 말하곤 했다. 성경 본문을 가지고 밤을 지내보라, 그리고 본문을 신뢰하라. 성경 본문은 우리와 함께 동행하신다. 그리고 성령 하나님도 신뢰하라. 무엇보다도 그분은 우리의 무의식 세계의 주인이시다.

경고가 하나 있다. 설교자는 준비 단계를 너무 길게 잡아서 과중한 부담을 짊어지거나 창조성을 발휘하기에는 너무나 많은 긴장을 짊어지지 않도록 주의해야 한다. 뿐만 아니라 사고의 배양 단계에서도 전혀 부담을 짊어지지 않거나 지나치게 느긋해 하지 않도록 주의해야 한다. 하루 종일 잠만 자기를 원하는 사람은 주일에 결코 탁월한 설교를 전하지 못할 것이다.

창조성에 관하여 연구한 심리학자들에 의하면, 이전에 수집된 통찰과 여러 가능성들을 무의식적인 마음 속에서 이리 저리 가공하는 배양 단계가 그 사람에게는 매우 혼란스럽고 당혹스런 시간이 될 수 있다고 한다. 때로는 이 단계에서 열등감이나 두드러질 정도로 높은 수준의 신경 과민증이 동반될 수도 있다. 이때 어떤 설교자들은 설교에 적합하다 싶은 또 다른 본문으로 바꿔볼 가능성까지도 고려하거나, 간단한 설교문을 추출하기 위하여 다른 설

교집을 뒤적거리거나, 설교를 대신 감당해 줄 다른 사람들을 찾아보거나 혹은 의사를 방문하여 질병을 진단해 달라고 요청하기도 한다. 또 일부 설교자들은 자신의 소명을 단념하면서 다른 전문직의 가능성까지 고려해보기도 한다. 하지만 결코 희망을 버리지 말라. 우리 설교자들은 진공 속에서 완전히 새로운 것을 창조해내는 것이 아니라 다만 혼돈 가운데에서 진리를 분별해 낼 뿐이다(MW Shelley). 그리고 춤추는 별을 출산하려면 그 전에 먼저 혼돈을 품을 줄 알아야 한다(Nietzsche). 모든 훌륭한 설교는 처음에는 분명 절망스러운 단계를 통과했을 것이다.

그 다음에 비로소 나가서 뛰놀 때가 온다. 앞에서 살펴보았듯이 이 역시 설교학적인 가치가 없는 것은 아니지만, 그렇다고 아직 골프를 친다거나 그와 비슷한 어떤 것을 즐겨볼 형편은 아니다. 이 단계에서 필자는 야외에서의 창조적인 놀이와 특히 신앙 공동체 내에서의 창조적인 놀이를 생각해 보는 편을 더 선호한다. 이런 놀이를 통해서 설교자는 성경 본문 안에 숨겨진 여러 가능성을 이리저리 살펴보고 질문하고 다시 다른 사람들의 다양한 관점과 경험에 비추어 숙고해 보는 시간을 가질 수 있다.

이 단계에서 중요한 과제는 본문의 확정적인 의미를 결정하는 것이 아니라 본문을 깊이 묵상하는 기쁨을 맛보는 것이다(시 1:2). 말하자면 본문을 통해서 그리고 그분 안에서 참 기쁨과 즐거움을 맛보는 것이다. 또 이 단계는 성경 본문을 이성적으로 해설하거나 가장 명료하게 세부사항들을 밝혀내는 것이 아니라 일종의 게임과 같이 성경 본문을 아주 순박한 방식으로 다루면서 성경 본문이 독자들에게 이끌어내는 최초의 경험이나 느낌, 혹은 인상에 주목해야 한다.

이 단계는 본문에 대한 자세한 설명보다는 본문에 대한 회중의 경험을 추론해보는 단계이다. 달리 말하자면 설교자들이 청중의 입장에서 또는 청중과 함께 토론하면서 하나님의 권속들과의 식탁 담화가 이뤄진다는 기대감을 가지고 설교 생산의 둘째 단계인 발전 단계가 좀 더 풍성하고 좀 더 감당할만하도록 하기 위하여 본문에 접근하여, 회중 구성원들이 본문에 대하여 품는 질문이나 불확실성, 그리고 새로운 통찰이나 깨달음을 수집하는 것이다. 사실 설교 준비를 위한 두 번째 발전 단계에서 본문에 대한 회중의 창조적인 역할은 설교 생산의 모든 단계를 아우르면서 매우 본질적인 비중을 차지한다(설교에 대한 그룹토의의 모델은 5장 4. 참고).

③ 설교 생산의 셋째 단계: 설명(조명)

이 단계는 종종 설교자가 "계획이 딱 들어맞을 때가 좋다"는 "A 특공대"의 모토처럼 이전에 몰랐던 새로운 깨달음의 경험이나 번쩍이는 통찰에 의하여 시작되는 경우가 많다. 이 단계는 이전의 발전 단계에서 설교자의 마음을 동요했던 여러 수집된 자료들이 갑자기 독특한 윤곽을 형성하면서 나름의 자리를 잡이기기 시작한다.

앞에서 창조성에 관한 이전의 정의를 떠올려본다면, 두 개의 서로 갈라지는 이슈들이 혁신적이고 (잡종적인 연관의 방식으로, bisociative) 창의적인 방식으로 서로 연결되어 새롭고 독특한 기능을 수행하기 시작한다. 설교에서도 성경 본문의 세계와 회중의 세계 사이에 새롭고도 혁신적인 방식으로 서로 연결되는 일이 발생하거나 또는 발견되거나 회중 가운데 말씀에 대한 새로운 반응이나 순종이 시작된다.

또한 설교자의 시야에 성경 본문이 회중에게 적용되는 사건의 각도나 반대로 회중이 성경 본문을 접근하는 각도가 마치 처음 일어나는 것처럼 분명하게 부각된다. 그때 우리 설교자들의 눈이 보이지 않는 하나님의 실재를 향하여 그리고 회중의 현실의 입장에서 새롭게 열린다(히 11:27; 3장 6. 참고). 그러므로 이러한 설명의 단계는, 우리 설교자들의 영안이 밝아져서(엡 1:18) 세상과 회중을 특정한 성경 본문의 전망을 통해서 바라보는 "예언의 단계"(또는 상상의 단계, visionary phase)라고도 불릴 수 있다(4장 참고). 이 단계에서는 갑자기 비전이 펼쳐지고 하나님과 세상을 향한 창문이 이전보다 더욱 선명해진다.

이런 과정을 통해서 "성경 본문의 하나님이 회중의 세상 속에서는 어떻게 역사하실까?"라는 질문에 대한 해답이나 최소한 이 질문을 해결하려는 고민이 새로운 방식으로 해결된다. 또 설명 단계가 진행되는 동안에 세상에 대한 성경 본문의 연관성이나 또는 모순이 분명하게 파악된다. 이런 해결 과정은 세상에 대하여 본문이 던지는 질문의 형태를 통해서나 또는 반대로 본문에 대하여 던지는 세상의 질문의 형태를 통해서 시작되고, 성경 본문과 실재 사이의 대화를 새로운 방식으로 촉진시켜줄 방법에 관한 기초적인 아이디어나 새로운 통찰의 깨달음을 통해서 이뤄진다. 바로 이 자리에서 창조성이 발생한다(6장 8. 1)).

앞서 언급한 바와 같이, 본문의 세계와 회중의 세계를 연결하는 연결고리나 교량은, 비록 세심하게 다뤄져야 하겠지만, 주로 두 세계 사이의 유사성이나 유비를 형성한다. 설교에서 설교자가 과도할 정도로 두 세계 사이의 유사성만을 찾다보면 성경 본문의 비범성이나 주도권이 제약을 받을 수 있다. 그럴 때 성경 본문의 직설법적인 선언이 가정법적인 호소로 뒤바뀌고 하나님의 백성 공동체를 염두에 둔 본문의 초점이 개인의 내면적인 심리에 집중하고 본문의 종말론적인 차원이 모두 현세적인 영역으로 속화된다. 짧게 말하자면 성경 본문의 약속하는 구조가 철저히 부정된다. 그리고 본문과 현실 세계 사이의 대화나 상호작용이 타협으로 변질된다. 타협만큼이나 창조성을 제약하는 것은 하나도 없다.

그러므로 창조적인 설교가 현실을 변혁시키고 이 현실 세계를 성경 본문이 선포하는 하나님의 세계의 지향점으로 끌어가려면, 본문과 실재 사이의 대비를 찾아내야 하며, 이해(관심사)가 서로 상충하는 지점을 찾아내야 한다.

④ 설교 생산의 넷째 단계: 형성(확증)

창조적인 설교가 현실 변혁적이려면 두 세계의 충돌을 부각시켜야 한다고 해서, 오직 대조법적인 모델(the antithetical model)만이 설교를 위한 올바른 해석학 모델로서 효과적이란 의미는 아니다. 이와 달리 설교 생산의 넷째 단계인 형성 단계(formation phase)는, 설교자와 회중의 상황에 실행 가능한 것으로 판명될 때까지 새롭게 발견된 설명을 계속 점검하고 조직화해야 한다.

어떤 의미에서 이 넷째 단계가 가장 어려운 단계이다. 왜냐하면 이 단계에서는 주관적인 통찰이 좀 더 객관적이고 상징적인 형태(의 언어)로 분명하게 표현되어야 하고 이전의 셋째 단계에서 확보한 설명이 좀 더 실천적인 방식으로 소통되어야 하기 때문이다. 이 단계에서 설교자는 아이스 픽(얼음 깨는 송곳)과 같이 청중의 마음 속에 얼어붙은 호수를 깨부수고 들어갈 수 있는 언어들을 찾아내야 한다. 그리고 설교자가 이전 단계에서 보았던 것은 이제 구어적인 그림으로 바꾸어서 청중들도 그것을 함께 볼 수 있도록 해야 한다.

이전의 설명 단계의 목표는 본문과 이 세상 사이의 교량을 발견하는 것이라면, 네 번째 형성 단계의 목표는 이 교량을 실제로 구축하여 본문과 세상 사이를 오가는 교통이 실제로 가능하도록 하는 것이다.

그렇다면 이것은 어떻게 성취되어야 하는가? 그동안 설교학자들과 설교자들이 이 문제와 오랫동안 씨름해왔다. 먼저 고전적인 모델은 본문에서 주해적인 메시지를 추출해내는 방법론으로서 이 방법은 그 장점에도 불구하고 본문의 역동성에 대한 시야를 잃어버리고 그 역동성을 딱딱한 추론적인 논리로 고착시키는 약점이 있다. 하지만 모든 본문이 세 개나 여섯 개의 요점을 제공하지도 않고, 또 설교자의 편견에 사로잡힌 신학을 지지해 주는 것도 아니다.

프래드 크래독(Fred Craddock)은 그의 흥미로운 저서인 『권위 없는 자로서』(As One Without authority)에서 이런 도식주의를 철저히 무너뜨리고 싶어 한다. 이 책에서 그는 설교의 흐름이 이전에 설교자가 깨달은 과정을 본문과 함께 그대로 설교에서 반복적으로 따라가는 귀납적인 과정을 제안하는데, 이런 과정을 통해서 청중도 설교의 흐름에 긴장감을 느끼면서 본문의 역동성을 신나게 경험하며 마지막에 "아하!"라고 외칠 수 있을 것이다. 설교는 청중으로 하여금 앞으로 전달될 내용에 대한 기대감에 매료될 수 있도록 해야 한다. 또한 설교는 청중의 예상 속에서나 그 구조 속에서 충분히 무르익기도 전에 성급하게 누설되지 않은 놀라운 요소들을 담고 있어야 한다.

그렇다고 해서 설교자가 예배와 설교 시간에 인위적인 방식으로 설교의 흐름을 연출하거나 의도적으로 감정을 자극해야 한다는 뜻은 아니다. 중요한 점은 설교자가 설교를 준비하는 셋째 설명 단계에서 경험한 감동이 예배와 설교를 통해서 회중에게 그대로 전달되어야 하고, 특히 설교에서 이것을 회중이 생생하게 경험할 수 있도록 해야 한다는 것이다. 설교는 단순히 이전의 감동에 대한 묘사가 아니라 그 감동을 고백하고 또 설교자의 고유한 설교 스타일을 통해서 회중이 계속 지각할 수 있도록 감동에 대한 열정을 쏟아내는 것이다(kierkegaard). 그래서 설교의 내부 구조 속에는 그 형태가 어떻든 관계없이 항상 기도의 열정이 남아 있어야 한다(Bohren).

유진 로우리(Eugene Lowry)가 저술한 『이야기식 설교구성』(*The homiletical plot*)은 또 다른 설교의 흐름을 제시한다. 이 책에서 그는 성경 본문의 메시지에 대한 주목할 만한 역설을 부각시키는데, 이 역설적인 흐름은 앞에서 언급한 본문에 대한 대조법적인 관점(the antithetical view)과 흡사하다. 그에 따르면 설교는 초반에 청중의 평정심을 철저하게 뒤흔들어서 긴장감을 끌어내거나 또는 최소한 그들 마음에 이런 과정이 아니라면 결코 물어보지 못했을 질문을 끌어내야 한다. 크래독과 로우리는 설교의 형식에 창조성과 즐거움을 가미하고 싶어 하며, 설교가 진행되는 동안 청중을 정적인 외곽 지역에 가만 놔두지 않고 복음의 신선함과 혁신적인 차별성을 새롭게 발견하는 지점으로 이끌어가기를 원한다.

이와 흡사한 설교 형식은 데이빗 버트릭(David Buttrick)의 『설교학』(*Homiletic*)이란 책에서도 반복적으로 찾아볼 수 있다. 그는 설교의 진행을 카메라라는 유비를 동원하여 인간의 지성과 관찰 과정이 마치 카메라처럼 작동하는 것을 보여주고 싶어 한다. 그래서 우리가 어떤 것을 바라본다면, 바라보는 행동을 통해서 단순히 무의미한 정보만을 흡수하는 것이 아니라 자신에게 훨씬 더 강력한 파장이 남는다. 그래서 설교는 회중의 마음에 하나의 장면과 그 다음 장면을 연속적으로 제시하여 그들이 마지막에 가서 "내가 전체 장면을 보았다"고 고백할 수 있도록 해야 한다. 유선형으로 잘 정돈된 한 가지 중심사상 다음에 또 다른 중심사상이 마치 훌륭한 영화처럼 순차적으로 이어져서 결국 관객을 놀라운 세상으로 초청하는 것이다.

본문의 세계와 오늘 회중의 세계 사이에 교량을 건설하는 전체 과정에서 계획을 세우고 실제 과정을 이끌어가는 사람은 설교자이지만, 앞서 5장에서 살펴보았듯이, 회중도 이 과정에서 중요한 역할을 감당한다. 최소한 회중이 설교에 참여하기 때문에, 역동적인 설교 시간과 예배 시간에는 설교자가 이전에 계획하고 준비했던 것과는 다르게, 그리고 아주 놀라운 방식으로 설교자의 설교 메시지가 회중과 함께 형성되고 성장하고 발전될 수 있는 여지가 있다. 그래서 우리 설교자들의 최고의 설교는 서재에서의 연구를 통해서 발생할 뿐만 아니라 특히 설교단에서도 다시 발생할 수 있다.

결론적으로 필자는 (성령과 회중이 없다면) 설교자와 성경 본문 사이의 창조적인 결합만으로는 창조적인 설교를 온전히 보장할 수 없다는 점을 또 다시 지적하고자 한다. 설교는 이 뿐 아니라 성령 하나님이 결정적인 역할을 감당하는 창조적인 사건이다(6장 6. 참고). 성령 하나님의 역사가 성경 본문과 회중, 목회자, 그리고 예배 시간에 각자 역할을 감당하는 모든 창조적인 과정을 포함한다. 성령 하나님의 역사가 없다면 우리 인간의 창조성은 단순한 목회적인 조작의 도구로 전락되고 말 것이다. 성령 하나님의 포괄적인 사역은 아래의 도식으로 표현될 수 있다.

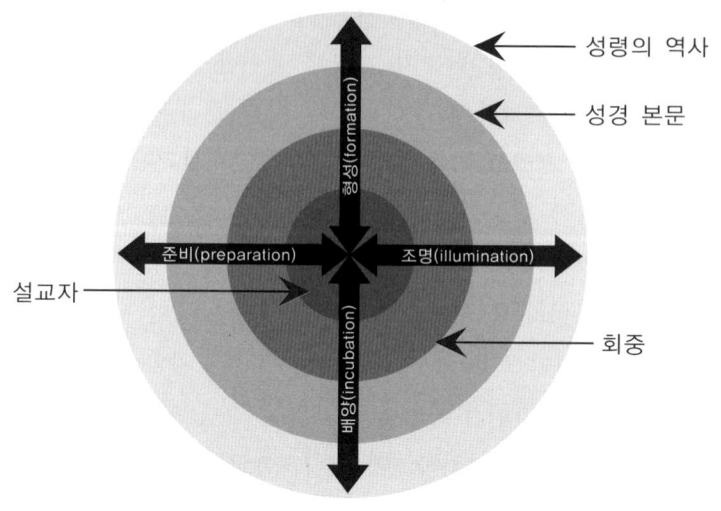

성령 하나님은 우리 인간의 모든 노력을 에워싼다. 그러므로 만일 여러분이 창조적으로 설교하기를 원한다면 계속해서 "오소서 창조의 성령이여"(*veni, creator spiritus!*)라고 기도해야 할 것이다.

9. 상상으로서의 설교

이 책의 첫째 장(1장 3)에서 우리는 오늘날 현대 사회에 이미지 문화가 점점 더 강하게 뿌리내리고 있음에 주목했다. 당연히 이런 변화는 설교자들에게도 영향을 주기 마련이다. 설교학계에서도 예전의 수사적인 탁월성으로부터 성경을 창의적으로 다루는 능력과 이미지의 중요성을 더 강조하며 상상력을 발휘하는 방식(an imaginative approach)으로 옮겨가고 있다.² 예를 들어 청중의 설득과 확신을 끌어내기 위한 고전적인 방식으로서의 수사학이 이제는 언어라는 수단을 통해서 청중의 마음 속에 새로운 세상을 창조하거나 형성하는 예술로서의 포이에시스(poiesis)에 밀려나고 있다.

이미지와 상상을 강조하는 경향은 소위 내러티브 설교(narrative preaching)의 도래와 그 맥락을 같이 하고 있다.³ 내러티브 설교는 특히 하나님과 사람 간의 만남에 관한 위대한 이야기로서의 성경 그 자체의 속성을 다시 회복하려는 설교학적인 시도로서, 이 만남의 과정에서 수신자로서의 인간을 매우 중요하게 여긴다. 그 이후에 설교에 관한 다음의 수많은 책과 논문들이 새롭게 등장한 주제에 대한 관심을 표명하였다. 독자의 관심을 끌만한 두세 가지 예를 들자면, 월레스(Wallace, 1995), 트로이거(Troeger, 1990, 1982, 1987), 브루그만(Bruegemann, 1995), 윌슨(Wilson, 1988), 그리고 리거트(Riegert, 1990)가 있다.

설교에서 이미지에 대한 강조를 단순히 새롭고 간단한 비법으로만 생각해서는 안된다. 필자가 이미지와 관련하여 말하고 싶은 것은 기껏해야 관점(perspective)이나 어떤 의미로는 그 자체로는 혼자서 존재할 수 없고 설교 형식과 관계를 맺고 실행되어야 하는 실험이(experiment)라고도 말할 수 있다. 그래서 필자가 앞서 제시한 지침들(6장 9. 4)은 또 다시 비평적이고 창조적인 평가를 거쳐야 하는 제안으로 받아주기를 바란다. 좀 더 분명히 하기 이하여 필자는 이

---

2 "상상"(imagination)이란 용어는 매우 풍부한 역사를 갖고 있어서 매우 다양한 관점과 학문 분야로부터 다양하게 설명될 수 있을 것이다. 이에 관한 탁월한 사례는 다음을 참고하라. Ross-Bryant 1981.

3 좋은 안내를 위해서는 다음을 참고. Lowry 1980.

미지가 기능할 수 있는 최소한의 다음 네 단계를 구분한다.

- 첫째는 이미지가 인간의 뇌에서 떠올라 발견된 것에 대한 무언의, 그래서 비언어적인 재현으로 기능할 수 있다. 우리가 (밤낮으로 꾸는) 꿈이 이 범주에 포함될 수 있다. 이와 관련하여 일부 심리학자들은 원형적인 꿈의 구조(archetypical dream structure)와 인간의 실존이 응축된 원초적인 각인에 관하여 언급한다. 여기에 속한 것으로는 출생과 삶, 성, 불안, 수치, 죽음 등이 있다(원형 심리학자인 제임스 힐만[James Hillman, 1979]은 이를 가리켜서 영혼의 언어[the soul's language]라고 부른다).
- 둘째는 언어로 표현될 수 있는 이미지들이다. 이 범주에 해당되는 이미지로는, 알레고리(추상적인 개념에 대한 상징적인 표현)와 비교법(comparisons, 일반적으로 "-같은"이란 단어를 사용하여 두 가지를 서로 비교하는 비유적인 표현법), 비유(parable, 예를 들어 예수께서 "하나님 나라는 이와 같으니"라고 말씀하신 경우처럼 특히 종교적인 진리와 관련된 일상적인 삶에서 끌어온 상징적인 이야기), 은유(metaphors, 비교법에 근거한 비유적인 표현법) 등이 있다.
- 셋째는 (텔레비전과 컴퓨터, 영화 등과 같이) 오늘날 현대 사회에 만연하여 사람들로부터 어떤 반응을 이끌어낼 목적으로 사용되는 시각적인 이미지가 있다.
- 넷째는 본문 속에, 특히 성경 본문 속에 들어 있는 이미지들이 있다. 필자가 이미지에 관하여 논의하는 출발점은 성경 본문 속에는 어떤 기초적인 이미지들이 들어 있으며, 우리 자신과 하나님, 그리고 이 세상에 관한 은유나 비유와 같은 언어적인 형태로 표현해야 하는 이런 기초적인 이미지가 없이는 우리는 인간답게 제대로 살 수 없다.

인간 사회는 이미지를 중심으로 회전한다. 설교와 관련하여 필자가 보기에 우리 설교자들은 이 점을 결코 무시할 수 없다. 하지만 이미지의 전개 과정으로서의 설교의 발전 과정은 균형이 잡힌 방식으로 진행되어야 하며, 특히 다음의 사항들을 고려해야 한다.

1) 뇌와 이미지: 신경-인지의 통합

"이미지로 생각하기"는 전혀 새로울 것이 없는 신경학적인 사실이다. 하지만 우리는 이미지로 생각하는 뇌의 기능을 편파적으로 이해하지 않도록 주의해야 한다. 최근 신경학자들은 인간의 뇌가 최상으로 기능하려면 다음과 같이 최소한 여덟 가지의 신경-인지 시스템이 서로 연합해야 한다는 사실을 확인했다.[4] 두 프리즈(Du Preez 1991:27)는 신경-인지의 통합 모델을 다음의 도표로 도식적으로 묘사하고 있다.

---

4 피질 에너지와 부호화, 계획과 통제, 언어적·순차적, 비언어적인 통합, 신체적인 운동, 사회적인 교감과 무의식(Du Preez 1991:26 참고).

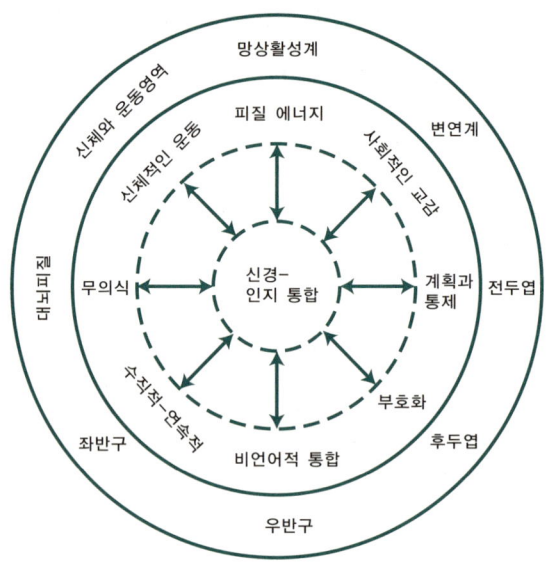

    그래서 사람의 뇌를 단순히 좌뇌와 우뇌로 구분하여 이해하는 것은 지나치게 단순하거나 심지어 매우 인위적이다. 이렇게 단순한 도식으로는 기껏해야 (이미지와 상상을 담당하는) 뇌의 우반구는 다른 신경-인지계의 도움을 받을 때 더욱 활성화된다거나, 소통의 과정에서(그래서 설교에서도) 더 효과적으로 활용되어야 하는 영역이라는 정도의 말을 할 수 있을 뿐이다.

    하지만 뇌의 우반구는 비언어와 시각-공간 감각, 음악과 언어-산문, 그리고 모든 것을 바라보는 통전적인 사고를 담당한다. 예를 들어 의사소통의 내용에 시각적인 형태를 부여하면 소통의 인지 과정 전체가 촉진된다. 달리 말하자면, 뇌의 언어-순차계(the verbal-sequential system)나 좌반구가 우반구로부터 시각적인 지원을 받아서 뇌 전체가 작동할 때 인지활동이 더 효과적으로 이뤄질 수 있다. 예를 들어 이미지를 묘사하는 단어는 단순히 논리적이고 분석적인 방식으로 (추상적인) 개념을 연결하는 단어보다 훨씬 더 효과적으로 소통한다. 그래서 "친구를 도와주려다가 그를 위험에 빠뜨리지는 말아라"는 말과 "친구 이마에 파리를 쫓으려고 손도끼를 사용하진 마라"는 비유적인 언어나 은유 사이에는 엄청난 차이가 있다. 전자는 단순히 귀로 듣는다면, 후자에서는 충격적인 장면을 본다.

오늘날 많은 설교 메시지들이 회중들이 하나님에 대해서나 설교자 자신이나 다른 동료 신자들에 대해서 아무것도 볼 수 없는 방식으로 전해지곤 한다.[5] 이런 설교에서는 성경 본문의 이미지에 대하여 또는 그 이미지로부터 아무런 창문도 열어주지 못하고, 아무런 희미한 빛조차도 들어오는 것을 허락하지 않는다. 심지어 "오직 그만이 나의 반석이시요"라는 시편 62:2에 관한 다음의 설교에서도 청중의 마음에 그 어떤 일말의 호기심도 이끌어내지도 못하고 또 좀 더 본문 속으로 가까이 그리고 깊이 들어가고 싶은 기대감도 끌어내지 못한다. 이 설교의 한 문단을 소개하자면 다음과 같다.

> 안식하고 싶은 마음은 사람의 진짜 욕구입니다. 만일 안식을 취하지 못하면 우리는 우리 내면의 가장 깊은 중심에서부터 영향을 받습니다. 안식이 없다면 우리는 실존적인 위기에 빠집니다. 사실 모든 인류의 역사를 피로에서 안식으로 옮겨가려는 시도라고도 말할 수 있습니다. 안식은 고요함과 지속적인 행복의 조건이며 만족의 조건입니다. 안식

---

5 바라봄과 설교의 연관성에 관한 광범위한 논의를 위해서는 다음을 참고하라. Cilliers 1998:31-56, Müller 2002:209. 그리고 오래된 화란의 설교학 도서『설교 속의 창문들』(Vensters in de preek) 역시 이와 관련하여 매우 흥미로운 내용을 담고 있다. 그리고 본서의 3장을 다시 살펴보라.

은 주변 환경에도 불구하고 편안하게 지내는 것입니다. 그래서 안식은 신앙의 또 다른 표현이고 신앙 안에서는 긴장이나 불확실성을 전혀 모릅니다. 안식은 하나님이 다스리심을 믿는 것입니다.

이 설교에서 설교자는 신앙을 "긴장이나 불확실성을 전혀 모르는 것"이라고 아주 혹독하면서도, 신학적으로 잘못 묘사한 것을 제외하고, (그 자신의 언어를 동원함이 없이) 회중과의 아무런 실존적인 접촉점도 없이 그저 일반적인 용어로 안식을 설명한다. 그래서 회중은 아주 모호한 "사람의 진짜 욕구"나 "실존적인 위기", "고요함의 조건", 그리고 "신앙"과 같은 추상적인 언어들을 적당히 알아서 처리해야만 한다. 청중은 시각적인 이미지가 전혀 없는 수많은 추상적인 단어들의 늪에 빠질 수 밖에 없다. 이런 방식으로 안식을 말하는 것은 청중을 반대로 더욱 피곤하게 만들거나 "그렇다면 왜 나는 (비인간적으로) 안식을 누리지 못하는가?"라는 질문으로 죄책감에 빠지게 만들 수 있다. 이 설교에서는 "고요함"을 누릴 비밀이 그 어디에서도 제시되지 않고 있다. 하지만 또 다른 설교에서는 이와 다른 양식이 감지된다.

우리 중에 안식이 필요 없는 사람이 누가 있겠습니까? 우리 중에 잠시 휴식을 취할 수 있고 숨을 쉴 수 있고 우리 신발을 벗어버리고 우리의 불안한 사회에서 벗어날 수 있는 시간을 열망하지 않는 사람이 누가 있겠습니까? 침묵. 내 왕국에서 잠깐만이라도 침묵하고 싶습니다.
물론 우리는 침묵이 어디에 있는지 잘 압니다. 아마도 지난 번 휴가 때 여러분은 석양이 저무는 해변가에 앉아서 태양이 저 먼 바다 속으로 잠자러 들어가기 전에 여러분에게 마지막으로 윙크하는 것을 바라보았을 것이고 그때 경건한 평화를 맛보았을 것입니다. 또는 여러분이 10년이나 20년 동안 살아온 집을 떠나려고 마지막으로 걸어 들어갈 때, 가구 운반차는 이미 여러분의 가구를 싣고 떠나버렸고 텅 빈 거실에 혼자 남아서 지난 시절 그곳에서 경험하고 깨달았던 모든 것들이 갑자기 여러분에게 속삭이듯이 떠오를 때에도 여러분은 말로 표현할 수 없는 침묵을 경험했을 것입니다. 그렇게 올 때가 있으면 또 갈 때가 있습니다…. 때로는 공동묘지에서 정답게 우는 비둘기들이 고요한 침묵을 더욱 무겁게 할 때 아주 낯선 침묵을 경험할 때도 있습니다. 우리의 연수가 마치 꿈같이 지나가며…우리의 평생이 순식간에 다하였나이다(시 90:9, 10).

두 번째 설교는 청중의 모든 감각을 자극하거나, 최소한 여러 감각들을(신경학적으로 말하자면, 신경-인지의 중심을 최대한 많이) 자극하여 청중의 이해를 촉진시켜 주거나 첫 번째 설교의 경우보다 그럴 가능성이 훨씬 많다.

2) 이미지의 책으로서의 성경

우리 설교자들이 상상력을 적극적으로 발휘하여 설교해야 하는 좀 더 중요한 이유가 있다. 성경 그 자체가 진주 구슬을 줄에 꿰듯이 그렇게 단어들을 길게 꿴 줄과 같은 것이 아니다. 성경은 오히려 사람에게 개입하신 하나님의 이야기이며(행 2:11), 역사 속에서 그분의 위대한 행동에 관한 이야기를 들려준다(4장 참고). 그래서 성경은 아주 오래된 이미지의 보물창고이며, 우리가 만일 상상이 풍부한 신학자와 설교자가 되기를 원한다면 반드시 성경으로 되돌아가야 한다. 상상에 관한 고전적인 저서에서 가렛 그린(Garrett Green 1989:106)은 상상을 위한 성경의 중요성을 다음과 같이 강조한다.

> 하나님은 자신의 형상(his image)을 최초의 증인인 예수 그리스도 안에 각인(im-pressed)하여 구현하였다. 예수는 다시 그 형상(이미지)을 우리가 정경이라고 부르는 특정한 본문과 거룩한 책들 속에 표현(ex-pressed)하였고, 우리는 성경에 기록된 그 형태를 다시 현대적인 청중인 우리에게 각인시키고 우리를 하나님의 형상대로 다시 만든다…. 계시는 상상력을 동원하는 행위이며, 성경은 상상이 가득한 작품이고 신학은 상상에 대한 해석이다.

성경 본문 속에는 하나님을 묘사하고, 사람들이 붙잡고 살아갈 필요가 있는 이미지들과 은유들이 아주 많이 들어 있다. 필자가 생각하기에 설교의 목적은 이렇게 중요하고 삶을 바꾸는 이미지들을 다시 확보하고 이런 이미지들을 이 시대의 사람들을 위한 이미지로 바꾸거나 또는 그런 이미지로 묘사하여 활용하는 것이다. 지나치게 현세적인 감각이 지배하는 현실 속에서 우리 설교자들의 임무는 사람들을 참되고도 중요한 은유 앞으로 데려오는 것이다. 그리고 그들이 성경 본문에 근거하여 인생의 미술관을 안전하게 여행할 수 있도록 돕는 것이다.

성경은 순수사실(*bruta facta*)로서의 역사적인 사실을 선포하는 책이 아니라, 이런 사실들에 관한 수많은 이미지들과 상상에 관한 책이며 이런 사실들을 언어와 이미지로 구현한 책이다. 이런 이미지들의 세계는 계속해서 방문하여 다시 갱신해야 하고 그렇지 않으면 그 이미지들은 성경 속에서 죽어서 무기력하게 남아 있을 뿐이다. 설교자로서 우리의 임무는 성경의 이미지들과 상상으로 연합하여 마치 예수님께서 "천국은 이와 같으니"라고 말씀하셨듯이 그 이미지들을 다시 새롭게 반복적으로 사용하는 것이다.

바로 이 "같으니"(like)의 배후에는 이 단어에 붙들려 사용되는 이미지나 은유를 훨씬 초월하는 실제가 버티고 서 있다.[6] 성경은 하나님의 구원 행위에 관한 최초의 시원적인 상상을 우리에게 제시하고 또 우리는 그 속으로 반복적으로 들어가야 하지만, 그 의도는 성경 속에 들어 있는 이미지를 시대에 뒤떨어지도록 화석화하려고 해서는 안된다. 이미지는 점진적인 능력을 가지고 있으며 창조적이고 동시대적인 상상력을 요구한다. 그럼에도 불구하고 이미지가 활력을 잃어버리거나 그 영향력이 사라질 수도 있다. 그러면 이미지들은 표현력도 잃어버리고 풍성한 상상력을 발휘하지도 못한다. 만일 이미지를 먼저 논리적으로 설명하려고 한다면, 이는 그 이미지가 더 이상 제대로 기능하지 못하는 표시이다(Riegert 1990:73-74 참고). 사실 경직된 이미지들은 거짓된 예언이나 너무 때 늦은 신학의 퇴물로 전락될 가능성이 많다. 이런 경우에 이미지는 우상이 된다. 그러면 이런 이미지들은 십계명 중 둘째 계명으로 평가해야 하

---

6 그래서 신학적인 언어와 은유가 오랫동안 공존해올 수 있었다. 자넷 소스키스 (Janet Soskice 1985:148)는 종교를 위하여 은유적인 언어를 사용할 때의 유익한 가치에 관하여 다음과 같이 적고 있다. "종교에서 은유를 사용하는 우리의 주된 관심은 과학적인 증거보다는 개념상의 가능성에 관한 것이고, 하나님을 추상적으로 정의내리기 보다는 은유를 사용하여 하나님에 관하여 바르게 말하는 것을 증명하려는 것이다. 그래서 사실주의(realism)가 직접적으로 묘사한다고 주장하지 않으면서도 실재를 묘사하는 비유적인 화법을 수용할 수 있다."

지 않을까?

> 너를 위하여 새긴 우상을 만들지 말고(출 20:4).

상상력을 발휘하는 설교(imaginative preaching)도 그런 위험에 빠질 수 있다. 이럴 때는 신경학적인 통합이 도움을 줄 수 있겠지만, 그 어떤 것도 성령 하나님의 사역을 대신할 수는 없다. 성령 하나님은 우리가 살아가는 이 시대를 민감하게 분별하도록 도와주며 근원적인 이미지들에 대해서, 그리고 우리를 강하게 사로잡으려는 이콘들을 예리하게 분별할 수 있도록 도와주며, 이런 이콘들 속에서 그리고 여기에 대항하여 성경적인 이미지들을 어떻게 재상상할 수 있는지를 가르쳐준다.

그러므로 성령 하나님은 다시금 우리를 그분의 최초의 상상의 해석학을 따라갈 수 있는 성경 안으로 인도하시는 분이다. 오늘날 우리 설교자들이 올바로 상상하기 위해서는 성령을 통하여 성경 본문의 상상 가득한 세계 안으로 새롭게 인도를 받아야 한다. 그렇지 않으면 우리는 잘못된 것을 상상할 수 있다. 필자의 생각으로 이것이 상상의 설교를 위한 기본적인 출발점이다. 성경 속에는 우리를 미래로 인도할 수 있는 고유한 힘을 가진 수많은 이미지들이 들어 있다. 그래서 우리 설교자들은 성경의 이미지들 덕분에 복음이라는 오래된 조류를 매 번의 새로운 시점에서 풍성한 상상으로 새롭게 선포할 수 있다. 윌리스(Wallace 1995:10)는 이 점을 다음과 같이 훌륭하게 설명한다.

> 정원이나 새 하늘과 새 땅, 만찬, 빵과 포도주, 머리에 부은 감람유, 발을 씻을 정도로 흘러넘치는 눈물, 붉게 타오르는

횃불, 갓 태어난 아기, 그리고 십자가에 달린 인물과 같은 이미지들은 사람들을 신비로운 능력으로 두근거리게 만드는 어떤 힘이 들어 있다. 설교자의 임무는 현 세대와 자라날 세대를 위하여 이런 이미지들을 복원하고 갱신해서 현대 문명에 의하여 대신 우리 안에 자리를 잡고 있는 무의미하고 공허한 이미지들의 융단폭격에 휩쓸리지 않도록 해야 한다. 앞으로도 이미지는 계속해서 인간의 의식 세계로 계속 쏟아져 들어올 것이지만 여기에서 관건은 과연 어떤 이미지들이 그곳에 뿌리를 내리고 꽃을 피울 것인가 하는 것이다.

성경에는 사람들이 그 터전 안에서 태어나고 인생을 살다가 생을 마감하는 핵심 이미지들로 가득 차 있으며, 우리는 그 이미지들을 통해서 우리 자신의 얼굴뿐만 아니라 하나님의 모습도 새롭게 바라볼 수 있다. 그런 이유로 루터는 신앙에 관한 핵심 이미지들에 관하여 다음과 같이 반복적으로 언급하곤 했다.

> 원하든 원하지 않든, 그리스도의 이름을 들을 때면 나는 항상 마음 속에서 십자가에 달린 한 사람의 이미지를 떠올리곤 한다.(Milk S.a.:62 참고).

그래서 루터가 그리스도에 관한 설교를 그토록 상상력이 풍부한 방식으로 선포한 것도 결코 이상한 일이 아니다.

루터는 또한 교회는 "펜의 집(a pen-house)이 아니라 입의 집(a mouth-house, *Mundhaus*; 6장 1. 참고)"이라고 말했다. 하지만 루터의 이러한 선언을 마치 성경과 설교에 대한 교회의 관점을 그저 언어적으로만 또는 인식론적으로만 이해해야 한다고 해석하는 것은 잘못이다. 성경이 확증하는 하나님의 말씀은 말로만 이루어진 것도 아니고 분명히 개념들로만 구성된 것도 아니다.

하나님의 말씀에 대한 오늘날 우리의 견해는 그 근원을 추적해 보면 수사적인 논리를 선호하는 고대 그리스 헬라 문화의 영향을 받았다. 우리는 텍스트에 대하여 자유로운 상상력을 발휘하지 못하고 자꾸만 쟁점이나 사실들을 주로 추상적인 방식으로 추론하는 쪽에 대하여 쉽게 죄책감을 느낄 수 밖에 없다. 하지만 다바르(dabar)라는 히브리 단어의 의미를 살펴보면 진리에 한층 더 가까이 다가갈 수 있다. 즉 말씀(the Word)은 동시에 행동(deed)이기도 하며, 그래서 항상 "말씀-사건"(a Word-event)을 의미한다. 말씀은 그저 분석되거나 언어학적으로 파헤칠 수 있는 것이 아니라, 우리를 안으로 불러 초청하는 새로운 세상이며, 우리를 변화시키는 "말씀-세상"(a Word-world)이다.

말씀이 진정 사람이 되셨는데(요 1:14), 이는 언어적으로 뿐만 아니라 비언어적으로도 그렇다. 그래서 언어적인 요소를 단순히 비물리적인 것으로 간주하는 것은 잘못이고, 반대로 비언어적인 것을 그저 물리적인 것만으로 간주하는 것도 잘못이다(Lukken 1990:21). 그렇지 않다. 말씀은 또한 물질적이며, 그래서 시각적이고 이미지로 전환될 수 있다. 그러므로 여러분이 이 말씀을 설교하기를 원하면서 단지 몇몇 단어들만을 뒤섞어 배열해 놓고, 시각적이고 신체적인 차원인 설교자의 현존으로 그 말씀에 대한 물리적인 기반을 제시할 수 없다면 그 설교는 제대로 된 설교가 아니다. 성경에 기록된 하나님의 말씀의 선포를 위해서는 통전적인 언어적 및 비언어적인 묘사가 반드시 필요하며, 계속해서 우리 사람 가운데 육신으로 나타내야 한다.

상징주의(symbolism)는 때로는 표상적 상징주의(presentative symbolism)와 추론적 상징주의(discursive symbolism)로 구분되곤 한다. 상징의 의미와 동시적이고 전체적인 관찰의 집약이 전형적인 표상적 상징주의이다(Lukken 1990:31-32). 어떤 한 가지 이미지는 그 이미지가 시각적인 묘사건 혹은 은유, 즉 언어를 통한 묘사건 관계없이 일련의 기억이나 감동을 불러일으킨다. 예를 들어 독자 여러분이 지나온 인생에 어떤 중요한 사건이나 순간을 담은 사진을 우연히 발견하면, 일련의 논리적인 말로 표현할 수도 없고 그럴 필요도 없는 어떤 사건들을 마음 속에서 느끼거나 바라볼 수 있다. 아마도 그 사진 한 장에는 당신의 전체 인생의 지나온 세월이 응축되어 있거나 그것을 실감나게 표현할 것이다. 아마도 그 사진은 엄마가 음식을 장만하던 부엌의 냄새나, 아빠가 자주 사용하던 물컵, 그리고 형제들의 소란한 발걸음 소리에 대한 기억들을 일순간 떠올릴 것이다. 이것이 표상적 상징주의이다.

이와 달리 추론적 상징주의는 주로 언어를 사용하여 의미의 단위들이 서로 논리적으로 작용하도록 유도한다. 그런데 필자는 이 두 가지 형태의 상징주의 또는 상상행위가 설교의 소통을 위해서 다 같이 중요하며, 둘 중 한 쪽의 상징주의가 다른 쪽 상징주의와 긴밀한 관련을 맺고 균형을 취해야 한다는 견해를 갖고 있다. 우리 설교에서 이런 균형을 유지할 비결은 오늘날 다방면으로 온갖 종류의 세속적인 이미지의 융단폭격에 노출된 현대인들을 위하여 책임 있는 방식으로 하나님의 말씀을 전하려는 설교자의 의지에 달렸다. 이때 우리는 아마도 다시 어린아이로 돌아가서 세상을 처음 바라보고 이해했던 순수한 감각을 회복하여 생생한 이미지들을 통해서 언어 능력을 발전시키는 토대를 구축해야할 것이다. 좀 더 경험이 있는 방식으로 표현하자면, 어머니의 목소리를 그 얼굴과 분리시켜서 생각할 수 없는 것과 같다. 이와 마찬가지로 우리도 하나님의 목소리(말씀)를 그분의 얼굴과 분리시키서 생각할 수 있을까?

성경은 하나님의 말씀이 육신이 되었음을 확증한다. 성경은 말씀의 성육신에 관한 내러티브를 담고 있으며, 그 내러티브는 독자의 상상을 자극한다. 그래서 성경은 여러 이미지들로 가득하며 "매우 시각적인 언어"로 말한다(Wallace 1995:9). 성경의 단어들은 독자의 마음에 그림을 그려주며 그림 언어로 말한다. 우리 모두는 하나님의 이름에 관한 가장 근원적인 원천이자 대헌장인 성경책을 존중한다(Bohren 1971:109). 이 책 속에는 지난 세월 동안 우리를 위하여 보존된 온갖 종류의 거룩한 이미지들이 보관되어 있으며, 이제는 창조적인 방식으로 계발되고 생생하게 풀려나기를 기다리고 있다. 말하자면 성경책 속에는 여러 천사들이 숨어 있으며, 그 중에 어떤 천사들은 설교를 통해서 새롭게 날아오를 날개가 주어지기를 기다리고 있다. 하지만 불행히도 적지 않은 설교들이 이렇게 기다리는 천사들을 불구로 만들거나 상상력의 날개를 펼치지 못하도록 성급하게 속박하곤 한다.

그 이유는 아마도 우리 설교자들이 성경 본문을 너무 힘들게 연구를 하기 때문이거나, 또는 본문을 너무 어렵게 접근하기 때문일 것이다. 또는 끌로 바위 속에 갇힌 천사를 자유롭게 풀어주었던 미켈란젤로처럼 우리도 성경 본문으로 그렇게 할 수 있다고 믿지 않거나, 작은 망치로 본문의 바위를 충분히 다듬어낼 실력을 충분히 갖추지 않았기 때문일 수도 있다.

만일 여러분이 성경 본문 속에 천사가 숨어 있을 것으로 기대한다면, 여러분은 그런 기대감을 가지고 본문을 다룰 것이다. 성경은 이미지의 책으로서 특별한 독해 방식과 독특한 독법과 주해, 그리고 궁극적으로는 독특한 설교 방식을 요구한다. 설교는 두 가지 의미에서 일종의 모험이다. 특정한 본문 안에 들어 있는 지배적인 이미지를 찾아내는 모험과, 그 이미지가 이 시대 사람들과 연관성을 맺을 수 있도록 상상력을 자극하고 이끌어내는 방식으로 전환하는 모험 때문이다. 월리스(Wallace 1995:18)는 이렇게 주장한다.

> 상상의 설교를 위해서는 설교의 임무에 접근하는 특별한 방식이 요구된다. 이를 위해서 우리 설교자들은 중심 사상이나 핵심 사상 대신에 이야기의 지배적인 이미지, 예언적인 단어, 그리고 우리가 말한 모든 것을 통제하고, 생각과 느낌과 동기를 이끌어낼 만한 이미지를 찾아야 한다. 또 상상의 설교를 위해서 우리 설교자들은 평생을 통해서 터득하고 우리가 봉사하는 신앙의 전통에서 물려받은 이미지들에 관심을 기울여야 하겠지만, 설교를 위한 가장 중요한 원천인 성경 본문에서 발견된 이미지들을 먼저 연구하고 주의를 기울여 살펴보는 것이 가장 중요하다.

그러므로 우리 설교자들은 기본적인 이미지들, 또는 달리 말하자면, 오늘날 우리 사회의 이미지들과 연결시키고 우리가 사는 이 세상의 이미지들과 연결시키는 복음의 이미지들에 대한 관심을 가지고 성경에 접근해야 한다. 여기에 다음의 질문과 같이 설교의 창조적인 긴장이 생겨난다. 만일 이 성경 본문의 이미지와 이 본문에서 지배적인 장면이 등장인물이거나 이야기의 중요한 순간이거나 핵심 은유이거나 간에 우리 인생의 이런 저런 측면들과 서로 만나서 조우하면 무슨 일이 발생할까? 만일 인생에 관한 대항 이미지(contra-images)로서의 성경적인 이미지들이 오늘날 우리 인생을 압도하여 가득 채우려고 쇄도하는 우상들의 홍수와 서로 만나서 갈등을 일으키면 어떤 일이 벌어질까? 우리는 어떤 이미지들이 우리의 실재를 형성하도록 허용할까?

간략히 말하자면, 설교자들은 성경의 은유와 우리 일상의 실재에 관한 은유 사이를 중재하며 두 세계의 접촉점을 찾으며 인생을 위하여 유익한 은유를 더욱 견고하게 다질 수 있는 방법을 찾는 중재자들이다. 하지만 우리 설교자들은 복음의 은유는 우리를 둘러싼 도덕적인 은유나 심지어 악한 은유의 수준으로 전락될 수 없다는 사실을 명심해야 한다. 참으로 놀라운 사실은, 우리 설교자들은 마치 이미지와 은유의 중재자와 보호자로서 그리고 복음의 이미지와 은유의 보호자이자 중재자로서 성경 본문과 인생 사이의 교량을 번갈아 오간다는 것이다.

3) 이미지의 효과

이미지의 효과는 참으로 신비롭기 때문에 간단히 설명할 수도 없고 그래서도 안된다. 필자의 생각으로는 이미지의 효과와 관련하여 다음 몇 가지 사항이 매우 중요하다.

- **이미지와 표현 능력의 관계.** 이미지는 말과 언어를 돕는다. 달리 말하자면 이미지는 이미지가 없었더라면 결코 알아채지 못했을 언어의 차원을 가장 눈에 띄는 전면으로 부각시킨다. 어떤 의미에서 이미지는, 언어의 의미를 더욱 풍성하게 만들어 주기 위하여 (아주 빠르고 때로는 부주의하게 쏟아지는) 말의 홍수를 늦추어 준다. 또한 이미지는 우리 인간의 소통 과정에서 실재에 대한 얇은 묘사(또는 표층 묘사, thin descriptions of reality)로부터 두꺼운(또는 심층, thick) 묘사로 옮겨가도록 도움을 준다

(Brueggemann 1997:73ff 참고). 말(word) 하나만 가지고는 너무나 빈약하고 지나치게 간소하다. 하지만 이미지는 기계적인 소통(digital communication)을 추구하는 우리 인간의 (근대적인) 경향을 아날로그 소통으로 바꾸어주며, 말 하나로만 전달할 수 없는 실재 세계로의 창문을 열어준다. 이에 관한 흥미로운 사례는 쉐일라 쿠숀스(Sheila Cussons)와 같은 시인이 사용한 이미지에서 찾아볼 수 있다. 이 시인은 분명 이미지와 말 사이에서 계속 놀이하고 있다.[7] 때로는 그녀는 자기 마음 속에 떠오르는 이미지를 시의 언어로 바꾸기 전에 먼저 말 그대로 도화지에 그려본다. 이 두 가지 과정이 때로는 동시에 진행되기도 하고, 그림 작품과 시가 하나의 새로운 창조 단계로 서로 결합되기도 한다. 또 때로는 먼저 시를 문장으로 지은 다음에 비로소 도화지에 그림을 그리거나 묘사하기도 한다. 친구들이 전화를 걸어서 지금 무엇을 하는 중이냐고 물어 보면 그녀는 "생각 중"이라고 대답한다. 그녀는 나름의 경험을 통해서 창조에는 시간이 걸린다는 것을 잘 알고 있으며, 그녀의 시집 제목(내 머릿속의 천사, *'n Engel deur my kop*, 1997)에서도 알 수 있듯이 머릿속에 천사가 날아 들어오려면 오랜 시간이 필요하다.

- **이미지는 실재를 다시 구성한다.** 이 과정에서 다음과 같은 일이

---

7 스텔렌보쉬에 위치한 사솔 미술관(the Sasol Art Museum)의 방문 큐레이터인 아만다 보타(Amanda Botha)가 2002년에 열린 "연례 구어 축제"(the annual Word Festival, 2002년 2월 27일)에서 쉐일라 쿠숀스(Sheila Cussons)의 일부 작품을 낭송하면서 분명하게 드러난 바와 같다. 2002년 3월 4일자 *Die Burger*는 그 내용을 다음과 같이 잘 정리하여 보도했다. "그녀(쿠숀스)에게서 이미지와 말은 항상 서로 상호작용한다. 그래서 그녀의 예술세계에서는 문자적으로나 비유적으로나 그림이 시가 되고 시가 그림이 된다. 여기에서 인생 그림과 시로 나뉜다. 그녀에게는 오직 이 점이 중요하다.

일어난다. 먼저 어떤 이미지로부터 기존의 익숙한 것들을 인식하는 지향(orientation)의 단계가 있다. 이어서 (반드시 순차적으로 일어날 필요는 없고 때로는 동시적으로도 진행되지만) 이미지가 실재 세계에 질문을 던지고, 어떤 의미에서는 실재를 뒤집는 방향상실(disorientation)의 단계가 이어진다. 성경의 이미지들은 대부분 이런 방식으로 작용한다. 그동안 익숙하게 느껴졌던 은유가 갑자기 도전적으로 바뀌거나 현 상황에 관하여 전복하려는 입장을 취한다. 작은 누룩이 거역할 수 없는 하나님 나라를 전달하는 이미지로 작용하는 것도 이런 경우이다(마 13:33). 이렇게 성경의 이미지들은 종종 대항적인 이미지로 다가오면서 우리에게 "상상의 충격"(imaginative shock)을 안겨 주거나 이 세상과 하나님 나라 사이의 서로 상이한 유사성(the dissimilar like)을 제시한다(Rieget 1990:72-74; Brueggemann 1993:15 참고). 이러한 방향상실의 단계 이후에 이미지가 새로운 가능성과 새로운 세상에 관한 시야(전망)를 열어 주고, 세상을 창조하는 위력을 발휘하는 재지향(reorientation)의 단계가 뒤따른다. 성경의 이미지는 하나님의 대안을 향하여 방향을 지시하고 좀 더 가까이 손짓하는 손가락 같다.

- **하지만 이미지는 단순한 조각으로 남는다.** 이미지들은 다만 전체의 일부분만을 묘사하며 이 경우에 하나님 나라의 일부분만을 묘사한다. 성경 본문은 좀 더 커다란 이미지를 구성하는 작은 퍼즐 조각이나 마찬가지이다. 이미지는 그런 조각을 제공하는데, 역동적으로 고동치는 조각이지만 사실은 더 커다란 그림의 일부분에 불과하다. 또 성경의 이미지는 기껏해야 고대의 이미지나 궁극적인 이미지(ultimate image)에 대한 부분적인 그림이다. 이미지는 보이지 않는 것을 묘사하려는 우리 인간의 최선의

시도이다. 하지만 이미지는 여전히 잠정적인 상태에 머물러 있다. 우리가 지금은 거울로 보는 것 같이 희미하나 그때에는 얼굴과 얼굴을 대하여 볼 것이요(고전 13:12).

4) 재상상으로서의 설교에 관한 몇 가지 지침

설교에서 이미지를 활용하고 발전시키기 위한 몇 가지 간단한 지침을 제시하자면 다음과 같다.

- **먼저 성경 본문을 자세하고도 성실하게 연구하라.** 본문에서 지배적인 이미지를 찾아내기 위하여 계속 마음에 다가오거나 걸리는 것이 있는지 물어보고, 세심하게 (역사적이고 주해적이며, 해석학적으로) 본문에 헌신하라. 그렇다고 본문에서 추상적인 정보나 순수사실(*bruta facta*) 또는 모호한 주제를 추출하려 하지 말고, 본문의 분위기와 움직임을 직접 경험해보라(Buttrick 1987:294ff 참고). 어떤 의미에서 본문을 제대로 경험하려면 본문의 분위기를 제대로 반영해 주는 종류의 음악을 선택해서 들어보는 것도 추천할만 하다. 그래서 시편 150편을 제대로 설교하기를 원하는 사람은 헨델의 할렐루야 합창곡을 들어보면서 그 곡의 분위기를 느껴봐야 하지 않을까? 또는 시편 88편에 대한 설교를 시도하는 사람이라면 헨델의 고난 받는 종에 관한 "주는 모욕당하셨네"(He was despised)를 들어보면서 먼저 애통해야 하지 않겠는가?
- **이미지를 논리적으로 설명하려고 하지 말라.** 현대주의(modernism)의 전형적인 특징은 모든 사물을 끝까지 논리적으로 관통하려 하고 모든 신비를 과학적으로 낱낱이 토론해서 결국은 신비의 위력을

깡그리 제거하려고 한다. 하지만 설교자는 이미지를 개념으로 바꾸지 않도록 주의해야 한다. 이미지 효과를 논리적으로 정리하거나 심지어 삶에 적용시켜서 이미지의 신비를 모두 해명하려고 하지 말라. 다만 이미지가 고유한 방향대로 나아가도록 허용해서 그 이미지의 고유한 표현력을 확장시키라. 무엇보다도 성경 본문을 단순한 정보의 전달 도구로 무시하지 말고 스스로 실행하는 주체로 존중하라. 성경 본문은 말 그대로 사람을 바꾸려는 의도와 목표를 갖고 있다. 그러므로 성경의 이미지가 스스로 메시지를 독자에게 전달하여 변화의 능력을 발휘하게 하라. 명심할 점은 이미지는 메시지를 담고 있을 뿐만 아니라 어떤 의미에서는 그 이미지 자체가 메시지다. "매체가 곧 메시지다"(Marshall McLuhan). 이 명제는 일반적으로 커뮤니케이션 과학의 세계에서 널리 인정되는 원칙일 뿐만 아니라 당연히 설교에서도 마찬가지이다.

- **하나의 이미지를 다양한 관점에서 평가해보라.** 마치 여러 면을 가진 다이아몬드의 가치를 좀 더 제대로 평가하려 하듯이 하나의 이미지를 다양한 각도에서 평가해보라. 그 다음에 새로운 각도에서 익숙하게 바라보기 위하여 내러티브에 등장하는 인물들 중의 하나와 해석자 자신을 동일시해보라. 그렇다고 해서 우리 설교자들이 이미지를 더욱 복잡하게 접근해야 한다는 뜻은 아니다. 이미지는 여전히 단순한 수준을 유지해야 하며, 성인 뿐만 아니라 어린이들도 쉽게 이해할 수 있는 몇 가지 제한적인 코드만을 가지고 있다(Lukken 1990:33 참고). 바로 여기에 이미지의 위력이 들어 있다. 이미지는 말로는 감당할 수 없을 정도로 어린이들 뿐만 아니라 매우 지성적인 사람에게도 효과적으로 의미를 전달한다. 이미지는 논리적인 말에 담기에는 너무나

도 심오하고 탁월한 것을 전달해 줄 수 있다.
- **이미지를 특정한 형태에 담아서 표현하라.** 필자의 생각으로는 이 것이 설교를 위하여 설교자가 감당해야 할 가장 어려운 과제들 중의 하나는, 성경 본문의 일차적인 이미지의 본질을 전혀 잃어 버리지 않으면서 그 이미지를 오늘날의 사람들이 가장 잘 이해 할만 한 형태에 담아서 묘사하는 것이다. 이때 우리 설교자들은 성경의 이미지의 고유한 속성을 제거하거나 설교적이고 예전적 인 천박한 장식(kitsch)으로 성경 이미지의 예술성에 손상을 주 지 않도록 주의해야 한다(Wepener & Müller 2001:480-493 참고). 오늘날 예술과 천박한 장식 사이의 경계선이나 심미적인 예술 작품과 상업적인 포장 사이의 경계선은 사실 모호한 편이다. 그 래서 진정성을 가지고 이미지를 묘사하고 또 다시 상상할 수 있 는 능력과 은사가 쟁점으로 부각된다. 이때 드라마와 예술, 그 리고 문학작품의 세계가 우리 설교자들에게 엄청난 도움을 제 공할 수 있다. 이런 도움을 통해서 성경의 일차적인 이미지들 은, 인간이 가진 모든 감각을 통해서 상호접촉이 일어날 것이라 는 기대감 속에서, 비언어적인 방식으로나 또는 침묵을 통해서, 그리고 당연히 언어를 포함하여 광범위한 소통 수단을 통해서 다양하게 묘사되고 전달될 수 있다. 그러므로 성경의 일차적인 이미지들을 단순히 정적인 그림으로나 정지된 사물의 배치로 간주하지 말고 오히려, 설교자와 청중이 하나님의 위대한 이야 기의 일부분이 되도록 초청받는 (구원의) 드라마가 펼쳐지는 장 면으로, 그리고 우리가 밀고 들어가야 할 거룩한 분위기를 가진 장면으로 이해하는 것이 중요하다.

10. 설교자의 잘못된 (도덕주의) 역할을 보여주는 설교 사례

설교단 위에서 만큼이나 자신이 참으로 보잘 것 없는 티끌 같은 먼지에 불과하다는 사실을 절실히 깨닫지는 못하는 곳도 없을것이다(Calvin). 하지만 감히 설교단에 오르는 사람은 오직 거룩한 말씀의 봉사자(verbi divini minister)로 부름 받은 사실 이외는 아무것도 없다. 그들은 하나님으로부터 특별한 임무와 특별한 권위를 부여 받았으며, 이 임무와 권위는 먼지 같은 존재로 태어난 입장에서는 그 무엇으로도 결코 감당할 수 없다. 그들은 절대로 감당할 수 없는 봉사자, 말 그대로 그리스도의 봉사자들이다.

모든 말씀의 설교자들의 임무와 권위는 복음의 선포에 기초한다. 이들이 그저 구원에 관한 사실들을 발표하도록 부탁받은 것이 아니라, 구원을 선포하도록 부름 받았다. 그래서 하나님의 말씀에 관한 개혁주의 관점에 비추어 볼 때 설교하는 사람은 어떤 식으로든 사람들의 평가를 구하지 않고 자신들을 향한 하나님의 은혜를 그대로 실행하고 집행하는 사람들이다(administer). 하지만 율법적인 설교에서는 정확히 이런 일들이 결코 일어나지 않는다. 율법적인 설교에서 하나님의 은혜가 제대로 선포되지 않는 방식이나 뉘앙스는 매우 다양할는지 몰라도, 설교의 구조적인 순서는 정확하게 도치되어 하나님의 은혜가 종교적인 사람의 잠재력과 행위 다음에 조건으로 따라오거나 실제로는 완전히 무시된다. 이런 경우에 우리가 확인해 볼 질문은, 이렇게 하나님의 은혜가 사람의 공로와 역전되는 과정에서 설교자는 어떤 역할을 감당하는가? 그들은 어떤 위치를 맡는가? 율법적인 설교를 분석해보면 어떤 전형적인 특징들을 찾아볼 수 있을까?

1) 권위의 토대의 변화

첫 번째로 살펴볼 쟁점은 설교를 위한 권위의 토대가 성경 본문과 하나님으로부터 떠나서 설교자의 개성으로 미묘하게 변화하는 문제이다. 그래서 어떤 설교자는 설교에서 오직 하나님과 그분의 말씀만이 실행할 수 있는 것을 시도하려고 시작하거나 오직 하나님만이 아시는 것을 자신도 알고 있다는 식으로 설교를 시작한다. 이런 문제점을 분명히 보여주는 한 가지 사례가 다음과 같은 문장에서 발견된다.

> 이 아침에 성령 하나님께서 여러분의 사고방식을 바꾸시도록 허락하시기 바랍니다.

여기에서 구원을 주도하는 주체는 과연 누구인가? 성령 하나님인가? 설교자인가? 아니면 청중인가? 지금 설교에서 논의되는 모든 내용을 그대로 실현해야 하는 주체는 누구인가?

다음 문장 역시 매우 의미심장하다.

> 이 아침에 우리 주님은 여러분이 인생을 독특한 방식으로 생각하기를 원하십니다.

율법적인 설교에서는 종종 이런 문제점이 발견되곤 한다. 즉 설교자는 청중이 무엇을 원하는지 정확하게 알 뿐만 아니라 주님이 무엇을 원하시는지도 정확하게 알고서 설교를 하고 있느냐는 것이다.

> 그러므로 이 아침에 우리 주님은 여러분에게 이렇게 말씀

하십니다…우리 주님이 초자연적인 방식으로 여러분의 인생을 관여하고 계십니다. 이 아침에 여러분이 이 사실을 잘 깨닫도록 하시는 분은 바로 하나님이십니다…. 여러분이 제 말을 듣는 동안 여러분은 하나님이 지금 여러분에게 말씀하고 계시다는 사실을 잘 알고 계십니다. 그것은 그분이 지금 그분의 성령 하나님을 통하여 여러분 속에 역사하고 계시기 때문입니다.

예배를 끝맺는 폐회기도에서 다음의 설교자는 사람들의 생각과 하나님의 행동에 관한 자신의 절대적인 확신을 다음과 같이 자세히 설명하고 있다.

하지만 제가 주님의 말씀을 섬기는 동안에 이 말씀을 간절히 열망한다고 고백한 사람들이 있었습니다. 성령님을 통해서 주께서 이미 우리 가운데 변화를 가져오심을 감사합니다. 사람들이 이미 자신의 생각을 새롭게 변화한 것을 감사합니다. 무엇보다도 주께서 이제 이들의 태도를 아주 초자연적인 방식으로 바꾸시고 주께서 자신들을 새롭게 만드셨음을 깨닫도록 해 주셔서 참으로 감사합니다. 또한 이 아침에 위기 가운데 있는 사람들을 주께서 돌봐 주신 것에 대하여 감사합니다. 이 아침에 절실한 필요 가운데 있는 사람들을 도와주신 것을 감사합니다. 비록 그들의 상황이 여전히 이전과 동일하지만 주께서 그들의 생각을 새롭게 만드셨기 때문에 그들의 성향만큼은 다릅니다.

위의 기도문을 듣다보면 이 설교자는 기도에서 언급한 모든 것들이 실제로 그렇게 되리라고 완벽하게 알고 있어서 이렇게 예언자적인 완료형 문장(prophetic perfectum)을 사용한 것이라는 인상을 받을 수 있다. 하지만 물리칠 수 없는 질문은, 이 모든 것이 정말 사실인가, 아니면 설교자가 표현한 그대로 그저 우연히 일어난 것에 불과한 것인가?

다음과 같은 메시지에서도 이와 유사한 경향을 발견할 수 있다.

> 우리는 지금 봉사활동주간의 마지막에 와 있습니다. 이 기회를 통해서 우리는 수많은 사람들에게 다가가서 그들의 심령을 어루만지고, 또 그들도 우리가 예수 그리스도 안에서 발견한 새 생명에 음악과 노래, 그리고 라디오 전파를 통해서 다시 접촉하도록 인도하였습니다.

이 설교자는 이 모든 것을 어떻게 알 수 있을까? 그는 다른 평범한 신자들은 결코 참여한 적이 없는 하나님의 어전회의에 대한 영적인 통찰이라도 가지고 있는가? 그는 이런 방식으로 자신의 사역에 (초자연적인) 정당성을 부여하는가?

때로는 주님이 원하시고 말씀하시며 실행하시는 것이 마치 설교자가 원하고 말하며 실행하는 것과 동일한 것인 양 설교하기도 한다.

> 우리 주님은 이 아침에 이 말씀을 통해서 여러분에게 말씀하십니다…. 이 아침에 제가 여러분에게 말씀드리거니와… 이것이 바로 여러분이 제 말씀에 귀를 기울여야 하는 이유입니다.
> 하나님이 원하시는 것은 바로 이것이라고 제가 여러분께 말씀드렸습니다.

이런 설교에서는 설교자가 사실 자신의 메시지를 하나님의 입 속에 두고 있다.

그렇다면 거의 과대망상증에 가까운 이런 권위적인 설교 스타일을 어떻게 평가해야 할까? 권위적인 설교가 성경 본문의 권위로부터의 이탈에서 유래된 것이라는 사실은 논리적으로 당연한 귀결이다. 그래서 설교가 성경 본문의 권위로부터 벗어난 다음에 그 대안을 추구해야 한다면 가장 분명한 대안은 당연히 설교자 자신일 수밖에 없다. 성경 본문과 하나님이 더 이상 주도권을 발휘하지 못하는 자리를 결국 설교자가 차지할 수밖에 없다. 그래서 설교자들은 자신을 마치 결코 연약해질 수도 없고 연약해져서도 안되는 사람으로, 성경 본문이 요청하는 모든 요구사항들을 자기 혼자서 성취한 사람으로, 그리고 설교 메시지가 청중에게 호소하는 모든 것을 완벽하게 성취한 완벽한 본보기로 회중 앞에 서 있는 사람으로 그렇게 자신을 사람들 앞에 제시하는 것이다. 또 설교자 개인의 경험은 불가능한 것을 시도하고 설교자와 유사한 표준을 달성하도록 청중에게 동기를 부여하는 방편으로 사용된다. 때로는 도덕적인 설교자의 모범도 이와 정확히 동일한 목적으로, 즉 회중도 다른 사람처럼 될 수 있다는 동기를 부여할 목적으로 회중에게 제시된다. 도덕적인 모범으로부터 제시되는 요구사항만큼이나 거부하기 어려운 것도 없다(Mark Twain).

그래서 상당수의 설교에서 그 저변에 깔려 있는 권위의 근거가 설교자 자신인 경우가 많다. 다음 마지막 문장을 소개하면서 이에 관한 논의를 끝내는 것이 충분하겠다.

> 마귀는 분명 그동안 제가 설교했던 모든 예배 때마다 침투해 들어왔습니다. 그 결과 소리가 잘 들리지도 않고 사람들

은 넘어지고 재채기와 기침을 하는가 하면 마귀가 사람들
을 방해하기 때문에 온갖 종류의 것들을 자행합니다.

이 설교자는 마귀가 자신이 설교하는 모든 예배 시간에 함께 참여한다는 사실을 과연 어떻게 알 수 있을까? 이것은 혹시 설교자가 (항상) 설교할 때마다 청중을 자신의 권위 아래로 끌어오려는 수사적인 방법이 아닐까? 하지만 그 권위는 마귀를 쫓아 보낼 수 있는 분이 가져야 하는 것이 아닌가?

2) 나에 관한 해석학

상당수의 설교에서 "나"의 목소리가 너무나도 많이 들려온다는 점은 매우 안타깝다. 때로는 어떤 설교는 하나님과 회중 사이의 대화가 전혀 이뤄지지 못하고 문자적으로 설교자의 "나"와 회중 사이의 대화로만 진행되기도 한다. 설교자가 "우리"나 "나"(또는 저), "여러분", 또는 "그들"이라는 단어를 사용하는 방식에서, 그리고 특히 이런 단어들이 가정하거나 이런 개념들 사이의 연관성으로부터 많은 것을 추론해 볼 수 있다. 설교자 자신의 목소리가 부각되는 설교에서는, 설교자 자기만의 고유한 통찰과 경험, 그리고 신앙 등등의 여러 가지를 갖고 있는 개성 속에서 설교자가 직접 설교를 위한 계시의 요점으로 부각되고 또 모든 선포된 메시지의 흐름이 이러한 "나"(I)에 관한 해석학과 긴밀하게 연결되고 그 속에서 풀려 나온다고 말하는 것은 결코 과장이 아닐 것이다.

이에 관한 좋은(나쁜) 사례는 다음과 같이 두 번째 문단으로 소개되는 설교에서 찾아볼 수 있다.

이 아침에 여러분에게 질문을 하나 해야 한다면, 저는 "성령으로 충만한 주님의 자녀의 대표적인 특징이 무엇이냐?"고 묻고 싶습니다. 그러면 저는 이 아침에 우리가 많은 해답을 들을 수 있으리라 믿습니다.

이 질문 다음에 설교자는 회중을 위하여 여러 가지 해답들을 길게 나열한다. 하지만 다음과 같은 메시지 때문에 이 모든 해답들도 모두 다 쓸려가거나 최소한 상대화되고 만다.

제 생각에 이런 해답들은 어떤 의미에서는 정말로 무엇이 옳은 것인지를 깨닫도록 도와줄 수 있습니다…하지만 여러분 이 사실을 아십니까? 예수 그리스도께서 우리에게 가장 분명하고도 올바른 해답을 주셨다는 사실을 말입니다….

이 설교자는 청중을 대신하여 질문을 던지고, 또 심지어 그 질문에 대한 해답까지도 청중에게 제공하다가, 심지어 그 질문이 틀렸다고 선언한 다음에, 마치 청중은 그리스도라는 해답에 관한 설교자의 통찰을 전혀 공유하지 않는 것처럼 마지막에 올바른 해결책으로 그리스도를 전면에 제시한다. 그래서 질문에서 해답으로 귀결되는 "해석학의 원"(hermeneutical circle)을 만들고 완성하는 주체는 설교자의 "나"(I)이다. 이런 현상은 이 설교의 나머지 부분에서도 다음과 같이 분명하게 드러난다.

"그리고 저는 원합니다…."
"제가 여러분에게 말씀드리기 원하는 것은…."
"제가 여러분에게 분명히 말씀드리고 싶은 것은 여러분은 지금 끔찍한 죄악 가운데 살고 있다는 것입니다. 여러분은 "이 죄의 문제를 어떻게 처리할 것인가?"라고 말씀합니다. 하지만 주님의 말씀이 우리에게 말씀하시기 때문에 나는 성공합니다.

"성령 충만을 받으십시오."

"저는 여러분의 인생에 완전한 변화가 일어나야만 한다는 것을 잘 압니다."

이 설교자는, 자신의 설교가 청중들에게 효력을 발휘하도록 하는데 필요한 모든 것을 알고 있으며, 모든 것을 원하고 모든 것을 말하고 또 모든 것을 실행한다. 사실, 혹은 최소한 문법적으로 말하자면, "나"(I)의 해석학 안에서는 은혜의 작용을 위해서 사실상 혹은 최소한 문법적으로 말하자면 아무것도 남아 있지 않으며, 복음은 그 힘을 완전히 잃어버렸고 설교자의 "나"로 대체되고 말았다.

3) 외로워지는 설교자

설교자가 자신의 권위를 전면에 내세움에도 불구하고 그 누구도 그렇게 감당하기 어려운 책임을 짊어지고 계속 살 수는 없다. 이런 설교는 결국 잘못된 망상에 사로잡혀 사는 사람들에게 그대로 보복하며 항상 모든 것을 알아야 하고 항상 강해야 한다는 끔찍한 부담으로 복수한다. 또 이런 설교 현상은 오늘날 많은 설교자들에게서 빈번하게 발견되듯이 설교 사역에 대한 비관론과 분노로 이어지며 설교에 대한 피로와 탈진으로 이어진다. 이렇게 거짓된 권위로 인한 대표적인 효과는 참으로 역설적으로 외로움이다. 직업 속성상 설교자는 종종 외로움에 빠지기 쉬운 사람들이다. 교회 내에서 진행되는 대화(ecclesial discourse, 5장 4. 참고)의 의미는, 설교자가 자기 어깨를 짓누르는 엄청난 부담, 즉 항상 모든 진리를 절대적인 확신으로 선포하고 또 설교자는 교섭 담당자로서 그 진리를 회중 가운데 널리 퍼뜨려야 한다는 엄청난 부담을 감당함으로써, 회중의 침묵을 깸과 동시에 설교자 자신의 고독도 깨는 것이다. 하지만 율법주의는 개인주의를 희생양으로 삼는다. 율법주의는 회중을 성경 본문의 진리를 자신들의 힘으로 혼자서 실현해야 하는 고독한 개인으로 남겨둔다. 하지만 이 모든 것들 중에서 가장 외로운 사람은 바로 혼자 떨어진 개인 설교자다. 설교자는 본문의 명령을 이미 완수하였고 회중에게 요청할 것을 자기 스스로 이미 성취한 사람으로 설교단 위에 나타나야 한다. 하지만 누가 과연 이렇게 할 수 있을까?

4) 실언(失言)

도덕주의 설교에 대한 분석을 통해서 발견할 수 있는 가장 의미심장한 사실 중의 하나는, 설교자들이 자기 설교에 무언가 잘못됐다는 사실을 (무의식적으로?) 느낀다는 점이다. 다시 되풀이하여 말하자면 이들의 설교에서는 잘못된 것을 교정하고, 자신의 설교의 결함과 문제점을 수정하려는 시도로 여겨질 만한 그런 문장들이 자주 나타나지만 이들은 실제로는 그럴 의도가 전혀 없다. 그래서 다음과 같은 규칙 하나가 나타난다. 먼저 설교자는 자신의 설교에 대한 해석학적인 근거를 이루는 몇 가지 요소들이 논의의 요점으로 전면에 부각시키다가 다시 그런 요점들에 관하여 거리를 두고 방어적인 태도를 취하고 마지막에 설교의 저변에 깔린 더 중요한 문제를 제기한다. 이런 사례를 보여주기 위하여 독특한 방식으로 설교의 진정한 구조에 위배되는 몇 가지 선언 문장들을 아래와 같이 소개한다.

> 여기에서 여러분이 완수해야 할 그 어떤 필요나 특별한 조건도 문제될 것이 없습니다.
> 그렇다면 우리가 꼭 배워야 할 교훈이 하나 있습니다. 우리는 하나님의 말씀에 대한 개인적인 견해는 덜 표현해야 하고 오직 하나님의 말씀이 그 자체로 말씀하도록 허용해야 합니다.

좀 더 노골적인 사례는 다음과 같다.

> 제가 이 본문을 읽는 중에 감동을 받은 세 가지 독특한 요점을 뽑아냈는데, 이 세 가지 요점은 오늘 여러분 모두에게도 당연히 적용될 수 있을 것 같습니다.

또 성경 본문의 요점을 완전히 놓치고 그리스도를 본문과 십대들의 심리학에 관한 교과서와 모범으로 잘못 사용하는 사례도 있다.

> 제가 보기에 여러분은 그것을 가지고 싶어하는 것 같지만 사실은 그것은 전혀 무관한 정보입니다.

5) 무너진 권위

설교자의 권위는 전적으로 성경의 권위에 의존한다는 사실은 앞서 충분히 지적했다(4장). 이 말은 설교자가 성경의 문자를 단순히 반복해야 한다는 의미가 아니라, 하나님이 성경 본문과 설교를 통하여 말씀하실 것인지의 여부가 달린 권위에 관한 것이다(3장). 설교자의 권위는 자기 스스로는 아무런 권위를 가지고 있지 않다는 사실에 달렸다. 그들은 참으로, (크래독의 저서 제목처럼) 권위 없는 자로(as one without authority) 존재한다(Craddock 1971).

설교자의 권력은 무능력한 권력이요 그들의 권위는 무너진 권위이다. 이렇게 무능력한 권위는 일반적으로 설교의 구조를 통해서 걸러지고 설교자의 언어가 메시지 선포의 과정에 적용되는 방식에도 영향을 미친다. 이 점에 관하여 베델 뮬러(Bethel Müller 1973:135)는 다음과 같이 적고 있다.

> 설교는 살아 있는 말씀의 선포를 통해서 살아 계신 하나님과 그분의 살아 있는 회중들 사이의 만남을 봉사하기를 원한다. 사람은 어떤 방법론으로나 웅변술로 이 만남을 끌어낼 수도 없고 만들 수도 없다. 이 만남은 오직 성령 하나님의 역사의 결실에 달렸다. 하지만 사람(설교자)은 설교에서 이 만남을 봉사하는 보조적인 역할을 감당할 수 있고 또 감당해야 한다. 그는 철저한 본문 주해를 통해서, 올바른 해석을 위하여 씨름하는 과정을 통해서, 계시에 대한 관점을 열망함으로써, 그리고 올바로 해석하려는 지칠줄 모르는 노력을 통해서 이 만남을 섬겨야 한다. 하지만 무엇보다도 이 만남의 중심으로 나아가서 그 자리에 서 있음으로써 이

만남을 섬겨야 한다. 오직 그 말씀을 진정으로 경청한 자만이 그 말씀에 의하여 감동을 받고 상처를 받으며 다시 고침을 받을 것이고, 오직 본문 말씀으로 고침을 받은 자만이 설교할 수 있다. 그러므로 하나님과의 만남을 경험한 참다운 설교의 구조는 깨어지고 낙심한 구조로, 그리고 말살된 구조로 남는다…. 성경은 이런 방식으로 본문을 보호하며, 설교의 구조와 언어도 보호한다. 그런 설교는 본문에 의하여 포획당한 사람의 더듬거리는 언어와 깨어진 구조를 통해서 전달될 것이다. 왜냐하면 그 설교자는 무엇보다도 예수 그리스도께 붙들렸기 때문이다.

사도 바울이 자신의 사도권의 근거와 출처에 관하여 설명이 필요할 때 그는 자신의 사역의 기본적인 원리를 몇 마디 문장으로, 그리고 실제로는 십자가라는 아주 짧은 단어로 설명하고 있다(고전 2:2). 바울 서신에서 이 십자가라는 단어는 예수님의 공생애 사역 전체와 성육신하여 베들레헴에 탄생하신 때부터 시작하여 골고다 언덕에서 십자가에 달려 돌아가시기까지 그분의 고난당하신 인생 전체를 압축하는 단어이다. 사도 바울은 교회를 위한 자신의 사역과 그 사역의 방식과 그리고 설교를 위한 기본 패턴을 십자가 아래, 말하자면 십자가의 권위 아래 구축한다. 무너진 권위의 스타일은 설교자가 이미 성경 본문에 의하여 무너졌고 본문 안에 들어 있는 십자가에 감동을 받았음을 추정한다. 바로 여기에 우리 설교자들의 권위가 자리하고 있다. 하지만 이 얼마나 이상한 권위인가? 십자가는 분명 무능력과 심지어 패배를 나타내는 이미지이기 때문이다. 하지만 세상 앞에서 하나님의 어리석음처럼 보이는 것이라도 사람의 지혜보다 더 강하고, 세상 앞에서 하나님의 약하심처럼 보이는 것이라도 사람의 능력보다 더 강하다(고전 1:25).

완전히 말도 안되고 터무니없을 정도로 어리석어 보이지만 그것이 바로 설교의 참 모습이다. 그러나 설교자가 회중에게 성경 본문에 관하여 설교할 수 있는 은혜를 받아서 사람들이 그리스도의 임재를 볼 수 있을 때, 설교에 대한 또 다른 표현이 적용될 수 있을 것이다. 그것은 바로 우리 가운데에서 측정할 수 없을 정도로 역사하는 능력이다(엡 3:20).

지혜, 철저하고도 완전한 지혜, 이것이 바로 설교이다.

사례 설교문 4

"하나님의 어린양이로다"(요 1:19-34)

유명한 화가인 마티아스 그뤼네발트(Matthias Grunewald)가 이젠하임(Isenheim)에 있는 한 수도원 병원의 제단에 십자가에 달리신 그리스도에 관한 감동적인 명화를 남겼습니다. 이 그림에서 손은 매우 중요한 역할을 감당합니다. 예를 들어 두 손을 활짝 펴서 깍지를 끼고 기도하는 막달라 마리아의 손이나 예수의 어머니 마리아의 손도 있고, 또 마리아를 부축하고 있는 전도자 요한의 손도 있고, 물론 중앙에는 나무 십자가에 못 박힌 그리스도의 괴상할 정도로 비틀린 손도 있습니다. 무엇보다도 세례 요한의 손이 두드러져 보입니다. 한 쪽 손으로는 책을 들고 있는데 아마도 성경 양피지인 것 같습니다. 그리고 다른 손은 십자가에 못 박히신 분을 가리키고 있습니다. 게다가 그의 집게손가락은 아주 두드러질 정도로 크고 사실은 실제 비율보다 훨씬 더 큽니다. 그래서 세례 요한의 몸 전체가 그림의 위치보다 더 뒤에 서 있거나 이 손가락에 달려 있다는 느낌이 듭니다. 하지만 이 손가락 속에 세례 요한의 본질과 그 성격이 들어 있습니다. 그렇습니다. 세례자로서의 그의 모든 정체성, 즉 세상의 죄를 제거하는 하나님의 어린양을 가리키는 역할이 이 손가락을 통해서 잘 표현되고 있습니다.

정체성. 이 시대에 그리고 교회 안에서는 이 개념에 관하여 그동안 얼마나 많이 토론해왔습니까? 예를 들어 남아공 같은 나라에서 과연 교회는 무엇이고 어떤 역할을 감당해야만 합니까? 우리의 소명은 무엇이고 우리의 최고 우선순위는 어디에 두어야 합니까? 또 회중의 역할과 교회 위원회와 목회자들의 역할은 과연 무엇입니까?

물론 이런 질문을 맨 처음 던져본 사람은 우리가 아닙니다. 예를 들어 디트리히 본회퍼(Dietrich Bonhoeffer)도 감옥에서 이런 질문을 던졌습니다. 나는 진정으로 다른 사람들이 나에 관하여 말하는 바로 그 사람인가? 혹은 나는 정녕 내가 자신에 관하여 알고 있는 바로 그 사람인가? 물론 본회퍼는 여기에서 한 걸음 더 나아가 이렇게도 물었습니다. 나는 과연 궁극적으로 하나님이 나에 관하여 알고 계시고 그렇게 말씀하시는 존재인가? 그렇다면 나는 도대체 하나님 앞에서 누구인가?

이런 질문과 관련하여 오늘 본문은 감동적인 해답 하나를 제시합니다. 사실 이 본문은 우리 눈앞에 한 장의 그림을 그려줍니다. 세례 요한은 이스라엘에서 설교하느라 매우 바쁜 사람이었고, 하나님의 치명적인 심판이 임박하였고 이미 도끼가 나무 뿌리에 찍혔노라고 선포하는 중이었습니다. 모든 알곡을 탈곡하기 위하여 손에 타작하는 키를 들고 한 분이 다가오고 계시다는 것입니다. 그분은 알곡을 모아서 곳간에 들이고 쭉정이는 꺼지지 않는 불에 태우실 것입니다(마 3:1-12 참고). 이때 세례 요한은 한 쪽 발은 구약의 세계에 걸치고 또 다른 발은 이미 신약의 세계에 걸치고 마치 두 세계의 중재자처럼, 교량 건설자처럼 그렇게 서 있습니다.

그러던 어느 날 예루살렘의 산헤드린 공의회에서 자신의 정체성에 관하여 탐문하는 공식적인 사절단을 파송한 것이 너무나도 마음에 걸립니다. 그들은 세례 요한의 주위에 서서 예리한 질문을 연달아 퍼붓고 있습니다.

"당신은 누구입니까?"
"나는 그리스도가 아닙니다."
"그렇다면 엘리야입니까?"(당시 어떤 사람들은 엘리야가 메시아의 선구자로 다시 부활할 것이라고 믿었습니다)
"아니오. 나는 엘리야가 아닙니다."
"그렇다면 당신이 선지자요?"(오늘 우리는 이 선지자가 어떤 메시야의 선구자를 가리키는지 정확히 알 수는 없습니다).
"아니오."

이렇게 세례 요한은 연거푸 세 발자국 뒤로 물러나면서 그리스도를 전면에 내세웠습니다. 특히 주목할 점은 그의 첫 번째 대답입니다. 사실 세례 요한은 자신에게 주어진 질문에 정확하게 대답하지는 않았습니다. 그들은 세례 요한에게 "당신은 누구"냐고 물었습니다. 하지만 세례 요한은 이 질문에 "나는 그리스도가 아니다"는 부정문으로 대답합니다. 이 대답은 오늘날 우리 교회에게 매우 중요합니다. 우리는 종종 우리의 한계를 넘어가곤 합니다. 우리는 참으로 허영심이 강하고 교만합니다. 우리는 마치 그리스도의 심판이 우리의 심판인 것처럼 행동합니다. 또 우리 교회가 마치 그리스도의 왕국을 다스리는 것처럼, 우리가 하나님의 구원 드라마에서 주인공인 것처럼 행동합니다. 이렇게 우리는 종종 과장된 행동을 할 때가 많고 또 세상을 향하여 심판의 손가락을 흔들면서도 마치 그리스도를 가리킨다고 착각할 수 있습니다.

루터는 이러한 사람의 악한 경향을 너무나도 잘 알고 있어서 이 성경 구절에 관한 자신의 설교를 바로 정확히 이런 시각에서 시작합니다.

> 우리 모두는 그 속성상 모두 그리스도가 되기를 원합니다. 이런 이단적 속성이 우리 속에 너무나도 깊이 자리하고 있어서 그 어떤 사람의 마음도 이런 욕망에서 자유롭지 못합니다. 왜냐하면 우리의 모든 본성은 이런 욕망에 중독되어 가득차 있기 때문입니다…. 인간의 본성이 완전히 발가벗겨져서 오직 그리스도만을 철저하게 의지하고, 우리의 노력이나 지혜가 아니라 오직 그리스도의 공로 위에 세워지기를 거부합니다…. 사람이 그리스도를 배신하지 않고 그분을 주님으로 고백하는 것이야말로 최고의 예술입니다. 왜냐하면 이런 당연한 역병이 우리 안에 너무나도 깊숙이 뿌리내리고 있어서 모든 사람들이 한결같이 그리스도가 되기를 원하기 때문입니다. 그렇습니다. 우리 모두는 그리스도가 되기를 원하는 사실로부터 고통당하고 있으며, 누군가 나를 도와서 바꿔줄 수 있으리라는 허황된 기대감으로

고통당하고 있습니다…. 바로 이런 이유 때문에 이 복음이 기록되었습니다. 그래서 참된 그리스도인이 되기를 원하는 사람은 누구든지 이 예술을 열심히 배워야 하고, 자신은 그리스도가 아니라는 사실을 깨달아야 합니다.

세례 요한은 "나는 그리스도가 아니라"고 선언하면서 자신의 정체성을 명확하게 정의하였습니다. 그래서 저는 세례 요한의 대답을 이렇게 바꾸어보고자 합니다.

> 나는 여러분이 그토록 기다려왔던 그분이 아닙니다. 나는 구세주도 아니고 영원한 생명에 관한 말씀도 가지고 있지 않고 여러분의 인생에 관한 질문에 해답도 줄 수 없습니다. 나는 여러분의 문제에 대한 해결책도 아니고 인생에 의미를 제공해 줄 수도 없으며 깨진 것을 고칠 능력도 없습니다. 또 나는 여러분을 죄악에서 해방시킬 수도 없고 여러분의 죄책감을 대신 떠맡을 수도 없으며 여러분이 이제 의롭게 되었다고 선언해 줄 수도 없습니다. 제가 드릴 수 있는 말씀은, 세상의 죄를 없애시는 하나님의 어린양이 계시다는 사실입니다.

세례 요한의 답변은 삼중의 부정이고 세 차례의 노입니다. 하지만 이 부정은 세례 요한이 단순히 자신의 겸손을 세 번씩이나 강조한 것도 아니고 자신의 잘못된 정체성을 부정한 것도 아닙니다. 그보다 세례 요한의 부정은 오히려 예수님이 진정 누구이신지를 가리킨 것입니다. 그래서 만일 여러분이 세례 요한이 지시하는 손가락 방향을 따라가 보면, 여러분은 갑자기 숨이 멎을 것 같을 것입니다. 그곳에서 여러분은 어떤 분을 뵐 수 있을까요? 바로 나사렛 출신의 예수님입니다. 역사적인 관점으로 말하자면, 마리아의 태에서 나신 분이시요, 하나님의 어린양이라 불리시는 분입니다.

이 명칭은 복음의 모든 신비를 간단히 압축한 표현입니다. 하나님의 어린양이신 예수 그리스도께서는 하나님 나라의 모든 계시를 우리에게 드러내 보여줍니다. 그분 자신이 하나님의 왕국이며 그분 자신이 이 나라의 근원과 보증이요 처음과 마지막입니다. 그리고 그분이 이제 우리 앞에 서 계십니다. 하나님의 심판을 계시하고 실행하러 오신 분이시요, 그 손에 도끼를 들고 나무뿌리를 내리칠 준비를 하시며, 알곡을 타작하기 위하여 손에 키를 들고 서 계신 분, 바로 하나님의 어린양이십니다. 지금은 손에 도끼와 키를 들고 계시지만 전에는 십자가 위에서 비틀려지고 못 박히신 손입니다.

바로 이분 안에 이 세상의 희망이 들어 있습니다. 우리의 죄를 드러내신 분께서 또한 그 죄를 없애 주시는 분입니다. 심판하시는 분께서 또한 이 심판을 친히 담당해 주시는 분입니다. 그래서 이 하나님의 어린양에게 우리 마을과 도시에 사는 모든 사람들, 그리고 이 나라와 이 땅에 사는 모든 사람들의 희망이 들어 있습니다.

이 어린양 안에는 오직 그분만을 지시하며 오직 그분만을 선포하고 경축해야 하는 교회의 정체성도 들어 있습니다. 간절한 희망을 담아서 그분을 지시하고 가리키는 손가락, 바로 이것이 바로 우리가 해야 할 일이요 이것이 바로 우리의 참 모습입니다. 우리는 그분의 피조물로서 하나님의 은혜와 그리스도에 관하여 증언하는 생명체입니다. 모든 만물이 그분을 향하여 흘러들어가고 모든 빛이 그분에게서 흘러나옵니다. 오직 그분만이 교회의 존재됨의 내용이고 우리의 설교와 신학의 내용입니다. 그래서 사도 바울도 이분을 자신의 목회 사역의 핵심으로 소개합니다.

> 우리는 우리를 전파하는 것이 아니라 오직 그리스도 예수
> 의 주 되신 것과 또 예수를 위하여 우리가 너희의 종 된 것
> 을 전파함이라(고후 4:5).

스펄전이 오랜 세월 동안 사역했던 런던의 메트로폴리탄 장막교회(the Metropolitan Tabernacle)의 설교단에서 처음 일성으로 외쳤던 다음과 같은 메시지를 떠올려 보고자 합니다.

> 저는 이 설교단이 서 있는 한, 그리고 예배 참가자들이 이 교회당을 찾아 나오는 한, 이 교회에서 영원토록 선포할 주제는 오직 예수 그리스도뿐이라고 말씀드리고 싶습니다. 나는 스스로를 칼빈주의자로 고백하는 것에 대해서 결코 부끄러워하지도 않고 또 침례교도로 불리는 것에 대해서도 주저하지 않습니다. 하지만 누군가 제 신앙이 무엇인지를 물어본다면, 저는 단호히 "예수 그리스도"라고 대답할 것입니다. 하나님께서 나를 도와서 내 자신을 영원히 묶어 결박하고 싶은 것은 오직 예수 그리스도뿐입니다. 그분은 복음의 뿌리요 본질이며 그분 안에 모든 신학이 들어 있고 그분이야말로 성육신의 모든 소중한 진리이십니다.

마틴 루터가 종종 반복하곤 했던 다음의 고백을 기억하시기 바랍니다.
오직 예수 그리스도만을 설교하라.
바로 여기에 교회의 정체성의 비밀이 들어 있습니다. 우리의 참 모습은 오직 주님을 가리키는 손가락이요 증인입니다. 이것이 바로 우리의 참 모습입니다.

우리가 어떤 모임에 참여하든 예배에 참여하든 또 차를 마실 때나 아니면 기도회 모임에 참석할 때든 어느 때나 항상 이 말씀을 선포해야 합니다.

보라! 세상 죄를 지고 가는 하나님의 어린양이로다.

우리가 세상에 나가서 우리를 둘러싼 모든 빈곤과 고난의 문제를 해결하고자 소매를 걷어 올릴 때, 우리는 내뻗은 손가락으로 이분을 가리키며 이렇게 외쳐야 합니다.

보라! 세상 죄를 지고 가는 하나님의 어린양이로다.

바로 여기에 우리의 모든 판단과 예측, 우리의 모든 계획과 집행, 그리고 개혁에 대한 우리의 열망과 전통에 대한 우리의 모든 충성도 바로 이분의 평가를 받아야 합니다.

보라! 세상 죄를 지고 가는 하나님의 어린양이로다.

우리의 손과 손가락으로 그리고 우리의 입을 열어 이렇게 살아계신 복음의 음성을 선포해야 합니다.

참고문헌

Aalders, W 1976. *Herman Friedrich Kohlbrügge. Zijn leven, zijn prediking, zijn geschriften*. Den Haag: JN Voorhoeve.
Adam, AKM 1995. *What is postmodern Biblical criticism?* Minneapolis: Fortress Press.
Anderson, WT (Ed) 1995. *The truth about truth. De-confusing and re-constructing the postmodern world*. New York: Tarcher/Putnam Books.
Arens, H; Dannowski, HH 1979. *Predigten, die handeln helfen. Modelle für appelatives Reden*. Gütersloher Verlagshaus Gerd Mohn.
Austin, JL 1972. *Zur Theorie der Sprechakte*. Stuttgart: Reclam.
Babin, P 1991. *The new era in religious communication*. Minneapolis: Fortress Press.
Bailey, R 1991. *Paul the preacher*. Nashville: Broadman Press.
Barié, H 1977. Praktische Erfahrungen mit Rudolf Bohrens Predigtlehre. *Ev Th 37 Jahrgang*.
Barth, K 1924. *Der Römerbrief 4 Aufl*. München: Kaiser.
Barth, K 1924. *Not und Verheissung der Christlichen Verkündigung (Das Wort Gottes und die Theologie. Gesammelte Vorträge)*. München: Kaiser.
Barth, K 1924. *Das Wort Gottes und die Theologie. Gesammelte Vorträge*. München: Kaiser.
Barth, K 1935. Evangelium und Gesetz. *Th Ex h 32*.
Barth, K 1947. *Kirchliche Dogmatik 1/1*. Zürich: Evangelischer Verlag Zollikon.
Barth, K 1957. *Church dogmatics 2/2*. Edinburgh: T & T Clark.
Barth, K 1958. *Church Dogmatics 4/2*. Edinburgh: T & T Clark.
Barth, K 1964. *Prayer and preaching*. London: SCM Press Ltd.
Barth, K 1969. *Kirchliche Dogmatik IV/3*. Zürich: Evangelischer Verlag Zollikon.
Barthes, R 1974. *Die Lust am Text*. Frankfurt: Suhrkamp Verlag.
Bastian, HD 1968. Vom Wort zu den Wörtern. Karl Barth und die Aufgaben der Praktischen Theologie. *Ev Th 28 Jahrgang*.
Bauman, Z 1993. *Postmodern ethics*. Cambridge, Mass.: Blackwell.
Bauman, Z 1995. *Life in fragments*. Oxford: Blackwell.
Bavinck, JH 1957. Exegese en Preek. *Geref TT Jaargang 57*.
Bellah, RN e.a. 1991. *The good society*. New York: Vintage Books.
Bennet, WJ 1993. *The book of virtues*. New York: Simon & Schuster.
Berkhof, H 1975. Der Vorschuss des Geistes. Aktuelle Tendenzen in der Pneumatologie. *Ev Kom 8 Jahrgang*.
Berkouwer, GC 1949. *Geloof en heiliging*. Kampen: Kok.
Berkouwer, GC 1957. *De mens het beeld Gods*. Kampen: Kok.
Berkouwer, GC 1975. *Studies in Dogmatics. Holy Scripture*. Grand Rapids, Michigan: Eerdmans.
Bluck, J 1989. *Christian Communication Reconsidered*. Geneva: WCC Publications.

Bohren, R 1963. *Predigt und Gemeinde. Beiträge zur Praktischen Theologie.* Stuttgart: Zwingli.
Bohren, R 1966. Die Gesetzlichkeit in der Predigt. (In *Laienfrage und Predigt*) Bern, 33-51.
Bohren, R 1973. *Fasten und Feiern. Meditationen über Kunst und Askese.* Neukirchener Verlag.
Bohren, R 1974. *Predigtlehre.* München: Kaiser.
Bohren, R 1975. *Dass Gott schön werde. Praktische Theologie als theologische Ästhetik.* München: Kaiser.
Bohren, R 1981. *Vom Heiligen Geist. 5 Betrachtungen.* München: Kaiser.
Bohren, R 1988. Das Ich in der Predigt. Konsequenzen für den Lektorendienst. In *Das missionarische Wort 3/88*, 98-107.
Bohren, R 1991. Predigen zum Weitersagen. Predigerausbildung in Kirche und Universität. Referat am 8.2.1991 bei der Generalversammlung des Okumenischen Vereins zur Förderung der Predigt e.V. Nr. 9/10.
Bohren, R 1993. Einheit und Zerissenheit der Kirche – Macht und Ohnmacht ihrer Predigt. *Ev Th 53.*
Bohren, R 1996. *Praktische Theologie als Wissenschaftskritik. Anmerkungen zu Günter Grass: "Über das Sekundäre aus primärer Sicht".* (in Predigen aus Leidenschaft). Karlsruhe: Verlag Evangelischer Presseverband für Baden e. V.
Bohren, R/ Jorns, KP, 1989. *Die Predigtanalyse als Weg zur Predigt.* Tübingen: Francke Verlag.
Bonhoeffer, D 1955. *Ethics.* London: SCM Press.
Bos, R 1992. *Identificatie-mogelijkheden in preken uit het Oude Testament.* Kampen: JH Kok.
Bos, R 1999. *Literatuur bij de preekvoorbereiding* (uit: Postille 1999-2000) Zoetermeer: Uitgeverij Boekencentrum.
Brecht, M 1986. *Martin Luther. Ordnung und Abgrenzung der Reformation 1521-1532:* Stuttgart.
Brillenburg-Wurth, G 1934. *De Christelijke vrijheid.* Kampen: Kok.
Brooks, P 1964. *On Preaching.* New York: Seabury.
Brown, RM 1984. *Unexpected News. Reading the Bible with Third World eyes.* Philadelphia: Westminster Press.
Brueggemann, W 1978. *Prophetic imagination.* Philadelphia: Fortress.
Brueggemann, W 1988. The social nature of a Biblical text for preaching. (In: *Preaching as a social act. Theology and practice.* Van Seters Ed) Nashville: Parthenon Press.
Brueggemann, W 1989. *Finally comes the poet. Daring speech for proclamation.* Minneapolis: Fortress Press.
Brueggemann, W 1993. *Texts under negotiation. The Bible and postmodern imagination.* Minneapolis: Fortress Press.
Brueggemann, W 1993. *The Bible and Postmodern Imagination – texts under negotiation.* London: SCM Press.
Brueggemann, W 1995. Preaching as re-imagination. *Theology Today* 52, 313-329.

Brueggemann, W 1997. *Cadences of Home. Preaching among Exiles.* Louisville: John Knox Press.
Buechner, F 1977. *Telling the Truth. The Gospel as Tragedy, Comedy and Fairy Tale.* San Francisco: Harper and Row.
Bugg, CB 1992. *Preaching from the inside out.* Nashville, Tennessee: Broadman.
Burger, CW 1983. *Die verhouding wet-evangelie as hermeneuties-homiletiese prinsipe by Hans-Joachim Iwand.* Ongepubliseerde D. Th.-proefskrif: Universiteit van Stellenbosch.
Burger, CW 1996 e.a. *Riglyne vir prediking oor die Christelike deugde. Woord teen die lig 3/4* Kaapstad: Lux-Verbi.
Buttrick, D 1987. *Homiletic: Moves and structures.* Philadelphia: Fortress.
Campbell, C 1997. *Preaching Jesus. New Directions for Homiletics in Hans Frei's Post-liberal Theology.* Grand Rapids: Eerdmans.
Capps, D 1987. *Deadly sins and saving virtues.* Philadelphia: Fortress.
Cilliers, J 1992. Prediking as ekklesiale diskoers: 'n ontwerp. *NGTT* 33/3. 383-390.
Cilliers, J 1994. *God vir ons. 'n Analise en beoordeling van Nederduitse Gereformeerde volksprediking (1960-1980).* Kaapstad: Lux Verbi.
Cilliers, J 1994. Pneumatologie en metodologie: 'n homiletiese perspektief. *NGTT* 35/2. 251-255.
Cilliers, J 1994. Prediking as resepsie-estetika: 'n verkenning. *NGTT* 35/4. 583-588.
Cilliers, J 1995. *Om God te sien... selfs in die kleinste besonderheid van jou lewe.* Vereeniging: Christelike Uitgewersmaatskappy.
Cilliers, J 1996. *Die uitwissing van God op die kansel. Onstellende bevindinge oor Suid-Afrikaanse prediking.* Kaapstad: Lux Verbi.
Cilliers, J 1997. *Sal die regte Jesus opstaan, asseblief? 52 Bybelse getuienisse oor die uniekheid van Christus.* Vereeniging: Christelike Uitgewersmaatskappy.
Cilliers, J 1998. *Die uitwysing van God op die kansel. Inspirerende perspektiewe op die prediking – om God te sien en ander te lààt sien.* Kaapstad: Lux Verbi.
Cilliers, J 1998. *Korrels van die Koninkryk. Grepe uit die gelykenisse van Jesus.* Pretoria: JL van Schaik.
Cilliers, J 1998. *Veilig onder God se vlerk. Woorde van verwondering en vertroosting uit die Psalms.* Vereeniging: Christelike Uitgewersmaatskappy.
Cilliers, J 2000. *Die genade van gehoorsaamheid. Hoe evangelies is die etiese preke wat ons in Suid-Afrika hoor?* Kaapstad: Lux Verbi BM.
Cilliers, JH 1979. *Veni Creator Spiritus. 'n Homileties-sistematiese besinning oor die belang van die Reformatore, Karl Barth, Rudolf Bultmann en Rudolf Bohren vir die pneumatologies-begronde preekleer.* Ongepubliseerde M-Skripsie: Universiteit van Stellenbosch.
Cilliers, JH 1982. *Soos woorde van God. Ontwerp van 'n preekanalitiese model.* Ongepubliseerde D. Th.-proefskrif: Universiteit van Stellenbosch.
Cilliers, JH 1990. *Meer as mossies. Oordenkings en Bybelstudie oor die Onse Vader-gebed (Matt. 6:9-13).* Kaapstad: Lux Verbi.

Cilliers, JH 1991. *Voorskrif vir vryheid. Oordenkings en Bybelstudie oor die tien gebooie.* Kaapstad: Lux Verbi.
Cilliers, JH 1996. *Daar is 'n God vir gebrokenes.* Vereeniging: CUM.
Cilliers, JH 1999. *In die greep van God. Sewe ankers van sekerheid vir die derde millennium.* Vereeniging: CUM.
Cox, H 1969. *The feast of fools. A theological essay on festivity and fantasy.* London: Harper and Row.
Craddock, FB 1971. *As One without Authority.* Abingdon Press: Nashville.
Craddock, FB 1978. *Overhearing the gospel.* Nashville: Abingdon Press.
Craddock, FB 1985. *Preaching.* Nashville: Abingdon.
Cranfield, CEB 1974. The freedom of the Christian according to Romans 8:2. *New Testament Christianity for Africa and the world* (Essays for H Sawyer). SPCK, 91-98.
Croatto, JS 1987. *Biblical Hermeneutics: Toward a theory of reading as the production of meaning.* Maryknoll, New York: Orbis Books.
Crossin, JW 1985. *What are they saying about virtue?* New York: Paulist Press.
Cussons, S 1997. *'n Engel deur my kop. 'n Keuse uit haar religieuse gedigte deur die die digter en Amanda Botha.* Kaapstad: Tafelberg.
Daiber, KF e.a. 1983. *Predigen und Hören. Ergebnisse einer Gottesdienstbefragung 2. Kommunikation zwischen Predigern und Hörern. Sozialwissenschaftliche Untersuchungen.* München: Kaiser.
De Bono, E 1990. *Lateral Thinking.* Penguin.
De Graaf, J 1971. *De Ethiek van het Immoralisme.* Nijkerk.
De Jong, OJ 1972. *Nederlandse Kerkgeschiedenis.* Nijkerk: Callenbach.
De Quervain, A 1930. *Gesetz und Freiheit.* Stuttgart.
De Ru, G 1967. *Over vrijheid.* Wageningen: H Veenman en Zonen.
Deist, F 1988. 'Gekontroleerde' eksegese en/of 'kreatiewe' uitleg. *HTS 44/1*, 39-54.
Den Boer, C 1974. Functie van de Wet in de Prediking. *Th Ref,* 251-261.
Den Dulk, M 1999. *Leren preken met Augustinus.* (uit: Postille 1999-2000) Zoetermeer: Uitgeverij Boekencentrum.
Dijk, K 1952. *Het Gericht Gods in de Prediking des Woords.* Van Keulen: Delft.
Dingemans, GDJ 1991. *Als hoorder onder de hoorders... Een hermeneutische homiletiek.* Kampen: JH Kok.
Dingemans, GDJ 1996. Preken in een postmoderne konteks. *In:* Prediking. Kommunikasie in konteks. Voortrekkerhoogte: Makro Boeke.
Dostojevski, F 1959. *Die Brüder Karamasoff.* München: Piper.
Douma, J 1973. *Voorbeeld of gebod?* Amsterdam.
Du Preez, JJ 1991. Neurokognitiewe integrasie in die leerproses. *Per Linguam* 7/1, 25-37.
Dulles, A 1988. *Models of the church. A critical assessment of the church in all its aspects.* Dublin: Gill and Macmillan.
Eagleton, T 1996. *The illusions of postmodernism.* Oxford: Blackwell Publishers Ltd.
Enquist, RJ 1980. *The living God: A study in the contemporary discussion on law and gospel in Lutheranism.* Michigan.

Everett, W 1988. *God's federal republic*. New York: Paulist Press.
Farris, S 1998. *Preaching that Matters. The Bible and Our lives*. Louisville: Westminster/John Knox.
Ford, DS 1990. *Sins of omission*. Minneapolis, Minn.: Fortress.
Forde, GO 1969. *The Law-Gospel Debate*. Minneapolis.
Fowl, SE/Jones, LY 1991. *Reading in communion. Scripture and Ethics in Christian life*. London: SPCK.
Fuller, DP 1980. *Gospel and Law: Contrast or Continuum*. Grand Rapids.
Gadamer, H G 1960. *Wahrheit und Methode*. Tübingen.
Geyer, HG 1978. Wahre Kirche? Betrachtungen über die Möglichkeit der Wahrheit einer christlichen Kirche. *Ev. Th. 38 Jahrgang*.
Gollwitzer, H 1956. *Zur Einheit von Gesetz und Evangelium*. (In Antwort. Festschrift für Karl Barth.) Zollikon-Zürich, 287-309.
Graves, M 1997. *The Sermon as Symphony. Preaching the literary forms of the New Testament*. Pasadena: Judson.
Green, G 1989. *Imagining God. Theology and the Religious Imagination*. New York: Harper and Row.
Greidanus, S 1970. *Sola Scriptura. Problems and principles in preaching historical texts*. Toronto: Wedge Publishing Foundation.
Halver, O 1970. *Hoppereiter mit dem lieben Gott*. Stuttgart: Radius.
Harbsmeier, G 1972. *Pneumatische Homiletik. Zur Predigtlehre von Rudolf Bohren. Ev Th* 32 Jahrgang.
Hasselmann, N 1977. *Predigthilfen und Predigtvorbereitung*. Gütersloher Gerd Mohn.
Hauerwas, S 1981. *A community of character*. Notre Dame: University of Notre Dame Press.
Hauerwas, S 1983. *The peaceable kingdom*. Notre Dame: University of Notre Dame Press.
Hauerwas, S 1985. The gesture of a truthful story. *Th. Today 42/1985*: 181-189.
Hesse, HK 1935. *Herman Friedrich Kohlbrügge*. Wuppertal-Barmen: Emil Müllers Verlag.
Hilkert, M C 1998. *Naming Grace. Preaching and the sacramental Imagination*. New York: Continuum.
Hillman, J 1979. *Insearch*. Irving, Texas: Spring.
Hoffmann, M 1995. *Ethik predigen: Probleme, Modelle, Beispiele*. Waltrop: Spenner.
Holmgren, FC 1997. *The Old Testament and the Significance of Jesus. Maintaining Christian Identity*. Grand Rapids/Michigan: Eerdmans.
Iser, W 1976. *Der Akt des Lesens*. Theorie ästhetischer Wirkung. München: UTB.
Iwand, H J 1964. *Gesetz und Evangelium. Nachgelassene Werke 4*. München: Kaiser.
Jabusch, WF 1981. *The person in the pulpit. Preaching as caring*. Nashville: Abingdon Press.
Janse van Rensburg, J 1991. *'n Kritiese ontleding van moralisme in die prediking*. Ongepubliseerde D. Th. Proefskrif: Universiteit van die Oranje-Vrystaat.
Janse van Rensburg, J 2000. *The paradigm shift. An introduction to postmodern thought and its implications for theology*. Pretoria: Van Schaik.

Jonker, E 1998. *Van verstaan naar vertolken. Een praktisch-theologische analyse van de voorbereiding van een preek of catechese over de Openbaring van Johannes*. Groningen: Self uitgegee.
Jonker, WD 1976. *Die Woord as opdrag*. Pretoria: NG Kerk-Boekhandel.
Josuttis, M 1966. *Gesetzlichkeit in der Predigt der Gegenwart*. München: Gütersloh.
Josuttis, M 1970. Über den Predigteinfall. *EvTh* 30, 627-640.
Josuttis, M 1973. *Das Wort und die Wörter: zur Kritik am Predigtverständnis Karl Barths* (in Freispruch und Freiheit: theologische Aufsätze für Walter Kreck.) München: Kaiser.
Josuttis, M 1980. *Praxis des Evangeliums zwischen Politik und Religion*. München: Kaiser.
Josuttis, M 1995. *Gesetz und Evangelium in der Predigtarbeit. Homiletische Studien 2*. Chr. Kaiser Gütersloher Verlagshaus.
Kamphaus, F; Zerfass, R 1977. *Ethische Predigt und Alltagsverhalten*. Kaiser-Grünewald.
Kearny, R 1988. *The wake of imagination. Ideas of creativity in Western Culture*. London: Hutchinson.
Kerlen, W 1976. *Gesprach uber die Predigt. Die Einrichtung der Predigtkritik in der Gemeinde*. Das Miss. Wort.
Klijn, AFG 1974. Gebod en zedelijk handelen volgens het Nieuwe Testament. *Rondom het Woord 16*, 109-120.
Konrad, J 1973. *Sozialethische Themen auf der Kanzel: grundlegende Erwagungen, kommentierte Modelle, eigene Entwurf*e. Hamburg: Agentur des Rauhen Hauses.
Kreck, W 1975. *Grundfragen christlicher Ethik*. München: Kaiser.
Kress, GR\Hodge, R 1979. *Language as Ideology*. London: Routledge and Kegan Paul.
Labuschagne, CG 1974. Gebod en zedelijk handelen. *Rondom het Woord 16*, 95-108.
Landau, E 1969. *Psychologie der Kreativität*. München: Basel.
Landau, R 1981. "Komm, Heiliger Geist, du Tröster wert ..." Gestaltungen des Heiligen Geistes. *Ev Th 41 Jahrgang*.
Lange, E 1976. *Predigen als Beruf*. Stuttgart: Kreuz Verlag.
Langer, SK 1980. *Philosophy in a new key. A study in the symbolism of reason, rite and art*. Cambridge: Harvard University Press.
Lewis, CS 1955. *Mere Christianity*. Glasgow: Collins.
Linn, R 1996. *A teacher's introduction to postmodernism*. Illinois: National Council of Teachers of English.
Lloyd-Jones, DM 1976. *Preaching and preachers*. London: Hodder and Stoughton.
Long, EL 1982. *A survey of recent Christian ethics*. New York: OUP.
Long, TG 1990. The use of Scripture in Contemporary Preaching. In *Interpretation 44*, 341-352.
Long, T G 1989. *The witness of preaching*. Louisville, Kentucky: Westminster/John Knox.
Long, T G 1996. *Preaching and the literary forms of the Bible*. Philadelphia: Fortress.

Louw, D 2001. Creative hope and imagination in a Practical Theology of aesthetic (artistic) reason. 4th International Academy of Practical Theology. Quebec International Conference, Canada, 14-20 May 1999. In: Paul Ballard & Pam Couture (eds.), *Creativity, imagination and criticism: the expressive dimension in Practical Theology*. Cardiff: Cardiff Academic Press, 91-104.

Lowry, EL 1980. *The homiletical plot: The sermon as narrative art form*. Atlanta: John Knox.

Lowry, EL 1985. *Doing time in the pulpit. The relationship between narrative and preaching*. Nashville: Abingdon Press.

Lowry, E L 1995. Narrative preaching. In Willimon, W and Lischer, L (eds) *Concise encyclopedia of preaching*: 341-344. Louisville: John Knox Press.

Lukken, G. 1990. *Liturgie en Zintuiglijkheid. Over de betekenis van lichamelijkheid in de liturgie*. Hilversum: Gooi en Sticht.

Lüthi, W 1950. *Die Zehn Gebote Gottes*. Basel: Friedrich Reinhardt Verlag.

MacIntyre, A 1984. *After virtue*. Notre Dame: University of Notre Dame Press (second edition).

Martin, GM 1977. Theologische Asthetik und Praktische Theologie. *Ev Th* 37 Jahrgang.

Martindale, C 1981. *Cognition and Consciousness*. Dorsey Press. Homewood-Illinois.

McClure, J 1991. Narrative and Preaching: Sorting it all out. *Journal for Preachers* 15: 24-29.

McClure, J 1995. *The roundtable pulpit. Where leadership and preaching meet*. Nashville: Abingdon.

McAfee Brown, R. 1984. *Unexpected News. Reading the Bible with Third World Eyes*. Philadelphia: Westminster.

McClendon, JW 1986. *Systematic theology: ethics*. Nashville: Abingdon Press.

McLaughlin, RW 1979. *The ethics of persuasive preaching*. Grand Rapids, Michigan: Baker Book House.

Meeks, W 1983. *The first urban Christians*. New Haven: Yale University Press.

Meeks, W 1993. *The origins of Christian morality*. New Haven: Yale University Press.

Meilaender, GC 1984. *The theory and practice of virtue*. Notre Dame: University of Notre Dame Press.

Merton, T 1977. *Raids on the unspeakable*. London: Burns and Oates.

Meuser FW (Ed) 1969. *Interpreting Luther's Legacy*. Minneapolis: Augsburg.

Meuser FW 1983. *Luther the preacher*. Minneapolis: Augsburg.

Mieth, D 1984. *Die neue Tugenden: Ein ethischer Entwurf*. Düsseldorf: Patmos-Verlag.

Milk, O s.j. *Martin Luther. Sy lewe en werk*. Genadendal: Genadendalse drukkery.

Miskotte, KH 1941. *Het Waagstuk der Prediking*. Den Haag: DA Daamen's.

Miskotte, KH 1971. *Om de waarheid te zeggen*. Kampen: JH Kok.

Miskotte, KH 1976. ... *als een die dient. Volledige uitgave van het 'Gemeenteblaadje Cortgene'*. Baarn: Ten Have.

Möller, C 1996. *Der Hörer als zweiter Prediger. Zur Bedeutung der Rezeptionsästhetik für die Homiletik* (in Predigen aus Leidenschaft). Karlsruhe: Verlag Evangelischer Presseverband für Baden e. V.

Moltmann, J 1971. *Theology and joy*. London: SCM Press Ltd.

Moltmann, J 1974. Freedom in the light of hope. *J Th SA* 6.

Moltmann, J 1975. *Kirche in der Kraft des Geistes. Ein Beitrag zur Messianischen Ekklesiologie*. München: Chr. Kaiser Verlag.

Moulle, CFD 1981. The Christian understanding of law and grace. *Christian-Jewish Relations* 14, 52-61.

Mouw, RJ 1992. *Uncommon decency: Christian civility in an Uncivil World*. Downers Grove, Illinois: Intervarsity Press.

Moyaert, P (Ed) 1981. Jacques Lacan: Begeerte – taal – subjectiviteit. In *Denken in Parijs*. Alphen aan den Rijn: Samson Uitgeverij.

Müller, BA 1961. *Die lewende Woord aan die mens van die hede. 'n Bespreking van die vrae rondom die aktuele Woordverkondiging*. Zaandijk: J Heijnis Tsz.

Müller, BA 1973. Die eksegetiese onderbou van die struktuur van die prediking, in PA Verhoef (red.). *Sol Iustitiae*. Kaapstad: NG Kerk-Uitgewers, 121-138.

Müller, BA 1987. *Tendense in Afrikaanse Godsdiens Programme*. Stellenbosch: RGN Navorsingsprojek.

Müller, B 1992

Müller, BA 2002. Liturgical and homiletical revisioning to generate hope for a just society. In *Divine Justice – Human Justice*. Ed. Dreyer, JS; Van der Ven, JA. Pretoria: Unisa Press.

Müller-Schwefe, HR 1973. *Die Praxis der Verkündigung. Möglichkeiten geistlicher Rede in unserer Zeit*. Hamburg: Im Furche-Verlag.

Naumann, M 1975. *Gesellschaft Literatur Lesen. Literaturrezeption in theoretischer Sicht*. Berlin: Aufbau Verlag.

Nel, M 2001. *Ek is die verskil. Die invloed van persoonlikheid in die prediking*. Bloemfontein: CLF – Uitgewers.

Nembach, U 1972. *Predigt des Evangeliums*. Neukirchen-Vluyn.

Neuhaus, RJ (ed) 1986. *Virtue – public and private* (Encounter Series) Grand Rapids: Eerdmans.

Niebergall, A 1971. *Aufgabe der Predigt* (ed. Gert Hummel), 295-320

Niebuhr, HR 1941. *The meaning of revelation*. Collier Books: New York.

Noordmans, O 1937. *Zoeklichten*. Zeist.

Nürnberger, K 1981. The Law-Gospel debate as a possible basis for a theological ethic. *Th Ev* 14, 25-47.

Odendaal, DH 1978. Prediking van die Wetsgedeeltes in die Ou Testament. *NGTT 19*, 163-183.

Osborne, GR 1999. Christianity challenges postmodernism. In: *The relationship between epistemology, hermeneutics, Biblical theology and contextualization. Understanding truth*. (Ed. Kennard, DW). Lewiston: The Edwin Mellen Press.

Paivio, A; Foth, D 1971. Imaginal and verbal mediation and noun concreteness in paired-associate learning: The illusive interaction. *Journal of verbal learning and verbal behavior, 9*, 384-390.

Patte, D 1984. *Preaching Paul*. Philadelphia: Fortress Press.
Percy, W 1979. *The Message in a Bottle*. New York.
Peters, A 1981. *Gesetz und Evangelium*. Gütersloh.
Peterson, EH 1992. *Under the Unpredictable Plant. An Exploration in Vocational Holiness*. Grand Rapids, Michigan: Eerdmans.
Peterson, EH 1995. *Working the angles. The shape of pastoral integrity*. Michigan: Eerdmans.
Picht, G 1980. *Hier und Jetzt. Philosophieren nach Auschwitz und Hiroschima*. Stuttgart: Klett-Cota.
Pieper, J 1966. *The four cardinal virtues*. Notre Dame: University of Notre Dame Press.
Pieterse, HJC 1991. *Gemeente en Prediking*. NGKB.
Pilch, JJ; Malina BJ 1993. *Biblical social values and their meaning: a handbook*. Peabody, Mass.: Hendrickson.
Porter, J 1990. *The recovery of virtue: The relevance of Aquinas for Christian Ethics*. Louisville, Kentucky: Westminster/John Knox Press
Raible, W 1989. *Christliches Ethos und gottesdienstliche Verkundigung: Uberlegungen zum Selbstverstandnis ethischer Predigt*. Frankfurt am Main: Lang.
Rasmussen, L 1993. *Moral fragments and moral community*. Minneapolis: Fortress Press.
Ridderbos, HN. *Vrijheid en wet in Galate*. Arcana Revelata.
Ridderbos, J 1922. *Het Oude Testament in onze prediking*. Kampen: Kok.
Riegert, ER 1990. *Imaginative Shock. Preaching and Metaphor*. Burlington: Trinity Press.
Rose, L 1997. *Sharing the Word: Preaching in the roundtable church*. Louisville, KY: Westminster/John Knox.
Ross-Bryant, L 1981. *Imagination and the life of the Spirit: an introduction to the study of religion and literature*. Chico: Scolars Press.
Runia, K 1981. *Heeft preken nog zin?* Kampen: JH Kok.
Saliers, D 1994. *Worship as Theology. Foretaste of glory divine*. Nashville: Abingdon.
Schrage, W 1988. *The ethics of the New Testament*. Philadelphia: Fortress.
Schreiter, R J 1986. *Constructing local theologies*. New York: Orbis.
Seitz, CR 1998. *Word without End. The Old Testament as Abiding Theological Witness*. Grand Rapids/Michigan: Eerdmans.
Sider, R; Brubaker, DJ (Eds) 1982. *Preaching on peace*. Philadelphia: Fortress.
Sillevis-Smit, JH. s.j.*Onse Vader wat in die hemele is*. Johannesburg: Boekhandel De Jong (Edms.) Bpk.
Smedes, LB 1983. *Mere morality*. Grand Rapids, Mich.: Eerdmans.
Smedes, LB 1990. *A pretty good person*. San Francisco: Harper & Row.
Smelik, EL 1967. *De Ethiek in de verkondiging*. Nijkerk: Callenbach.
Smit, DJ 1987. *Hoe verstaan ons wat ons lees? 'n Dink – en werkboek oor die hermeneutiek vir predikers en studente*. Kaapstad: NG Kerk-Uitgewers.
Soskice, JM 1985. *Metaphor and religious language*. Oxford: Clarendon Press.
Stock, A 1974. *Umgang mit theologischen Texten. Methoden Analysen Vorschläge*. Köln: Benziger Verlag.

Stott, JRW 1982. *I believe in Preaching*, Hodder and Stoughton: London.
Stout, J 1988. *Ethics after Babel*. Boston: Beacon Press.
Strauss, DFM 1972. Wet en Evangelie. *NGTT 13\3*, 177-193.
Stuempfle, HG 1978. *Preaching Law and Gospel*. Philadelphia.
Suggit, J 1974. Freedom to be: Peter Abelard's doctrine of the atonement. *J Th SA 8*.
Theron, PF 1996. Liberating humour. Calvinism and the comic vision. In *Studies in Reformed Theology Volume 1*, 208-224.
Thielicke, H 1965. *Leiden an der Kirche. Ein persönliches Wort*. Hamburg: Furche-Verlag.
Thomas, D 1979. *The face of Christ*. London: Hamlyn.
Tisdale, L T 1997. *Preaching as Local Theology and Folk Art*. Minneapolis: Fortress.
Troeger, T 1982. *Creating fresh images for preaching*. Valley Forge: Judson.
Troeger, T 1987. Homiletics as imaginative theology. *Homiletic XII/ 2*, 27-38.
Troeger, T 1990. *Imagining a sermon*. Nashville: Abingdon Press.
Troeger, TH 1999. The landscapes of the heart. How our imagined worlds shape the preaching of the gospel. In *Preaching as God's Mission. Studia Homiletica 2*. Tokyo: Kyo Bun Kwam, 85-95.
Vaessen, JC 1997. *Tussen Schrift en preek. Ontwerp van een analysemodel voor de bijbelinterpretatie in preken met gebruikmaking van de tekstuele hermeneutiek van Paul Ricoeur*. Kampen: Kok.
Van den Berg, J. *De wetsprediking in historisch perspectief. De Thora in de Thora 1*. De Graafschap: Aalten, 30-49.
Van der Geest, H 1981. *Presence in the pulpit: The impact of personality in preaching*. Atlanta: John Knox.
Van der Velden, MJC 1989. *Stimme und Schrift* (in Die Predigtanalyse als Weg zur Predigt) Tübingen: Francke Verlag.
Van der Walt, PJ en Du Toit, C 1999: Vrae oor die "revised common lectionary" as hulpmiddel vir die bediening van die Woord in gemeentes. *PTSA 14/2*: 112-119.
Van Hoof, P 1974. *Intermezzo. Kontinuïteit en diskontinuïteit in de theologie van AA van Ruler*. Amsterdam: Ton Bolland.
Van Melle, J 1968. *Bart Nel*. Pretoria: JL van Schaik Bpk.
Van Niftrik, GC 1946. *Kleine Dogmatiek*. Nijkerk.
Van Oort, J 1989. *Augustinus. Facetten van leven en werk*. Kampen: Kok.
Van Oort, J 1991. *Bediening van het heil. Augustinus over de prediking*. Leiden: Uitgeverij JJ Groen en Zoon.
Van Ruler, AA 1969. *Theologisch Werk. Deel 1*. Nijkerk: Callenbach.
Van Ruler, AA 1972. *Waarom zou ik naar de kerk gaan?* Nijkerk: Callenbach
Van Ruler, AA 1974. *De vervulling van de wet. Een dogmatische studie over de verhouding van openbaring en existentie*. Nijkerk: Callenbach.
Van Seters, A (Ed) 1988. *Preaching as a social act. Theology and practice*. Nashville: Parthenon Press.
Velema, WH 1959. *Wet en evangelie*. Assen.

Velema, WH 1979. De liefde is de vervulling van de Wet. (In *Uw Knecht hoort*, red J Kruis). Amsterdam.

Velema, WH 1989. *Ethische vragen in prediking en pastoraat*. Kampen: Kok.

Verhey, A 1984. *The great reversal*. Grand Rapids, Michigan: Eerdmans.

Villa-Vicensio, C; de Gruchy, J (eds.) 1994. *Doing ethics in Context: South African Perspectives*. Maryknoll, New York: Orbis Books; Cape Town: David Philip.

Vos, CJA 1996. Homiletiese flitse in die hermeneutiese spieël van Paul Ricoeur, 1 en 2. *PTSA 11/1*: 58-78.

Vosloo, RR 1995. *Etiek en die deugde: 'n kritiese ondersoek na aanleiding van die herwaardering van die deugde in morele besinning*. NGTT 36/2, Junie 1995, pp 272-282.

Wallace, JA 1995. *Imaginal preaching. An archetypal perspective*. New York: Paulist Press.

Ward, RF 1992. *Speaking from the heart. Preaching with passion*. Nashville: Abingdon Press.

Wardlaw, DM 1983. *Preaching Biblically*. Philadelphia: The Westminster Press.

Webb, J M 1998. *Preaching and the challenge of Pluralism*. St Louis: Chalice.

Welsch, W 1988. *Unsere postmoderne Moderne*. Weinheim: VCH Verlagsgesellschaft mbH.

Wepener, CJ; Müller, BA 2001. Liturgiese kitsch? – 'n Liturgiewetenskaplike verkenning van 'n Gereformeerde ritueel. *NGTT* 42/3 en 4, 480-493.

Willson, PS; Gaventa BR 1998. Preaching as the Re-reading of Scripture. In *Interpretation* 52 (4), 392-404.

Wilson, PS 1988. *Imagination of the heart: New understandings in preaching*. Nashville: Abingdon Press.

Wilson, PS 1995. *The practice of preaching*. Nashville: Abingdon.

Wolf, AGB 1968. *Vensters in de preek: een pleidooi voor het gebruik van illustraties in de prediking*. Franeker: Wever.

Yancey, P 1997. *What's so amazing about grace?* Grand Rapids, Michigan: Zondervan.

설교 심포니: 살아있는 복음의 음성
The living voice of the gospel: Revisiting the basic principles of preaching

2014년 10월 10일 초판 1쇄 발행
2021년 03월 31일 초판 2쇄 발행

지 은 이 | 요한 H. 실리에
옮 긴 이 | 이승진

펴 낸 곳 | 사) 기독교문서선교회
등 록 | 제16-25호(1980. 1. 18)
주 소 | 서울시 서초구 방배로 68
전 화 | 02) 586-8761~3(본사) 031) 942-8761(영업부)
팩 스 | 02) 523-0131(본사) 031) 942-8763(영업부)
이 메 일 | clckor@gmail.com
홈페이지 | www.clcbook.com
송금계좌 | 기업은행 073-000308-04-020(사) 기독교문서선교회

ISBN 978-89-341-1405-5 (93230)

* 낙장 · 파본은 교환해 드립니다.